Alltagsprobleme des Sportunterrichts

Alltagsprobleme des Sportunterrichts

WOLFGANG SÖLL
UTE KERN

hofmann.

Bibliografische Information Der Deutschen Bibliothek
Die Deutsche Bibliothek verzeichnet diese Publikation in der Deutschen Nationalbibliografie; detaillierte bibliografische Daten sind im Internet über http://dnb.ddb.de abrufbar.

Bestellnummer 3813

2., überarbeitete Auflage 2005

www.hofmann-verlag,de

Gesamtherstellung in der Hausdruckerei des Verlags
Umschlagentwurf: Barbara Rau
Printed in Germany · ISBN 3-7780-3813-3

Inhalt

Vorwort

Dieses Buch versteht sich als Fortsetzung des 1996 unter dem Titel „Sportunterricht – Sport unterrichten“ erschienenen und gegenwärtig in der neu bearbeiteten 5. Auflage vorliegenden „Handbuchs für Sportlehrer“. Wie alle unsere Veröffentlichungen ist auch dieser Band das Ergebnis eines viele Jahre währenden Bemühens um Fragen der Sportdidaktik, der Sportmethodik und der Sportlehrerausbildung.

Inhaltlich geht dieses Buch sozusagen nach beiden Seiten über das genannte „Handbuch“ hinaus. Auf der einen Seite wird versucht, Situationen aufzuzeigen und zu analysieren, die von den Sportlehrern und Sportlehrerinnen allgemein als belastend empfunden werden, auf der anderen Seite soll den vielfältigen gesellschaftlichen Einflüssen nachgespürt werden, die auf den Schulsport einwirken und die Lehrkräfte verunsichern. Einige Themen werden erneut aufgegriffen und unter veränderten Aspekten behandelt.

Auch in diesem Buch ist am Prinzip der Einzelbeiträge festgehalten worden. Dahinter steht die Überlegung, daß Sportunterricht so komplex ist, daß er sich nicht in einem festen System fassen, sondern nur in seinen verschiedenen Perspektiven beschreiben läßt. Außerdem glauben wir, den Leserinteressen am ehesten dadurch gerecht zu werden, daß schnelle Information zu einem bestimmten Thema geboten wird. Dabei haben wir uns bemüht, nach einer kurzen Analyse möglichst direkt zum Kern der Sache vorzustoßen und nach Möglichkeit einige Empfehlungen daraus abzuleiten. Bei dieser Arbeitsweise kann es nicht ausbleiben, daß es zu inhaltlichen Überschneidungen und Wiederholungen kommt. Hierfür bitten wir um Nachsicht.

Es könnte auffallen, daß häufig von „Entwicklungen“ die Rede ist, auch von solchen, die weiter zurückreichen. Dies folgt aus der Überzeugung, daß man das, was ist, besser versteht, wenn man weiß, wie es geworden ist.

Selbstverständlich geht es in allen Beiträgen dieses Buches um Unterricht. Wenn dennoch eine grobe Strukturierung nach den Stichworten „Schüler – Lehrer – Unterricht – Konzeptionen“ versucht worden ist, so nur im Sinne von Akzentuierungen.

Wir können nicht erwarten, in allem Zustimmung zu finden, hoffen aber, in einigen Problemen eine gewisse „Hilfestellung“ leisten zu können, in anderen zu weiterem Nachdenken Anlaß zu geben.

Diese nunmehr vorliegende 2. Auflage ist an einigen Stellen überarbeitet, im wesentlichen aber unverändert.

Im Interesse einer besseren Lesbarkeit haben wir auf fortlaufende Stellen- und Literaturnachweise verzichtet, zumal überwiegend sportwissenschaftliches Präsenzwissen geboten wird, das allgemein zugänglich ist. In diesem Sinne sind auch die zahlreichen Querverweise innerhalb dieses Buches und auf die beiden vorangegangenen Bände zu verstehen. Es sind dies, mit vollem Titel wiedergegeben, folgende:

SÖLL, W.: Sportunterricht – Sport unterrichten. Ein Handbuch für Sportlehrer. Schorndorf 2003[5] (zitiert als „Handbuch").

KERN, U./SÖLL, W.: Praxis und Methodik der Schulsportarten. Schorndorf 2005[3] (zitiert als „Praxis und Methodik").

Spezielle Literatur ist bei den jeweiligen Beiträgen genannt.

Gleichfalls im Sinne einer Leseerleichterung haben wir – außer in bestimmten Zusammenhängen – Begriffe wie „Lehrer" und „Schüler" als Gattungsbezeichnungen ohne weitere Differenzierung nach dem Geschlecht verwendet. Hierfür bitten wir unsere Leserinnen (und auch die nicht erwähnten Schülerinnen) um Verständnis. Wir haben uns bemüht, stets auch ihre spezifischen Interessen mitzubedenken.

Auch dieses Buch entstand aus dem unablässigen Dialog mit vielen Kollegen und Kolleginnen. Ihnen allen haben wir für die zahlreichen, teils bewußt, teils unbewußt gegebenen Ratschläge und Hinweise, besonders aber für die freundliche Resonanz auf unsere bisherigen Veröffentlichungen zu danken.

Wolfgang Söll, Ute Kern

Kapitel 1

Schüler

In diesem ersten Kapitel richtet sich der Blick – durchaus im Sinne des Buchtitels – schwerpunktmäßig auf die Schüler.

Etwas ironisierend könnte man auch sagen, daß Unterrichten deshalb so schwer ist, weil auch die Schüler dabei sind. Aber Unterricht ist schließlich für sie da, nicht für den Lehrer.

Es muß also darum gehen, nicht nur mit den Schülern irgendwie zurechtzukommen, sondern auch ihre Sicht des Unterrichts zu verstehen. Wenn im folgenden dennoch die Lehrersicht dominiert, so aus der Tatsache heraus, daß der Lehrer für das, was im Unterricht geschieht (und nicht geschieht), letztlich die alleinige Verantwortung trägt.

Dabei können konfliktträchtige Situationen nicht ausbleiben. Die hier vorgelegten Analysen und Lösungsmöglichkeiten können allerdings nur Beispiele sein, die keinen Anspruch auf Allgemeingültigkeit erheben. Sie wollen andere, alternative und entgegengesetzte Strategien nicht ausschließen. Wie die Erfahrung zeigt, ist ein Problem aber bereits entschärft, wenn man weiß, daß es auftreten könnte.

Das Kapitel beginnt mit drei Beiträgen allgemeineren Charakters über große Klassen und unruhige Schüler, mit denen die gegenwärtige Lage im Sportunterricht umrissen werden soll. Mit dem „Grundsatzbeitrag" über Recht und Gerechtigkeit wird eine Themenfolge eingeleitet, die sich mit typischen Situationen im Unterricht, und damit auch mit negativen, als Belastung empfundenen Schülerverhaltensweisen auseinandersetzt. Den Abschluß bildet hier, mehr der Vollständigkeit halber, ein Blick auf den „amtlichen Katalog der Schulstrafen".

Dem Kapitel angefügt sind einige Beiträge, die sich mit dem Lehrer-Schüler-Verhältnis im weiteren Sinne befassen, nämlich mit den pädagogischen Aspekten der Dopingproblematik, mit Lob, Tadel und anderen Formen der Rückmeldung sowie mit der Frage einer angemessenen sprachlichen Form. In den beiden letzten Beiträgen rückt wiederum der Schüler mit seinen gelegentlich etwas störenden, aber zumeist recht harmlosen Vorstellungen und Eigenschaften in den Mittelpunkt.

In allen Teilen dieses Kapitels ist es fast unausweichlich, daß typische Lehrer- und Schüleräußerungen im Wortlaut wiedergegeben werden. Wenn sie etwas hart und abweisend klingen sollten, liegt dies in erster Linie daran, daß das gesprochene Wort aus dem Zusammenhang gelöst und in Schrift umgesetzt wird. Damit gehen die in der Realität stets mitzuhörenden „Ober- und Untertöne" verloren.

1 Sportunterricht in großen Klassen

Die Klassen werden immer größer. Das liegt an den gegenwärtig wieder steigenden Schülerzahlen bei gleichzeitiger Stagnation in der Lehrereinstellung. Darüber wird viel diskutiert, was sicher berechtigt ist, aber nicht davon abhalten darf, sich mit dieser Situation auch auf pragmatischer Ebene auseinanderzusetzen.

Welche Ratschläge für den Sportunterricht in großen Klassen kann man geben? Welche Regeln lassen sich aufstellen?

Dies soll im folgenden auf der inhaltlichen, methodischen und organisatorischen Ebene versucht werden, wobei freilich darauf hinzuweisen ist, daß diese drei Bereiche in der Praxis stets miteinander verknüpft sind.

Inhalte

Generell ist von einem gewissen Vorrang des *„Grundlagentrainings"* vor der *„Vermittlung von Sporttechniken"* auszugehen. Körperbildende und konditionsschulende Aufgaben stehen – zunächst wenigstens – im Vordergrund. Wahrscheinlich werden sich die auf diese Weise etwas aufgeschobenen Lernprozesse später um so schneller und leichter bewältigen lassen.

Damit verbunden ist die Bevorzugung des *Übens* und *Festigens* von Bekanntem und vielleicht nur unvollkommen Beherrschtem vor dem Lernen. Dabei spielt das *variierende Üben*, d.h. die systematische Veränderung in der Übungsausführung und in den Übungsbedingungen, eine besondere Rolle.

Für das *„Neulernen"* lassen sich folgende Grundsätze aufstellen:

Lieber weniger, das aber richtig tun. Lieber auf etwas, was weniger wichtig ist, verzichten, als alles nur antippen, aber nicht zu Ende bringen.

Komplexe Lernprozesse in überschaubare Teilziele aufgliedern. Damit erhalten die Schüler auch eine exaktere Rückmeldung über die jeweils erzielten Lernfortschritte.

Unruhestiftende und aggressionsfördernde Übungen und Tätigkeiten – zumindest anfangs – *vermeiden.* Bei Partnerübungen ist beispielsweise mit mehr Störungen zu rechnen als bei Einzelübungen; wenn die Schüler beim „freien Spiel" zu aggressiv werden, sollte man auf Übungsformen zurückschalten.

Methoden

Hier empfehlen sich einfache und unkomplizierte Wege, die möglichst allen Schülern zugleich ein intensives Üben und Probieren erlauben. Dies wird am ehesten erreicht durch ganzheitliche methodische Verfahrensweisen nach dem *Prinzip der graduellen Annäherung*: Rolle vorwärts und rückwärts werden aus der „Rückenschaukel", das Rad aus dem Wendeschwung an der Bank, der Salto vorwärts aus der „Rolle ohne Hände" am Weichboden, der Schmetterschlag aus dem Tennisaufschlag entwickelt. Dabei können Schüler unterschiedlichen Leistungsstandes im selben methodischen und organisatorischen Rahmen tätig werden.

In vielen Fällen lassen sich dabei auch *Ersatzgeräte* verwenden: Der Kugelstoß wird z.B. über das (beidarmige) Stoßen von Medizinbällen erlernt. Gelegentlich kann man auch *Ersatzziele* angeben, z.B. Korbwürfe und Aufschläge auf Markierungen und Linien an der Wand. Auch *Imitationsübungen*, z.B. bei Fertigkeiten aus dem Bereich der Leichtathletik und der Sportspiele, können methodisch recht effektiv sein.

Weiterhin gelten folgende allgemeine methodische Grundsätze:

Den richtigen Zeitpunkt abwarten, zu dem die überwiegende Mehrheit der Schüler eine Übung mit Aussicht auf Erfolg angehen kann. Eine sorgfältige allgemeine (konditionelle und methodische) Vorbereitung ist die wichtigste Voraussetzung für ein erfolgreiches Lernen: Ohne die notwendige Arm- und Rumpfkraft ist der Hüftaufschwung nicht zu schaffen; wer beim Aufhocken auf den längsgestellten Kasten bis zur Mitte des Gerätes kommt, ist von der Hocke über den quergestellten Kasten nicht mehr weit entfernt.

Ein schwieriges Problem lieber öfter, aber in zeitlich begrenzten Lernabschnitten angehen, als endlos an ihm „herumlernen". Letzteres führt in aller Regel zu einer „überdehnten Lernphase", die nicht mehr viel bringt. Das hat nichts damit zu tun, daß man eine einmal begonnene Sache über einen bestimmten Zeitraum hinweg auch konsequent zu Ende führt.

Nicht zu früh korrigieren; zunächst auf Einzelkorrekturen verzichten. Es ist auch ein Gebot der Fairneß gegenüber dem Schüler, ihm erst einmal Gelegenheit zu geben, mit der Sache selbst zurechtzukommen. Die sogenannte Sofortinformation ist eine ungeprüfte Übernahme aus dem Leistungssport.

Die hier genannten Ratschläge und Regeln führen weiterhin zu der Erkenntnis, daß man auf *umständliche und aufwendige methodische Hilfen lieber verzichten* und *„Nur-Stunden"* (*nur* Weitsprung, *nur* Handstandüberschlag, *nur* Schmetterschlag) *möglichst vermeiden* sollte.

Organisation

Eine gute Unterrichtsorganisation ist in großen Klassen von ausschlaggebender Bedeutung. Dabei gelten folgende Grundregeln:

Man sollte einfache und übersichtliche organisatorische Formen bevorzugen. Sie erlauben eine bessere Kontrolle der Übungsausführung und des Lernfortschritts.

Man sollte vor allem solche Formen wählen, die ein intensives Üben erlauben. Steh- und Wartezeiten müssen so gering wie möglich gehalten werden.

Man sollte um einen möglichst reibungslosen Übungsablauf bemüht sein, z.B. durch genaue Festlegung der Aufstellungsräume, der Übungswege und der Ablauffolge.

Man sollte das Üben durch die Vorgabe von Übungszeiten oder Wiederholungszahlen steuern, und dies auch deshalb, um den Schülern dadurch einen immer neuen Anreiz zu konzentrierter Mitarbeit zu geben.

Besondere Beachtung erfordert die *Gruppenbildung*: Die Schüler müssen veranlaßt werden, die einmal – z.B. durch Selbstorganisation – gebildeten Gruppen für längere

Zeit beizubehalten. Außerdem müssen sie lernen, die den Gruppen jeweils zugewiesenen Positionen („Die ersten jeder Gruppe stehen hier, hier und hier; die übrigen stellen sich dahinter auf") unverzüglich einzunehmen und einfache Arbeitsabläufe (z.B. beim Geräteaufbau) innerhalb der Gruppe selbst zu organisieren.

Bei *Zweiergruppen* kommt es entweder (z.B. bei Medizinballübungen) auf körperliche oder (z.B. beim Werfen und Fangen) auf leistungsmäßige Vergleichbarkeit an. Die entsprechenden Anweisungen lauten also: „Es gehen immer zwei gleich Große und Schwere bzw. zwei gleich Gute zusammen."

Beispiele

Die Klasse übt gemeinsam:

- „Stellt euch in diesem Bereich der Halle so auf, daß jeder genügend Platz um sich hat und mich sehen kann. Ich mache die Übungen vor; ihr macht gleich mit."
- „Bewegt euch" – z.B. bei gymnastischen Lauf-, Hüpf- und Sprungübungen oder bei Dribbelübungen – „so durch die Halle (über das Spielfeld, den Schulhof), daß ihr den Raum möglichst gleichmäßig ausnützt."
- „Ihr lauft jetzt fünf Minuten – jeder nur so schnell, daß er nicht aussetzen muß – immer außen um die Halle (das Spielfeld, das abgesteckte Viereck) herum. Ich schaue auf die Uhr und zeige die gelaufenen Minuten an."
- „Stellt euch nebeneinander auf dieser Seite der Halle auf. Auf das Kommando: ‚und ab', hüpft ihr auf dem rechten Bein zur anderen Hallenseite und auf dem linken wieder zurück."

Die Klasse übt in Zweiergruppen:

- „Jeder sucht sich einen Partner; der eine davon holt einen Ball. Anschließend laufen alle beliebig durch die Halle (über das Spielfeld); die beiden Partner spielen sich dabei den Ball fortlaufend zu."
- „Die jeweiligen Partner stellen sich längs zur Halle gegenüber auf; Entfernung so, daß der Ball sicher gefangen werden kann. Wenn jeder zehnmal geworfen hat, haltet ihr den Ball wieder fest."
- „Ihr bleibt in derselben Aufstellung: Nach dem Zuspiel tauschen die Partner die Plätze, wobei der jeweilige Ballbesitzer dribbelt" (Abb. 1).

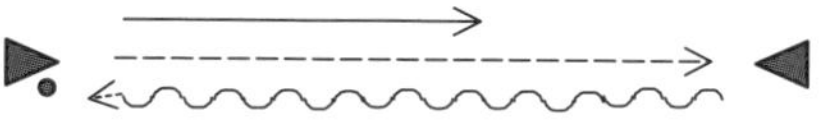

Abb. 1

- „Der Ballbesitzer dribbelt zur Gegenseite, um seinen Partner herum und wieder zurück; anschließend Zuspiel und Rollentausch" (Abb. 2).

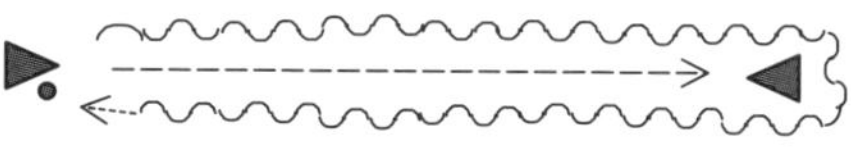

Abb. 2

  „Der Ballbesitzer dribbelt zur Hallen-(Spielfeld-)Mitte, spielt ab und läuft wieder zurück, der Partner beginnt zu dribbeln; jeder fünfmal" (Abb. 3).

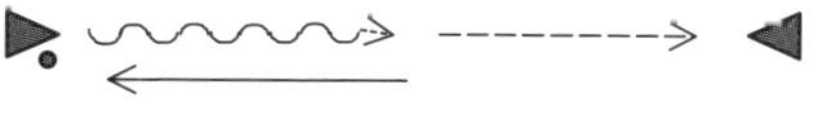

Abb. 3

Die Klasse übt in Dreiergruppen (auch Vierergruppen):

- Die Gruppen stellen sich wie in Abb. 4 auf und üben fortlaufend in der angegebenen Reihenfolge. Es sind verschiedene Fortbewegungsarten (Laufen, Hüpfen, Springen ohne und mit Handgeräten, Kriechen, Dribbeln usw.) über entsprechende Entfernungen (quer oder längs zur Halle oder zum Spielfeld) möglich. Die jeweilige Zahl der Durchgänge wird zuvor angesagt: „Wenn jeder fünfmal dran war, bleibt ihr stehen" (Abb. 4).

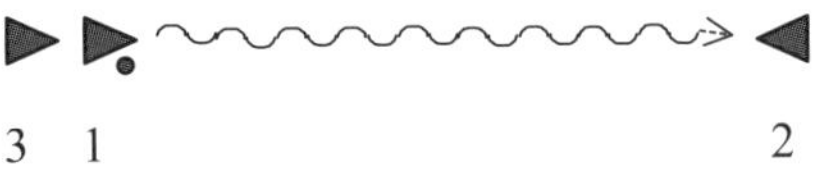

Abb. 4

- Jede Gruppe besetzt einen bestimmten Hallen-(Spielfeld-)Streifen, auf dem sie selbständig oder nach bestimmten (auch schriftlichen) Vorgaben übt, z.B. bei gymnastischen Übungen, im Spiel 1 : 1 oder 2 : 2 (Abb. 5).

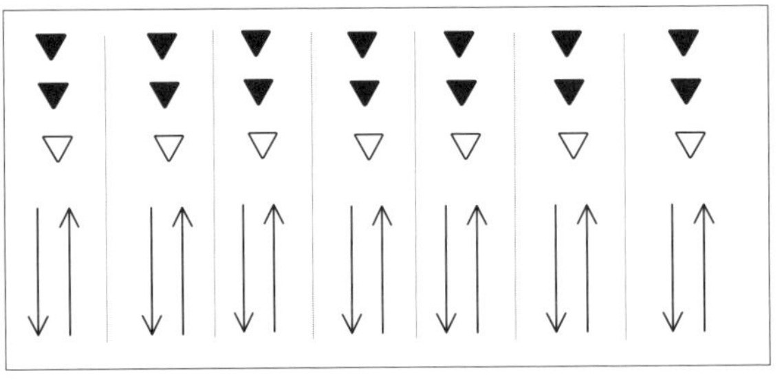
Abb. 5

Die Klasse übt in „Wellen":

- Die Klasse befindet sich in (ggf. willkürlich gebildeten) Gruppen auf der einen Seite der Halle oder des Spielfeldes. Auf ein Zeichen starten die ersten jeder Gruppe; nach einem bestimmten Modus (z.B. erneutes Zeichen oder wenn die Vorderleute eine bestimmte Strecke zurückgelegt haben) folgen die nächsten u.s.f., bis alle auf der Gegenseite wieder versammelt sind.

  Diese Form eignet sich vor allem für Antritt- und Dribbelübungen, für gymnastische Übungen ohne und mit Handgerät (z.B. mit dem Sprungseil) und für das „Bahnenschwimmen" im Schwimmbecken.
- Die Schüler stehen in kleinen Gruppen entlang der Längsseite der Halle. In der Mitte ist eine niedrige Leine gespannt, sind Kästen aufgestellt oder Matten ausgelegt. Die jeweils ersten bewegen sich so auf die andere Hallenseite, daß die Leine oder die Kästen gleichzeitig übersprungen bzw. auf der Matte von allen zugleich eine Rolle ausgeführt wird. Die nächsten starten, wenn die Vorderleute zum Sprung oder zur Rolle ansetzen.

Die Klasse übt in Gruppen mit „Drankommen":

Dies bietet sich z.B. an Geräten, an Sprunganlagen oder bei Torschuß- und Korbwurfübungen an. Hier gilt die Regel: „Der nächste läuft los, wenn der Vordermann abspringt (abwirft, aus dem Barren hinausschwingt, auf dem Weichboden landet)."

Hinweis: Bei allen Übungen mit „Drankommen" liegt die optimale Gruppengröße bei fünf Schülern. Kleinere Gruppen bringen nicht mehr viel; eine Gruppengröße von mehr als sieben Schülern sollte man vermeiden, es sei denn, daß der Mangel an Übungsmöglichkeiten oder Geräten dazu zwingt, und zusätzliche, vielleicht auch improvisierte Gelegenheiten sich nicht schaffen lassen.

Die Klasse übt in Gruppen im Stationsunterricht:

Dies empfiehlt sich z.B. bei Konditionsübungen oder beim Einüben von Fertigkeiten aus dem Bereich des Gerätturnens, der Gymnastik oder der Sportspiele nach einem vorgegebenen, ggf. schriftlich niedergelegten Programm. Der Stationswechsel erfolgt entweder nach einer bestimmten Zeit oder nach einer bestimmten Anzahl von Wiederholungen („Wer mit seinen Übungen fertig ist, setzt sich kurz hin, damit ich sehe, wann gewechselt werden kann").

Hinweise zum „freien" oder „regelgerechten" Spiel:

Die Erfahrung hat gezeigt, daß man im Sportunterricht die „offiziellen" Mannschaftsgrößen eher unter- als überschreiten sollte: Ein Basketballspiel „läuft" besser mit Vierermannschaften, ein Hallenhandballspiel besser mit Fünfermannschaften. Selbst beim Volleyballspiel kann eine Reduktion auf vier Spieler einiges bewirken. Es können also kaum jemals alle Schüler einer Klasse zugleich mit Gewinn spielen.

In dieser Situation bieten sich neben den nach verschiedenen Systemen durchgeführten Turnieren vor allem zwei Formen an:

- Man spielt auf ein Tor oder einen Korb. Das kann methodisch sehr ertragreich sein; auf jeden Fall aber ist die doppelte, zumindest aber eine deutlich höhere Anzahl von Spielern auf demselben Spielfeld „untergebracht".
- Man bildet die Mannschaften entsprechend der Klassengröße nach dem Schema A^1, A^2, A^3 – B^1, B^2, B^3. Nach jeweils zwei bis drei Minuten erfolgt ein „fliegender Wechsel" zwischen den Mannschaftsteilen; die Tore, Körbe oder Punkte werden weitergezählt und zu einem Gesamtergebnis aufaddiert.

2 Gibt es eine optimale Klassengröße?

Diese Frage – gemeint ist die Klassengröße im Sportunterricht – wird unter Kollegen weithin auf Unverständnis stoßen. Man ist ja durchgehend der Meinung: je kleiner, desto besser. Das ist eine zwar verständliche, aber dennoch ungeprüfte Annahme.

Wer nämlich gewohnt ist, genauer hinzuschauen – und die Verfasser waren lange Jahre von Berufs wegen dazu verpflichtet –, der wird feststellen, daß *unterhalb einer kritischen Schwelle*, die je nach dem Alter der Schüler und den besonderen örtlichen Verhältnissen zwischen 15 und 20 Schülern liegt, in aller Regel eine Veränderung im Schülerverhalten eintritt, die nicht unbedingt positiv zu bewerten ist. Dieser problematische „Umschlag von Quantität in Qualität“ tritt zumeist recht plötzlich ein und kann in der Formel zusammengefaßt werden, daß *der Klassenverband sich auflöst und die Klasse in Individuen zerfällt.*

Symptome dieser Veränderung sind, etwas vergröbert formuliert, folgende: Jeder Schüler fordert für sich die ungeteilte Aufmerksamkeit des Lehrers; er tut nur dann noch etwas, wenn er persönlich dazu aufgefordert wird; für alles, was er getan hat, verlangt er eine unmittelbare Rückmeldung.

Selbstverständlich – und das wird für die folgenden Ausführungen stets mit zu bedenken sein – treten solche Symptome auch in größeren Klassen auf. In zu kleinen Klassen aber werden sie durchgängig: Alle wollen beachtet, angesprochen und überredet werden. Jeder verlangt für sich die ununterbrochene Zuwendung des Lehrers und erwartet eine perfekte Rundumbetreuung. Wird sie versagt, fordert er sie durch auffälliges und unangemessenes Verhalten ein. Kurzum, der Unterricht im Klassenverband droht zu einem fortgesetzten „Einzel- und Privatunterricht“ zu werden.

Manchen Kollegen und Kolleginnen erscheint ein solches Schülerverhalten keineswegs unerwünscht. Sie sehen sich darin in ihrer Rolle als Lehrende und Sorgende, als pädagogisch, psychologisch und sozial Handelnde bestätigt. Sie glauben, daß nur so das *„individuelle Eingehen auf den Schüler“* zu verwirklichen sei, übersehen dabei aber, daß die pädagogischen Potenzen des Unterrichts im Klassenverband verlorengehen, daß „erziehender Unterricht“ zur leeren Formel wird und „soziales Lernen“ am penetrant vorgetragenen individuellen Anspruch geradezu erstickt.

An dieser Stelle ist darauf hinzuweisen, daß die beschriebenen Erscheinungen in den unteren Klassenstufen ungleich häufiger und deutlicher zu beobachten sind als in den folgenden. Im Laufe der Mittel- und Oberstufe können sie, gleichfalls recht unvermittelt, in Gleichgültigkeit, Ablehnung und „Null-Bock-Einstellung“ umschlagen.

Dann aber ist es zu spät. Erziehung, und namentlich Erziehung zu einem angemessenen Sozialverhalten, ist um so wichtiger, je jünger die Schüler sind. Was hier versäumt wird, ist später nicht mehr nachzuholen.

Somit erhebt sich die Frage: *Was kann man dagegen tun? Wie lassen sich die überzogenen individuellen Ansprüche abwehren?*

Dazu eine kurze Vorbemerkung: Wer als Lehrer bestimmten Schülern einen unangemessenen Teil seiner Aufmerksamkeit entgegenbringt, zwingt die anderen zu einem ähnlich aufdringlichen Verhalten oder treibt sie in die Resignation.

Daraus folgt als erste allgemeine Regel: *Außer in konkreten Einzelfällen sollte man immer mit der ganzen Klasse sprechen, aber so, daß jeder sich angesprochen fühlt.*

Hierfür einige *Beispiele*:

– Meist fängt es schon *vor der Stunde* an: Sobald der Lehrer kommt, wird er von den Schülern, die schon da sind, umringt: „Was machen wir heute? Können wir denn nicht ..? Dürfen wir vielleicht ..?“ Die einfachste Antwort: „Wartet ab; wenn alle da sind, sage ich an, was wir machen“, oder besser: „Was wollt ihr denn? Ich habe doch am Ende der letzten Stunde schon gesagt, was wir machen.“

- Einige Sorgfalt erfordern auch die – meist als „Lob“ bezeichneten – *Rückmeldungen und Bestätigungen*, die man als Lehrer zu geben hat (1). Sie sollten einerseits nicht zu stereotyp und pauschal sein („gut; o.k.; bestens“), andererseits aber auch nicht zu speziell und persönlich formuliert werden („Hervorragend, der Karlheinz hat es auch geschafft“). Eine „mittlere Linie“ ist hier besser: „Ich habe den Eindruck, daß ihr euch alle wirklich angestrengt habt“, „Wie ich sehe, haben fast alle die Aufgabe bewältigt; die anderen werden es das nächste Mal schaffen.“
- Zumindest lästig, manchmal auch ungehörig, sind die *„Kommentare“* der Schüler, die sie zu allem und jedem, was der Lehrer sagt oder tut, glauben geben zu müssen. Kaum hat man etwas angesagt, geht es los: „Kann man das auch so oder so machen?“, „Bei der Frau/dem Herrn XY haben wir aber immer ...“ Eine „Verteidigung“ wäre hier nutzlos, also sagt man besser: „Jetzt macht es erst einmal so, wie ich es gesagt habe. Eure Vorschläge könnt ihr nachher machen, wenn ich danach frage.“ Meist ist die Sache damit erledigt; wenn man wirklich die Meinung der Schüler hören will, sollte jeder von ihnen die Chance haben, zu Wort zu kommen.

Wahrscheinlich werden solche Strategien das Problem nur allmählich und unvollkommen lösen. Zumindest wird ein „harter Kern von Individualisten“ verbleiben, der in der Klasse vielleicht isoliert ist – dann ist das Problem weitgehend gelöst –, der aber auch recht dominant werden kann.

In dieser Situation gilt als zweite allgemeine Regel: *Man sollte die betreffenden Schüler direkt und unmittelbar ansprechen und dabei das anstehende Problem möglichst genau benennen.* Sofern dies vor der ganzen Klasse geschieht, sollte es so knapp wie möglich erfolgen. Sind einige Worte mehr zu sagen, nimmt man den oder die Schüler bei passender Gelegenheit besser beiseite.

Auch dazu einige *Beispiele*:

- Es ist eine fast alltägliche Erscheinung, daß zu Beginn der Stunde ein Schüler (oder eine Schülerin) zum Lehrer kommt und mit einem Schwall von Worten etwa folgendes erklärt: „Das, was heute dran ist, kann ich wirklich nicht; ich habe da überhaupt keine Chance; wissen Sie, mit dem Turnen (der Leichtathletik, dem Volleyball) komme ich sowieso nicht zurecht ...“ Wer sich hier auf eine Diskussion einläßt, hat schon halb verloren. Also sagt man besser: „Probier es erst einmal; dann werden wir schon weitersehen.“ Oder in Wiederholungsfällen: „Belästige mich nicht mit deinen eingebildeten Problemen; es wäre besser, du nimmst dich etwas zusammen und versuchst mitzuhalten.“
- Wenn ein Schüler auffällig wird, z.B. plötzlich nicht mehr mitmacht, unkontrolliert herausschreit oder sich andauernd mit seinem Nachbarn unterhält, ist es durchaus angebracht, ihn direkt anzusehen oder auch einige Schritte auf ihn zuzugehen und zu fragen: „Warum machst du nicht mit; warum schreist du so in der Gegend herum; ist es wirklich so wichtig, was du zu erzählen hast?“
- Sofern es angezeigt ist, mit dem Schüler persönlich zu sprechen, sollte man deutlich zum Ausdruck bringen, was man als Lehrer empfindet und was man erwartet, z.B. wie folgt: „Deine Aufdringlichkeit (Trägheit, Hemmungslosigkeit, Schwatz-

haftigkeit) ist mir lästig (unangenehm, zuwider); ich erwarte von dir ..." Allgemeine Ermahnungen und moralisierende Appelle nützen in einer solchen Situation nämlich nicht viel.

Diese wenigen Beispiele sollen hier genügen. Es geht ja nicht um eine „Theorie und Praxis der Konfliktbewältigung", sondern um typische Schülerverhaltensweisen, die – auch und vor allem – in zu kleinen Klassen auftreten (2).

Dies führt zurück zur eingangs gestellten Frage, ob es eine optimale Klassengröße gibt. Natürlich lassen sich hier nur Näherungswerte angeben, die nicht jede spezielle Situation angemessen berücksichtigen; sie dürfte jedoch zwischen 20 und 25 liegen – vielleicht geringfügig darunter –, bei jüngeren Schülern eher bei der oberen, bei älteren (die S II soll außer Betracht bleiben) bei der unteren Grenze dieses Spielraums.

Hier dürfte sich der Einwand erheben, daß dies ziemlich theoretische Überlegungen seien, da ja derzeit die meisten Klassen über diesem Limit liegen.

Trotzdem gibt es noch „kleine" Klassen – wenn auch seltener –, und gerade deshalb erscheint es uns notwendig, auf die damit verbundenen Probleme hinzuweisen.

Anmerkungen

(1) Vgl. den Beitrag: Lob und Tadel im Sportunterricht, S. 55.
(2) Vgl. den Beitrag: Konflikte und Störungen im Sportunterricht, S. 43.

3 Sportunterricht in unruhigen Klassen

Unsere Klassen werden immer unruhiger. Das hält nun schon seit Jahren an, und Besserung ist nicht abzusehen. Was kann man in einer solchen Situation tun? Dieses Problem soll im folgenden in seinen verschiedenen Aspekten etwas näher beschrieben und untersucht werden.

Zunächst ist eine *Begriffsklärung* angebracht: Unter „unruhig" soll im folgenden eine Skala von Schülerverhaltensweisen verstanden werden, die von „allzu lebhaft" bis hin zu „hemmungslos" reicht, den Bereich der manifesten Aggression und Gewalt aber ausklammert.

Daraus folgt, daß es *die* unruhige Klasse nicht gibt, sondern daß man es mit einer Vielzahl ähnlich erscheinender, aber niemals gleicher Unterrichtsprobleme zu tun hat, an denen eine jeweils wechselnde Anzahl von Schülern beteiligt ist. Insofern haben die unten angeführten Regeln und Ratschläge je nach Lage der Dinge einen sehr unterschiedlichen Stellenwert.

Sodann ist eine grundsätzliche Feststellung notwendig: Das Problem „unruhige Klasse" wird zumeist als eine Frage der Konfliktbewältigung gesehen. Das aber ist zu eng gefaßt. Es gilt vielmehr ein „Paket zu schnüren", das alle unterrichtlichen Ebenen, also die der *Inhalte*, der *Methoden*, der *Unterrichtsorganisation* und des *Lehrerverhaltens,* in gleicher Weise umfaßt.

Dazu ist anzumerken, daß eine solche Einteilung nur schwerpunktmäßig erfolgen kann; unscharfe Abgrenzungen sind ebenso unvermeidlich wie Überschneidungen und Wiederholungen.

Inhalte

Für die inhaltliche Gestaltung des Unterrichts gelten weitgehend die Vorschläge, die im einleitenden Beitrag zum Unterricht in großen Klassen bereits gemacht worden sind. Sie seien hier in Stichworten wiederholt:

Zunächst betreffen sie

- *den generellen Vorzug des körperlichen und sportlichen „Grundlagentrainings" vor der Vermittlung von „Sporttechniken",*
- *den generellen Vorzug des Übens vor dem Lernen,*

wobei „generell" als „in der Tendenz", nicht als „ausschließlich" zu verstehen ist.

Dies bedeutet weiterhin, daß man *lieber weniger, das aber richtig tun*, und überall, wo es möglich ist, *überschaubare Lern- und Übungsziele* formulieren sollte.

Besondere Beachtung verlangt der gleichfalls schon genannte Grundsatz, *unruhestiftende und aggressionsfördernde Übungen und Tätigkeiten zu vermeiden.* Er soll deshalb mit einigen Beispielen, die zum Teil schon in den methodischen Bereich hinübergreifen, etwas verdeutlicht werden:

- *Partner- und Gruppenübungen* sind störungsanfälliger als Einzelübungen. Bei funktions- und zweckgymnastischen Übungen wird man sie zunächst also vermeiden. Um die Schüler an solche kooperative Formen heranzuführen, beginnt man mit „unechten Partnerübungen" (z.B. Festhalten der Beine bei Bauchmuskelübungen), geht dann über zu Übungen mit einem konkreten Gegeneinander (z.B. den Partner Rücken an Rücken über eine Linie schieben) und greift erst dann zu Übungen, die (wie z.B. das „Schubkarrenlaufen") ein genau abgestimmtes Zusammenspiel der Partner erfordern.
- *Spiel- und Wettbewerbsformen* (z.B. kleine Spiele und Staffeln) wecken mehr Emotionen als reine Übungsformen. Hier sollte man mit kleinen Gruppen beginnen und zunächst, z.B. bei Staffeln, nur kurze Strecken sowie einfache Aufgabenstellungen und Fortbewegungsarten, wie Laufen, Hüpfen, Dribbeln und Überspringen von niedrigen Hindernissen, wählen.
- *Gegeneinander-Spielen ist „unruhiger" als Miteinander-Spielen.* Die Aufgabe, beim „Durcheinanderlaufen" sich paarweise den Ball zuzuspielen, wird vermutlich nicht so viel Lärm erzeugen wie die Aufgabe, sich gegenseitig den Ball herauszuspielen. Ein Volleyballspiel „2 mit 2" und der Aufgabe, den Ball in der Luft zu halten, erfordert mehr Konzentration als das Spiel „2 gegen 2".
- *Am lautesten ist das „freie Spiel".* Notfalls muß man hier auch einmal abbrechen und auf Übungsformen „zurückschalten". Einige Hinweise zur „Lärmbekämpfung" beim Spielen werden weiter unten gegeben.

Als zusätzliche Gesichtspunkte für die Auswahl der Unterrichtsinhalte können die beiden folgenden gelten:

- *Einfache, überschaubare und kontrollierbare Übungen bevorzugen.* Die Mehrzahl der heute angebotenen funktionsgymnastischen Übungen ist komplizierter und weniger eindeutig als die entsprechenden „körperbildenden Übungen" konventioneller Art. Der „Liegestütz" erlaubt z.B. eine genaue Kontrolle darüber, ob und wie gut er ausgeführt worden ist; einen Beugehang („halben Klimmzug") kann fast jeder einige Sekunden deutlich sichtbar halten.

  Die Überlegung, die hinter dieser Empfehlung steckt, ist recht einfach: Unklare, wenig zwingende und von außen nicht überprüfbare Übungen und Übungsformen verführen die Schüler zur nachlässigen Ausführung, und dies kann sehr schnell zur Beliebigkeit und Bedenkenlosigkeit werden.
- *Übungen auswählen, die eine angemessen hohe und gleichmäßig andauernde körperliche Belastung ermöglichen.* Mehrfachsprünge an einer Matten- oder Gerätebahn vermindern die Steh- und Wartezeiten; Schrittsprünge auf einen relativ hohen Kasten schulen den Hochsprung-Absprung besser als Flopsprünge und ermöglichen ein Vielfaches an Übungsintensität.

  Auch hier dürfte die zugrundeliegende Überlegung deutlich sein: Hohe konditionelle und koordinative (und möglichst genau auf das Leistungsvermögen der Schüler abgestimmte) Anforderungen zwingen zu höherem Einsatz und besserer Konzentration, was einer aufkommenden Unruhe entgegenwirkt.

Daraus ergeben sich auch einige spezielle Konsequenzen, z.B.

- bei den Sportspielen „organisierte" Komplexübungen gegenüber den „freien" Spielformen zu bevorzugen,
- bei Gerätübungen der Einzelübung einen gewissen Vorrang vor der Übungsverbindung einzuräumen.

Wichtiger, als es auf den ersten Blick erscheint, ist auch der letzte diesem Bereich zuzuordnende Vorschlag:

Man sollte in einer Unterrichtsstunde – auch Einzelstunde – das Thema wechseln, und dies ggf. mehrfach, dabei aber im Rahmen derselben Sportart bleiben.

„Nur-Stunden" führen lediglich zu einer überdehnten Lernphase. Lauf-, Sprung- und Wurfübungen lassen sich – in dieser oder einer anderen Abfolge – durchaus in einer 45-Minuten-Stunde unterbringen; von Reck- oder Sprungübungen kann man ohne weiteres zu Boden- oder Barrenübungen übergehen.

Kurze und konzentrierte Lern- und Übungsphasen vermeiden Langeweile, Unlust und Unruhe. Von hier aus kann man zu ebenso kompakten Phasen des „freien Übens und Gestaltens" in Kleingruppen übergehen.

Wer jedoch meint, seine Schüler bei weniger beliebten Dingen (z.B. Gerätübungen) durch das In-Aussicht-Stellen von etwas Beliebterem (meist eines Spiels) „bestechen" zu müssen, bewirkt in aller Regel nur, daß sie sich noch widerwilliger mit der gestellten Aufgabe beschäftigen, und damit noch unruhiger werden.

Methoden und Unterrichtsformen

Auch im methodischen und organisationsmethodischen Bereich gelten sinngemäß die Regeln und Ratschläge, die bereits für die „große Klasse“ formuliert worden sind.

Stichwortartig zusammengefaßt, sind es die folgenden:

- *Einfache, direkte und ganzheitliche Lehrwege bevorzugen*, vor allem solche, die dem Prinzip der „graduellen Annäherung“ folgen.
- *Alle Übungsmöglichkeiten ausschöpfen*, ggf. auch durch Verwendung von Ersatzgeräten oder Bezeichnung von Ersatzzielen.
- *Umständliche und aufwendige Geräteaufbauten und methodische Hilfen vermeiden*; sie reduzieren lediglich die Zahl der Übungsmöglichkeiten.
- *Nicht zu früh korrigieren; zunächst auf Einzelkorrekturen verzichten.*
- *Den „richtigen“ Zeitpunkt abwarten*, zu dem die Schüler eine Aufgabe mit Aussicht auf Erfolg angehen können.
- *Nicht endlos an einer Sache „herumlernen“*; schwierige und komplexe Aufgaben lieber wiederholt, aber in „kleinen Portionen“ angehen.

Von ausschlaggebender Bedeutung werden die folgenden, wechselseitig miteinander verklammerten Regeln, nämlich

- *den Lern- und Übungsprozeß in kleine und kleinste methodische Einheiten zu gliedern*, die relativ schnell „durchlaufen“ werden können und für die jeweils bestimmte Beobachtungs- und Aufmerksamkeitsschwerpunkte vorgegeben werden,
- *das Üben*, wo immer möglich, *durch die Vorgabe von Übungszeiten oder Wiederholungszahlen zu steuern*,
- *auf der genauen Ausführung einer einmal gegebenen Anweisung zu beharren.*

Daraus ergibt sich z.B. folgendes Schema der Unterrichstssteuerung:

- „Werft den Ball mit gestrecktem Arm ab; jeder vier Versuche.“
- „Bei den nächsten vier Versuchen zieht ihr mit leicht gebeugtem Arm geradeaus nach vorn durch.“
- „Ich wiederhole: Mit leicht gebeugtem Arm nach vorn durchziehen. Noch einmal vier Versuche.“

Durch diese Gliederung des Unterrichtsablaufs in konkrete und überschaubare Einheiten wird immer wieder Ruhe hergestellt und die Aufmerksamkeit der Schüler auf die Sache gelenkt. Außerdem üben vor allem jüngere Schüler bereitwilliger, wenn sie genau wissen, was man von ihnen jeweils wie lange oder wie oft erwartet.

Allerdings macht eine solche, einseitig auf den Lehrer zentrierte und von ihm eng gesteuerte Unterrichtsführung noch nicht das Ganze des Sportunterrichts aus:

Die Schüler müssen auch lernen, selbständig zu arbeiten. Sie müssen vor allem befähigt werden, in kleinen Gruppen bestimmte, mehr oder weniger eng gefaßte Aufgaben selbst zu lösen und einfache Übungs- und Arbeitsabläufe innerhalb der Gruppen zu organisieren. Hier ist allerdings nicht immer vorauszusehen, wie die Schüler auf einen solchen, im engeren Sinne sozialen Lernprozeß reagieren. In manchen Klassen bessert sich das „Klassenklima“ zusehends, wenn man den Schülern Verantwortung überträgt, andere werden noch unruhiger.

Wer sichergehen will, beginnt mit einfachen, in den allgemeinen Unterrichtsbetrieb systematisch einbezogenen Übungs- und Gestaltungsaufgaben. Bei Gerätübungen und gymnastischen Übungen können die Schüler beispielsweise versuchen, aus den erlernten Elementen eine Gruppenübung zusammenzustellen, bei der jeder ein- oder mehrmals an die Reihe kommt oder alle zugleich tätig werden. Von hier aus lassen sich komplexere Aufgaben angehen, z.B. Spiel- und Übungsformen – nicht nur aus dem Bereich der Sportspiele – selbst zu „erfinden“ und einzuüben.

Organisation und Unterrichtssteuerung

Die Grundsätze und Regeln für die Unterrichtsorganisation und -steuerung lassen sich wie folgt zusammenfassen:

- *Einfache und übersichtliche organisatorische Formen bevorzugen.*
- *Einen möglichst reibungslosen Übungsablauf herstellen*, z.B. durch eindeutige Einteilungs- und Aufstellungsformen, durch Festlegung der Übungswege und durch Vorgabe einer „automatischen Ablauffolge“.
- *Die Klasse nicht weiter auseinanderziehen als notwendig*, aber darauf achten, daß jeder genügend Platz zum Üben hat.

Für spezielle Fälle kommt hinzu,

- daß man in möglichst kleinen Gruppen üben und spielen, dabei aber auf dem verfügbaren Raum möglichst viele Gruppen unterbringen sollte,
- daß man auch an Sprunganlagen und an Geräten, wenn möglich, mehrere Schüler zugleich üben lassen sollte.

Einige Beispiele für die rationelle organisatorische Gestaltung des Unterrichts sind im schon mehrfach genannten Beitrag zum Sportunterricht in großen Klassen (S. 11) wiedergegeben. Sie brauchen hier nicht wiederholt zu werden.

Eine recht heikle Angelegenheit bleibt die *Gruppenbildung*, und dies vor allem dann, wenn die Störungen von einer relativ kleinen Anzahl auffälliger Schüler ausgehen. Soll man diese dann möglichst gleichmäßig verteilen, um sie ggf. zu neutralisieren, oder in einer Gruppe zusammenfassen, damit wenigstens die anderen in Ruhe arbeiten können? Hier muß man wohl von Fall zu Fall entscheiden.

Lehrerverhalten und Unterrichtsführung

Daß dem Lehrerverhalten bei der Bewältigung des in unruhigen Klassen stets gegebenen latenten Konfliktpotentials eine vorrangige Bedeutung zukommt, ist wohl unbestritten. Allerdings ist hier mehr als in den bisher behandelten Bereichen aus der konkreten Situation heraus zu handeln und nach Lage der Dinge zu entscheiden.

Daher lassen sich auch nur schwer allgemeingültige Ratschläge und Regeln formulieren. Wenn dies – in Ansätzen – im folgenden doch geschieht, so in dem Bewußtsein, daß sie stets etwas Abstraktes und Abgehobenes an sich haben, was eine Anpassung an die vorgefundene „psychologische Situation“ notwendig macht.

Als *übergeordneter Gesichtspunkt* kann gelten, daß auf Dauer ein freundliches und sachliches, aber dennoch konsequentes und in sich widerspruchsfreies Lehrerverhalten die größte Wirkung haben wird.

An konkreten Regeln ist als erste und wichtigste die folgende zu nennen:

Der Lehrer spricht nur, wenn alle Schüler ruhig sind. Vielleicht sollte man besser sagen: ruhig und aufnahmebereit sind, denn wer als Lehrer in die allgemeine Unruhe und Unaufmerksamkeit hineinspricht, entwertet in den Augen der Schüler sich selbst und das, was er zu sagen hat (1).

Halten sich die Schüler nicht an diese Vorgabe, bricht man im Sprechen unvermittelt ab, wartet, bis wieder Ruhe eingekehrt ist, und fährt dann fort oder beginnt von neuem, und dies notfalls mehrfach hintereinander. In harmlosen Fällen genügt vielleicht ein Blick oder ein Fingerzeig. Möglicherweise muß man anfangs etwas nachhelfen, z.B.: „Jetzt rede ich; nachher seid ihr dran“, „Es kann nur einer reden, entweder ich oder einer von euch.“

Aus dieser Grundregel folgen zwei weitere:
- Man sollte nicht in den „laufenden Betrieb“ hineinrufen, sondern abwarten, bis die Aktion, wie vorbestimmt, zu Ende ist, oder notfalls auch vorzeitig abbrechen.
- Wenn es dann immer noch zu laut ist, sollte man – vielleicht sogar betont gleichgültig und abweisend – abwarten, bis alle sich wieder beruhigt haben.

Natürlich kann auch einmal ein „Brüller“ wahre Wunder wirken; er muß aber die absolute Ausnahme bleiben.

Unruhe entsteht auch beim Üben und Spielen. Hier gilt die Regel:

Man sollte sich nicht scheuen, einem unangemessenen Lärmpegel ruhig, aber entschieden entgegenzutreten.

Selbstverständlich kann Sportunterricht nicht in völliger Ruhe ablaufen. Wenn die Lautstärke aber eine gewisse Schwelle überschreitet, wenn die Schüler zu schreien, zu toben und zu streiten anfangen – und normalerweise kann man einen „friedlichen“ Lärm von einem „bösartigen“ sehr wohl unterscheiden –, dann muß man etwas dagegen tun. Es ist z.B. keineswegs eine Schikane gegenüber den Schülern, wenn man sagt: „Und jetzt alles noch mal, aber ohne Geschrei (in aller Ruhe, völlig lautlos).“

Als wichtige und durchgehende Zusatzregel gilt dabei freilich: Man sollte versuchen, *Drohungen zu vermeiden.*

Wer als Lehrer mit einem der beliebten „Wenn-Sätze“ beginnt („Wenn ihr jetzt nicht gleich ...“), hat sich selbst eine Falle gestellt, denn unweigerlich muß jetzt eine Drohung folgen, und diese muß auch eingehalten werden, selbst wenn dies in der aktuellen Situation als überzogen erscheinen sollte. Also formuliert man seine Wünsche und Forderungen besser als Aussagesätze („Ihr hört jetzt auf zu schreien“, „Der Franz und der Fritz sind auch ruhig“).

Dabei kann man durchaus zum Ausdruck bringen, was der Grund des Einschreitens ist („Geschrei bringt hier nichts; es stört nur eure Konzentration“) und was man als Lehrer dabei empfindet („Euer Lärm macht mich wahnsinnig“).

Unbedingt notwendig ist es, ein Signal, meist ein Pfeifsignal, zu vereinbaren, mit dem eine Aktion abgebrochen werden kann. Dieses Signal muß bedingungslos und unverzüglich eingehalten werden („Wenn ich pfeife, erstarrt sofort jede Bewegung").

Dies sollte man den Schülern auch erklären, z.B. wie folgt: „Ich bin für eure Sicherheit und Gesundheit verantwortlich; wenn hier etwas schiefläuft, muß ich abbrechen. Das ist wie im Straßenverkehr auch: Wenn die Ampel auf rot springt, müssen alle ohne Ausnahme anhalten."

Abschließend ist hier noch ein Problem anzusprechen, zu dem in Theorie und Praxis die unterschiedlichsten Meinungen anzutreffen sind:

Am lautesten wird der *Lärm beim Spielen*, d.h. bei bestimmten kleinen und großen Spielen. Hier kann es vorkommen, daß die Schüler gleich reihenweise ausrasten und durchdrehen. Wenn davon die Mehrheit der Klasse betroffen ist, muß man wohl abbrechen und eine oder einige Stunden später einen neuen Versuch wagen. Handelt es sich nur um eine Minderheit, kann man vielleicht mit (symbolischen oder echten) „roten Karten" durchkommen. In weniger gravierenden Fällen könnte eine „Denkpause" angezeigt sein („Jetzt setzt euch erst einmal hin und kühlt euch ab").

Das hier anstehende Problem sollte allerdings auch auf methodischer Ebene angegangen und den Schülern bewußt gemacht werden, z.B. mit folgendem, keineswegs erfundenen oder konstruierten Wechselgespräch:

Lehrer (pfeift ab und fragt): „Warum schreit ihr denn so?"
Schüler (nach einigem Zögern): „Weil jeder den Ball haben will."
Lehrer: „Und? Wer kann am ehesten sehen, wohin der Ball gespielt werden muß?"
Schüler: „Wer ihn hat."

Natürlich kann dieses Frage-Antwort-Spiel auch anders weitergehen, z.B.: „Aber die von Bayern München schreien doch auch" (Antwort: „Nicht im entscheidenden Moment; schreien warnt auch den Gegner") oder: „Aber die Mitspieler sehen doch überhaupt nicht, wer freisteht."

Damit wäre das methodische Problem exakt formuliert und kann entsprechend beantwortet werden, z.B. mit Dribbelverbot, um den Blick vom Ball und vom Boden zu lösen, oder durch Zuspiel- und Freilaufübungen nach der Regel: Wer nicht im Ballbesitz ist, läuft sich frei und zeigt mit der Hand an, wohin er den Ball haben will.

Von manchen Kollegen – und auch von Außenstehenden – wird ein hoher Lärmpegel als *„notwendiges Austoben"* für unvermeidlich und richtig gehalten, da dies dazu beitrage, das dem Menschen von Natur aus mitgegebene Aggressionspotential auf unschädliche Weise abzubauen. Die hier angesprochene Instinkt- oder Katharsistheorie ist aber nur plausibel, wenn damit ein hoher Verbrauch von physiologischer Energie, und nicht nur die Produktion von Schallwellen verbunden ist.

Bei dem hier angesprochenen Fall des unkontrollierten Lärms ist eher von der sogenannten Lerntheorie auszugehen: Könnte es nicht – auch – sein, daß die Kinder im Sinne eines „Lernens am Vorbild" die Erfahrung gemacht haben, daß derjenige, der am lautesten schreit, sich durchsetzt?

Schlußbemerkungen

(1) Es wäre eine allzu hohe Erwartung, daß allein die Befolgung der hier vorgeschlagenen „Rezepte" eine schnelle Besserung bewirken könnte. Die Unruhe und Hemmungslosigkeit von Kindern abzubauen, ist ein langer, mühsamer und von vielen Rückschlägen begleiteter Prozeß. Dabei ist freilich auch zu bedenken, daß „Ruhe" keine absolute Norm ist. Letztlich geht es um ein angemessenes Sozialverhalten.

(2) Wir möchten keineswegs den Eindruck erwecken, als ob der Sportunterricht in Deutschland in Lärm und Chaos versinken würde. Im Gegenteil, die Mehrzahl unserer Klassen ist in Ordnung. Aber Erscheinungen, wie die hier beschriebenen, sind allgemein im Zunehmen, und im internationalen Vergleich dürften unsere Schüler eher schlecht abschneiden.

Es ist zwar nicht gerechtfertigt, die Schule für Erziehungsfehler im Elternhaus und für gesellschaftliche Fehlentwicklungen verantwortlich zu machen, aber als öffentliche Institution ist sie verpflichtet, dagegen anzugehen.

Anmerkung

(1) Zu den folgenden Überlegungen vgl. den Beitrag: Konflikte und Störungen im Sportunterricht, S. 43.

4 Recht und Gerechtigkeit

Recht und Gerechtigkeit – was hat das mit Unterricht zu tun? Sind dafür nicht die Juristen zuständig?

Betrachten wir zunächst das folgende *Fallbeispiel*:
(Daß darin nur Frauen bzw. Mädchen vorkommen, ist Zufall.)

Eine Sportlehrerin sieht, daß beim „Warmlaufen" eine Schülerin eine andere schlägt, und verhängt dafür eine Stunde Arrest. Die Schülerin verteidigt sich damit, die andere habe zuerst geschlagen. Die Sportlehrerin erklärt: „Davon habe ich nichts gesehen." Zwei Tage später spricht die Klassenlehrerin wegen dieses Vorfalls die Sportlehrerin an: „Sie müssen die andere Schülerin auch bestrafen; sie hat doch angefangen." Die Sportlehrerin: „Wenn Sie das für notwendig halten, tun Sie es doch." Die Klassenlehrerin: „Aber ich habe es doch nicht gesehen."

Der Fall mag leicht absurd erscheinen, aber er hat sich tatsächlich so zugetragen. Wie ist er zu bewerten?

Einen möglichen Zugang zu diesem Problem kann vielleicht eine alltägliche, im Fernsehen immer wieder herausgestellte Szene vermitteln: Ein Fußballspieler „grätscht" in seinen Gegner hinein und bringt ihn so schwer zu Fall, daß dieser sich ernsthaft verletzt. Voller Zorn „verpaßt" der gefoulte Spieler dem anderen einen Tritt. Ergebnis:

Der Schiedsrichter zeigt ihm die rote Karte; er geht humpelnd vom Platz. Das Spiel wird mit einem Freistoß fortgesetzt.

Bei einem Fußballspiel sind die Verhältnisse also eindeutig: Ein Revanchefoul wird immer bestraft, und zwar mit der Höchststrafe; beim „Erstfoul" ist man in neun von zehn Fällen eher großzügig. Warum?

Man muß zumindest unterstellen, daß der Spieler die Absicht hatte, sein Ziel mit (vielleicht gerade noch) fairen Mitteln zu erreichen (und daß es sich beim ersten Beispiel vielleicht um einen versehentlichen Rempler oder eher freundschaftlichen Schubser gehandelt hat). Jedenfalls ergibt sich das „Erstfoul" normalerweise „aus dem Spiel heraus". Ein Revanchefoul ist aber immer eine gezielte Aktion gegen die Person des Gegners, die als solche in die Kategorie „Selbstjustiz" einzuordnen ist. Das aber ist nach unserem Rechtssystem verboten.

Ein Spaziergänger, der von einem Gassenjungen mit Schmutz beworfen wird, darf sich beispielsweise nicht mit einer Ohrfeige revanchieren; er muß vielmehr hinnehmen, daß der Übeltäter, weil strafunmündig, ungeschoren davonkommt und ihm ein eventueller Schaden verbleibt.

So widersinnig kann das werden, was beim „Recht" oder bei der „Rechtsprechung" herauskommt. Hier handelt es sich nämlich um ein *Formalsystem* mit dem einzigen Ziel, das Zusammenleben in der Gesellschaft zu ermöglichen und zu erhalten.

Dafür gibt es bestimmte *Normen*. Im Falle der nachträglich beschuldigten Schülerin im eingangs vorgestellten Fallbeispiel wären dies unter anderem die beiden Prinzipien, daß nur bestraft werden kann, was bewiesen ist, und daß niemand gezwungen werden kann, sich selbst zu belasten. Es wäre also nicht unbedingt legal, diese Schülerin so lange „in die Mangel zu nehmen", bis sie ihren Verstoß zugibt. Eine „pädagogische Lösung" dieses Falles könnte allenfalls darin liegen, ihr zu erklären: „Wenn du dich mitschuldig fühlst, kannst du ja deiner Klassenkameradin im Arrest Gesellschaft leisten (die Hälfte der Strafarbeit übernehmen o.ä.)."

Was ist nun aber „Gerechtigkeit"?

Gerechtigkeit ist die oberste Norm, die mit einer Rechtsordnung *angestrebt* wird, ein *idealer Zustand*, der sich nie erreichen und nur schwer definieren läßt. Und wenn man letzteres versucht, ergeben sich recht allgemeine Sätze, daß beispielsweise „jedem das Seine" zu gewährleisten und „Gleiches gleich" zu behandeln sei.

Diese faktische Unschärfe des Gerechtigkeitsbegriffes führt dazu, daß er in geradezu ausufernder Weise für jedes – tatsächliche oder vermeintliche – persönliche Ungemach gebraucht und mißbraucht wird. Tagtäglich werden neue „Gerechtigkeitslükken", z.B. im sozialen Bereich, erspäht, und wenn jemand ein paar Euro weniger verdient, ist das schon „ungerecht".

Manche Sportpädagogen finden es sogar ungerecht, wenn Schüler ungleich schnell laufen, und wollen das mit einer entsprechenden Notengebung ausgleichen. (Es könnte ja sein, daß beide sich „gleich angestrengt" haben und somit in irgendeiner Weise doch „gleich" sind.)

Es verbleibt als Fazit, daß mit dem „Recht“ oder der Rechtsordnung zwar „Gerechtigkeit“ angestrebt werden soll, aber niemals vollständig geschaffen werden kann. Ein *Prinzip* und seine *Realisierung* sind nicht dasselbe, so sehr dies zu bedauern ist und stets einen Rest an Unbehagen zurückläßt.

Im Hinblick auf diesen Tatbestand kann man als Lehrer, wenn die Schüler wieder einmal mehr oder weniger laut über „Ungerechtigkeit“ klagen, durchaus sagen: „Wahrscheinlich ist vieles auf dieser Welt ungerecht. Aber niemand weiß so ganz genau, was Gerechtigkeit eigentlich ist, und es gibt auch kein Bandmaß, mit dem man dies messen könnte. Die Schule ist ein Teilsystem unserer Gesellschaft und unterliegt damit bestimmten Normen, wie sie in den Gesetzen und Verordnungen – auch in den Lehrplänen und in der Schulordnung – niedergelegt sind. In ihrem Licht ist der vorliegende Fall wie folgt zu bewerten ...“

Und zum Schluß dieses Beitrags vielleicht ein kleiner Trost: *Gerechtigkeit ist das Bemühen, Ungerechtigkeit möglichst gering zu halten.*

5 Aggression und Gewalt im Sportunterricht

„Gewalt in der Schule“ ist längst kein Illustriertenthema mehr, sondern Realität. Offene Gewaltanwendung ist zwar nach wie vor die Ausnahme, doch dürfte das unterschwellige Aggressionspotential, d.h. die Gewaltbereitschaft, deutlich angestiegen sein. Grund genug, sich über diesen Problemkomplex einige Gedanken zu machen.

Hier wird zwar der Sportunterricht im Mittelpunkt stehen, doch dürfte auch ein Blick auf Schule und Unterricht im ganzen angebracht sein.

„Aggression“ und „Gewalt“ sollen dabei, dem allgemeinen Sprachgebrauch folgend, als faktische Synonyme verstanden werden. Ihr gemeinsames Merkmal liegt darin, daß mit einer aggressiven bzw. gewalttätigen Handlung stets eine Schädigung oder Beeinträchtigung eines anderen angestrebt oder zumindest in Kauf genommen wird.

Dieser Komplex soll weiter untergliedert werden in *physische Gewalt, psychische Gewalt, Unterdrückung und Rücksichtslosigkeit*, die im folgenden in umgekehrter Reihenfolge behandelt werden. Dabei ist vorweg darauf hinzuweisen, daß in allen diesen Bereichen offene und verdeckte, harmlose und besorgniserregende Formen zu verzeichnen sind.

Rücksichtslosigkeit

Rücksichtslosigkeit ist eine durchgehende Erscheinung im Schulalltag: An der Bushaltestelle oder am Schulhauseingang wird gedrängelt, geschubst und gestoßen; die Schüler stellen ihre Fahrräder genau vor den Eingang der Sporthalle, so daß es in Notfällen (Krankentransport, Panik) Probleme geben könnte, oder sie setzen sich so auf die Treppenstufen, daß keiner mehr durchkommt. Sicher ist dies meist Gedankenlosigkeit oder Ausdruck eines lockeren Lebensstils.

Wie aber ist folgender Vorfall zu bewerten: Eine Grundschulklasse drängelt nach Stundenschluß durch die Klassenzimmertür. Dabei kommt ein Mädchen zu Fall; die anderen stolpern ungerührt über es hinweg. Am nächsten Tag ist der Körper des Kindes von blauen Flecken übersät, die Mutter ist aber nicht zu bewegen, beim Lehrer oder bei der Schulleitung vorstellig zu werden. Sie habe die Erfahrung gemacht, daß man es dort nicht gerne sehe, wenn solche Vorfälle angesprochen werden.

So wird ein Teufelskreis in Gang gesetzt: Die betroffenen Kinder können sich nicht wehren, die Eltern halten sich bedeckt, die Lehrer schauen weg (vielleicht, weil sie fürchten, im nächsten Dienstzeugnis zu lesen, daß sie in schwierigen Klassen etwas mehr Fingerspitzengefühl zeigen könnten), die Schulleitungen sind nur daran interessiert, daß alles „läuft" und ja nichts „hochkommt", die Schulaufsicht ist mit bürokratischem Kleinkram überlastet. Außerdem hat man ja von verschiedenen Seiten, die hier nicht näher bezeichnet werden sollen, gehört, daß ein Lehrer, der Probleme hat, ein „schlechter Pädagoge" sei.

Nach aller Erfahrung aber kann man gegen jede Art von unbedachter oder vorbedachter Rücksichtslosigkeit und Gewalt in der Schule nur dann etwas ausrichten, wenn alle mitmachen und keiner sich „ausklinkt". Hilfe „von außen" ist nicht zu erwarten: Die sogenannte Öffentlichkeit schiebt das Problem der Schule zu; die Eltern sind, wie gesagt, still oder antworten, wenn man sie auf das unangemessene Verhalten ihrer Kinder anspricht, mit voller Überzeugung (Originalzitat): „Mein Kind soll lernen, sich durchzusetzen; das ist eben in unserer Gesellschaft so."

Was kann man generell gegen Rücksichtslosigkeit in der Schule tun? Zugegeben, nicht sehr viel, doch sollte man als Lehrer in konkreten Fällen sich einmischen, in aller Ruhe und eher nebenbei, aber immer wieder.

Bessere Einwirkungsmöglichkeiten bietet der *Schulsport*. Hier sieht man sehr schnell, wer sich ständig vordrängelt, beim Laufen die anderen schneidet oder beim Spielen anrempelt. Das sind konkrete Vorkommnisse, gegen die man ebenso konkret etwas unternehmen kann und unternehmen sollte.

Dabei gilt freilich die Regel, *keine „Sündenregister" auflaufen zu lassen*. Dies geschieht regelmäßig dann, wenn der Lehrer bemerkt, daß der eine oder andere Schüler sich ständig danebenbenimmt, aber aus bestimmten Rücksichten („Der Unterricht läuft doch") oder trügerischen Hoffnungen heraus („Vielleicht gibt es sich von selbst") nicht eingreifen möchte.

Der sich hier anstauende Ärger führt in der Art eines Dampfkesseleffekts irgendwann aber zu einer Explosion mit den entsprechenden Überreaktionen. Die Schüler sind nicht nur überrascht; sie reagieren total verständnislos: Rücksichtslos – wir? Was ist das überhaupt? Und warum regt sich der Lehrer plötzlich so auf?

Es ist besser, selbst wenn dies etwas kleinlich erscheinen sollte, im *jeweiligen Einzelfall möglichst unverzüglich einzuschreiten*, am besten dadurch, daß man kurz unterbricht, das „Vergehen“ benennt und eine Ermahnung oder Verwarnung ausspricht, bei „Wiederholungstätern“ vielleicht auch eine Strafmaßnahme ergreift.

Ein solches Vorgehen kann natürlich nur sinnvoll sein, wenn rücksichtsloses Verhalten im wesentlichen auf Einzelfälle beschränkt bleibt. Wird es zur „kollektiven Verhaltensnorm“, sind weitergehende Maßnahmen notwendig.

Auch hier gilt zunächst die Regel, nicht allzu lange zuzuwarten. Wenn das Bälleholen zum unerbittlichen „Kampf“ um den Ballschrank oder Balltransportwagen wird, bricht man ab und gibt die Bälle einzeln aus. Und für die folgenden Stunden ist ein „Gesamtpaket“ unterrichtlicher Maßnahmen zu schnüren, wie es z.B. im obenstehenden Beitrag zum Unterricht in unruhigen Klassen dargestellt worden ist. Bestimmte Dinge „gehen“ dann eben nicht mehr, und der Unterricht muß methodisch und organisatorisch umstrukturiert werden.

Unterdrückung

Unterdrückung ist wie Rücksichtslosigkeit ein Teil des Schulalltags. Objektiv ist sie freilich nur schwer zu fassen, denn soziale Rangordnungen gibt es immer und überall. Zur Unterdrückung werden sie erst dann, wenn irgendeine Form der Ausbeutung hinzukommt. So kann es z.B. geschehen, daß dominante Schüler sich einen „Kuli“ halten, der unangenehme Arbeiten, wie Tafel auswischen, Schulhof säubern oder Geräte wegräumen, für sie erledigt. Ungleich häufiger ist freilich die „moralische Unterdrückung“, wenn z.B. gute Schüler als Streber gebrandmarkt und zum Vorsagen oder Abschreibenlassen gezwungen werden.

Solche *Machtstrukturen* lassen sich im normalen Unterricht nur schwer aufdecken; im Sportunterricht werden sie schon etwas deutlicher, und so kann man gelegentlich auch etwas dagegen tun. Wenn hier plötzlich andere Leute als die eingeteilten zum Aufräumen erscheinen, kann man durchaus darauf bestehen, daß augenblicklich die „richtigen“ zur Stelle sind.

Was man allerdings nie ganz verhindern kann, ist die Tatsache, daß es in jeder Klasse „Privilegierte“ gibt, die sich fürs Zupacken zu schade sind oder allenfalls den Mattenwagen schieben, und „Unterprivilegierte“, die stillschweigend die Matten aufladen. Man ist aber als Sportlehrer gut beraten, darauf etwas zu achten, und sei es nur deshalb, um ein mögliches Konfliktpotential rechtzeitig zu erkennen. Dominante Schüler sind nämlich, was ihre eigene Person betrifft, zumeist mimosenhaft empfindlich. Und das kann man ihnen bei passender Gelegenheit auch sagen: „Auf anderen rumtrampeln, das kannst du, aber selber mal etwas wegstecken kannst du nicht.“

Psychische Gewalt

Die psychische Gewalt stellt ein breites Spektrum von Verhaltensweisen dar, das vom gezielten „Fertigmachen“ eines Arbeitskollegen oder Klassenkameraden bis hin zu gelegentlichen verletzenden Bemerkungen reicht. Ausgangspunkt ist zumeist der bereits erwähnte „harte Kern“ dominanter Schüler. Opfer sind in der Regel der oder die Außenseiter in der Klasse. Sie werden gezielt schikaniert, um die eigene Machtposition zu festigen. Nur allzu häufig wird damit ein „Mitmacheffekt“ ausgelöst, der die verfolgten Schüler in eine aussichtslose Lage treibt. In extremen Fällen kann dies zum Schulversagen führen.

Gelegentlich werden auch gute Schüler zur Zielscheibe der Aggressionen, sei es daß sie als „Streber“ oder „Streikbrecher“ fortgesetzt gedemütigt oder als „Spinner“ mit abschätzigen Bemerkungen verfolgt werden. In Ausnahmefällen können auch Schüler wegen „zu guter“ sportlicher Leistungen ins Schußfeld geraten, nur weil sie nicht zur „Clique“ gehören oder vielleicht die „falsche“ Sportart betreiben.

Nur selten erhält man als Lehrer Einblick in solche klasseninterne Gewaltaktionen und Machtkämpfe. Wo dies aber der Fall ist, sollte man das Mögliche tun. Wenn man z.B. im Umkleideraum einen tränenüberströmten Schüler vorfindet, der sich nicht nach Hause traut, weil man ihm die neuen Schuhe versteckt hat, ist es schon angebracht, die Eltern in Kenntnis zu setzen, und sei es nur deshalb, um ihr Kind vor ungerechtfertigten Vorwürfen zu schützen.

Bedenkliche Feststellung aus solchen Fällen: In aller Regel geben die Eltern ihren Kindern dann den Ratschlag, sich in irgendeiner Weise doch mit den „Mächtigen“ in der Klasse zu arrangieren.

Psychische Gewalt erscheint im Sportunterricht zumeist in einer etwas harmloseren, aber nicht minder verletzenden Form, dem *Auslachen*. Es kann ja auch zu komisch wirken, wenn jemand beim Absprung plötzlich wegrutscht oder unversehens vom Reck fällt. Sobald aber „Methode“ hinter solchen Vorgängen sichtbar wird, muß man einschreiten, und zwar dadurch, daß man den Schülern das *Problem bewußt macht* und die meist etwas irrationale *Täter-Opfer-Beziehung offenlegt*, z.B. nach folgendem, hier sehr vereinfachten Muster:

- „Warum lacht ihr denn?“
- „Was habt ihr denn davon, daß ihr einen anderen auslacht?“
- „Hättet ihr es gern, wenn andere in einer solchen Situation euch auslachen?“

Ein solches oder ähnliches Vorgehen kann als wirksames „Rezept“ gegen jede Form von psychischer Gewalt gelten.

Wie weit man von hier aus in die gesellschaftlichen Tiefendimensionen von Gewalt, Macht und Herrschaft vordringen sollte, muß von Fall zu Fall entschieden werden.

Physische Gewalt

Manifeste physische Gewalt stellt glücklicherweise – außer in bestimmten Problemschulen – immer noch eine Ausnahme dar. Für die dennoch verbleibenden Fälle vertreten wir hier die Meinung, daß sie *immer und unbedingt zu bestrafen* sind, und zwar mit einer offiziellen, in der Schulordnung vorgesehenen Maßnahme, die auch in den Unterlagen der Schule festgehalten wird.

Alles andere würde den bei uns gültigen rechtlichen Standards nicht entsprechen und könnte als Freibrief für weitere Gewaltaktionen mißverstanden werden. Für Vorfälle, die sich nicht im Gesichtskreis eines Lehrers abgespielt haben und die erst geklärt werden müssen, ist dabei die Schulleitung zuständig.

Etwas mehr Kopfzerbrechen bereiten die – hier wie überall – unvermeidlichen *Grenzfälle*, die in drei Beispielen vorgestellt werden sollen:

Beispiel 1

Der Lehrer kommt vor der Sportstunde zum Eingang der Sporthalle und findet dort zwei in eine handfeste Rauferei verwickelte Schüler vor. Es ist nicht ersichtlich, ob es sich um eine der „üblichen" Rangeleien oder um eine echte Auseinandersetzung handelt. Ratschlag: „Ich bin in meinem Unterricht für die Ordnung zuständig und werde das in Zukunft nicht mehr durchgehen lassen."

Im Wiederholungsfall (bei den gleichen oder anderen Schülern) wären beide Beteiligte zu bestrafen, es sei denn, die Schuldfrage kann eindeutig geklärt werden.

Beispiel 2

Ein Schüler foult beim Spielen seinen Gegenspieler so schwer, daß die Grenze zur Körperverletzung überschritten scheint. Ratschlag: Abbrechen („So nicht und bei mir zweimal nicht"); „Sperre" für den Übeltäter für die nächste Spielstunde; im Wiederholungsfall Schulstrafe.

Hinweis: Bei weniger gravierenden Fällen wird man nach einem Platzverweis oder einer Zeitstrafe wohl weiterspielen lassen. Bei einem ausgesprochen rüden Spielverhalten ist es besser, mit etwas anderem, z.B. Übungsformen, weiterzumachen, als eine mögliche Eskalation zu riskieren.

Beispiel 3

Es bricht gelegentlich wie eine Epidemie über eine Klasse herein, daß „hintenherum" gestoßen, gezwickt und an den Haaren gezogen wird. Die Betroffenen reagieren zumeist recht empört; die Urheber sind oft nur schwer auszumachen, und wenn sie gestellt werden, streiten sie alles ab oder behaupten, es sei doch nur Spaß gewesen.

Ratschlag: „Für mich sind das keine Späße, sondern bösartige Aggressionen; und als solche werde ich sie in Zukunft auch entsprechend behandeln."

Im übrigen sollte der Unterricht so gestaltet werden, daß möglichst wenig Gelegenheit zu solchen Streichen bleibt.

Schlußbemerkung

Man könnte hier die Frage stellen, warum in allen diesen Fällen ein so rigoroses Vorgehen empfohlen wird. Schließlich seien Streitereien und Rangeleien unter Kindern alltägliche, durchgehende und letztlich auch unvermeidbare Erscheinungen.

Dem ist aber entgegenzuhalten, daß jedes Kind, solange es bei uns in der Schule ist, einen *unbedingten Anspruch auf körperliche* – und nach Möglichkeit auch auf seelische – *Unversehrtheit* hat.

Hier wie in allen Konfliktsituationen sollte man freilich eine Regel befolgen: *Keine Überreaktionen*. Man sollte, einer alten Redensart zufolge, nicht mit Kanonen auf Spatzen schießen. Zumindest im Vorfeld solcher Problemfälle ist also ein eher bedächtiges und behutsames Vorgehen anzuraten.

6 „Machen Sie es doch vor!“

Wahrscheinlich ist jeder Sportlehrer im Verlauf seiner Dienstzeit – meist recht unversehens – mit dieser oder einer ähnlichen Aufforderung konfrontiert worden, und wenn nicht, muß er jederzeit damit rechnen. Der Ton solcher Schüleräußerungen reicht von freundlich-naiv („Können Sie uns das vielleicht vormachen?“) bis hin zu aggressiv-provozierend („Machen Sie das doch erst einmal vor!“). Es können also die unterschiedlichsten Motive hinter einem solchen Ansinnen stehen. Insofern ist auch auf die Frage, wie man konkret damit umgehen könnte, keine einfache Antwort möglich.

Es kommt hinzu, daß das Problem des Vormachens – und im weiteren Umkreis auch des Mitmachens – *von zentraler Bedeutung für das Selbst- und Fremdbild des Sportlehrers* ist. Damit wird es zu einer Grundsatzfrage des Unterrichtens im Sport.

Es gibt also mehrere Gründe, sich etwas eingehender mit dem hier aufgegriffenen Thema zu beschäftigen. Dies soll im folgenden auf zwei Ebenen geschehen:
- der pragmatischen Ebene der Konfliktbewältigung,
- der übergeordneten Ebene des Rollenverständnisses eines Sportlehrers.

Hinsichtlich der Bewältigung des *aktuellen Konflikts* ist es dabei unerheblich, ob die nachfolgend formulierten Gedanken und Ratschläge „gut“ oder auch nur praktikabel sind. Es geht lediglich darum, eine solche Situation *gedanklich vorwegzunehmen*. Die wirklich kritischen unterrichtlichen Vorfälle sind nämlich diejenigen, von denen man sich überraschen läßt. Allein schon das Wissen darüber, daß es dergleichen geben könnte, trägt viel zur Entschärfung bei.

Gehen wir also vom „Normalfall“ aus, daß die zitierte Schüleräußerung auf einem diffusen Unbehagen oder einer unterschwelligen Ablehnung beruht und von einem der Wortführer in der Klasse mit einem provozierenden Unterton vorgebracht wird.

Wie kann man darauf reagieren?

Daß die hier beschriebenen – der Kürze wegen als „Methoden“ bezeichneten – Möglichkeiten bloße Gedankenexperimente sind, ist bereits gesagt worden.

Die „direkte“ Methode

Der Lehrer geht – scheinbar – auf das Ansinnen der Schüler ein und macht die Übung vor. Im Anschluß daran fordert er – vielleicht sogar im selben Tonfall – den Wortführer auf, die Übung nachzumachen. Daraus ergeben sich drei Möglichkeiten für den weiteren Fortgang:

(1) Der Schüler macht die Übung nach. Reaktion: „Wir beide können die Übung also. Aber gerade deshalb möchte ich dir dringend anraten, in Zukunft mit solchen Äußerungen vorsichtiger zu sein.“

(2) Der Schüler bringt die Übung mit Ach und Krach zustande. Reaktion: „So toll war das nicht; du mußt noch viel üben, bis du so gut bist wie ich. Und außerdem solltest du dich in Zukunft sehr zurückhalten.“

(3) Der Schüler weigert sich. Reaktion: „Typisch, erst die große Lippe riskieren und dann kneifen. Dagegen bin ich allergisch; das solltest du dir für die Zukunft merken."

Natürlich ist auch ein generell anderer Fortgang möglich: Der Lehrer macht die Übung vor und setzt das allgemeine Üben in Gang („Ihr habt gesehen, wie es geht; jetzt seid ihr dran"). Den Wortführer kann er sich bei Gelegenheit noch „vornehmen".

Diese Methode dürfte in erster Linie dann angebracht sein, wenn die Situation wirklich kritisch ist oder als solche eingeschätzt wird. Auf diese Weise werden am schnellsten „die Fronten geklärt". In zweiter Linie ist sie auch dazu geeignet, eine an sich harmlose Situation ohne weiteres Aufsehen zu bereinigen.

Voraussetzung ist allerdings, daß der Lehrer die Übung wirklich beherrscht. Wenn das nicht oder nicht mehr der Fall ist – man kann ja nicht überall Experte sein, und außerdem wird man auch älter – oder wenn man aus anderen Gründen auf das Ansinnen der Schüler nicht eingehen will (was durchaus seine Berechtigung hat), sind andere, hier nur andeutungsweise vorgetragene Strategien zu erwägen:

Die „amtliche" Methode

„Ihr verkennt den Sinn des Sportunterrichts. Der ist für die Schüler da, nicht für den Lehrer. Ich muß nur dafür sorgen, daß alles richtig läuft. Also fangt schon an."

Die „problemorientierte" Methode

„Ihr wißt ganz genau, daß die Übung ein gewisses Risiko enthält. Ich kann euch dabei helfen, ihr mir nicht. Wahrscheinlich wollt ihr mich nur provozieren."

Die „nostalgische" Methode

„Ja, das waren noch Zeiten, als das und vieles andere für mich noch selbstverständlich war. Es gibt eben Übungen für junge Leute und welche für alte Leute. Hört also auf, mich damit auch noch zu ärgern."

Die „Von-oben-herab-Methode"

„Ich habe mein Abitur schon lange gemacht und habe sogar die Sportlehrerprüfung bestanden. Ich weiß also, wie es geht; ihr müßt das erst noch lernen. Und im übrigen lasse ich mich von euch nicht provozieren."

Die „umgekehrte" direkte Methode

„Vormachen? Ich, euch? Ihr habt ja gar keine Lust, anständig mitzuarbeiten; ihr wollt mich nur provozieren. Also laßt die flotten Sprüche und macht euch an die Arbeit."

Welche „Methode" ist nun die „richtige"?

Jede kann in einer bestimmten Situation richtig und in einer anderen völlig deplaziert sein. Es kommt also auf die näheren Umstände und das besondere Verhältnis zur Klasse an. Bedenklich (oder besser: bedenkenswert) wäre nur eine allzu starre und stereotype Lehrerreaktion

Gerade deshalb erhebt sich aber die Frage, ob es denn keine allgemeinen und übertragbaren Strategien oder Regeln zur Konfliktbewältigung gibt, die im Sinne von *„generalisierbaren Handlungsanleitungen"* einerseits eine voreilige und überschießende Lehrerreaktion verhindern, andererseits das Problem lösen, zumindest aber den Schülern bewußt machen könnten.

Dies soll an anderer Stelle, nämlich bei der Betrachtung der „normalen", für den Sportunterricht typischen Konflikte und Störungen versucht werden (1).

Hier soll dem Problem des Vormachens auf der schon angesprochenen *übergeordneten Ebene* nachgegangen werden.

Vom „Sinn" des Vormachens

Vormachen „gehört" irgendwie zum Sportlehrer. Das ist wohl unbestritten. Aber warum das so ist, wird nicht immer scharf genug gesehen. Vielleicht kann hier eine einfache Überlegung weiterhelfen:

Im „normalen" Unterricht, ob beim Kopfrechnen, der Darlegung von Fakten oder der Erarbeitung eines Problems, arbeiten Lehrer und Schüler auf der gleichen, primär kognitiven Ebene (Lehrer meist intensiver als Schüler). Diese Komponente bleibt zwar auch im Sportunterricht erhalten, doch werden die Schüler hier – auch und vor allem – auf einer anderen Ebene tätig, der motorischen. Wird dabei die Diskrepanz zwischen Lehrer- und Schülertätigkeit zu groß, wird sie vom Schüler registriert, und es könnte sein, daß der Lehrer ihm nur noch als Aufpasser und Antreiber erscheint.

Motorische Eigentätigkeit ist für den Lehrer also die einzige Möglichkeit, dem Schüler auf derselben Ebene zu begegnen.

Daraus folgt zweierlei, nämlich
- daß „Vormachen" nicht nur eine methodische, sondern auch eine nicht zu unterschätzende pädagogische Bedeutung hat,
- daß der eigentliche Sinn des Vormachens im „Mitmachen" liegt.

Dies bedeutet keineswegs, daß der Lehrer immer und überall vor- und mitmachen muß. Die Schüler sehen und wissen, auch ohne daß man ihnen das sagt, sehr wohl,
- daß der Lehrer durch Organisieren und Beaufsichtigen, Anleiten und Korrigieren, Helfen und Sichern (und noch durch einige andere Aufgaben mehr) bereits weitgehend ausgelastet ist,
- daß der Lehrer auch noch andere Klassen und damit viele Sportstunden mehr hat.

Es bedeutet aber sehr wohl, daß der Lehrer überall da, wo es angebracht und angemessen ist, sich auf die Ebene des Schülers begibt. Und in der Tat gibt es hierfür eine praktisch unbegrenzte Zahl von Möglichkeiten, von denen hier nur einige wenige angesprochen werden sollen:

(1) Zunächst ist das Vormachen aus methodischen Gründen, die *Bewegungsdemonstration*, zu nennen. Dabei muß durchaus nicht immer die Gesamtbewegung dargeboten werden; es gibt noch andere Möglichkeiten:

In vielen Fällen ist die Demonstration einer Teilbewegung, vielleicht sogar in vereinfachter oder übertreibender Form, zweckmäßiger. Sehr oft ist dies nur als Imitationsbewegung realisierbar. Wo immer möglich, ist die Bewegung zu verlangsamen. Ausschlaggebend für die Wirksamkeit ist die Vorgabe von gezielten *Beobachtungshin-*

weisen für die Schüler. Dies bedeutet zugleich, daß in der Regel mehrfach demonstriert werden muß.

Daneben ist es zur Schulung des Bewegungssehens und der Konzentrationsfähigkeit gelegentlich auch angebracht, einfache Übungen, z.B. aus dem Bereich der Gymnastik oder des Gerätturnens, vorzumachen und ohne jeden Kommentar von den Schülern nachmachen zu lassen. Solche Arbeitsweisen können viel zu einem lebendigen und abwechslungsreichen Unterricht beitragen.

Wie dieser kurze Überblick zeigt, bietet allein schon der Bereich der Bewegungsdemonstration dem Sportlehrer ein weites Betätigungsfeld, das er nicht ungenutzt lassen sollte, zumal das Vormachen die einfachste und flexibelste Form der visuellen Verdeutlichung einer Bewegung ist. Dies gilt unabhängig davon, daß bestimmte Unterrichtsformen, vor allem im Umkreis des offenen Sportunterrichts und der sogenannten induktiven Methode, ein Vormachen – zumindest zu Beginn des Lern- und Erkenntnisprozesses – geradezu verbieten.

(2) In einem zweiten Bereich ist die *persönliche Fitneß* des Sportlehrers angesprochen. Hier geht es vor allem um die vielen und meist auch recht einfachen Übungen aus dem Bereich der Funktionsgymnastik, der Zweckgymnastik und des Konditionstrainings, die man als Lehrer fast selbstverständlich vormacht und – darauf liegt hier der Nachdruck – eine Zeitlang mitmacht. So wird man sich bis ins höhere Dienstalter hinein gerade aus dem Umkreis der elementaren körperlichen und konditionellen Fähigkeiten einen Bestand an Übungen bewahren, auch solcher, die kaum ein Schüler auf Anhieb nachmachen kann. Das trägt zu einem positiven Selbstbild bei.

(3) An dritter Stelle sei auf das *Mitmachen im engeren Sinne* hingewiesen. Dies ist keineswegs von nachrangiger Bedeutung, auch wenn es nicht in den Vordergrund gerückt werden sollte. Irgendwie, und sei es nur andeutungsweise, muß der Sportlehrer seinen Schülern nämlich zu verstehen geben, daß er das, was er von ihnen verlangt, auch selbst zu bringen bereit ist.

Hier sind keine spektakulären Fertigkeiten aus der Spezialsportart des Lehrers gemeint, sondern – gleichmäßig über alle Sportarten hin verteilt – die vielen kleinen und selbstverständlichen Dinge, die den Alltag des Sportunterrichts ausmachen. Dies erfordert natürlich ein emotional ausgeglichenes Verhältnis auch zu den weniger beliebten Inhalten des Schulsports, und damit einiges an Selbstdisziplin.

Natürlich setzt hier das Lebensalter eine gewisse Grenze, doch wissen auch die Schüler, daß ein älterer Mensch einem jüngeren in manchen Dingen, z.B. in der Schnelligkeit, unterlegen ist. Warum aber sollte der Lehrer z.B. bei einem Waldlauf nicht mitlaufen? (Er kann sich ja immer noch überlegen, ob er vorauslaufen und das Tempo angeben oder hinterherlaufen und die langsameren Schüler aufmuntern sollte.) Auf Dauer kann man nämlich, gerade was die gesundheitlichen Wirkungen des Sports betrifft, nicht „Wasser predigen und Wein trinken."

Anmerkung

(1) In dem Beitrag: Konflikte und Störungen im Sportunterricht, S. 43.

7 Die Weigerung als typischer Konfliktfall des Sportunterrichts

Für viele Sportlehrer, insbesondere Berufsanfänger, kann die Vorstellung, daß die Schüler plötzlich und geschlossen „nicht mehr mitmachen", geradezu zum Alptraum werden. Dies ist auch verständlich, denn Sportunterricht würde in diesem Fall überhaupt nicht mehr stattfinden, während anderer Unterricht, z.B. durch Lehrervortrag, noch irgendwie über die Runden gebracht werden könnte.

Glücklicherweise sind solche Vorfälle äußerst selten. Einige wenige dieser Art sollen hier kurz betrachtet werden.

Zuvor ist aber ein Blick auf die *Rechtslage* angebracht (1). Sie ist in diesem Fall relativ eindeutig: Schule und Unterricht bauen auf der Teilnahmepflicht der Schüler auf. Die Schüler sind also nicht berechtigt, die Teilnahme generell, d.h. in einem bestimmten Fach oder in einer bestimmten Stunde, oder partiell, d.h. bei einem bestimmten Unterrichtsgegenstand, zu verweigern. An und für sich liegt hier also ein Rechtsproblem vor, das mit schulrechtlichen Mitteln durch die Schulleitung oder durch die Lehrerkonferenz zu lösen wäre.

Die Praxis legt aber, wie gleich zu zeigen ist, ein differenzierteres Vorgehen nahe.

Beispiel 1

Der Lehrer, ein Referendar, will seinen Unterricht beginnen. Die Schüler aber bleiben auf der Bank sitzen: „Heute nicht; keine Lust". Lehrer (setzt sich vor den Schülern auf den Boden): „Warten wir ab". Und so sitzen sich Lehrer und Schüler die restlichen 35 oder 40 Minuten der Stunde schweigend gegenüber. Am Ende der Stunde verläßt der Lehrer wortlos die Halle. Weder Lehrer noch Schüler kommen auf den Vorfall zurück.

Kommentar: In diesem Fall eines plötzlichen und unangekündigten „Sitzstreiks" der Schüler hat der Lehrer zweifellos die beste Gegentaktik gewählt, das „Aussitzen". Es war vermutlich auch richtig, die Sache ohne nachfolgende Belehrung auf sich beruhen zu lassen. Die Schüler hatten ihre Lektion gelernt; der Vorfall selbst wirkte im Sinne einer stummen Drohung weiter. Für den Wiederholungsfall gilt das zum nächsten Beispiel Gesagte.

Beispiel 2

Der Lehrer, gleichfalls ein Referendar, hat das – an sich recht attraktive – Thema der Stunde angesagt und fordert die Schüler zum Üben auf: Niemand rührt sich. Der Lehrer wartet zu. Nach zehn Minuten springen die Schüler auf und üben eifrig: „Es war alles nur Spaß". Auch hier ist von einer Wiederholung nichts bekannt.

Kommentar: Dieser Fall gleicht dem ersten, jedoch mit einem wesentlichen Unterschied: Die Schüler handelten nicht aus einer allgemeinen Unlust heraus, sondern nach einem vorbedachten Plan. Vielleicht wollten sie tatsächlich nur einen Ulk machen, vielleicht aber auch – mehr oder weniger bewußt – Macht demonstrieren. Und darauf muß man reagieren, z.B. dadurch, daß man am Schluß der Stunde erklärt: „Vielleicht war es wirklich nur ein Spaß. Aber merkt euch, so etwas zieht nur einmal." Das weitere kann man offenlassen, denn die Schüler können sich sehr wohl vorstellen, daß es im Falle eines abermaligen „Totalstreiks" nur eine „juristisch einwandfreie" Gegenreaktion gibt, nämlich den Unterricht abzubrechen, die Klasse aus der Halle (am Nachmittag nach Hause) zu schicken und den Vorfall der Schulleitung zu unterbreiten. Dies folgt aus der schon erwähnten Teilnahmepflicht der Schüler.

Beispiel 3

Der Lehrer hat die Barren aufbauen lassen. Er macht eine Übung vor, erklärt sie und fordert die Schüler zum Üben auf. Die aber wollen nicht: „Barren, mit uns nicht". Daraufhin läßt der Lehrer die Geräte wieder wegräumen und gibt den Schülern einen Ball zum Spielen. In der nächsten Stunde ergibt sich genau das gleiche Bild. In der dritten Stunde fangen die Schüler plötzlich an, eifrig am Barren zu üben.

Kommentar: Dieses Beispiel kann zweierlei zeigen, erstens daß eine gewisse Konsequenz, wenn nicht Sturheit, von seiten des Lehrers sich lohnt, zweitens daß man aus einer gelegentlichen, mehr auf Unlust beruhenden Weigerung der Schüler nicht unbedingt eine „Staatsaktion" machen muß. Wenn man nämlich in einem solchen oder ähnlichen Fall zum Schulleiter kommt, kann es sehr wohl geschehen, daß dieser fragt: „Barren, muß das sein?" oder: „1000 Meter, ist das nicht zu lang?"

Die Inhalte des Sportunterrichts gelten ja nicht nur in der breiten Öffentlichkeit, sondern bisweilen auch bei Lehrern und Schülern als beliebig; Lehrpläne und entsprechende Vorgaben werden mehr oder weniger als unverbindlich betrachtet.

Was aber ist zu tun, wenn die Schüler bei ihrer Weigerung bleiben? Dann gibt es nur noch eine Möglichkeit, nämlich nach angemessener Zeit folgendes zu erklären: „Ihr habt jetzt genügend Gelegenheit zum Üben gehabt; jetzt schaue ich mir an, was dabei herausgekommen ist." Bleiben die Schüler auch dann noch stur, ist das Problem auf einfachste Weise gelöst: Für Leistungsverweigerung sehen die schulrechtlichen Bestimmungen nur eine Note vor: „ungenügend", also 6. Versuchen die Schüler dann doch noch, etwas zustande zu bringen, haben sie letztendlich klein beigegeben.

Um möglichen Einwänden zu begegnen: Ein solches Lehrerverhalten ist als eine „natürliche Konsequenz" zu sehen und hat mit „unpädagogischem Handeln" nicht das geringste zu tun (2).

Beispiel 4

Der Lehrer muß vertretungsweise einige Schüler der Parallelklasse mit dazunehmen. Er bleibt aber beim ursprünglich vorgesehenen Thema, eine Pflichtübung im Bodenturnen einzuüben. Zur Demonstration fordert er einen von den „fremden" Schülern auf, von dem er weiß, daß er ein guter Turner ist. Der aber sagt nichts weiter als: „Nein". Der Lehrer: „Dann also nicht; ihr wißt ja sowieso, wie die Übung geht."

Kommentar: In einem solchen oder ähnlichen Fall gilt zunächst die Regel, daß man sich nicht mit Schülern anlegen sollte, über die man keine wirkliche Macht hat. Unabhängig von diesem Problem sollte man sich auch nicht vor der gesamten Klasse mit einem einzelnen Schüler (oder auch einigen wenigen Schülern) herumstreiten. Stellt man den Verweigerer nämlich in aller Öffentlichkeit zur Rede, wird er entweder eine Ausrede bringen (dann hat er den Lehrer ausgetrickst) oder bei seiner Weigerung bleiben (dann hat er gezeigt, daß er im Augenblick der Stärkere ist).

Es verbleiben (namentlich im Falle eines „eigenen" Schülers) nur zwei Möglichkeiten: entweder die Sache herunterzuspielen („Du hast wohl heute einen schlechten Tag") oder bei nächster Gelegenheit den Schüler beiseite zu nehmen und ihm sinngemäß zu erklären: „Du kannst mich wohl in Kleinigkeiten ärgern, aber abgerechnet wird am Schluß." Im ersten Fall hätte man dem Schüler sozusagen eine goldene Brükke gebaut, im zweiten eine verschlüsselte Drohung ausgesprochen. In beiden Fällen wäre abzuwarten, wie sich die Angelegenheit weiter entwickelt. Im Wiederholungsfall wäre eine „offizielle" Schulstrafe fällig (3).

In zwei Punkten haben vier verschiedene Lehrer zu sehr verschiedenen Zeiten sich völlig gleich verhalten:

(1) Sie haben keine Überreaktionen gezeigt. Und letztlich haben sie mit diesem Verhalten auch recht behalten.

Die Beweggründe der Schüler, die zu solchen Aktionen führen, sind so verschieden und – auch für sie selbst – so diffus, daß zunächst eine „Abkühlungsphase" angebracht ist. In den meisten Fällen wird diese auch zur Besinnung führen.

(2) Sie haben in der „akuten Phase" nicht mit den Schülern diskutiert und nicht, wie es vom grünen Tisch aus so oft empfohlen wird, „das klärende Gespräch mit den Schülern gesucht". Sie wissen nämlich aus Erfahrung, daß in einer solchen Situation, die ja auch für die Schüler Streß bedeutet, und damit einiges an Emotionen, wenn nicht Aggressionen, freisetzt, eine rationale Argumentation nicht möglich ist.

Das bedeutet keineswegs, daß man mit den Schülern nicht reden sollte. Aber Einsicht und Verständnis zu wecken, z.B. auch für Dinge, die den Schülern unbequem sind, ist eine langfristige Aufgabe, die sich nur im Zusammenwirken von gelegentlichen Bemerkungen, sachlichen Erläuterungen und geduldiger Beantwortung von Schülerfragen lösen läßt.

Es verbleibt, einen Blick auf die *„verdeckte Weigerung"* zu werfen. Wenn die Schüler beispielsweise beim 1000-m-Lauf nach der ersten Runde „aussteigen" oder sich reihenweise vom Barren fallen lassen, ist ein Vorgehen ähnlich dem Beispiel 3 angebracht, nämlich die Aktion auslaufen zu lassen und bei „gegebener Gelegenheit" die Rechnung zu präsentieren.

Nicht zu den Weigerungen zu rechnen ist das – gelegentlich recht nervtötende – Jammern der Schüler, wenn sie sich vor unbequemen Anforderungen drücken wollen („zu heiß, zu kalt, doch nicht in der ersten Stunde, noch nicht genug geübt"). In diesen Fällen sollte man sich nicht auf irgendwelche Rechtspositionen zurückziehen („Aber der Lehrplan verlangt es"), sondern mit den Schülern reden und dabei auch persönlich Stellung beziehen.

Wie das geschieht, ob eher verständnisvoll, leicht ironisch oder mehr abweisend, ist weniger wichtig, Hauptsache, der Lehrer bleibt in sich und in seinem Handeln konsequent und versucht, berechtigten Bedenken durch eine überlegte Unterrichtsplanung zu begegnen. Ein 1000-m-Lauf im Hochsommer muß nicht sein, und die Barrenübungen dürfen die Schüler nicht generell überfordern.

Anmerkungen

(1) Vgl. den nachfolgenden Beitrag: Go-slow und Null-Bock.
(2) Siehe Anm. (1).
(3) Vgl. den Beitrag: Ermahnen – Verwarnen – Bestrafen, S. 51.

8 Go-slow und Null-Bock

Zum Problem der passiven Resistenz im Sportunterricht

„Go-slow" und „Null-Bock", der passive Widerstand gegen die Anforderungen der Schule und der Unterrichtsfächer, sind heute weit verbreitet. Die Leidtragenden sind die Lehrer, allen voran die Sportlehrer. Für sie ist dies nämlich die unangenehmste aller negativen Schülerverhaltensweisen, zunächst, weil man ihr so schlecht beikommen kann, vor allem aber deshalb, weil Sportunterricht an der Passivität der Schüler schlichtweg erstickt.

Dabei kann der Sportunterricht im ganzen betroffen sein oder auch nur Teile davon, im allgemeinen die sogenannten Individualsportarten. Unterrichtsinhalte, die den Schülern eine hohe emotionale Mitbeteiligung erlauben, im wesentlichen also die Ballspiele, sind weniger gefährdet, wenngleich auch hier von Klasse zu Klasse erhebliche Unterschiede bestehen.

In den weiteren Umkreis dieser Einstellung gehören Verhaltensweisen wie vorgeschobene Entschuldigungen, Ausreden aller Art (z.B. „Sportzeug vergessen"), „Sich-dumm-Stellen" („Noch nie gehabt"), häufiges Zuspätkommen, demonstrative Langsamkeit beim Umkleiden u.ä.

Aus all dem ergibt sich die Frage, ob die Schüler zu einer solchen generellen oder partiellen Verweigerungshaltung „berechtigt" sind. Die Antwort ist eindeutig: Natürlich nicht; weder Schüler noch Lehrer haben das Recht, den Lehrplan als Ganzes oder in Teilen außer Kraft zu setzen oder auf andere Weise zu unterlaufen (1).

Die *Ursachen* des passiven Widerstandes liegen zumeist außerhalb der Schule, obgleich sie ihr („unmodern", „pädagogisch rückständig") oder dem einzelnen Lehrer („stur", „wenig verständnisvoll") zumeist angelastet werden.

Die gesellschaftlichen und milieubedingten Bezüge dieses Problems können hier nicht weiter besprochen werden. Es muß der Hinweis genügen, daß diese und ähnliche

Verhaltensweisen zumeist der Ausdruck einer allgemeinen Schulunlust oder eines durchgehenden Schulfrusts sind, deren Ausgangspunkt darin zu sehen ist, daß viele unserer Schüler von Haus aus recht verwöhnt sind.

Als Folge einer solchen Einstellung versuchen die Schüler, allen Anforderungen, die für sie unbequem sind oder von ihnen so empfunden werden, aus dem Weg zu gehen.

Im Hinblick auf diese letzte Feststellung sollte man aber auch folgendes bedenken:

(1) Es sind nur wenige Klassen, in denen solche Erscheinungen durchgängig werden. In den meisten Fällen handelt es sich um gelegentliche – und vielleicht auch lösbare – Konflikte. Mit ihnen muß man freilich in fast jeder Klasse rechnen, ohne daß, wie früher, eine alterstypische Verteilung zu beobachten wäre.

(2) Es sind nie alle Schüler mit Vorbedacht daran beteiligt, selbst wenn die Passivität durchgängig zu sein scheint. Diese geht zumeist von einer „aktiven Minderheit" dominanter Schüler aus. Die „schweigende Mehrheit" der Klasse macht mehr oder weniger unbewußt mit.

(3) In vielen Fällen handelt es sich um altersbedingte „Anlaufschwierigkeiten". Während jüngere Schüler zumeist von einem überschießenden Aktivitätsdrang beherrscht sind (was wieder eigene Probleme aufwirft), verfallen ältere sehr leicht in eine gewisse Trägheit, deren Überwindung – auch beim Lehrer – immer wieder von neuem einige Energie erfordert.

(4) Auch Schüler haben bisweilen einen „schlechten Tag". Vielleicht steht eine Mathematikarbeit an oder eine Englischarbeit ist danebengegangen. Es könnte auch das Wetter schuld sein oder eine Party vom Vorabend. Darüber sollte man hinwegsehen, sofern daraus keine Dauerentschuldigungen abgeleitet werden.

Wenn nun aber die „Ablehnungsfront" über den eben abgesteckten Rahmen hinausgeht und *Passivität zum ständigen Druckmittel* in der Hand der Schüler wird, mit dem sie letztendlich Macht demonstrieren wollen, was sollte man dann tun?

Ausnahmsweise soll bei diesem Thema zunächst gesagt werden, was man besser *nicht* tun sollte:

(1) *Man sollte sich nicht beirren lassen.* Dies ist zunächst, wie oben bereits angemerkt, ein rechtliches Problem: Der Lehrer ist nicht nur berechtigt, sondern auch verpflichtet, die Anforderungen der Schule gegenüber den Schülern durchzusetzen. Vor allem ist es aber ein pragmatisches Problem: Wer einmal nachgegeben hat, fordert die Schüler nur dazu heraus, den Druck systematisch zu erhöhen.

(2) *Man sollte keine „Bestechungsversuche" unternehmen.* Wer einen Bummelstreik dadurch unterlaufen möchte, daß er eine beliebtere Tätigkeit in Aussicht stellt, wenn sich die Schüler dazu herablassen, zunächst eine unbeliebtere zu „erledigen", sollte bedenken, daß er dadurch die ohnehin bestehende emotionale Diskrepanz in der Einschätzung bestimmter Unterrichtsinhalte noch weiter verschärft und letztlich den gesamten Schulsport in „Arbeit" und „Vergnügen" auseinanderdividiert. Daraus folgt weiterhin, daß die Schüler sich in ihr Vergnügen, meist ein Spiel, nicht mehr hinein-

reden lassen wollen und mit einigem Recht verlangen, sich hier austoben zu dürfen. Das tut auf Dauer auch dem Spiel nicht gut.

(3) *Man sollte kein geheimes Einverständnis signalisieren.* Wer als Lehrer den Schülern irgendwie zu verstehen gibt, daß er insgeheim genauso denkt wie sie („Wir müssen endlich die 800 m laufen, mal wieder am Barren turnen" usw.), braucht sich nicht zu wundern, daß alsbald kaum noch etwas geht.

Eine besondere Rolle spielen hier die „unbewußten Signale", die man selbst nur schwer kontrollieren kann, die aber von den Schülern sehr genau registriert werden.

Und was könnte man aktiv gegen die passive Resistenz unternehmen?

Zunächst muß man sich als Lehrer eingestehen, daß die direkten Einwirkungsmöglichkeiten begrenzt sind, vor allem dann, wenn die Schüler sich beständig an der Grenze zu einem „greifbaren" Fehlverhalten bewegen und einer vernünftigen Ansprache nicht mehr zugänglich sind. Dennoch sollte man versuchen, dagegen anzugehen.

Dies könnte auf drei Ebenen geschehen:

1. Problem bewußt machen

Zunächst muß man den Schülern deutlich zu verstehen geben, daß man das Problem sieht und wie man es sieht. Dies sollte in Form von kurzen Feststellungen geschehen. Lange „Sonntagspredigten" werden in einer solchen Situation von den Schülern nur als Hilflosigkeit des Lehrers ausgelegt.

Dabei sind *drei Aspekte* zu unterscheiden,

- der *persönliche* („Ihr meint, ihr könntet mit euren Verhalten die Schule treffen. Die merkt das nicht; ihr trefft mich"),
- der *inhaltliche* („Für das, was im Sportunterricht gemacht wird, bin ich zuständig. Und ich halte mich an die Vorgaben, die überall und für alle gelten"),
- der *emotionale* („Wenn euer Verhältnis zum Sport/zum Gerätturnen/zur Leichtathletik nicht stimmt, ist das euer Problem. Der Sport kann nichts dafür").

Selbstverständlich darf man dabei nicht auf eine plötzliche Einsicht der Schüler hoffen. Vielleicht lassen sich aber in steter sachlicher Wiederholung solcher Feststellungen einige „Langzeitwirkungen" erzielen.

2. Ablehnungsfront aufbrechen

An zweiter Stelle steht der Versuch, die – zumeist nur scheinbar geschlossene – Ablehnungsfront der Schüler aufzuweichen, entweder dadurch, daß man die vermutlichen Drahtzieher „links liegen läßt", oder daß man auf die Gutwilligen etwas betonter zugeht. Dies sollte aber mit einiger Vorsicht geschehen. Hier allzu große Unterschiede zu machen, könnte nämlich zur Folge haben, daß die Schüler noch enger zusammenrücken und den Vorwurf der Ungleichbehandlung („Ungerechtigkeit") erheben.

3. Gegendruck ausüben

Wenn nichts anderes mehr hilft, wird man um einen gewissen Gegendruck nicht herumkommen. Hierfür bieten sich vor allem *zwei Möglichkeiten* an:

„Dienst nach Vorschrift“:

Es kann sehr „bewußtseinsbildend“ wirken, wenn der Lehrer zwar betont pünktlich, aber eben in letzter Minute erscheint, die Anwesenheitskontrolle peinlich genau durchführt, über jedes Zuspätkommen (unter Angabe der Minuten und Sekunden) genau Buch führt, „vergessenes“ Sportzeug oder fehlende Entschuldigungen schriftlich registriert, wenn er zu Beginn und am Ende einer jeden Stunde in knappster Form ansagt, was in der laufenden oder folgenden Stunde ansteht, wenn er das Gespräch mit den Schülern auf die notwendigen (sachlich, aber keineswegs unfreundlich vorgetragenen) Aussagen beschränkt u.a.m.

Als „flankierende Maßnahmen“ bieten sich an, das Unterrichtsgeschehen nach objektiven Maßstäben etwas genauer zu kontrollieren, z.B. dadurch, daß man eine Stoppuhr betätigt („Ihr habt 7:45 Minuten zum Geräteaufbau gebraucht“, „Es hat 37 Sekunden gedauert, bis ihr zusammengekommen seid“) oder einen bestimmten Schüler eine Zeitlang gezielt beobachtet („Du bist nicht ein einziges Mal gesprungen“).

Noten als „natürliche Konsequenz“ einsetzen:

Noten müssen so oder so gemacht werden, gleichgültig, wie gut oder schlecht die Schüler mitgemacht haben. Es ist also nicht mehr als recht und billig, nach angemessener Zeit (keineswegs von jetzt auf nachher) die tatsächlich von den Schülern erbrachten Leistungen festzustellen („Wie ich sehe, seid ihr mit dem Üben fertig. Also machen wir etwas anderes. Vorher aber schaue ich mir an, was dabei herausgekommen ist“). Man braucht die Noten auch nicht bekanntzugeben, zumindest nicht sofort („Noten gebe ich nur auf Anfrage bekannt, aber nicht heute und nicht öffentlich“).

Selbstverständlich kann es geschehen, daß man auf diese Weise die Falschen trifft, nämlich die schwächeren Schüler. Aber erfahrungsgemäß haben auch die – tatsächlichen oder selbsternannten – „Sportstars“ irgendwo ihren schwachen Punkt. Und sie trifft eine Zwei oft härter als einen sportschwachen Schüler die Vier.

Unter den heute gegebenen gesellschaftlichen Verhältnissen wird ein Lehrerverhalten, wie das eben geschilderte, unweigerlich als „unpädagogisch“ eingestuft, sei es – seltener – von den Schülern selbst oder – eher – von ihren Eltern, von den Vertretern der pädagogischen Theorie oder von den Instanzen, die sich selbst als die „öffentliche Meinung“ betrachten.

Diesem Vorwurf kann man nicht entschlossen genug entgegentreten. „Pädagogisch handeln“ heißt nicht, nach bekanntem symbolischen Vorbild nichts zu sehen, nichts zu hören und nichts zu sagen, sondern die Schüler mit allen Mitteln zu veranlassen, ihren Verpflichtungen nachzukommen.

Aber auch hier gilt die Regel: *Nicht ohne Vorwarnung*. Vielleicht kann man den „Sinn“ eines solchen oder ähnlichen vom Lehrer ausgehenden Drucks in eine einfache Feststellung zusammenfassen: „Wenn ich einmal aufgehört habe, mich über euch zu ärgern, habt ihr keine Chance mehr.“ (Aussagen wie: „Um euch kümmere ich mich nicht mehr; euch habe ich aufgegeben“ u.ä. sollte man dagegen vermeiden, sie werden sehr leicht gegen den Lehrer verwendet.)

Schlußbemerkung

Vielleicht hat sich bei unseren Lesern im Verlauf dieser Darlegungen eine teils besorgte, teils empörte Frage eingestellt: Dürfen wir denn überhaupt nichts mehr bringen, was den Schülern Spaß macht? Die Antwort ist einfach: Natürlich dürfen wir, und zwar im Rahmen der von den Lehrplänen vorgegebenen Freiräume. Alle Lehrpläne enthalten in dieser Hinsicht einen erheblichen Ermessensspielraum, und in vielen ist dieser explizit ausgewiesen. Hier können sich Lehrer und Schüler – unter Beachtung einiger Spielregeln, wobei es vor allem darum gehen muß, die einmal getroffenen Vereinbarungen einzuhalten (2) – auf das einigen, was „Spaß macht".

Sobald aber der Begriff „Spaß", zumeist im negativen Sinn („Das macht doch keinen Spaß"), zum letzten, sozusagen ultimativen Argument wird, mit dem die Schüler den Sportunterricht in ihrem Sinn beeinflussen wollen, ist Diskussionsbedarf gegeben. Darüber soll an anderer Stelle gesprochen werden (3).

Anmerkungen

(1) Vgl. den Beitrag: Müssen die Schüler im Sportunterricht mitmachen? „Handbuch" S. 76.
(2) Vgl. den Beitrag: „Können wir nicht ...?" „Handbuch" S. 137.
(3) In dem Beitrag: Muß Sportunterricht Spaß machen? S. 189.

9 Konflikte und Störungen im Sportunterricht

Sportunterricht spielt sich – im teilweisen Gegensatz zu den übrigen Fächern – auf mehreren Ebenen ab, der kognitiven, der emotionalen und der motorischen. Allein diese Tatsache macht ihn störungsanfälliger als anderen Unterricht.

Es kommt hinzu, daß der Inhalt des Sportunterrichts, eben der Sport, mehr als der Gegenstand der übrigen Fächer eine „öffentliche Angelegenheit" ist, insofern als

- die meisten Schüler auch außerhalb der Schule sportlich aktiv sind,
- „Sport" im allgemeinen Bewußtsein eine zwar wichtige, aber keineswegs eindeutig definierte Sache ist,
- Sportausübung stark von Zeitströmungen und Modetrends, aber auch von individuellen und sozial bedingten Zu- und Abneigungen beeinflußt ist.

Außerdem tritt im Sportunterricht der Schüler dem Lehrer in ganz anderer Weise als sonst auch als Könner gegenüber: Ein achtzehnjähriger Schüler kann sehr wohl internationale Spitzenklasse in einer bestimmten sportlichen Disziplin, wohl kaum aber Nobelpreisträger sein.

Konfliktsituationen sind im Sportunterricht also geradezu vorprogrammiert. Von den „normalen" oder „üblichen" unter ihnen soll im folgenden die Rede sein.

Der besseren Übersicht wegen unterscheiden wir dabei in

- *unangemessene sprachliche Äußerungen* gegenüber dem Lehrer oder bestimmten Unterrichtsgegenständen („Konflikte“ im engeren Sinn),
- *unangepaßte, den Unterricht beeinträchtigende Verhaltensweisen* („Störungen“ im engeren Sinn).

Konflikte in der definierten Bedeutung können zunächst den Lehrer betreffen. Die Anlässe und Anwürfe reichen von einem unkontrollierten und unhöflichen Sprachverhalten bis hin zu herabsetzenden und ausfallenden Äußerungen, sei es, daß die Kompetenz des Lehrers in Frage gestellt („Was verstehen Sie davon“) oder die eigene Überheblichkeit zur Schau getragen wird („Im Verein machen wir das so ...“), daß der Lehrer nachgeäfft, zu wörtlich genommen oder mit dummen Fragen provoziert wird.

Sehr viel häufiger meckern und nörgeln die Schüler an bestimmten Unterrichtsinhalten herum („oh, schon wieder, ja nicht“), überziehen eine Sportart oder Disziplin mit abschätzigen Bemerkungen („öde, langweilig, ätzend“) und kehren das eigene Nichtkönnen oder Nichtwollen mit drastischen Ausdrücken heraus.

Anlaß zu Bedenken sollte auch die allgemein recht rüde und von vulgären Redensarten durchzogene Sprache geben, mit der ein Teil der Schüler miteinander verkehrt (1).

Störungen in der oben eingegrenzten Bedeutung richten sich mehr gegen den Unterricht selbst. Möglicherweise wollen die Schüler dadurch ein diffuses Unbehagen oder auch betonte Gleichgültigkeit signalisieren. In den meisten Fällen sind sie jedoch im Sinne von „schlechten Gewohnheiten“ der Ausdruck von Bedenkenlosigkeit und Hemmungslosigkeit, was die Sachlage keineswegs vereinfacht.

Entsprechend vielfältig sind die Erscheinungsformen: Da machen Schüler offensichtlich etwas anderes, als angesagt ist, hören demonstrativ zu üben auf, reagieren nicht auf Pfiff oder ein anderes Signal, lassen sich fallen, hampeln und albern herum, treiben hinter dem Rücken des Lehrers Unfug, gehen rücksichtslos mit Geräten um, kikken unkontrolliert Bälle durch die Gegend, kauen trotz Verbots Kaugummi und vieles andere mehr.

Eher den Störungen als den Konflikten zuzuordnen ist es auch, wenn eine Klasse zu unruhig wird, die Schüler sich andauernd unterhalten oder miteinander streiten.

Gelegentlich gehen solche Störungen von Schülern aus, die am Unterricht nicht teilnehmen können, aber aus aufsichtsrechtlichen Gründen anwesend sein müssen.

Was kann man nun gegen Konflikte und Störungen der geschilderten Art tun?

Sicherlich gibt es hier keine Patentlösungen, doch lassen sich einige Strategien benennen, mit denen man solchen Problemen – vielleicht – beikommen kann.

Einige von ihnen sollen weiter unten kurz betrachtet werden.

Bevor man aber reagiert – und vor allem, bevor man überreagiert – sollte man folgende Gesichtspunkte bedenken:

(1) Der Schüler ist sich seines unangepaßten Verhaltens möglicherweise gar nicht bewußt. Er merkt beispielsweise nicht, daß er sich im Ton vergreift oder sich sonstwie

danebenbenimmt, weil er unter Seinesgleichen (oder auch auf der Straße oder im Fernsehen) entsprechende „Vorbilder“ hat und im Elternhaus nicht genügend auf solche Dinge geachtet wird.

(2) Der Schüler reagiert im Sportunterricht bestimmte Schulschwierigkeiten ab. Es ist, umgangssprachlich formuliert, eine alte Erfahrung, daß ein Schüler im Sport (oder auch in einem anderen „weichen“ Fach, wie Kunst oder Religion) dann frech wird, wenn seine zweite Mathematik- oder Englischarbeit danebengegangen ist.

(3) Der Schüler „meint“ gar nicht den Lehrer und auch nicht den Sport, sondern das „System Schule“. Weil aber Sportunterricht so störungsanfällig ist, sieht er hier – meist unbewußt – eine Gelegenheit, seinen allgemeinen Schulfrust loszuwerden. Man „muß“ eben in die Schule, und allein schon dies erweckt Widerwillen.

Aus dem eben Gesagten folgt keineswegs, daß der Schüler dadurch „moralisch entschuldigt“ oder der Lehrer aus seiner pädagogischen Verantwortung entlassen ist. „Pädagogisch handeln“ heißt nämlich nicht, sich unentwegt in vornehmer Zurückhaltung zu üben, sondern – auch – bestehende Konflikte anzusprechen und, wenn möglich, auszuräumen.

Damit ist ein weiteres *grundsätzliches Problem* angesprochen.

Aus der pädagogischen Psychologie weiß man, daß ein unerwünschtes Schülerverhalten sehr oft von selbst verschwindet, wenn man es übersieht. Diese Strategie kann aber nur erfolgreich sein, wenn der oder die Schüler innerhalb der Klasse isoliert sind. Sobald ein Schüler annehmen kann, daß er sein Ziel, nämlich durch unangepaßtes Verhalten Aufmerksamkeit zu erregen, zumindest bei seinen Mitschülern erreicht hat, oder daß der Lehrer sich insgeheim doch darüber ärgert, muß sie versagen.

So verbleibt als allgemeine Erkenntnis, daß die Bewältigung von unterrichtlichen Konflikten und Störungen stets ein situationsspezifischer Kompromiß zwischen *„Übersehen“* und *„Nicht-durchgehen-Lassen“* darstellt.

Für die „alltäglichen Kleinigkeiten“ im Schülerverhalten, von denen man annehmen kann, daß sie folgenlos bleiben, läßt sich daraus die pragmatische Regel ableiten, daß man als Lehrer *zwar alles sehen, aber nicht unbedingt auf alles reagieren sollte.*

Sobald aber Langzeitwirkungen zu befürchten sind, wenn beispielsweise die Unruhe durchgängig wird, die Störungen den Unterricht beeinträchtigen oder das Sprachverhalten der Schüler nicht nur von gelegentlichen Ausrutschern geprägt ist, muß man etwas unternehmen. Dies gilt vor allem dann, wenn hinter dem Verhalten der Schüler ein gewisses System erkennbar wird, mit dem sie nach der Devise: „Wir lassen uns doch nichts sagen“, mehr oder weniger bewußt versuchen, Druck auszuüben und damit Macht (über die Schule als Institution und den Lehrer als Person) zu gewinnen.

Für alle diese ernsten oder auch nur lästigen Fälle sollen – ohne jeden Anspruch auf Vollständigkeit – eine Reihe von *Strategien*, *Vorgehensweisen* und *Maßnahmen* vorgeschlagen werden, mit denen man je nach Lage der Dinge einen Versuch zur Bewältigung des Problems unternehmen kann. Es sind dies zunächst einige mehr „kurzgeschlossene“, dann auch einige „aufarbeitende“.

„Abblocken"

Die Strategie des Abblockens eignet sich vor allem bei Störungen, die an sich harmlos, aber dennoch nicht akzeptabel sind.

Dabei lassen sich unterscheiden:

- *nonverbale Maßnahmen,* z.B. ein Blick, ein Fingerzeig, ein kurzes Einhalten im Sprechen, demonstratives Abwarten, bis wieder Ruhe eingekehrt ist, Stehenbleiben vor einem bestimmten Schüler u.ä.,
- *verbale Maßnahmen* als kurze und sachliche Feststellungen („Ihr fangt jetzt an", „Der Fritz macht jetzt auch mit" u.ä.).

Der große *Vorteil* des Abblockens liegt darin, daß es sich nicht abnützt. Im Gegenteil, wenn der Lehrer zum dritten Mal mitten im Wort abgebrochen hat oder mehrfach denselben Tatbestand mit denselben Worten angesprochen hat, kann das die Wirkung erheblich verstärken. Voraussetzung ist allerdings eine gewisse Beharrlichkeit und Konsequenz auf seiten des Lehrers und der feste Vorsatz, in wichtigen unterrichtlichen Bereichen keine Beeinträchtigungen hinzunehmen.

Dem muß freilich auch die Bereitschaft entsprechen, es in weniger wichtigen Dingen auch einmal etwas lockerer angehen zu lassen. Ein Lehrer darf durchaus „zwei Gesichter" zeigen, solange sein Verhalten für die Schüler im ganzen noch berechenbar bleibt. Daraus folgt, daß das Abblocken keine gelegentliche „Großaktion" darstellen darf, sondern da, wo es angebracht ist, zum Routineverhalten werden sollte.

„Herunterspielen"

Das Herunterspielen bietet sich vor allem in zwei konträren Situationen an:

- einerseits wenn man ein Fehlverhalten als einen nur gelegentlichen *Ausrutscher* einstufen kann, wie man ihn Kindern und Jugendlichen allgemein zubilligt (oder wenn man einem Schüler signalisieren will, daß man den Vorfall gerne in diese Kategorie einordnen möchte),
- andererseits wenn die Schüler zwar aus einem gewissen Vorsatz heraus handeln, man aber zu erkennen geben will, daß man sie schlichtweg *nicht ernst nimmt.*

Entsprechend reichen die Formen des Herunterspielens von einem eher begütigenden Eingehen auf den Schüler bis hin zu knappen und sachlichen oder auch leicht ironischen Feststellungen.

Da die möglichen *Formulierungen* zwangsläufig sehr situationsspezifisch ausgerichtet und bisweilen auch recht persönlich gefärbt sind, wirken Beispiele hierfür stets etwas hölzern. Das Spektrum reicht etwa von einem verbindlichen: „Genauso habe ich als Schüler auch gedacht", bis zu einem distanzierten: „Das kannst du doch nicht so meinen, wie du es gesagt hast". In der Regel reicht eine kurze Kennzeichnung des „Tatbestandes" („Das ist doch ziemlich kindisch", „Du weißt doch selbst, daß das nicht geht", „Woher willst du das wissen?").

Es leuchtet ein, daß diese Strategie eine gewisse Gelassenheit und Lockerheit beim Lehrer voraussetzt. Dann verliert sie auch auf Dauer nicht an Wirkung. Wenn man gerade nicht seinen „besten Tag" hat, sollte man sich lieber nicht darauf einlassen.

„Links-liegen-Lassen"

Beim Links-liegen-Lassen wird der Schüler ermahnt oder zurechtgewiesen, dann aber für eine Weile, z.B. den Rest der Stunde, nicht mehr beachtet. Das Gespräch ist abgebrochen; Ausflüchte und Gegenargumente werden nicht mehr akzeptiert („Es ist alles gesagt; bitte geh an die Arbeit").

Dieses Vorgehen ist vor allem bei vorlauten und aufdringlichen Schülern angebracht. Es darf aber keinesfalls überdehnt werden, da sonst der Eindruck entsteht, als würde die Person des Schülers mißachtet, nicht aber sein Fehlverhalten gerügt.

„Abmahnen"

Unter dem Oberbegriff des Abmahnens sollen einige Vorgehensweisen zusammengefaßt werden, die im Sinne von Warnungen oder Verwarnungen zwischen den bereits beschriebenen Maßnahmen und dem „offiziellen", in der Schulordnung festgeschriebenen Katalog von Schulstrafen angesiedelt sind.

Sie setzen im allgemeinen voraus, daß der Unterricht unterbrochen wird und der oder die Schüler gezielt angesprochen werden.

An möglichen Formen seien – als Beispiele – die folgenden genannt:

„Vorführen"

Das Vorführen ist gewissermaßen eine öffentliche Verwarnung und als solche an bestimmte Vorfälle gebunden. Der mögliche Anwendungsbereich soll hier durch zwei Beispiele abgesteckt werden:

- „Wiederhole bitte, was du eben gesagt hast." (Das wird der Schüler vermutlich nicht tun.)
- „Und jetzt holt der Franz die versäumten vier Versuche nach." (Das muß er wohl oder übel tun, wenn er eine weitere Eskalation vermeiden will.)

Das Vorführen ist am wirkungsvollsten, wenn es bewußt und vorbedacht eingesetzt wird, könnte aber sehr leicht auch Aggressionen wecken, vor allem dann, wenn immer dieselben Schüler betroffen sind. Als Routinemaßnahme ist es weniger geeignet.

„Beiseite-Nehmen"

Das Beiseite-Nehmen ist sozusagen die Umkehrung des Vorführens: Man spricht den Schüler an, wenn er gerade aussetzt, winkt ihn aus dem allgemeinen Übungsbetrieb heraus, nimmt ihn mit zum Geräteholen oder hält ihn am Schluß der Stunde möglichst unauffällig zurück. (Eine öffentliche Ankündigung, z.B.: „Du meldest dich am Ende der Stunde", ist weniger empfehlenswert, da sich dann unweigerlich einige Neugierige einfinden, die man nur schwer wieder los wird.)

Beiseite-Nehmen hat den Vorteil, daß man deutlich zur Sache gehen und dem Schüler eindringlich bestimmte Grenzen aufzeigen kann. Zu häufig angewandt, verliert es an Wirkung, besonders wenn der Eindruck einer Art Geheimdiplomatie entsteht.

„Zeitstrafe"

Bei der Zeitstrafe wird der Schüler für eine bestimmte Zeit vom Übungsbetrieb oder vom Mitspielen ausgeschlossen, freilich nicht ohne einen entsprechenden Kommentar:

„Jetzt setz dich erst einmal hin und komm wieder zur Vernunft (und überlege dir, was du eben gesagt hast; und schau dir genau an, was heute dran ist)".

Die Zeitstrafe ist in vielen Fällen ein recht wirkungsvolles Instrument; sie läuft aber leicht ins Leere, wenn der Schüler ohnedies nicht mitmachen will. Auch sonst sollte man diese Maßnahme eher sparsam anwenden.

„Vor-die-Tür-Setzen"

Der Ausschluß aus dem Unterricht ist – zumindest im Sportunterricht – nur als letzte Warnung sinnvoll. Im Wiederholungsfall wird man um eine Bestrafung nicht herumkommen. Desgleichen wird diese Maßnahme fragwürdig, wenn mehr als ein Schüler betroffen ist; es würde nur eine neue Störquelle geschaffen.

Aus Gründen der Aufsichtspflicht ist dem Schüler ein genauer Aufenthaltsort vorzuschreiben („Du gehst jetzt raus und bleibst bis zum Ende der Stunde auf dem Flur"). Dies ist ggf. auch zu kontrollieren.

Alle bisher genannten Strategien haben eines gemeinsam: Sie sind nur möglich oder sinnvoll, wenn einzelne Schüler oder kleine Schülergruppen betroffen sind. Man kann beispielsweise nicht die halbe Klasse beiseite nehmen oder vor die Tür setzen.

In zunehmendem Maße wird aber der Sportunterricht von *Schülerverhaltensweisen* beeinträchtigt, die *durchgängig* sind, also die gesamte Klasse oder doch einen großen Teil der Schüler erfassen, allen voran beständige Unruhe, andauernde Streitereien und allgemeine Hemmungslosigkeit.

Hier wird es sehr schnell problematisch, sozusagen zur Abschreckung einen einzelnen oder einige wenige Schüler herauszugreifen. Wohl oder übel muß man also zu kollektiven Maßnahmen greifen. Hier bieten sich vor allem folgende an:

„Kollektives Abblocken"

Dieses entspricht im großen und ganzen dem bereits beschriebenen „einfachen" Abblocken, zeigt aber zwei deutlich abgegrenzte Phasen:

- Unterbrechen des Unterrichts, abwarten, bis völlige Ruhe eingekehrt ist.
- Fortsetzen des Unterrichts, zumeist mit einer entsprechenden Bemerkung, z.B.: „Und jetzt weiter, aber mit etwas mehr Ruhe (mit mehr Konzentration, ohne Streitereien, ohne das sinnlose Herumrennen)".

Auch diese Form des Abblockens kann mehrfach – und gerade auch in dichter Abfolge – angewandt werden. Dies sollte man sogar ausdrücklich betonen („Ich wiederhole ...", „Zum dritten Mal ..."). Die Wirkung läßt sich auch dadurch steigern, daß man mit einer gewissen Absicht der kollektiven Form eine individuelle folgen läßt („Was ich eben gesagt habe, gilt auch für dich").

Bisweilen ist es in einer solchen Situation angebracht, als Lehrer persönlich Stellung zu beziehen und dabei auch eigene Emotionen zum Ausdruck zu bringen, z.B.:

- Unterricht unterbrechen und Problem benennen („Es ist zu laut hier").
- Stellung beziehen („Das nervt mich").
- Erwartungen formulieren („Ihr seid jetzt ruhig und fangt an zu üben").

Die Lehreräußerungen können hierbei auch in (scheinbarer) Frageform erfolgen. Sie wirken dann etwas entschiedener, möglicherweise auch aggressiver (was in manchen Fällen durchaus angebracht sein kann).

Wie bereits angedeutet, büßen beide Versionen des Abblockens durch eine – in gewissem Umfang geplante und beabsichtigte – Wiederholung nichts an Wirkung ein.

„Sich-Verweigern"

Beim Sich-Verweigern wird die Kommunikation mit den Schülern für eine bestimmte Zeit, z.B. den Rest der Stunde oder in abgeschwächter Form auch für die folgenden Stunden, auf das dienstlich notwendige Mindestmaß begrenzt.

Dies ist vor allem dann angebracht, wenn die Schüler bei Unpünktlichkeit, Schlamperei, Passivität und ähnlichen Vorkommnissen uneinsichtig sind oder nach Ausflüchten suchen. Das „Vergehen" wird gerügt („Ich schaue nicht länger zu"); ein weiteres Gespräch findet nicht statt („Ich höre mir das nicht mehr an; ich akzeptiere keine Entschuldigung; ich lasse keine Diskussion zu"). Reklamationen und Rückfragen werden im Ansatz unterbunden („Redet nicht, tut was").

Das Sich-Verweigern ist gewissermaßen eine passive Abmahnung. Es sollte jedoch an ein konkretes, auch den Schülern bewußtes Fehlverhalten geknüpft sein und darf eine bestimmte Dauer nicht überschreiten. Andernfalls könnte ein ohnedies schon gestörtes „Betriebsklima" noch frostiger werden.

Hinweis: Für alle bisher vorgeschlagenen Verfahrensweisen zur Vermeidung, Bewältigung oder Eindämmung von Konflikten und Störungen gilt die Regel, daß man *keine expliziten Drohungen* aussprechen sollte, vor allem keine, die man nicht wahr machen kann oder will (2).

Wenn schon eine Eskalation eingetreten ist oder unvermeidlich erscheint, sollte man lieber zum Mittel des „Ultimatums" greifen, das dem Schüler – scheinbar – zwei Möglichkeiten offenläßt, z.B. „Du machst jetzt mit oder gehst raus", „Das Geschrei beim Spielen hört jetzt auf, oder ich breche ab".

Gerade im Hinblick auf diesen letztgenannten Ratschlag erhebt sich die Frage, ob es nicht auch Konfliktbewältigungsstrategien gibt, die tiefer greifen und geeignet sind, ein Problem sowohl auf kognitiver als auch auf emotionaler Ebene zu einer – mehr oder weniger dauerhaften – Klärung zu führen.

Hier lassen sich vielleicht die beiden folgenden benennen:

„Aufarbeiten"

Ziel des Aufarbeitens ist es, in der Auseinandersetzung mit den Schülern einen Konflikt auszuräumen, ein Problem zu bewältigen oder doch eine gewisse Einsicht zu wecken (und damit vielleicht auch Verständnis zu finden).

Eine Gefahr liegt allerdings darin, daß die Sache in endlosen, rein emotional geführten Diskussionen zerredet wird. Um dem zu entgehen, sollte man das Vorgehen deutlich (vor-)strukturieren, wie es z.B. in dem folgenden, relativ häufigen Konfliktfall – die Schüler wollen nicht turnen, sondern lieber Fußball spielen – angedeutet wird:

- Schüler zusammenrufen.
- Problem ansprechen („Ihr habt etwas gegen das Gerätturnen.") oder durch Nachfragen bewußt machen („Warum seid ihr so widerborstig?").
- Betroffenheit äußern („Ich finde das recht selbstherrlich, denn erstens hat euch das Gerätturnen nichts getan, und zweitens sehen das nicht alle so").
- Meinungen und Argumente der Schüler sammeln („Wie begründet ihr das?").
- (Ggf.:) Vorurteile und Widersprüche aufdecken („Ich habe bis jetzt kein wirklich sachliches Argument gehört", „Ihr lehnt etwas ab, was ihr gar nicht kennt").
- Die wirklichen Beweggründe herausarbeiten („Es ist eure eigene Unsicherheit, die hinter eurem Verhalten steckt").
- Konsequenzen aufzeigen („Ihr reduziert lediglich eure sportlichen Möglichkeiten und verbaut denen, die im Fußball nicht so gut sind, eine Chance").
- Erwartungen formulieren („Ich erwarte, daß ihr euch ernsthaft auch mit Dingen beschäftigt, die euch nicht auf Anhieb gefallen").

Natürlich wird in der Praxis dergleichen nicht so einfach und geradlinig laufen, wie es hier dargestellt ist. Und man kann auch nicht erwarten, die Schüler wirklich zu überzeugen oder ihr Verhalten von Grund auf zu verändern.

Man kann aber sicherlich zum Nachdenken anregen, vor allem dann, wenn man immer wieder an das Gesagte erinnert.

„Beweislastumkehr"

Ein mehr improvisatorisches Verfahren zum Aufarbeiten von Konflikten und zur Bewältigung von Störungen ist die Umkehr der Beweislast. Dieser Begriff ist hier nicht ganz wörtlich zu nehmen. Gemeint ist damit, daß es nicht immer der Lehrer sein muß, der dem Schüler oder der Klasse ein unangepaßtes Verhalten „beweist".

Die Schüler sollen vielmehr auch lernen, einen kritischen Vorgang zu benennen und den darin enthaltenen Konfliktpunkt zu erkennen.

Dieser Vorgang läßt sich – weitgehend theoretisch – in drei Phasen gliedern:
- Rekonstruktion des Vorfalls („Was hat sich abgespielt?").
- Stellungnahme und Vorschläge der Schüler dazu („Was würdet ihr dazu sagen?").
- Ableitung einer allgemeinen Verhaltensregel („Wie soll das in Zukunft bei uns gehandhabt werden?").

Eine solche oder ähnliche Verfahrensweise ist vor allem bei konkreten Tatbeständen angebracht, wenn beispielsweise ein Schüler einen anderen beleidigt oder auslacht, offensichtlich etwas anderes tut, als angesagt ist, oder einen Ball ziellos wegkickt und einen anderen trifft. Eine diffuse Unruhe oder Unordnung wird von den Schülern wohl kaum als „Konflikt" erkannt.

Aus dieser Strategie läßt sich die weitergehende Forderung ableiten, daß die Schüler befähigt werden müssen, ihr Verhalten zu reflektieren und auftretende Konflikte unter sich zu lösen oder erkannte Störungen zu beseitigen. Wenn das gelingt, ist der pädagogische Idealfall erreicht. Dabei hängt allerdings, wie bereits gesagt, viel davon ab, was die Schüler als Konflikt wahrnehmen. Hier bedürfen sie der Hilfe des Lehrers.

Schlußbemerkung

Es könnte der Eindruck entstanden sein, daß entgegen der eingangs ausgesprochenen Mahnung zur Gelassenheit und Zurückhaltung nun doch ein Katalog restriktiver Lehrerverhaltensweisen vorgelegt worden ist. Das ist nicht die Absicht dieses Beitrags.

Es handelt sich um Beispiele, und jeder erfahrene Sportlehrer könnte noch eine Menge anderer benennen, die wohl alle an einer bestimmten Stelle ihre Berechtigung haben. Es geht auch nicht darum, ob die genannten Beispiele „gut" sind, sondern allein darum, daß man als Lehrer, um Überraschungen vorzubeugen, überhaupt einige Vorstellungen über Konfliktbewältigung entwickelt und ihre jeweiligen Vor- und Nachteile etwas genauer abschätzen lernt. Nur so wird es möglich sein, im Laufe der Zeit die notwendige Sensibilität für bestimmte Situationen zu entwickeln, die eigenen Reaktionen darauf abzustimmen und Überreaktionen zu vermeiden.

Es sei allerdings eingeräumt, daß dieser Beitrag auch der zunehmenden Scheu, vor allem jüngerer Sportlehrer, unangemessenes Schülerverhalten überhaupt anzusprechen, entgegenwirken will.

Anmerkungen

(1) Vgl. den Beitrag: Lehrersprache und Schüleräußerungen, S. 65.
(2) Vgl. den Beitrag: Sportunterricht in unruhigen Klassen, S. 18.

Literatur

TREUTLEIN, G./JANALIK, H./ HANKE, U.: Wie Sportlehrer wahrnehmen, denken, fühlen und handeln. Köln 1996[4].

10 Ermahnen – Verwarnen – Bestrafen

In den vorangegangenen Beiträgen war wiederholt von Strategien und Verfahrensweisen die Rede, mit denen man schwierigen Situationen, Konflikten und Störungen im Sportunterricht entgegenwirken könnte. Es erhebt sich die Frage, in welchem Verhältnis sie zu den *„Erziehungs- und Ordnungsmaßnahmen"* stehen, wie sie in den Schulgesetzen und Schulordnungen der Bundesländer verzeichnet sind. In diesem „Katalog der Schulstrafen" sind im wesentlichen drei Maßnahmen aufgeführt:

- das Nachsitzen (der Arrest),
- der zeitweilige Ausschluß vom Unterricht,
- der Ausschluß von der Schule.

Ihnen vorgeschaltet ist üblicherweise der sogenannte Klassenbucheintrag.

Von diesen Maßnahmen stehen dem einzelnen Lehrer im allgemeinen nur der Klassenbucheintrag und das Nachsitzen (bis zu zwei Stunden) zur Verfügung. Darüber hinausgehende Strafen können nur von der Schulleitung im Zusammenwirken mit der Schulkonferenz verhängt werden.

Im Hinblick auf diese Aufzählung ergeben sich folgende Abgrenzungen:

(1) Alle Maßnahmen und Vorgehensweisen zur Bewältigung schwieriger Unterrichtssituationen sind zunächst als – rechtlich unverbindliche – *Ermahnungen* zu betrachten. Dies gilt auch für die sogenannten Strafarbeiten, d.h. die schriftliche Bearbeitung eines unterrichtsrelevanten Themas.

(2) Sie können zu *Verwarnungen* werden, wenn sie dokumentiert, also schriftlich festgehalten werden. Dies geschieht im allgemeinen durch einen Klassenbucheintrag.

(3) Eine *Schulstrafe* (z.B. Arrest) setzt darüber hinaus eine schriftliche Mitteilung voraus. Bei minderjährigen Schülern ergeht diese unmittelbar an die Eltern bzw. Erziehungsberechtigten.

Im einzelnen wäre dazu folgendes zu bemerken:

(1) Mögliche Formen der *Ermahnung* – auch solche „sichtbarer" Art – sind u.a. im vorangegangenen Beitrag zu den Konflikten und Störungen genannt. Hier gilt die Regel, daß man als Lehrer die Vielzahl der Möglichkeiten nutzen sollte. Ein undifferenziertes Standardverhalten verliert schnell an Wirkung.

(2) *Klassenbucheinträge* machen auf die Schüler im allgemeinen keinen großen Eindruck. Dies liegt vor allem daran, daß sie bei manchen Lehrern zu häufig erfolgen, ohne weitere Konsequenzen bleiben und zu wenig prägnant formuliert sind.

Zunächst sollte also ein konkreter Anlaß vorliegen, z.B. ein schon mehrfach gerügtes Fehlverhalten. Sodann sollten sie den Übergang zu konkreteren disziplinarischen Maßnahmen signalisieren, z.B. „Nachholen" der durch wiederholtes Zuspätkommen versäumten Unterrichtszeit.

Vor allem aber sollten sie möglichst genau benennen, was beanstandet wird. Ein Vermerk wie: „Schüler ... stört", besagt fast nichts. Besser wäre schon die Formulierung: „... wegen wiederholter Störung des Unterrichts verwarnt", und dies möglichst unter Benennung des „Vergehens" (z.B. mehrfache Zwischenrufe, verbale Entgleisungen, laute oder andauernde Privatgespräche, beleidigende Äußerungen oder aggressive Handlungen gegen Mitschüler).

(3) Die für eine *Schulstrafe* erforderliche schriftliche Mitteilung sollte auf dem Amtsweg, normalerweise also über das Sekretariat der Schule, erfolgen und den Grund, z.B. nach dem eben gegebenen Muster, möglichst genau angeben.

Für mögliche Rückfragen oder Beschwerden der Eltern sollte man eine etwas eingehendere (mündliche) Begründung zur Hand haben. Dabei ist es wichtig, keine Unsicherheiten oder Zwiespältigkeiten erkennen zu lassen („Aber die Schulordnung verlangt es doch"), sondern klar und eindeutig Stellung zu beziehen („Ich setze die notwendige Ordnung durch; ich halte mich an den Lehrplan; ich dulde nicht, daß Mitschüler beschimpft oder angegriffen werden").

Kollektivstrafen sind nur bei einem eindeutigen kollektiven Fehlverhalten statthaft, wenn z.B. die gesamte Klasse nicht zum Unterricht erscheint oder die Mitarbeit verweigert. In allen anderen Fällen sind sie ungerecht, zumindest aber fragwürdig. Ein Klassenbucheintrag wie: „Klasse ist zu laut“, ist schlichtweg lächerlich.

Es soll hier keineswegs in Abrede gestellt werden, daß unbeherrschtes und undiszipliniertes Verhalten in manchen Klassen durchgängig werden kann, doch sollten solche Probleme mit anderen Mitteln gelöst werden, wie sie z.B. in den Beiträgen zum Unterricht in unruhigen Klassen (S. 18), zur passiven Resistenz (S. 39) und zur Bewältigung von Konflikten und Störungen (S. 43) dargestellt sind.

Ermahnungen, Verwarnungen und Schulstrafen stehen in einer logischen Abfolge. Außer bei gravierenden Vorfällen, die ein entschlossenes Einschreiten erfordern, sollte man diese Stufenfolge in der Praxis auch einhalten.

Im Normalfall gilt also: *keine Schulstrafe ohne Verwarnung, keine Verwarnung ohne Ermahnung*. Dies bedeutet zugleich, daß man bei unangemessenen Schülerverhaltensweisen nicht zu lange zuwarten sollte. Ein fortdauerndes Ärgernis führt beim Lehrer nämlich sehr leicht zu einem gewissen Aggressionsstau, der sich dann in Überreaktionen entlädt.

Zusammenfassend läßt sich also formulieren: Nicht zu lange zuwarten, aber auch nicht „zu hoch in den Strafenkatalog einsteigen“.

Andererseits ist es, wenn ein konkreter Anlaß vorliegt, durchaus angebracht, den vorgegebenen Rahmen der Ordnungsmaßnahmen auszuschöpfen, und dies über die einem einzelnen Lehrer zur Verfügung stehenden Möglichkeiten hinaus.

Die Tendenz mancher Lehrer, über ein gewisses „Strafmaß“ z.B. einen Klassenbucheintrag, nicht hinauszugehen, mag zwar verständlich sein – man handelt sich bei einem energischeren Vorgehen sehr leicht eine Menge Ärger ein –, führt bei den Schülern früher oder später aber zu der fatalen Einschätzung, daß „er sich doch nicht traut, etwas Ernsthaftes zu unternehmen“.

Die ohnedies begrenzten Möglichkeiten der Schule, auf sozial unangepaßte Kinder und Jugendliche „bessernd“ einzuwirken, werden damit nur noch mehr eingeschränkt.

11 Doping – auch ein pädagogisches Problem

Doping ist zu *dem* Skandalthema des internationalen Spitzensports geworden. Und wir, die sogenannte Allgemeinheit, wir entrüsten uns über diesen Sumpf von Manipulation und Betrug. Dürfen wir das guten Gewissens? Dazu einige einfache Feststellungen und der Versuch, sie irgendwie einzuordnen:

Eine Sekretärin muß kurz vor Geschäftsschluß eine schwierige Arbeit erledigen. Sie ist müde und trinkt zuerst eine Tasse Kaffee.

Ein Geschäftsmann fühlt sich vor einer wichtigen Besprechung nicht ganz wohl. Er schluckt eine Kopfwehtablette.

Sicherlich alltägliche, harmlose Dinge. Wer möchte uns schon die kleinen Hilfsmittelchen neiden, mit denen wir den Streß von Beruf und Alltag bewältigen?

Aber sehen wir weiter:

Ein Schüler hat Angst vor der Mathematikarbeit. Er nimmt ein Beruhigungsmittel.

Ein Student ist bei einem Referat oder bei der Examensvorbereitung in Zeitdruck. Er beschafft sich ein Aufputschmittel.

Hier kündigt sich bereits Medikamentenmißbrauch an. Und davon weiß man, daß es ein gesellschaftliches Problem ersten Ranges ist. Und weiter:

Ein Sportstudent ißt vor der Prüfung eine Packung Traubenzucker. Ein Inserat hat ihm gesagt, daß dies die notwendige „Energie" bringt.

Ein Trimmsportler trinkt vor und nach seiner Aktivität ein Mineralgetränk. Im Fernsehen hat man ihm gezeigt, daß er dann „mehr bringt" und „einfach besser" ist.

Von der Sache her sind diese Beispiele sicherlich harmloser als die beiden vorangegangenen, und in bestimmten Fällen ist dergleichen sogar angebracht. Das Bedenkliche liegt vielmehr darin, daß es Leute gibt, die uns gezielt dahingehend beeinflussen, daß bestimmte käufliche Substanzen eine leistungssteigernde Wirkung haben.

Als letztes Beispiel ein konkreter Vorfall:

Eine Sportlehrerin beobachtet, daß ein Mädchen der 6. Klasse vor dem 800-m-Lauf einen Spray benützt. Da sie zufällig weiß, daß die ältere Schwester der Schülerin an Asthma leidet, geht sie der Sache nach. In der Tat hatte das Mädchen ihrer Schwester das Cortisonspray entwendet, „weil man damit besser schnaufen kann".

Was sollen, ungeachtet der Informationsdefizite und Irrtümer, die in ihnen stecken, diese Beispiele sagen? Wir alle, oder sagen wir vorsichtiger: sehr viele von uns, *greifen bedenkenlos zu irgendwelchen Mitteln, wenn wir uns einen Vorteil davon versprechen*. Vielleicht war das schon immer so. Aber der ganz bedenkenlose Mißbrauch scheint doch ein Zeichen unserer Zeit zu sein.

Und wo liegen die Ursachen, die „letzten Gründe" dieses Verhaltens? Hier sind sicherlich zwei zu benennen:

Zum einen verführt das bequeme Leben unserer *Wohlstandsgesellschaft* zu einer gewissen „Knopfdruck-Mentalität". Wer keine Kohlen holen und kein Feuer mehr anmachen muß, um die Stube warm und die Suppe heiß zu machen, verliert leicht das Gefühl dafür, daß man sich bestimmte Dinge erarbeiten muß.

Zum anderen ist unsere Gesellschaft von einem geradezu hysterischen *Erfolgsstreben* beherrscht. Sie bezeichnet sich zwar als „Leistungsgesellschaft" und spricht viel von „Leistung", meint damit aber den Erfolg. Nur er zählt, nur er wird honoriert. Wer dabei – gerade im Sport – auf der Strecke bleibt, ist schnell vergessen.

Kombiniert man diese beiden Tendenzen, so geht es um den großen, schnellen und möglichst mühelosen Erfolg.

Das hat auch etwas mit *Pädagogik* zu tun, und zwar nicht mit der „hohen" Theorie, sondern mit dem alltäglichen unterrichtlichen Handeln. Im Kernpunkt der Sache muß es darum gehen, die Schüler zu veranlassen, nicht so sehr mit dem Finger auf andere zu zeigen, sondern das eigene Tun aus kritischer Distanz zu betrachten.

Dabei sollten sie erkennen, daß man mit Manipulationen, gleich welcher Art, nicht nur die anderen, sondern vor allem *sich selbst betrügt*, insofern als ein unredlich erzielter Erfolg nicht auf echtes Können zurückzuführen ist (und damit wohl kaum von Dauer sein kann).

Als Lehrer sollte man dabei versuchen, anhand *konkreter Situationen* aufzuzeigen,
- daß man nicht fortgesetzt irgendwelche Mittel und Medikamente nehmen kann, ohne sich selbst zu schaden (weil ja jeder Wirkung einige Nebenwirkungen entsprechen müssen),
- daß man etwas tun muß (nämlich üben und trainieren), um besser zu werden, aber ebenso auch bereit sein muß, die eigenen Leistungsgrenzen zu akzeptieren,
- daß es immer jemanden gibt, der besser ist als man selbst, und daß man dies neidlos anerkennen sollte,
- daß es nur auf diese Weise möglich ist, eine den eigenen und fremden Erwartungen entsprechende Position im Leben zu finden.

12 Lob und Tadel im Sportunterricht

Begriffsbestimmungen

Lob und Tadel sollen im folgenden als zwei komplementäre Lehrerverhaltensweisen verstanden werden, die *auf eine möglichst dauerhafte Verhaltensänderung bei den Schülern ausgerichtet* sind. Sie verfolgen primär *pädagogische Intentionen* und haben einen mehr *informellen Charakter*.

Der Verhaltensänderung ist auch die Stabilisierung eines erwünschten Verhaltens gleichzusetzen. In einem weiteren Sinne wird, zumal in der Schule, unter Lob auch die Bestätigung überdurchschnittlicher Leistungen verstanden, gleich wie diese zustande gekommen sind. Diese Bedeutung läßt sich in der Praxis nicht klar von der „eigentlichen" abgrenzen und ist im folgenden stets mitzudenken.

Von den in den vorangegangenen Beiträgen betrachteten Strategien und Regeln zur Konfliktbewältigung und -vermeidung unterscheiden sich Lob und Tadel darin,
- daß sie *allgemeine*, die bisher behandelten Problemfelder übergreifende Kategorien des Lehrerhandelns darstellen,
- daß sie nicht so sehr eine schulrechtliche, z.B. auf einen störungsfreien und effektiven Unterricht ausgerichtete, als vielmehr eine *erzieherische*, auf die Persönlichkeitsentwicklung der Schüler abzielende Funktion haben.

Lob und Tadel sollten zwar stets einen konkreten *Anlaß* haben, bedürfen aber, zumindest was das Loben betrifft, keiner besonderen Begründung. Sie sind sozusagen Bestandteil einer pädagogischen Gesamtstrategie, die nicht nur die verbalen Äußerungen, sondern auch Erscheinungsbild, Auftreten, Körpersprache und emotionale Fähigkeiten eines Lehrers umfaßt.

Daraus folgt, daß Abgrenzungen, wie die hier vorgenommenen, in der Praxis nur als Schwerpunktsetzungen erscheinen, zwischen denen fließende Übergänge bestehen.

Ziele

Das allgemeine Ziel des Lobens und Tadelns liegt, wie bereits gesagt, darin, bei den Schülern Verhaltensänderungen zu bewirken. Dabei sind vor allem die folgenden vier Aspekte von Bedeutung:

- Veränderungen in den *Unterrichtsergebnissen*, vor allem als Lern-, Leistungs- und Könnensfortschritte,
- Veränderungen im „äußeren“ *Verhalten* (Gewohnheiten, Benehmen, Erscheinungsbild, Sprach- und Sozialverhalten),
- Veränderungen in den *Einstellungen* (z.B. Arbeitshaltung, Leistungsbereitschaft),
- Veränderungen in persönlichkeitsspezifischen *Eigenschaften* (z.B. Trägheit oder Hyperaktivität, Selbstzweifel oder Arroganz).

Dabei muß man sich darüber im klaren sein, daß die Schwierigkeit einer Verhaltensänderung in der genannten Reihenfolge stark ansteigt und die Erfolgsquote entsprechend absinkt.

Übergeordnete Gesichtspunkte

(1) Lob und Tadel sind die beiden Seiten derselben Sache. Wer loben will, muß auch tadeln können.

(2) Lob und auch Tadel müssen den Schüler als Persönlichkeit akzeptieren. Umgekehrt wird Lob nur von jemandem ernst genommen, dessen Tadel man auch annimmt.

(3) Zu selten oder zu häufig angewandt, bleiben Lob und Tadel wirkungslos. Wer nur gelegentlich und willkürlich oder unentwegt und gedankenlos lobt, macht sich ebenso unglaubwürdig wie jemand, der im Tadeln keine Konsequenz erkennen läßt.

(4) Lob und Tadel müssen frei von Vorurteilen sein. Es läßt sich nachweisen, daß gute und aktive Schüler häufiger gelobt und nachsichtiger behandelt werden als schwächere und zurückhaltendere. Dies wirkt wiederum auf das Verhalten der Schüler zurück (positiver und negativer „Pygmalion-“ oder „Halo“-Effekt).

(5) Lob hat den absoluten Vorrang vor dem Tadel. Ihr gemeinsames Ziel liegt in der Verstärkung erwünschter Verhaltensweisen.

Lob und Tadel als Verstärkung und „Nichtverstärkung“

Loben und Tadeln lassen sich besser verstehen, wenn man sie in ihrer Funktion als Verstärkung betrachtet. Nach der zugrundeliegenden psychologischen Theorie werden erwünschte Verhaltensweisen dann häufiger gezeigt, wenn sie bei ihrem Auftreten benannt, bekräftigt und gelobt werden, unerwünschte zum Verschwinden gebracht, wenn sie nicht verstärkt, d.h. unbeachtet bleiben oder übersehen werden.

Der erste Teil dieses Satzes dürfte auch für die Unterrichtspraxis unbedingte Gültigkeit haben; der zweite Teil bedarf einiger Einschränkungen: Im Unterricht, zumal im Sportunterricht als einem komplexen Prozeß, gibt es auch für negative Verhaltensweisen zahlreiche „Verstärker", z.B. Aufmerksamkeit, Macht- und Prestigegewinn bei den Mitschülern, so daß die Strategie des Übersehens nur in bestimmten Fällen zum Erfolg führt. Gelegentlich läßt sich auch feststellen, daß ein Schüler durch unangepaßtes Verhalten die Zuwendung des Lehrers geradezu erzwingen will.

Es zeigt sich also, daß „Nichtverstärkung" stets ein situationsspezifischer Kompromiß zwischen „Übersehen" und „Nicht-durchgehen-Lassen" ist (1).

Aus dem Gesagten lassen sich zwei *Regeln* ableiten:

- Man sollte als Lehrer sich bemühen, die Zuwendung möglichst gleichmäßig auf alle Schüler zu verteilen.
- Ein notwendiger Tadel sollte möglichst unauffällig „über die Bühne gehen".

In diesem Zusammenhang ist darauf hinzuweisen, daß Verstärkung nicht nur mit Worten erfolgen kann. Nicht minder wichtig sind die „nonverbalen Verstärker", entweder im positiven, z.B. aufmunternde Kopf- und Handbewegungen, oder im negativen Sinne, z.B. betonter Blickkontakt, Einhalten im Sprechen. Im weiteren Sinne sind auch ermutigende Worte und Silben hierher zu rechnen.

Auch sachbezogene Verstärker (z.B. Bewußtmachen von Leistungsfortschritten durch informelle Bewertungen und Tests) oder soziale Verstärkung (z.B. Übertragen von Verantwortung und Mitwirken bei der Unterrichtsgestaltung) können positiv wirken.

In Ausnahmefällen gilt dies sogar für materielle Belohnungen, z.B. einen Schokoriegel für den, der erstmals 15 Minuten Dauerlauf durchhält, die Kletterstange hinaufkommt oder einen Kopfsprung wagt.

Lob: Allgemeines

(1) *Lob muß begründet sein.* Es sollte also ein konkreter Anlaß vorliegen. Darunter ist nicht nur die „große Tat" zu verstehen, sondern auch die vielen kleinen Ansätze, die es hervorzuheben und zu verstärken gilt.

(2) *Lob muß einsichtig sein.* Der Schüler sollte den Anlaß des Lobes kennen, oder einfacher gesagt, er sollte wissen, warum er gelobt wird. Vielleicht kann er daraus auch einige Einsichten gewinnen, die ihm weiterhelfen.

(3) *Lob muß echt sein.* Es darf nicht durch andere Signale, z.B. einen gleichgültigen Gesichtsausdruck, in seiner Wirkung beeinträchtigt werden. Auf ein scheinbares Lob („Na gut, aber ...") sollte man lieber verzichten, es sei denn, daß daraus eine weiterführende Erkenntnis abgeleitet werden kann.

(4) *Lob darf weder zu regelmäßig eingesetzt, noch zu stereotyp formuliert werden.* Wer nach Art eines Lehrerechos seine Schüler bei jedem Handgriff, den sie tun, bestätigt und lobt, verwöhnt und verzieht sie nur in der wörtlichen und übertragenen Bedeutung dieser Begriffe. Auch ein routinemäßiges Pauschallob am Ende einer Stunde („Das war ganz toll heute") ist bestenfalls wirkungslos, gelegentlich geradezu lächerlich (nämlich dann, wenn die Stunde nur so „über die Runden gekommen" ist).

Loben lernen

Entgegen der hohen Wertschätzung, die das Lob in der Theorie erfährt (und der entsprechend geringen des Tadels) zeigen Unterrichtsbeobachtungen, daß Lehrer im allgemeinen relativ selten loben und deutlich häufiger tadeln. Dies ist insofern verständlich, als der Lehrer einen effektiven und störungsfreien Unterricht als „guten Unterricht" gerne sich selbst zuschreibt, bei einem weniger zufriedenstellenden den Blick aber sehr schnell auf die Schüler richtet.

Das enthebt aber nicht von der Pflicht, für ein ausgewogenes Verhältnis von Lob und Tadel zu sorgen. Dieses Verhältnis kann selbstverständlich nicht immer dasselbe sein, doch darf es nicht ungeprüft zum negativen Pol hin verschoben werden. Als Lehrer muß man also loben „lernen".

Dazu seien im folgenden einige Hinweise gegeben:

(1) *Loben ist immer möglich*: bei jeder Gelegenheit, nach einem bestimmten Unterrichtsabschnitt, am Ende der Stunde, nur gelegentlich. Ein „aufgeschobenes Lob" kann dabei ausdrücklich als solches bezeichnet werden („Ich habe mit einiger Freude bemerkt, daß alle die ganze Stunde über eifrig mitgearbeitet haben", „daß seit drei Stunden keiner mehr zu spät gekommen ist").

(2) *Loben ist in vielen Formen möglich*, z.B. kollektiv oder individuell, „öffentlich" oder „privat", mit Worten oder Gesten.

Kollektives Lob ist immer angebracht, wenn die Mehrheit der Schüler gemeint ist. Eventuell notwendige Einschränkungen können dabei angedeutet werden („So gut wie alle", „fast durchweg"), doch muß dies durchaus nicht immer so sein.

Beim individuellen Lob dürfte es den Normalfall darstellen, daß ein oder mehrere Schüler oder eine bestimmte Schülergruppe – mehr oder weniger absichtlich – vor der ganzen Klasse herausgestellt werden, doch ist es bisweilen wirksamer, dies persönlich, nebenbei und von den anderen unbemerkt zu tun.

Darüber hinaus kann ein Lob mehr sachbezogen („Genau so ist es richtig") oder mehr personbezogen sein („Das hast du gut gemacht"), eher einen Tatbestand ausdrücken („17 von 21 haben die Übung geschafft; das ist ein großer Erfolg") oder die Tendenz anzeigen („Wie ich sehe, findet ihr immer mehr Spaß an der Sache"), vorwiegend sachlich („Eure Konzentrationsfähigkeit ist deutlich besser geworden") oder emotional formuliert werden („Toll, wie ihr heute mitgezogen habt").

Was dabei in welcher Form „richtig" ist, muß sich aus der Situation heraus ergeben; Hauptsache, das Lob ist, wie gesagt, echt und entspricht der gerade in der Klasse herrschenden Stimmung.

(3) *Lob läßt sich gezielt einsetzen*. Im Rahmen der gebotenen Objektivität und Gleichbehandlung der Schüler können bestimmte Verhaltensweisen, z.B. sozialer Art, oder bestimmte Schülergruppen, z.B. die schwächeren und zurückhaltenderen Schüler, häufiger und vor allem deutlicher angesprochen werden.

Damit lassen sich auch eventuelle Ungleichgewichte innerhalb des Klassenverbandes leichter abbauen.

(4) *Lob läßt sich gut dosieren.* In einer neuen Klasse, bei einem eben begonnenen Thema oder einem neu auftretenden Problem sollte man regelmäßiger und möglichst unmittelbar loben, dann aber die Abstände vergrößern und zeitlich variieren („intermittierende Verstärkung"). Man lobt dann „aus gegebenem Anlaß". Selbstverständlichkeiten brauchen nicht besonders hervorgehoben, sollten gelegentlich aber anerkennend registriert werden.

Tadel: Allgemeines

Was eben zum Lob gesagt wurde, gilt grundsätzlich auch für den Tadel. Dabei sind folgende Gesichtspunkte herauszustellen:

(1) Ein Tadel ist nur angebracht, wenn eine *Normverletzung* vorliegt, also ein Verstoß gegen geschriebene und ungeschriebene Gesetze und Regeln oder allgemein anerkannte Gewohnheiten zu verzeichnen ist. Zu diesen Normen gehört auch, daß die Schüler einigermaßen gutwillig und konzentriert mitarbeiten. Sollte der Unterrichtserfolg dennoch ausbleiben, liegt keine Normverletzung vor; „schlechte Leistungen" können allenfalls festgestellt, nicht aber getadelt werden.

(2) Die Normverletzung muß dem Schüler oder den Schülern auch *bewußt* sein. Da dies aus Übermut, Gedankenlosigkeit oder Gleichgültigkeit zumeist nicht der Fall ist, muß sie ausdrücklich als solche bezeichnet werden, selbst in ganz eindeutigen Fällen.

Damit ergibt sich als *„Grundstruktur des Tadels"* eine zweigliedrige Aussage, die „Feststellung des Tatbestandes" und seine „Einstufung als Normverstoß", z.B.:

- Du bist mehrfach zu spät gekommen.
- Damit drückst du eine gewisse Gleichgültigkeit gegenüber deinen Klassenkameraden, deinen Lehrern und der Schule aus.

(3) In vielen Fällen ist es angebracht, in einem dritten Schritt entweder die *Erwartungen* zu formulieren, die aus dem Gesagten folgen, oder einen *Hinweis* zu geben, der dem Schüler weiterhelfen kann.

Beispiel 1:

- Du hast wieder etwas anderes gemacht, als ich angesagt habe.
- Damit hältst du den Unterricht auf und gehst mir auf die Nerven.
- Also höre in Zukunft wenigstens zu, wenn ich etwas sage.

Beispiel 2:

- Du machst dich nur widerwillig an die Arbeit.
- Das ist ziemlich selbstherrlich und überheblich von dir.
- Mach doch mal richtig mit; du wirst sehen, dann macht es auch Spaß.

(4) Gelegentlich kann es auch nützlich sein, diesen dritten Schritt weiter aufzugliedern in die unabweisbaren *Konsequenzen* und die möglichen *Abhilfen*, z.B.:

- Du bist immer wieder aggressiv gegen deine Mitschüler und suchst dann die Schuld bei den anderen.
- Aber auch bei uns hat jeder einen Anspruch auf körperliche und seelische Rücksichtnahme, nicht nur du.

– Und außerdem wirst du in der Klasse immer unbeliebter werden.
– Also ändere *du* dich, und du wirst sehen, daß dich dann auch die anderen mögen.

(5) Selbstverständlich muß der Tadel nicht immer einem solchen oder ähnlichen Schema folgen. Eine „abgekürzte Form" dürfte vielmehr die Regel sein, doch sollte auch diese zunächst die Sache benennen und dann eine Stellungnahme dazu abgeben („Hört auf, euch dauernd zu unterhalten; das stört den Unterricht", „Ihr seid heute so träge; das nervt mich"). Gelegentlich läßt sich beides zu einem Satz zusammenziehen („Eure dauernden Streitereien bringen mich auf die Palme"). Sobald aber ernsthafte Probleme auftreten, ist ein etwas strukturierteres Vorgehen besser. Im Wiederholungsfall braucht man dann nur noch daran zu erinnern („Ihr wißt doch ...").

Zur Formulierung eines Tadels

Hinsichtlich der Formulierung sind zwei grundsätzliche Möglichkeiten zu unterscheiden, eine eher sachliche und eine mehr emotionale:

Die *sachliche* Formulierung stellt die Fakten und Konsequenzen in den Vordergrund („Das entspricht nicht den vereinbarten Regeln", „Damit stellst du dich selbst ins Abseits"). Sie erweckt bei den Schülern aber leicht den Eindruck, als ob der Lehrer sich hinter Vorschriften, Paragraphen und allgemeinen moralischen Vorstellungen verstecken möchte.

Die *emotionale* Formulierung ist zumeist etwas wirkungsvoller, da sie eine persönliche Aussage enthält oder gar Betroffenheit äußert („Das werde ich nicht dulden", „Du hast mich schwer enttäuscht"). Sie kann aber zu der Annahme führen, daß der Lehrer überempfindlich oder voreingenommen ist, namentlich wenn immer wieder dieselben Schüler angesprochen werden müssen.

Welche der beiden Möglichkeiten die jeweils angemessene ist, läßt sich schwer sagen, es sei denn, daß tiefersitzende Probleme (z.B. im Bereich der Haltungen, Einstellungen und Eigenschaften) eher sachlich, vordergründige (z.B. Nachlässigkeit, Formlosigkeit und ähnliche unerwünschte Gewohnheiten) eher emotional angesprochen werden sollten, doch gilt auch diese Regel nicht durchgängig. Hier hängt viel von der aktuellen Situation und dem generellen Lehrer-Schüler-Verhältnis ab.

Kollektiver Tadel sollte nur in wirklich begründeten Fällen ausgesprochen werden. Notwendige Einschränkungen sollten ausdrücklich angemerkt werden („Ein großer Teil von euch...", „Bis auf wenige Ausnahmen..."). Wenn irgend möglich, richtet man den Tadel direkt an den oder die betroffenen Schüler. So wirkt es immer etwas seltsam, wenn ein Lehrer sich bei den schon anwesenden Schülern über die beklagt, die noch nicht da sind.

Es erscheint angebracht, zum Thema „Lob und Tadel" abschließend zwei spezielle Probleme anzusprechen.

Bewegungskorrektur und Tadel

Es kommt immer wieder vor, daß Schüler – und hier vor allem Schülerinnen – Bewegungskorrekturen, selbst notwendige, als „Angriff auf ihre Person", eben als Tadel oder doch als Belästigung empfinden („Sie kritisieren dauernd an mir herum“, „Sie haben etwas gegen mich“).

Dem kann man schon dadurch entgegenwirken, daß man bei Korrekturanweisungen nicht so sehr das sagt, was der Schüler falsch macht, sondern was er richtigerweise zu tun hat („Halte beim Absprung den Oberkörper aufrecht“, nicht: „Du knickst beim Absprung ein“). Nur so kann man dem Schüler ja auch weiterhelfen.

Dennoch könnte bereits die damit verbundene besondere Aufmerksamkeit des Lehrers dem einen oder anderen Schüler nicht sonderlich angenehm sein, zumal fast zwangsläufig die schwächeren etwas häufiger betroffen sind. Vielleicht hilft es hier, an die Einsicht zu appellieren, doch ist Zurückhaltung meist besser.

So ist es auch nicht ratsam, schon bei den ersten Versuchen einer Übung mit dem Korrigieren zu beginnen. Man sollte, außer wenn die Sache gänzlich aus dem Ruder läuft, sich eher etwas zurückhalten.

Der Schüler, zumal der nicht so geschickte, hat ein Anrecht darauf, eine neue oder neu aufgegriffene Sache zunächst relativ unbeachtet und unbehelligt ausprobieren zu dürfen. Dies ist nicht zuletzt auch ein Gebot der „pädagogischen Fairneß“.

Der Lehrer und der „schlechte Schüler“

Es läßt sich immer wieder beobachten, daß Lehrer unzureichende Schülerleistungen geradezu als Mißachtung ihrer selbst empfinden und entsprechend ungehalten reagieren. Dies wirkt wiederum auf die Schüler zurück, indem sie dem Lehrer unterstellen, daß sie nur wegen ihrer schlechten Leistungen in die Kritik geraten.

In solchen Fällen muß man sich vor Augen halten, daß man als Lehrer allenfalls die Mitarbeit eines Schülers einfordern kann, daß sich schon seine Leistungsbereitschaft nur bedingt beurteilen läßt und daß anlage- oder sozialisationsbedingte Minderleistungen außerhalb jeder Kritik bleiben müssen. „Schlechte Leistungen“ berechtigen, wie bereits gesagt, nicht dazu, einen Schüler voreilig als „faul“, „uninteressiert“ oder gar „böswillig“ einzustufen. Hier ist eine eher sachliche und wertneutrale Sicht der Dinge vorzuziehen.

Das schließt nicht aus, daß man mit den Schülern über solche Probleme spricht. Dabei geht es vor allem darum, ihnen zu signalisieren, daß objektiv „gute“ oder „schlechte“ Leistungen nichts mit der persönlichen Wertschätzung zu tun haben, daß es aber sehr wohl möglich ist, „an sich selbst zu arbeiten“.

Anmerkung

(1) Vgl. den Beitrag: Konflikte und Störungen im Sportunterricht, S. 43.

Literatur

HEIDEMANN, R.: Körpersprache im Unterricht. Heidelberg 1999[6].
(Dieses Buch enthält unter anderem ein Trainingsprogramm zum Lehrerverhalten und geht auch sonst über den im Titel angesprochenen Gegenstandsbereich hinaus.)

13 Korrektur, Rückmeldung, Verstärkung

Wie ein Blick in die Fachliteratur zeigt, ist „Korrektur" ein fast überholter Begriff, wenngleich er nach wie vor als „Fehlerkorrektur" die praktisch-methodischen Veröffentlichungen beherrscht. Begriffe wie Rückmeldung, Feedback (d.h. Rückkopplung) und Verstärkung sind an seine Stelle getreten. Dabei spielt die sogenannte *Sofortinformation* eine besondere Rolle.

Die hier zugrunde gelegte Lerntheorie besagt, daß beim motorischen Lernprozeß jede in die erwünschte Richtung zeigende Bewegung bestätigt und jede „falsche" durch entsprechende Hinweise richtiggestellt werden sollte, und das während der relativ kurzen „Präsenzzeit" der Bewegung im motorischen Gedächtnis.

Indessen ist das hier angesprochene informationstheoretische Lernmodell ins Wanken geraten. Es läßt sich nicht nachweisen, daß motorisches Lernen durchgängig nach bestimmten „Programmen" erfolgt, die in regelkreisähnlichen Prozessen „verarbeitet" werden. Die neueren Theorien besagen, grob vereinfachend, daß alle diese Vorgänge in einem erheblich weiteren Rahmen zu sehen sind.

Dennoch dürfte dieses Modell für die Gestaltung des sportlichen Trainings bislang noch nicht überholt sein, namentlich wenn es darum geht, eine unter biomechanischen Gesichtspunkten optimale Bewegungsausführung zu erarbeiten und so weit zu stabilisieren, daß die Normabweichung den individuell notwendigen Toleranzbereich nicht überschreitet.

Dabei ist eine wesentliche Voraussetzung zu beachten: Der Lernende muß in der Lage sein, die „externen", vom Lehrer oder Trainer eingegebenen Rückmeldungen mit den „internen", von den körpereigenen Sensoren und Analysatoren eingehenden, zu vergleichen. Das setzt ein hohes Maß an Bewegungsgefühl (in der Wahrnehmung der internen Rückmeldungen) und Bewegungswissen (in der kognitiven Verarbeitung aller verfügbaren Informationen) voraus. Beides ist bei Anfängern nicht der Fall.

Es kommt hinzu, daß dieses Lernmodell nur bei der bewußten und bereitwilligen Mitarbeit der Lernenden und bei geringen Teilnehmerzahlen funktionieren kann.

Eine Schulklasse besteht aber aus einer Vielzahl von Individuen mit sehr unterschiedlichen Leistungsvoraussetzungen, divergierenden Erwartungen und diffusen Motiven. Dennoch – oder vielleicht gerade deshalb – wird die „Einzel- und Sofortkorrektur" als „individuelles Eingehen auf die Schüler" immer wieder verlangt und – zuweilen recht eindringlich – gerechtfertigt.

„Individualisierung des Unterrichts" ist aber ein allgemeines und übergreifendes pädagogisches Prinzip. Wer glaubt, dieser durchaus berechtigten Forderung allein durch entsprechende Korrekturanweisungen nachkommen zu können, reduziert das jeweils gegebene Spektrum der pädagogischen Einwirkungsmöglichkeiten auf eine einzige methodische Maßnahme.

Es sind noch einige weitere unterrichtliche Bedenken anzumelden:

(1) Die individuelle Korrektur zerlegt, etwas überspitzt formuliert, den Klassenunterricht in einen „fortgesetzten Einzel- und Privatunterricht“. Das mindert nicht nur die Effektivität des Unterrichts, sondern stellt auch seine sozialerzieherischen Funktionen, die gerade im gemeinsamen Handeln und Erleben gesehen werden, in Frage.

(2) Die ständigen Rückmeldungen verwöhnen den Schüler. Es besteht die Gefahr, daß er nur dann noch etwas tut, wenn er fortlaufend bestätigt wird. In extremer Weiterführung dieses Gedankens kann man fast schon von Dressur sprechen, die den Schüler geradezu entmündigt.

(3) Selbstverantwortliches Handeln und eine – zumindest streckenweise – „offene“ Unterrichtsgestaltung sind durchgängige Forderungen der modernen Pädagogik. Sie lassen sich nicht verwirklichen, wenn der Lehrer immer wieder interveniert.

(4) Einzelkorrekturen zersplittern die Aufmerksamkeit des Lehrers. Es kann nicht ausbleiben, daß er Wichtiges und Wesentliches übersieht. Dies spricht nicht gegen die individuelle Korrektur dort, wo sie notwendig ist.

Die aus den vorangegangenen Überlegungen zu ziehenden *Folgerungen* lassen sich auf zwei Ebenen ansiedeln:

(1) Die recht widersprüchlichen Forderungen nach einer rationellen Gestaltung der Lernprozesse und dem individuellen Eingehen auf die Schüler einerseits, nach eigenständigem Handeln der Schüler und einem möglichst offenen Unterricht andererseits lassen sich nur in einer konsequenten „Doppelstrategie“ verwirklichen, insofern als

- *lernzielorientierte*, eher lehrerzentrierte Unterrichtsphasen mit einem hohem „Informations-Input“ und
- *offene*, mehr schülerorientierte Unterrichtsphasen mit geringer Informationsdichte

in bewußtem Wechsel eingesetzt werden (1). Die Dauer solcher Phasen kann von relativ kurzen Stundenabschnitten bis hin zu mehreren Unterrichtsstunden reichen.

(2) Auch für die lernzielorientierten Unterrichtsphasen sollte das Prinzip der *aufgeschobenen Korrektur“* gelten. Dieses läßt sich in drei Regeln zusammenfassen:

- Erst korrigieren, wenn sich die Schüler eine zureichende *Vorstellung* von der Bewegung verschafft haben.
- Mit *generellen*, an die ganze Klasse gerichteten Korrekturen beginnen; erst später und nur bei Bedarf zu Einzelkorrekturen übergehen.
- Korrekturanweisungen *positiv* formulieren, möglichst in Form von vorgegebenen „Beobachtungs- und Aufmerksamkeitsschwerpunkten“ (2).

Dabei ist zu beachten, daß der Korrekturbegriff – meist recht willkürlich – in einer doppelten Bedeutung gebraucht wird,

- zum einen im Sinne einer Behebung von manifesten Bewegungsfehlern,
- zum anderen als Verbesserung einer an sich richtigen Bewegungsausführung.

Korrekturen in der ersten Bedeutung müssen zwar etwas früher und vor allem entschiedener eingebracht werden als in der zweiten, doch gilt für beide Formen gleichermaßen, daß nur das korrigiert werden sollte, was die Schüler tatsächlich falsch machen oder unvollkommen ausführen. Das setzt aber voraus, daß erst *beobachtet* und dann *korrigiert* wird.

Damit ist auch das Problem vorgefertigter „Korrekturlisten" angesprochen, die den Blick nur allzu leicht auf Nebensächliches lenken. Es wirkt bisweilen recht seltsam, wenn ein Lehrer, z.B. beim Flop, die Einzelheiten der Körperhaltung korrigiert, dabei aber übersieht, daß die Schüler den Absprung vernachlässigen.

In dem hier abgesteckten Rahmen kann auch das *gegenseitige Korrigieren der Schüler* Anwendung finden. Die hierfür notwendigen Kriterien sollten jedoch möglichst genau, z.B. schriftlich nach Art eines „Beobachtungsbogens", angegeben werden; sie müssen sich auf die *wesentlichen Bewegungsmerkmale* und den *„sichtbaren" Bewegungsablauf* beschränken.

Bei Berücksichtigung dieser Einschränkungen kann ein solches Vorgehen nicht nur für die Rationalisierung der Lernprozesse, sondern auch für die Schulung des Bewegungssehens und der Bewegungsanalyse sinnvoll sein.

Videoaufzeichnungen

Als ideale Form der Rückmeldung gilt die *Videoaufzeichnung*, bietet sie doch (neben dem Spiegel im Studio) die einzigartige Möglichkeit, daß der Übende sich selbst sehen kann. Dies ist im Hochleistungssport wohl unverzichtbar und bei privaten Trainerstunden sicherlich nützlich.

Für den Sportunterricht sind aber einige *Bedenken* anzumelden, und dies vor allem in folgender Hinsicht:

- Der Lehrer wird durch Aufbau und Handhabung des Videogerätes sowie durch die Auswertung der Aufzeichnungen so sehr in Anspruch genommen, daß seine übrigen unterrichtlichen Funktionen beeinträchtigt werden. Dies gilt selbst dann, wenn er die Bedienung einem darin versierten Schüler überläßt und sich nur auf die Auswertung beschränkt.
- Eine individuelle Auswertung der Aufzeichnungen ist zeitlich so aufwendig, daß sie sich im Unterricht – zumindest als Routinemaßnahme – von selbst verbietet. Sie setzt auch auf seiten der Schüler einige Fähigkeiten im Bewegungssehen und Kenntnisse in der Bewegungsanalyse voraus, die nur selten gegeben sind.
- Auch aus psychologischer Sicht ist zuweilen mit Problemen zu rechnen: Erfolgt die Auswertung im Klassenverband, fühlen sich die Schüler, namentlich die schwächeren unter ihnen, doppelt „vorgeführt". Sobald die erste Neugier verflogen ist, wird selbst bei einer Einzelauswertung ohne Zeugen die Konfrontation mit dem eigenen, vielleicht unerwartet negativen Bild als Belastung empfunden.

Dies spricht nicht gegen einen *gelegentlichen Videoeinsatz im Unterricht*. Erfahrungsgemäß sind es vor allem drei Situationen, die das Interesse der Schüler erregen und eine motivierende, vielleicht sogar bewußtseinsbildende Wirkung haben:

- Sozusagen mit einem Kameraschwenk wird eine „Kurzaufzeichnung" aller Schüler während des Übens vorgenommen. So kann jeder ohne besondere Umstände sehen, wie weit er noch von dem – möglicherweise selbstgesetzten – Idealbild der Bewegung entfernt ist. Dies setzt allerdings Übungen voraus, bei denen die Ausführungsqualität auch von weniger erfahrenen Schülern beurteilt werden kann. Schnelle und komplexe Bewegungen sind nicht geeignet.

- In einer „Totalen“ mit fester Kameraeinstellung wird eine längere Sequenz aus einem Sportspiel aufgezeichnet. Dies führt in aller Regel bei den Schülern zu der Erkenntnis, daß ihr Spielverhalten nicht so sinnvoll ist, wie sie annehmen.
- Es wird eine zuvor erarbeitete Gruppenübung oder -gestaltung oder eine für den externen Gebrauch eingeübte Schauvorführung aufgezeichnet. Auf diese Weise können die Schüler erkennen, daß zielstrebige und konzentrierte Arbeit auch zu entsprechenden Ergebnissen führt.

Bei all diesen und ähnlichen Gelegenheiten hängt viel davon ab, daß sowohl Aufzeichnung wie Auswertung in einer „positiven Atmosphäre“ erfolgen. Dies setzt bei den Schülern eine gewisse Bereitwilligkeit, jedenfalls aber Neugier, und beim Lehrer etwas Fingerspitzengefühl voraus.

Anmerkungen

(1) Vgl. dazu: KURZ, D.: Worum geht es in einer Methodik des Sportunterrichts? und: BREHM, W.: Mit Hilfe welcher Aktionsformen können Fertigkeiten im Sport gelehrt werden? In: BIELEFELDER SPORTPÄDAGOGEN, S. 9 und 65.

(2) Vgl. die Beiträge: Gibt es einen Standardablauf methodischen Handelns? und: Bewegungsanweisung – Bewegungskorrektur, „Handbuch“ S. 128 und 210.

Literatur

BIELEFELDER SPORTPÄDAGOGEN: Methoden im Sportunterricht. Schorndorf 2003[4].

14 Lehrersprache und Schüleräußerungen

Im Umkreis der in diesem Kapitel zusammengefaßten Beiträge sollte auch ein kurzer Blick auf das *allgemeine Sprach- und Kommunikationsverhalten* von Lehrern und Schülern geworfen werden. Dabei soll, obwohl beides aufeinander bezogen ist, zunächst die Lehrer-, sodann die Schülerseite betrachtet werden (1).

Lehrersprache

Für die Lehrersprache gilt allgemein das Gebot der *Reversibilität von Lehreräußerungen*, das sich in einem Satz zusammenfassen läßt: Sprich und verhalte dich so zu den Schülern, wie du es von ihnen erwartest. Diese Regel gilt unabhängig davon, daß zwischen beiden ein eindeutiges Macht- und Abhängigkeitsverhältnis besteht.

Der Lehrer ist nicht nur berechtigt, sondern je nach Lage der Dinge auch verpflichtet, Anweisungen zu geben, deren Verbindlichkeit nicht in Frage gestellt werden kann,

Verbote auszusprechen, wo dies notwendig ist, sowie generelle und individuelle Kritik zu üben, wo dies angezeigt erscheint.

All dies sollte in angemessener Sprache geschehen, die von Angriffen auf die Person des Schülers und von offenen oder verdeckten Unterstellungen möglichst frei ist. Annahmen und Vermutungen müssen begründet sein und sollten ausdrücklich als solche gekennzeichnet werden.

Dabei ist zu bedenken, daß die *Lehrer-Schüler-Kommunikation* sich auf mindestens *drei Ebenen* abspielt:
- auf einer sozusagen offiziellen, wobei der Lehrer sich in dienstlicher Funktion an die gesamte Klasse wendet,
- auf einer „halboffiziellen", wobei er einen einzelnen oder einige wenige Schüler anspricht, dies aber im Beisein aller übrigen tut,
- auf einer individuellen, wobei er sich mit einem oder mehreren Schülern gewissermaßen ohne Zeugen unterhält.

Die *erste Ebene* ist die unterrichtliche im engeren Sinne. Es sind dies die vielen Anweisungen, Hinweise und Anregungen, mit denen der Lehrer den Unterricht in Gang setzt und im weiteren Verlauf steuert, dies jedoch in einer eher unpersönlichen Art: Der Lehrer spricht mit der Klasse als einem Kollektiv (und wertet auch die Rückäußerungen als die eines Kollektivs).

Die *zweite Ebene* läßt sich von der ersten nur den Adressaten, nicht aber dem Inhalt nach genauer abgrenzen. Angesprochen ist nunmehr ein bestimmter Schüler, gelegentlich auch eine Schülergruppe, zumeist in Form spezieller Bewegungskorrekturen oder Verhaltenshinweise. Da beides als dem Unterricht zugehörig empfunden wird, geschieht dies zumeist „in aller Öffentlichkeit".

Hierbei kann es schon geschehen, daß ein Schüler, der mehrfach angesprochen wird, sich angegriffen fühlt („Immer kritisieren Sie an mir herum!"). Dagegen hilft nur, wie im vorangegangenen Beitrag bereits dargelegt,
- die strikte Befolgung der Regel, eine Korrektur- oder Verhaltensanweisung positiv zu formulieren, also zu sagen, was der Schüler tun soll, nicht was er falsch macht,
- der wiederholte Hinweis darauf, daß die Sache, nicht die Person gemeint ist („Ich kritisiere dich nicht, ich biete dir eine Hilfe an").

Auf der *dritten*, der individuellen Ebene begegnen sich Lehrer und Schüler, ungeachtet des bereits erwähnten Abhängigkeitsverhältnisses, als Gesprächspartner. Die Gesprächsinhalte reichen von rein unterrichtlichen bis hin zu eher persönlichen Fragen und Problemen. Sofern diese Gespräche innerhalb der Unterrichtszeit stattfinden, sollten sie – besondere Anlässe ausgenommen – auf das zeitlich notwendige Mindestmaß beschränkt werden.

Dies betrifft sowohl das, was der Lehrer zu sagen hat, als auch das, was der Schüler dagegen einzuwenden hat.

Für die *Form der Gespräche* gelten die allgemeinen gesellschaftlichen Konventionen. Von einem Lehrer muß erwartet werden, daß er auch emotional hoch besetzte Gesprächsinhalte in angemessener Weise vorbringen kann. Eine eher sachliche Art ist dabei zu bevorzugen; etwas Temperament kann nicht schaden; Ironie sollte mit Vorsicht gehandhabt werden. Ebenso muß man als Lehrer aber auch bereit sein, die Sichtweise des Schülers zur Kenntnis zu nehmen und sachlich begründete Argumente zu akzeptieren. Damit ist zugleich die „andere Seite“, die Schülerseite des Kommunikationsproblems, angesprochen.

Schüleräußerungen

Was eben gerade über die Lehrersprache gesagt worden ist, gilt umgekehrt auch für die Schüleräußerungen: Auch die Schüler müssen lernen, sofern sie von sich aus dazu nicht fähig sind, sich *sprachlich korrekt und angemessen* zu äußern.

Dabei sollte man vorab jedoch zwei allgemeine Gesichtspunkte berücksichtigen:

(1) Eine *gewisse Spontaneität, wenn nicht Unbedenklichkeit* im sprachlichen und sonstigen Verhalten muß man Kindern (und in etwas eingeschränktem Maße auch Jugendlichen) prinzipiell zugestehen. Im jüngeren Schulalter sprechen sie auf äußere Reize sehr stark an, äußern ihre Gefühle und Wünsche oft recht ungestüm und haben ein ausgeprägtes Bestreben, sich durchzusetzen. Das spätere Schulalter ist zunächst durch eine emotionale Unausgeglichenheit, im weiteren Verlauf sehr oft von Unlust- und Frustrationsgefühlen gekennzeichnet. All das darf nicht voreilig dem einzelnen Schüler zur Last gelegt werden.

(2) Es ist zwischen *kollektiven und individuellen Äußerungen* zu unterscheiden. Und wahrscheinlich ist auch die Mehrzahl der unangemessenen von ihnen der ersten dieser beiden Kategorien zuzurechnen. Die Devise: Gemeinsam sind wir stärker (oder fühlen uns doch so), gilt vor allem dann, wenn es darum geht, unterschwelligen Unmut zum Ausdruck zu bringen oder ein allgemeines Protestgeschrei anzustimmen.

Gerade im Sportunterricht spielen hier Verstärkungs- und Rückkopplungsprozesse eine große Rolle. Natürlich sind dabei auch stets einige Wortführer auszumachen, doch bleiben die eigentlichen Drahtzieher in der Regel eher im Hintergrund. Sofern solche kollektiven Äußerungen über die alltäglichen „Ablenkungsmanöver“ nicht hinausgehen, sollte man lieber mit leichter Hand darüber hinweggehen.

Ungeachtet dieser Vorbehalte ist seit etwa zwei Jahrzehnten eine zunehmende *Hemmungslosigkeit* nicht nur im allgemeinen, sondern auch im sprachlichen Verhalten festzustellen. Die Schülersprache wird immer ungezügelter und aggressiver, in vielen Fällen ist sie ausgesprochen provokativ.

Hier ist nicht der Platz, auf gesellschaftliche, milieubedingte und familiäre Ursachen dieser Entwicklung einzugehen; es soll lediglich festgestellt werden, daß man als Lehrer dagegen nicht entschlossen genug vorgehen kann, und dies aus zwei Gründen:

- Wer unangemessene Schüleräußerungen akzeptiert, entwertet sich, sein Fach, seinen Beruf und die Schule als Institution.
- Wer gegen unangemessene Schüleräußerungen nichts unternimmt, entzieht sich seiner erzieherischen Pflicht und beeinträchtigt damit auch die Lebens- und Erfolgschancen seiner Schüler.

Es muß also darauf geachtet werden, auch die *Reversibilität der Schüleräußerungen* (wieder) herzustellen, etwa nach dem Grundsatz. „Ich versuche, korrekt mit euch (mit dir) zu sprechen, und ich erwarte dasselbe auch von euch (von dir)."

Was zum Schüler-Lehrer-Verhältnis gesagt worden ist, gilt in gleicher Weise auch für die *Kommunikation der Schüler untereinander*. Selbstverständlich wird man hier kein durchweg gepflegtes Sprachniveau erwarten können, doch sollte man sich als Lehrer verpflichtet fühlen, gegen manifeste sprachliche Fehlleistungen einzuschreiten.

Schließlich sollte man auch die – in manchen Klassen fast durchgängigen – Unmutsäußerungen während des Unterrichts nicht durchgehen lassen. Es kann nicht angehen, daß ein Schüler jeden fehlgeschlagenen Versuch mit einem sehr drastischen, der Umgangssprache entnommenen Ausdruck kommentiert.

Was läßt sich konkret gegen verbale Entgleisungen von Schülern unternehmen?

Empfehlenswert (und im Normalfall auch recht wirkungsvoll) ist die an anderer Stelle bereits beschriebene *Strategie des Abblockens* (2), etwa nach dem Muster: „So bitte nicht! Und jetzt noch mal, aber in angemessener Sprache!"

In bestimmten Fällen ist auch der an derselben Stelle beschriebene „Dreischritt" angebracht, nämlich:

- Tatbestand feststellen („Ihr habt euch wohl im Ton vergriffen"),
- Stellung beziehen („Damit greift ihr mich persönlich an"),
- Erwartungen äußern („Jetzt bitte noch mal, aber ...").

Als besondere, keineswegs aber routinemäßig anzuwendende Maßnahme kann als dritter Schritt auch der „Abbruch der Verhandlungen" angezeigt sein, entweder endgültig („Damit ist das Gespräch beendet") oder vorläufig („In der nächsten Stunde reden wir weiter").

Diese oder eine ähnliche Strategie sollten flexibel eingesetzt werden. Dabei sind vor allem drei Situationen von Bedeutung:

(1) Bei *kollektiven sprachlichen Fehlleistungen* wendet man sich an den – tatsächlichen oder vorgeschobenen – Wortführer und veranlaßt ihn zu einer angemessenen Stellungnahme. Bei überschaubaren Gruppen kann man auch jeden einzelnen Schüler der Reihe nach dazu auffordern. In den meisten Fällen ist das Problem bereits nach wenigen Worten geklärt oder zumindest einer vernünftigen Diskussion zugänglich.

(2) In jüngster Zeit kommt es immer häufiger vor, daß *einzelne Schüler* aus dem laufenden Unterricht heraus (z.B. beim gemeinsamen oder freien Üben) oder am Rande des Unterrichts (z.B. bei der Anwesenheitskontrolle oder bei organisatorischen Verrichtungen) den Lehrer, um einen umgangssprachlichen Ausdruck zu benützen, regelrecht „anmachen".

In solchen Fällen wird man, je nach gegebener Situation, den Unterricht entweder unterbrechen oder den Schüler beiseite nehmen, um ihn in der angegebenen Weise zur Rede zu stellen.

In extremen Fällen ist vielleicht ein „Gegenangriff" angezeigt, z.B. nach folgendem Muster: „Ich lasse mich von dir nicht provozieren. Und was hast du jetzt noch zu sagen?“ Sollte der Schüler – darüber muß man sich im klaren sein – in diesem Fall nicht umgehend einlenken, ist eine Strafmaßnahme fällig (3).

Dasselbe gilt, wenn ein Schüler sich zwar – scheinbar – bereitwillig entschuldigt, aber keine Anstalten macht, von seinem unangemessenen oder provozierenden Verhalten abzulassen und auch die Feststellung: „Deine Entschuldigungen sind nichts wert, wenn du nicht bereit bist, dich zu ändern,“ keine Besserung bringt.

(3) In ähnlicher Weise sind auch die verbalen *Unmutsäußerungen* zu behandeln, doch tritt hier ein weiterer Gesichtspunkt hinzu: Die Schüler sind sich dabei eines Fehlverhaltens zumeist gar nicht bewußt. Also muß man sie „vorwarnen“, d.h. zunächst ermahnen, vielleicht sogar mehrfach. Dabei kann eine – tatsächliche oder nur gedachte – Strichliste von Nutzen sein („Ich habe jetzt zum fünften Mal denselben unmöglichen Ausdruck gehört. So geht das nicht weiter. Also hört auf damit“).

Schlußbemerkung

Sprachliche Fehlleistungen in Form von verbalen Entgleisungen sind in unseren Schulklassen recht unterschiedlich verbreitet, an Schulen im Umkreis sozialer Problempunkte wohl mehr als anderwärts. Auch sind es stets nur wenige Schüler, die sich darin besonders hervortun. Dennoch ist insgesamt eine deutliche Zunahme solcher Erscheinungen zu verzeichnen. Und ebenso dürfte hier ein recht tiefsitzendes Problem vorliegen. Schnelle Erfolge sind also nicht zu erwarten.

Das darf aber kein Grund zur Resignation sein. Es ist vielmehr geboten, mit Geduld und Konsequenz dagegen vorzugehen, mit Geduld, solange dies durchzuhalten ist, mit Konsequenz, auch konkreten schulrechtlichen Konsequenzen, wenn Langmut nicht mehr weiterhilft.

Anmerkungen

(1) Zur methodischen Dimension des Problems vgl. den Beitrag: Bewegungsanweisung – Bewegungskorrektur, „Handbuch“ S. 210.
(2) In dem Beitrag: Konflikte und Störungen im Sportunterricht, S. 43.
(3) Vgl. den Beitrag: Ermahnen – Verwarnen – Bestrafen, S. 51.

15 Was Schüler so sagen und denken

und was vielleicht dahintersteckt

In diesem Beitrag sollen einige Schülerverhaltensweisen angesprochen werden, die nur in Ausnahmefällen ein echtes Konfliktpotential enthalten, im übrigen aber eher in die Kategorie „harmlos“ einzustufen sind. Dennoch dürften die hier vorgelegten Schüleräußerungen gerade in ihrer zumeist recht unreflektierten Art kennzeichnend sein für bestimmte Haltungen und Einstellungen, die das Unterrichten im Sport nicht eben leichter machen.

„Ich habe mich doch so angestrengt!“

Dieser Satz ist vor allem dann zu hören, wenn ein Schüler mit seiner Punktzahl, Wertung oder Note nicht zufrieden ist. In ähnlicher Weise argumentieren auch die Eltern, wenn sie den Schulerfolg ihrer Kinder gefährdet sehen. Sie alle berufen sich – durchaus mit einigem Recht – auf das Prinzip der *moralischen Gleichwertigkeit von Leistungen*: Der gute Wille ist zu loben, nicht allein der Erfolg.

In der Tat wird nach unseren gesellschaftlichen Wertvorstellungen als „Leistung“ nur das wirklich anerkannt, was mit einem gewissen Bemühen erreicht worden ist (1). Daraus darf jedoch nicht geschlossen werden, daß jedes Bemühen bereits als „Leistung“ betrachtet und honoriert werden muß, auch wenn nichts dabei herausgekommen ist. Das wäre absurd, zumindest im Extremfall.

Entsprechend wird in der pädagogischen – und vor allem in der sportpädagogischen – Diskussion zwar immer wieder verlangt, den Faktor „Einsatz, Bemühen, Fleiß“ bei der Leistungsbewertung und Notenfindung zu berücksichtigen, doch sind dem in der Praxis recht enge Grenzen gesetzt (2).

Damit ist auch die Antwort auf solche oder ähnliche Schüleräußerungen vorgezeichnet (wobei hier außer Betracht bleiben soll, daß sie zumeist von den Schülern vorgebracht werden, die sich nur gelegentlich zu einer Anstrengung aufraffen können).
Es sind dies vor allem zwei Gesichtspunkte:

- daß dem Bemühen, zumindest was die Note betrifft, auch ein gewisser Erfolg beschieden sein muß,
- daß schlechte Noten ausbleibenden Erfolg anzeigen, aber keine Kritik an der Person zum Ausdruck bringen.

„Sie haben doch ...!“

„Sie haben doch das Foul vorhin auch nicht gepfiffen“, „die anderen, die zu spät gekommen sind, auch nicht zur Rede gestellt ...“ Mit diesen und anderen, mehr oder weniger empörten Ausrufen reagieren die Schüler bisweilen – und vorwiegend im negativen Fall – auf angebliche „Ungerechtigkeiten“ des Lehrers.

Vielleicht läßt man sich im ersten Augenblick davon verblüffen oder ärgert sich, weil die Schüler „einem etwas anhängen wollen“. Dagegen hilft nur die Erkenntnis, daß die Schüler sich auf eine rein formale Gleichbehandlung all der vielen, meist belanglosen Vorfälle berufen, die den Unterricht durchziehen.

Sie stellen damit aber auch den *pädagogischen Ermessensspielraum des Lehrers* in Frage. Dieser leitet sich ab von einem allgemeinen Prinzip unserer Rechtsordnung, daß jeder Fall für sich und aus sich heraus, eben als „Einzelfall“, zu beurteilen ist (natürlich unter Beachtung des vorgegebenen rechtlichen Rahmens).

Also kann man dem oder den Schülern in einem solchen Fall sehr wohl sagen. „Ihr wißt doch, wenn zwei das Gleiche tun, ist es noch lange nicht dasselbe. Wie aber was zu beurteilen ist, das ist zunächst meine Sache. Soviel zum Grundsätzlichen. Und jetzt reden wir über den speziellen Fall.“

„Das können Sie doch nicht verlangen!"

So oder ähnlich lautet der Vorwurf einzelner Schüler oder ganzer Klassen an ihren Lehrer, vor allem dann, wenn eine Anforderung ihnen unbequem erscheint.

Das führt weiter zu der Frage: *Was darf der Lehrer eigentlich verlangen?*

Natürlich das, was der Lehrplan vorsieht.

Aber die Antwort: „Es steht doch im Lehrplan", wäre nicht sonderlich klug, da der Lehrer sich damit aus der Verantwortung zu stehlen versucht. Und das wird von den Schülern – nicht ganz zu Unrecht – als Schwäche ausgelegt, die sie dann auszunutzen versuchen. Es dürfte also besser sein, sich als Lehrer auch persönlich zur Sache zu bekennen, z.B. mit folgender Antwort: „Ich verlange von euch nur, was ich von allen meinen Schülern verlangt habe und was man von Leuten eures Alters erwarten kann."

Unter Umständen setzt man sich damit dem Vorwurf aus, daß man den Schülern so den „Spaß am Sport" nehme oder ihre „Motivation" zerstöre. Solche oder ähnliche Einwände gehen von der unbegründeten Annahme aus, daß man den Spaß eines anderen durch Nachgiebigkeit sozusagen erkaufen könne. Davon ist an anderer Stelle etwas ausführlicher die Rede (3).

Das bedeutet nicht, daß man als Lehrer immer auf seinem Standpunkt beharren sollte. Wenn die Situation es erfordert und wenn einsichtige Gründe vorgebracht werden, muß man auch nachgeben können.

Dies ist, sofern „die große Linie stimmt", keine Prestigefrage.

„Das haben wir noch nie gemacht!"

Diese nicht nur im Sportunterricht, sondern in abgewandelter Form („... noch nicht gehabt") in allen Fächern zu beobachtende Schülerreaktion auf Gegenstände und Aufgaben, die normalerweise gekonnt oder doch bekannt sein müßten, entspricht einem weitverbreiteten menschlichen Verhaltensmuster, dem Streben nach Selbstentlastung. Man stellt sich zunächst einmal dumm, und das gelingt im Kollektiv besser als in individueller Konfrontation mit einer Anforderung.

Beharrt der Lehrer auf seinem Ansinnen, braucht man fürs erste also nichts zu können oder zu wissen, und wenn im weiteren Verlauf auch nicht viel herauskommt, trägt gewissermaßen der Lehrer die Verantwortung, verlangt er doch etwas scheinbar Unbilliges. Möglicherweise, so die geheime Hoffnung der Schüler, wird er sogar auf sein Ansinnen verzichten.

Wie dem auch sei, dem Lehrer verbleibt nur eine Antwort: „Noch nie gehabt? Dann müssen wir das ganz kurz und entschlossen nachholen." Natürlich wissen die Schüler ganz genau, daß dies nur ein Spiel ist, und reagieren darauf zumeist recht gelassen. Und sollten ihre Einwürfe begründet gewesen sein, ist eine solche Haltung des Lehrers ohnehin gerechtfertigt.

Hier ließe sich einwenden, daß man auf diese Art nicht „zu etwas Neuem" komme, vielleicht sogar hinter dem Lehrplan zurückbleibe. Solche Befürchtungen sind zumeist gegenstandslos. Im übrigen besteht der Sportunterricht im seinem Kernbereich aus wenigen elementaren Dingen, die man nicht oft genug wiederholen kann. Und was die Lehrplanerfüllung betrifft, gilt die Regel: Lieber weniger, das aber gründlich.

„Das kann ich nicht!“

Diese Äußerung – oder besser Ausrede – wird zumeist von einem einzelnen Schüler vorgebracht, wenn er direkt aufgefordert wird, etwas Neues zu probieren oder wenigstens mitzumachen. Sie zielt dann in dieselbe Richtung wie die vorangegangene: Der Angesprochene möchte ein mögliches Versagen vorwegnehmen und sich damit selbst entlasten. Entsprechend hört man sie nicht nur von Schülern, die sich irgendwie drükken wollen, sondern auch von solchen, die ansonsten ganz gut sind oder sich sogar als „große Stars“ fühlen.

Dem bloßen Wortlaut nach ist der Satz auch logisch: Der Schüler weiß tatsächlich nicht, ob er es kann. Ebenso logisch ist aber auch die Antwort darauf: „Woher willst du denn wissen, daß du es nicht kannst, wenn du es noch nicht probiert hast?“

Gelegentlich sind auch Ängste im Spiel: Angst vor einem Risiko, einem Sturz, einer Blamage. Es ist ja nicht jedermanns Sache, auf Anhieb vom 3-m-Brett zu springen, einen Salto zu versuchen oder eine schwierige Schrittkombination nachzuvollziehen.

Solche Situationen sind auf methodischer Ebene anzugehen, z.B. durch Vereinfachung und Erleichterung der Übungen, durch Hilfestellung oder spezifische Absicherungen. Führt auch das nicht zum Ziel, hilft vielleicht der gutgemeinte Ratschlag: „Nun schau dir die Sache erst mal an.“

Diese oder ähnliche Maßnahmen dürften zumindest so lange angebracht sein, als das „Abwarten-und-zusehen-Wollen“ nicht Ausmaße annimmt, die an Verweigerung grenzen. Dann sind andere Mittel gefragt, über die an ihrer Stelle gesprochen worden ist (4). Als erster Hinweis hier nur eine mögliche Reaktion: „Für heute also Schluß damit. Aber nächste Stunde machen wir genau an dieser Stelle weiter.“

„Das können wir doch schon!“

Dieser Satz ist nicht einfach die Umkehrung des vorangegangenen. Er gehört in einen anderen Zusammenhang und ist dort Ausdruck einer gewissen Selbstüberschätzung, wenn nicht Überheblichkeit der Schüler, die ihre letzte Ursache wohl in unseren technisierten, vom Machertum geprägten Lebensverhältnissen hat.

Unterstützt wird eine solche Einstellung von bestimmten Tendenzen in der pädagogischen Psychologie, die in der fortlaufenden Bestätigung ein wesentliches Mittel sehen, das Interesse und Bemühen der Schüler wachzuhalten. Das ist im Prinzip sicher richtig, findet seine Grenzen aber dort, wo dem Schüler eine „Scheinwelt des Erfolgs“ vorgespiegelt wird.

Es verbleibt die Frage, *wann eine Sache, insbesondere eine sportliche Fertigkeit, „gekonnt“ ist.* Letztendlich trifft dies wohl erst dann zu, wenn sie beherrscht wird und unter wechselnden Bedingungen frei verfügbar ist. Das ist nur in einem langen Lern-, Übungs- und Trainingsprozeß zu erreichen, zumal hier auch das Niveau der körperlichen Fähigkeiten eine Rolle spielt.

Schüler aber setzen „können“ gerne mit „einmal hingekriegt haben“ gleich. Daraus sollte man ihnen keinen Vorwurf machen, solange dies nicht zu jener angeberhaften Selbstgefälligkeit führt, die jedes weitere Bemühen ablehnt.

Theoretische Erörterungen helfen in solchen Fällen nicht viel. Also wird man als Lehrer je nach Situation mit einem eher begütigenden: „Ihr kennt das vielleicht, aber ihr könnt es deshalb noch lange nicht“, oder mit einem mehr distanzierten: „Ihr könnt es? Dann laßt einmal sehen“, reagieren.

Auch eine kurze Bewertung, eine Gegenüberstellung, ein Blick auf eine Wertungstabelle, die Anfertigung einer Strichliste oder eine Videoaufzeichnung können weiterhelfen und die Sicht der Dinge zurechtrücken (5).

„Sie müssen uns doch sagen können ...“

„Sie müssen uns doch sagen können“, oder noch konkreter: „Sie müssen uns den Trick verraten, wie man weiter springen kann.“ So oder so ähnlich lautet bisweilen das Ansinnen der Schüler an ihren Lehrer.

Dahinter steht wohl die Vorstellung, daß alles auf dieser Welt, auch sportliche Leistung, mit leichter Hand machbar sei, oder – etwas überspitzt formuliert – der *Traum vom mühelosen Erfolg*. Den träumen heute viele, und wer wollte unseren Kindern daraus einen Vorwurf machen? Das Leben ist doch – scheinbar – so einfach geworden: Man braucht nur an einem Knopf zu drehen, und die Wohnung wird warm, oder beim Computerspiel im richtigen Moment mit der Maus zu klicken, um zu „gewinnen“. Da kann das Bewußtsein, daß alles, was wir können und besitzen, irgendwie erst erarbeitet werden mußte, schon einmal in den Hintergrund gedrängt werden.

Der Sport aber sperrt sich – zumindest in seinen elementaren und ursprünglichen Formen – gegen solche Vereinfachungen. Hier geht nichts ohne nachhaltiges Bemühen (und gerade darin dürfte der „bildende Wert“ liegen). In einem solchen Fall kann man den Schülern sehr wohl zur Antwort geben: „Ich kann euch natürlich sagen, wie es geht, aber üben und anstrengen müßt ihr euch selbst“ oder auch: „Der Trick ist ganz einfach: üben“.

Soweit scheint die Sache klar zu sein, doch verbleiben zwei, von ihrem Ausgangspunkt her völlig verschiedene, in ihren Auswirkungen aber gleichlaufende Bedenken:

- Viele Lehrer machen aus ihrem methodischen Wissen eine Art Geheimlehre, was bei den Schülern den Eindruck erweckt, als ob dadurch wahre Wunder bewirkt werden könnten.
- Das sportliche Interesse sowohl der breiten Öffentlichkeit als auch der Jugend verlagert sich, wie an anderer Stelle etwas ausführlicher dargelegt (6), immer mehr auf Tätigkeiten, die sozusagen von einem „zentralen Trick“ bestimmt werden, den es zu beherrschen gilt.

Dem sollte man, wo immer möglich, entgegenwirken: Vom Lehrer aus gesehen, muß Wissen stets als „Nutzwissen“, nicht als „Machtwissen“ eingesetzt werden. Und was den Sport betrifft, ist den Schülern zu verdeutlichen, daß der „echte“ Sport einen Anspruch stellt und eine Herausforderung enthält, der man sich zu stellen hat.

„Müssen wir schon wieder …“

„Schon wieder! Müssen wir denn immer! Das haben wir doch schon einmal gemacht.“ Mit solchen oder ähnlichen unwilligen Ausrufen reagieren die Schüler – in manchen Klassen fast regelmäßig –, wenn der Lehrer ein zweites oder drittes Mal dieselbe Aufgabe stellt.

Natürlich ist das nicht bei allen Unterrichtsgegenständen der Fall, sondern vorwiegend bei solchen, die den Schülern in irgendeiner Weise lästig oder unbequem sind, zumindest einem Teil von ihnen. Denn es sind ja auch nie alle Schüler, die sich so äußern, sondern eher die Wortführer, die „aktive Minderheit“ unter ihnen.

Es ist dies die weitverbreitete *Unfähigkeit zu üben*, die ähnliche Ursachen hat wie die im vorangegangenen Abschnitt behandelte Hoffnung auf mühelosen Erfolg. Zudem wissen auch die Schüler – oder sie ahnen es zumindest –, daß die meisten Themen, Aufgaben und Anforderungen mit der Zeit anspruchsvoller werden, selbst wenn man sie allmählich besser beherrscht. Wiederholtes Üben bedeutet dann, daß man „zur Sache gehen“ und „Farbe bekennen“ muß.

Das aber ist nicht jedermanns Sache. Man bleibt lieber bei den relativ unverbindlichen Anfängen. Auf diese Weise „zappen“ sich die Schüler, wie durch die Fernsehprogramme, durch das „Angebot“ des Lehrers und der Schule. Wie entsprechende Untersuchungen zeigen, gilt dies in zunehmendem Maße auch für den Vereinssport.

Man sollte jedoch die Schuld nicht einseitig bei den Schülern suchen: Die Lehrpläne leisten dem auch einigen Vorschub. Selbst in den älteren, mehr konventionell ausgerichteten, sind bis zu 28 Sportarten verzeichnet, und die neueren von ihnen bieten eine unübersehbare Fülle von „Erfahrungs- und Lernfeldern“, in denen sich die Schüler wie in einem Freizeitpark tummeln können (7).

Und die Lehrer? Auch sie können dem fortgesetzten Druck der Schüler, ihrer Eltern und der „Öffentlichkeit“ (einschließlich der Fach- und Behördenvertreter), ja nur recht modern, aufgeschlossen und fortschrittlich zu sein, nicht widerstehen und spielen hier mit, manche aus Überzeugung, manche mit einem gewissen Unbehagen.

Vielleicht sollte man aber doch Widerstand leisten, das Wichtige, Grundlegende und Elementare in den Mittelpunkt stellen und nach der Devise: „Wir bleiben so lange bei der Sache, bis etwas dabei herausgekommen ist“, auf einem angemessenen Ergebnis beharren. Unpädagogisch wäre das jedenfalls nicht.

Anmerkungen

(1) Vgl. den Beitrag: Über das „Erfolgserlebnis“, S. 216.
(2) Vgl. den Beitrag: Um die „pädagogische Note“ im Sport, S. 171.
(3) In dem Beitrag: Muß Sportunterricht Spaß machen? S. 189.
(4) In dem Beitrag: Die Weigerung als typischer Konfliktfall des Sportunterrichts, S. 36.
(5) Vgl. die Beiträge: Unterrichtsbeobachtung als Selbstbeobachtung, S. 103, und: Korrektur, Rückmeldung, Verstärkung, S. 62.
(6) In dem Beitrag: „Spaß- und Funsport“ in der Schule? S. 195.
(7) Vgl. den Beitrag: Die neue Lehrplangeneration, S. 301.

16 Auffällige Schüler

Der Begriff des auffälligen Schülers soll in diesem Beitrag in einem prinzipiell wertneutralen Sinne verstanden werden. Dies bedeutet, daß in jeder der nachfolgend aufgeführten Kategorien, wenn auch in wechselnder zahlenmäßiger Zusammensetzung, Schüler anzutreffen sind, die von ihren Charaktereigenschaften und Persönlichkeitsmerkmalen her positiv zu werten sind, und andere, die als problematisch angesehen werden müssen. Zwischen diesen beiden Gruppen ist die große Zahl der unauffälligen Schüler einzuordnen.

Wenn die Darstellung sich dann doch wieder auf die *Problemfälle* konzentriert, hat dies einen einfachen Grund: Hier vor allem sind die Schüler zu finden, die für den Lehrer eine besondere Belastung darstellen. Eine solche Belastung wird aber allein schon dadurch erträglicher, daß man auf sie vorbereitet ist, indem man sie gedanklich so weit wie möglich vorwegnimmt.

Ein Thema wie das hier behandelte führt zwangsläufig zu *Typisierungen*, die im Hinblick auf die unverwechselbare Individualität eines Schülers natürlich ungerecht sind. Sie sind dennoch notwendig, um einige erste Erkenntnisse zu gewinnen, die sich – mit der gebotenen Vorsicht – verallgemeinern lassen. Weiterhin sind, der besseren Orientierung wegen, die vielfältigen Erscheinungsbilder unter wenigen Oberbegriffen zusammengefaßt, die dann in einem sehr weiten Sinne zu verstehen sind.

Die Stars

Als „Stars“ sollen hier alle Schüler bezeichnet werden, die aus irgendwelchen Gründen, z.B. wegen ihrer Leistung, ihres sozialen Verhaltens oder ihres Aussehens, ein besonderes Ansehen genießen oder dies für sich beanspruchen.

In fast jeder Klasse ist die Erscheinung des *„positiven“ Stars* anzutreffen, bei dem Leistung und Verhalten im Einklang stehen, der sich dessen durchaus bewußt ist, aber daraus keine besonderen Ansprüche ableitet. Diese Schüler üben zumeist einen wohltuenden Einfluß auf das unterrichtliche Verhalten der gesamten Klasse aus. Bei sehr ungünstiger Klassenzusammensetzung kann es aber auch geschehen, daß sie sich aus dem allgemeinen Getriebe heraushalten und eher unauffällig bleiben.

Nicht minder häufig ist aber auch der *„negative“ Star* zu erkennen, ein Schüler, der in einem Teilbereich sehr gut ist und sich darauf auch etwas einbildet, sich im übrigen aber recht unlustig präsentiert. Da er in ständiger Sorge lebt, daß sein Ansehen leiden könnte, wenn seine Defizite offenkundig werden, neigt er zu offener oder verdeckter Obstruktion mit allen negativen Folgen für das Unterrichtsklima.

Es folgt die Gruppe der *„Pseudostars“*, Schüler, die ihr Ansehen aus anderen als sportlichen Gründen, meist aus ihrem guten Aussehen, bisweilen auch aus ihrem materiellen Wohlergehen ableiten. Hier tritt uns z.B. der „Macho“ entgegen, der in ausgesuchter Markenbekleidung (oder im absoluten Gegenteil) seinen durch Bodybuilding gestärkten Körper zur Schau trägt.

Das weibliche Gegenstück dazu ist die *„Schöne"*, ein Mädchen, das seine natürliche Attraktivität durch äußere Aufmachung sowie durch konventionelle oder extravagante Schmuckelemente noch zu steigern versucht.

In unterrichtlicher Hinsicht verhalten sich diese Schülerinnen und Schüler zumeist indifferent, doch können sie auch für einige Verwirrung sorgen, wenn sie ihr Image gefährdet sehen.

Schwierigkeiten kann es auch bei Äußerlichkeiten geben, z.B. wenn es darum geht, hinderlichen Schmuck abzulegen. Bei einem „unverzichtbaren" Ring kann hier der Hinweis helfen, daß er wohl aufgesägt werden müßte, wenn es zu einer Verstauchung des Fingers käme. Piercing-Schmuck muß an Stellen, wo er problematisch werden könnte, mit Heftpflaster abgeklebt werden.

Allenfalls in seiner eigenen Einschätzung den Stars zuzurechnen ist der *Angeber*, der außer einem überzogenen Selbstbild nicht viel zu bieten hat. Auch der *Übereifrige* ist nur dem Erscheinungsbild, nicht aber der Substanz nach, dieser Gruppe zuzuordnen. Überwiegend auf den Lehrer fixiert, wird er von der Klasse zumeist als „Streber" abgetan (was freilich nicht ausschließt, daß Schüler, die lediglich ihre Pflicht tun, in derselben Weise abqualifiziert werden).

Der Umgang mit den problematischen Erscheinungsformen des Startums ist nicht ganz leicht, muß es doch darum gehen, *Grenzen aufzuzeigen, ohne persönlich herabzusetzen.* Anerkennung, wo angebracht, und eher unauffällige Kritik, wo notwendig, müssen sich die Waage halten. Manche sind einer verstandesmäßigen Argumentation zugänglich, andere nicht. „Links-liegen-Lassen" bringt meist nicht viel, „Bloßstellen" sollte allerletztes Mittel bleiben.

Die Aggressiven

Unter „aggressiv" soll hier eine Spanne von Verhaltensweisen zusammengefaßt werden, die von „allzu temperamentvoll" bis hin zu „bewußt beleidigend" reicht und damit ebensosehr eine relativ harmlose Hyperaktivität wie eine latente Gewaltbereitschaft ausdrücken kann.

Am häufigsten tritt uns hier der *Hemmungslose* entgegen. Schülern dieses Typs fehlt es – sei es von Natur aus, sei es aus falscher Erziehung – an Selbstkontrolle, so daß sie sich immer wieder in unangenehmer Weise hervortun. Bisweilen sehen sie es sogar für ihr gutes Recht an, sich auf diesem Weg gegenüber Lehrern und Mitschülern durchzusetzen. Außerdem besteht die Gefahr, daß sich solche Verhaltensweisen verfestigen, wenn sie sich regelmäßig oder auch nur gelegentlich als erfolgreich erweisen. Dies führt sehr schnell zu offenkundiger Rücksichtslosigkeit.

Dem Hemmungslosen zuzuordnen ist der *Ungezogene*, dessen Aggressivität sich mehr verbal und personbezogen äußert. Eher im Hintergrund hält sich der *Intrigant*, der gegen den Lehrer Unmut zu schüren versucht, und der *Miesmacher*, der schlechte Stimmung verbreitet.

In diesen Umkreis gehört auch der *Aufdringliche*, der sich in penetranter Weise an Lehrer und Mitschüler heranmacht, um seine Wünsche durchzusetzen. Manch einer läßt dabei auch die räumliche Distanz vermissen, indem er körperlich zu nahe an den Gesprächspartner heranrückt und damit bei diesem emotionales Unbehagen auslöst.

Selbst auf die Gefahr hin, als rigoros zu gelten, möchten wir hier empfehlen, alle Formen von offener oder verdeckter Aggressivität *konsequent und möglichst schon im Ansatz abzublocken*. Dies kann durchaus in sachlicher, zurückhaltender und persönlich nicht verletzender Form geschehen (1).

Gelegentliche Unmutsäußerungen des Lehrers helfen hier nicht weiter, auch nicht die „große Diskussion" über Kommunikations- und Umgangsformen (die freilich als „Aufhänger" durchaus von Nutzen sein kann), eher schon jener freundliche Nachdruck, der im Laufe von Wochen und Monaten – vielleicht – zum Erfolg führt.

Und im Falle der mangelnden räumlichen Distanz kann man zu einem Schüler sehr wohl sagen: „Stop! Jetzt geh zuerst einen Schritt zurück, und dann reden wir weiter."

Auch *unterrichtliche Mittel* können, wie an anderer Stelle schon dargestellt (2), zum Abbau von Aggressivität beitragen. So sollte man beispielsweise für eine angemessene körperliche Belastung sorgen, immer wieder Aufgaben stellen, die zur Konzentration und zum Mitdenken zwingen, und „unruhestiftende" Übungen so weit wie möglich vermeiden.

Die Störer

Der Begriff „Störer" soll hier in einem recht engen Sinne gebraucht werden, nämlich im Bezug auf eine Gruppe von Schülern, die an sich harmlos sind, aber durch bestimmte Verhaltensweisen eben doch „störend" wirken.

Hier sind vor allem zwei Erscheinungsbilder zu verzeichnen, der *Schwätzer* und der *Vorlaute*, die beide wohl zu den häufigsten gehören, die im Unterricht, und nicht nur im Sportunterricht, anzutreffen sind.

Während der Schwätzer in seinem ungezügelten Mitteilungsbedürfnis sich fortwährend mit einem bestimmten oder auch dem nächstbesten Klassenkameraden unterhält, betätigt sich der Vorlaute mit mehr oder weniger passenden Bemerkungen, Vorschlägen und Zwischenrufen vor der gesamten Klasse.

In den meisten Fällen helfen hier freundliche Ermahnungen in den Formen des „nonverbalen und verbalen Abblockens". In hartnäckigen Fällen kann man den Schüler auch beiseite nehmen und einige deutliche Worte sagen.

Parallel dazu sollte man für das – vor allem im jüngeren Schulalter sehr ausgeprägte – Mitteilungs- und Durchsetzungsbedürfnis der Schüler ein Ventil schaffen, beispielsweise dadurch, daß man sie mit einiger Regelmäßigkeit zu konkreten Rückäußerungen über die Sache auffordert.

Dabei bietet sich auch die Gelegenheit, einen bestimmten auffälligen Schüler gezielt anzusprechen („Du hast doch vorhin deinem Nachbarn etwas Wichtiges zu sagen gehabt. Können wir das alle hören?" oder: „Du wolltest doch eben etwas sagen. Jetzt ist Gelegenheit dazu"), selbst auf die Gefahr hin, daß der Schüler sich dabei „vorgeführt" fühlt.

Die Unerträglichen

Unter der Bezeichnung „unerträglich“ soll über eine Gruppe von Schülern gesprochen werden, die in erster Linie ihren Mitschülern (aber auch dem Lehrer) „auf die Nerven gehen“, weil ihr Verhalten immer wieder zu Unruhe und Unzufriedenheit führt.

Hier ist zunächst der *Streitsüchtige* zu nennen, der aus einem gewissen Dominanzstreben oder aus einer allgemeinen Unzufriedenheit heraus sich mit allen anlegt, mit denen er zu tun hat.

Sozusagen der Gegentyp dazu ist der *Beleidigte*, der aus nichtigem Anlaß sich aus allen gemeinsamen Aktivitäten zurückzieht und dies den Lehrer oder seine Mitschüler auch noch deutlich spüren läßt.

In diesen Umkreis ist auch der *Wehleidige* einzureihen, der seine – tatsächliche oder vorgespiegelte – Empfindsamkeit geradezu als Waffe einsetzt, um sich gegen seine Umgebung durchzusetzen.

Solche und ähnliche Verhaltensweisen können, sofern sich keine Gegenkräfte formieren, sowohl die Stimmung als auch den Zusammenhalt innerhalb einer Klasse sehr stark beeinträchtigen, gelegentlich bis zum Auseinanderfallen des Klassenverbandes. Ist eine Klasse dagegen jedoch immun, entstammen die meisten der typischen Außenseiter dieser Gruppe.

Leider läßt sich gegen solche Erscheinungsformen nur bedingt etwas unternehmen, da hier zumeist recht verfestigte Charakterbilder vorliegen, bei denen auch eine gute Portion Selbstherrlichkeit im Spiel ist. Am ehesten helfen noch Sachlichkeit, Stetigkeit und Konsequenz im unterrichtlichen Handeln und gelegentlich auch ein deutliches Signal der Mißbilligung.

Die Frustrierten

„Frustration“ oder einfach „Frust“ ist zu einem Modewort geworden, mit dem man recht unbedenklich jede Art von Unannehmlichkeit zu bezeichnen pflegt. Hier sollen als „frustriert“ aber nur die Schüler bezeichnet werden, die aus irgendwelchen Gründen in ein dauerhaftes emotionales Abseits geraten sind.

Entsprechend den teils äußeren, teils inneren Ursachen dieses Geschehnisablaufs läßt sich dabei eine typische Abfolge von Erscheinungsbildern feststellen: Am Anfang steht zumeist das Gefühl einer diffusen *Unzufriedenheit*. Der Schüler ist mit sich, dem Elternhaus, der Schule und allem anderen nicht mehr zufrieden; er fühlt sich immer häufiger unverstanden und benachteiligt. Sehr oft spielt auch eine generelle oder partielle Überforderung eine Rolle. Dieser Zustand schlägt sehr schnell in eine allgemeine *Lustlosigkeit* um, der wiederum ein offen zur Schau getragenes *Desinteresse* folgt. Es ist dies die „Null-Bock-Mentalität“, die früher oder später den „Anti“-Typ hervorbringt, der in geradezu aggressiver Gleichgültigkeit alles ablehnt, was an ihn herangetragen wird.

Eine solche Ablauffolge – und darin liegt der pädagogisch entscheidende Hinweis – *kann nicht früh genug unterbrochen werden*. Mit Schüleräußerungen wie: „Was wollen Sie denn von mir“, „Tragen Sie mich doch ins Klassenbuch ein“, „Ist mir doch egal, ob Sie mir eine schlechte Note machen“, ist jedenfalls der Punkt erreicht, an dem Umkehr vielleicht noch möglich ist (z.B. eingeleitet mit einer entschieden vorgetragenen Bemerkung wie: „Das ist dein Problem, nicht meines und nicht das der Schule“). Danach geht nicht mehr viel.

Was kann man als Lehrer konkret unternehmen, um diese „Unterbrechung“ oder „Umkehr“ zu erreichen? Keinesfalls sollte man zurückstecken, eher sollte man konkrete Aufgaben stellen und auf ihrer Bewältigung bestehen und so einige erste Erfolgserlebnisse vermitteln. Jedenfalls sollte man versuchen, mit sachbezogenem Nachdruck und emotionaler Mitbeteiligung solche Schüler aus ihrer Lethargie herauszureißen, selbst wenn dies leichter gesagt als getan ist und Mißerfolge gewissermaßen vorprogrammiert sind (3).

Die Verunsicherten

Unter „verunsichert“ soll eine recht vielgestaltige Gruppe von Schülern verstanden werden, die aus psychischen oder motorischen Gründen Schwierigkeiten haben, und dies nicht nur im Sportunterricht.

Hier wäre zunächst der *Ängstliche* zu nennen, der in der beständigen Besorgnis lebt, irgendwie Schaden zu erleiden, oder vor allem Neuen und Ungewohnten zurückschreckt. Ebenso deutlich zu erkennen ist der *Ungeschickte*, dem nichts so recht gelingen will, zumindest nicht auf Anhieb, und sein Gegenbild, der *Schusselige*, der mit seinen Überreaktionen sich manche Chance zunichte macht. Etwas abseits steht der *Verträumte*, an dem das Unterrichtsgeschehen gelegentlich vorbeiläuft.

Sicher ließen sich noch einige Varianten benennen, doch kann hier darauf verzichtet werden. Wichtig ist aber der Hinweis, daß die Schüler dieser Gruppe unverhältnismäßig häufig in Unfälle, meist weniger gravierender Art, verwickelt sind: Sie sind es, die beim Spielen umgerannt oder unversehens von einem Ball getroffen werden und sich die Finger verstauchen. Sie beanspruchen also etwas mehr Aufmerksamkeit und Zuwendung als die übrigen.

Zum Schluß sei hier auf *vier Erscheinungsbilder* hingewiesen, die gewissermaßen übergreifenden Charakter haben und nicht in das bisherige Raster einzuordnen sind.

(1) An erster Stelle sei der *Empfindliche* genannt, der für seine Person äußerste Rücksichtnahme verlangt, ohne diese auch seinerseits gewährleisten zu wollen. Empfindliche gibt es in allen Gruppen, vor allem unter den Stars und den Störern, aber auch unter den Aggressiven.

In diesem letzten Fall wird die Diskrepanz zwischen den Erwartungen gegenüber sich selbst und dem Verhalten zu anderen besonders deutlich, und ebenso deutlich sollte man dies auch ansprechen („Auf anderen kannst du herumtrampeln, aber was dich betrifft, bist du empfindlich wie eine Mimose. Das paßt doch nicht zusammen“).

(2) Sodann soll auf den *Drückeberger* hingewiesen werden, der sich mit allerlei Entschuldigungen und Ausflüchten um alles, was ihm unbequem ist, herumzumogeln versucht oder einfach abtaucht und über weite Strecken des Unterrichts unsichtbar bleibt. Drückeberger sind nur schwer zu fassen, weil sie sozusagen die Aufmerksam-

keitslücken des Lehrers nutzen. Es verbleibt lediglich, sie bei gegebener Gelegenheit „zur Rede zu stellen", und dies nicht nur verbal, sondern auch durch konkrete Aufgaben und Aufträge.

(3) Relativ häufig trifft man auf den *Schlamper*, jedoch in unterschiedlichen, meist harmlosen Ausprägungsgraden und in mehreren Abschattierungen, z.B. in der Gestalt des Leichtfertigen oder des Gedankenlosen. Sie alle brauchen einen festen Ordnungsrahmen und sind dann durchaus zur Besserung fähig, doch ist immer mit gelegentlichen Rückfällen zu rechnen.

(4) Recht auffällig, aber zumeist auch recht gutmütig ist der *Trödler*, dem alles etwas langsamer von der Hand geht. Auch hier ist Besserung möglich, vor allem im allgemeinen unterrichtlichen, weniger im motorischen Verhalten, aber nur bis zu einer anlagebedingt vorgegebenen Grenze. Den Rest muß man ertragen; er ist eben so.

Schlußbemerkungen

Es war nicht beabsichtigt, im Rahmen dieses Themas Vollständigkeit zu erreichen. Diese ist schon deshalb nicht möglich, weil je nach Altersstufe stets andere Erscheinungsformen von auffälligen Schülern im Vordergrund stehen und sich von Schule zu Schule erhebliche Verschiebungen ergeben.

Nicht berücksichtigt wurden Schüler mit *manifesten Verhaltensstörungen*, weil dies die Kompetenz des einzelnen Lehrers überschreitet und andere Instanzen, zumindest aber das Elternhaus, eingeschaltet werden müssen. Es könnte aber sein, daß man gerade als Sportlehrer dahingehende Initiativen ergreifen muß.

Mit diesem Beitrag sollten – trotz entsprechender Hinweise – auch keine „Rezepte zur schnellen Problemlösung" gegeben werden. Das wäre ein recht vermessener Anspruch. Es sollte vielmehr versucht werden, eine erste Vorstellung von weitverbreiteten, aber keineswegs immer und überall anzutreffenden unterrichtlichen Problemfeldern zu vermitteln.

Anmerkungen

(1) Vgl. den Beitrag: Konflikte und Störungen im Sportunterricht, S. 43.
(2) Vgl. den Beitrag: Sportunterricht in unruhigen Klassen, S. 18.
(3) Vgl. den Beitrag: Go-slow und Null-Bock, S. 39.

Kapitel 2

Lehrer

Das zweite Kapitel versteht sich als Fortsetzung des ersten mit einer Blickverschiebung auf den Lehrer. Dies folgt aus der Erkenntnis, daß es in der Sicht der Schüler ganz überwiegend die Person des Lehrers ist, die ihnen Unterricht als „gut“ oder „schlecht“ erscheinen läßt.

Es könnte auffallen, daß dieses Kapitel relativ kurz ist. Im Rahmen des Gesamtthemas kann aber keine „Theorie des Lehrerverhaltens“ vorgelegt werden; es können allenfalls einige Hinweise gegeben werden, die eher Hilfe anbieten als Vorschriften machen wollen.

Dies entspricht auch unserer Grundposition, daß jede Art eines – auch von uns als notwendig erachteten – „Lehrertrainings“ zwar zu einer größeren Verhaltenssicherheit verhelfen kann, nicht aber zu einem Einheitsverhalten im Lehren und Unterrichten führen sollte. Hier muß jeder seinen eigenen Stil finden, zumal niemand auf Dauer „gegen seine Natur“ unterrichten kann.

Was aber billigerweise verlangt werden kann, ist die Fähigkeit, das eigene Verhalten zu reflektieren und dabei zu sich selbst in eine kritische Distanz zu treten (und – vielleicht noch wichtiger – diese Fähigkeit im Verlauf der Dienstzeit nicht zu verlieren).

Auch dieses Kapitel beginnt mit einem Thema allgemeinerer Art, nämlich mit der Frage, ob der Lehrer wohl allein für die „Motivation“ der Schüler zuständig ist, wendet sich dann dem Bild des Lehrers in den Augen der „anderen“ zu und versucht schließlich – mit den Beiträgen zum „schlechten“ Sportunterricht und einigen typischen Lehrergewohnheiten – Verhaltensweisen aufzuzeigen, die zum Nachdenken Anlaß geben könnten.

Dies ist auch das zentrale Anliegen der beiden abschließenden Beiträge, die konkrete Informationen über den Unterricht, soweit er im Gestaltungsspielraum eines Lehrers liegt, geben und Wege zu einer Selbstbeobachtung aufzeigen sollen.

Wir beabsichtigen mit diesem Kapitel nicht, unseren Kollegen und Kolleginnen „einen Spiegel vorzuhalten". Wir müssen darauf vertrauen, daß unsere Absicht erkannt wird, sozusagen gemeinsam mit ihnen nach Wegen zu suchen, Unterrichten und Unterrichtet-Werden für alle Beteiligten so zufriedenstellend wie möglich zu gestalten.

Auch in diesem Fall können wir nicht davon ausgehen, stets die „richtigen" Ratschläge gegeben zu haben. Wir können nur hoffen, einige Einsichten zu vermitteln, indem wir versuchen, unsere eigenen Erfahrungen und Eindrücke möglichst objektiv und leidenschaftslos weiterzugeben.

1 Muß ein Sportlehrer seine Schüler motivieren?

Zur Einstimmung in den folgenden Beitrag soll eine kleine Geschichte dienen:

Ein junger Lehrer will in einer 10. Klasse den Unterricht eröffnen und fordert die Schüler auf, sich hinzusetzen. Ein Schüler aber legt sich vor ihm auf den Boden und sagt von unten herauf: „Nun motivieren Sie mich mal!"

Störversuche dieser Art sind kaum jemals ganz ernst gemeint und lassen sich zumeist mit einer lockeren Bemerkung aus der Welt schaffen; sie sind aber kennzeichnend für eine Einstellung, die in der Öffentlichkeit, so auch bei Eltern, Pädagogen und Fachvertretern weit verbreitet ist, daß nämlich der Schüler einen Anspruch darauf habe, für das Lernen im allgemeinen und für den Unterricht im besonderen – auch und vor allem für den Sportunterricht – „motiviert" zu werden.

Solche Forderungen oder Erwartungen sind je nach dem Standpunkt, den man dazu einnimmt, entweder unangebracht oder überzogen, und dies aus drei Gründen:

(1) Schüler *müssen* in die Schule gehen und dort am Unterricht teilnehmen, d.h. auch „wirklich mitmachen" (1); die Lehrer haben ihre Berufspflichten nach den amtlichen Vorgaben zu erfüllen. Wenn beide Seiten das Ihrige tun, bedarf es keiner weiteren „Motivation" mehr. Man darf also die Frage stellen, warum der Lehrer seine Schüler zu etwas Selbstverständlichem erst motivieren sollte.

(2) Motivation als *Fachbegriff* hat etwas mit den persönlichkeitsspezifischen und überdauernden Triebkräften menschlichen Handelns zu tun. Motivation ist, sehr vereinfacht ausgedrückt, etwas, was man hat, und zwar jeder in einer höchst eigenen Weise (2). Somit lassen sich Schüler auch nicht beliebig und sozusagen auf Knopfdruck zu etwas „motivieren".

(3) Ganz offensichtlich wird aber in dem oben angesprochenen Zusammenhang der Begriff des Motivierens in einem *erweiterten Sinn* gebraucht. Er bedeutet, eine Sache oder einen Vorgang so interessant oder begehrenswert zu machen, daß andere sich darauf einlassen. Der Bedeutungsumfang reicht von „begeistern" und „mitreißen" bis hin zu „manipulieren" und „verführen".

Dabei sollte man aber auch folgendes sehen: Wenn z.B. ein Chef seine Mitarbeiter oder ein Trainer seine Spieler „motiviert", bedeutet das, daß er sie irgendwie, beispielsweise durch eigenes Vorbild, durch materielle Anreize oder durch Androhung von Konsequenzen, unter Druck setzt. Solches oder ähnliches ist jedenfalls gemeint, wenn von einem „Motivationskünstler" gesprochen wird.

Diese Überlegungen zeigen, daß man die Begriffe „Motivation" und „Motivieren" mit einer gewissen Vorsicht gebrauchen sollte. Darüber hinaus wäre keine weitere Beunruhigung angebracht, wenn der generelle – und in gewissem Umfang unvermeidliche – öffentliche Druck auf die Lehrerschaft in den zurückliegenden Jahrzehnten nicht eine neue Dimension angenommen hätte.

Dabei sind vor allem die folgenden Aspekte von Bedeutung:

(1) Schule und Schulbildung werden immer weniger als Chance und immer mehr als lästige Pflicht empfunden, die von der „Freizeit“ und anderen begehrenswerten Dingen abhält. Lernen ist kein Erlebnis mehr, sondern eine Last, der man sich, wo es auch immer geht, entzieht. Vielleicht war das schon immer so, doch wird dies nun immer deutlicher artikuliert: „Cool-Sein“ und „Null-Bock“ werden zum Aushängeschild (zumindest eines Teils) der jungen Generation.

(2) Diese Entwicklung führt weiter zu einem typischen Schülerverhalten: Durch entsprechende Äußerungen („Muß das sein? Wozu soll das gut sein? Das braucht man doch nicht!“) verlangen die Schüler vom Lehrer sozusagen den Beweis dafür, daß eine Sache auch tatsächlich notwendig, nützlich oder brauchbar ist. Dem kann man als Lehrer nur entgegenwirken, wenn man erkannt hat, daß sich auf diese Weise aus der jeweils individuellen Schülersicht so gut wie alles in Frage stellen läßt (3). „Gegenbeweise“ helfen nicht viel, schon eher die immer wiederholte Versicherung, daß „Bildung“ (auch körperliche Bildung) kein staatlich verordneter Zwang sei, sondern ein erstrebenswertes Gut und ein unverlierbarer Besitz.

(3) Selbst wer die Schule als solche akzeptiert, sieht in ihr weniger die „Bildungsanstalt“ als vielmehr eine Institution zur Zuteilung sozialer Chancen. Sie wird mehr oder weniger als „Mittel zum Zweck“ angesehen, und gelegentlich dominiert dabei die Sichtweise, daß sie etwas, was einem Schüler „doch eigentlich zusteht“, eher verweigert als gewährt.

Dies ist – unter anderem – darauf zurückzuführen, daß unter dem Einfluß eines neuen Verständnisses von „Begabung“ und „Bildungsfähigkeit“ der Schulerfolg einseitig als Produkt der gesellschaftlichen Rahmenbedingungen gesehen wird. Sehr verkürzt formuliert: Man *ist* nicht (mehr oder weniger) begabt, man *wird* dies, sozusagen von außen. Mißerfolge werden nicht so sehr als persönliches Versagen, sondern als „Fehler im System Schule“ gedeutet und damit – mehr oder weniger versteckt – seinen Repräsentanten, den Lehrern, angelastet.

Das Konfliktpotential, das sich aus den genannten Gründen aufbaut, führt bisweilen zu manifesten Unterrichtsschwierigkeiten. Davon ist in diesem Band mehrfach die Rede. Dennoch sollte man sich vor bloßer Polemik hüten und vielleicht auch die andere – positivere – Seite des Problems sehen: Es könnte doch durchaus sein, daß die Schüler, ihre Eltern und alle, die mit der Schule zu tun haben, mit dem „Recht auf Motivation“ nichts weiter als die Erwartung verbinden, daß *die Lehrer einen guten und engagierten Unterricht erteilen.* Das ist wahrlich kein unbilliges Verlangen, und dies ist auch Gegenstand eines großen Teiles der pädagogischen Literatur.

Vielleicht können die nachfolgenden Beiträge einige weitere Gesichtspunkte in diese Diskussion einbringen.

Anmerkungen

(1) Vgl. den Beitrag: Müssen die Schüler im Sportunterricht mitmachen? „Handbuch“ S. 76.
(2) Vgl. den Beitrag: Motivation – was ist das eigentlich? „Handbuch“ S. 52.
(3) Vgl. den Beitrag: Muß Sportunterricht Spaß machen? S. 189.

2 Muß ein (Sport-)Lehrer bei seinen Schülern beliebt sein?

Daß ein Lehrer bei seinen Schülern „ankommen“, ja beliebt sein will, ist mehr als verständlich. Man kann nicht zuletzt davon ausgehen, daß die Schüler bei einem beliebten Lehrer nicht nur lieber und leichter, sondern auch mehr und besser lernen.

Das Problem liegt aber darin, daß „Beliebtheit“ in der praktischen Umsetzung durchaus kein eindeutig bestimmbarer Begriff ist.

Es läßt sich lediglich feststellen,

- daß die „Beliebtheit“ eines Lehrers aus der Sicht der Schüler ein Konglomerat aus sehr unterschiedlichen, zum Teil sogar widersprüchlichen Wahrnehmungen und Erwartungen ist,
- daß ein Lehrer aus einer praktisch unbegrenzten Zahl von Gründen bei den Schülern „beliebt“ sein kann.

Insofern gibt es auf die Frage: *„Wie werde ich beliebt?“* (oder: „Was muß ich tun, um beliebt zu werden?“) keine konkrete, auf bestimmte Verhaltensregeln und Handlungsanweisungen hinauslaufende Antwort. Man kann nur allgemeine, zum Teil recht abstrakte Ratschläge geben.

Nicht viel anders verhält es sich im umgekehrten Fall, dem der *Unbeliebtheit*. Hier zeigt die Praxis, daß ein Lehrer durchaus einige Ecken und Kanten haben kann, ohne gleich unbeliebt zu werden. Es gibt offensichtlich nur einige wenige Verhaltensweisen, die über Beliebtheit oder Unbeliebtheit entscheiden.

Dazu ist – mit den notwendigen Vorbehalten – weiter unten noch etwas zu bemerken.

Dem eben Gesagten widerspricht es nicht, daß sich auf Grund von *Schüleräußerungen* ein „statistischer Mittelwert“ hinsichtlich der Beliebtheit eines Lehrers bilden läßt. Innerhalb einer überschaubaren Lehrergruppe gelangt man so zu einer Beliebtheitsrangfolge, deren Aussagekraft – die Extreme ausgenommen – aber gering ist.

Nun muß man auch sehen, daß die Meinungen der Schüler über ihre Lehrer sehr stark vom *Bild des Lehrers in der Öffentlichkeit*, und damit von seiner Darstellung in der Literatur, in der Presse, im Film und im Fernsehen bestimmt ist.

Hier zeigt ein grober Überblick, daß dieses Thema in jüngerer Zeit viel von seiner Schärfe verloren hat. Der „böse Lehrer“, der als bloßer Pauker seine Schüler schikaniert oder mit Vorbedacht ihre Seelen zerstört, scheint in dieser Form nicht mehr thematisiert zu werden.

Auf Dauer nicht weniger problematisch dürfte aber auch der gegenwärtig so gefragte *Typ des idealen Lehrers* sein, der nicht nur ein perfekter Pädagoge und kompetenter Fachmann ist, sondern auch in rastlosem persönlichen Einsatz, aber letztlich doch mit leichter Hand die persönlichen Probleme seiner Schüler löst und dabei immer verständnisvoll, fair, konsequent und gerecht bleibt.

Fragt man unter diesem Aspekt nun weiter, welche Vorstellungen die Schüler von einem „guten“ oder „beliebten“ Lehrer haben, so zeigt sich, daß bei allen Umfragen die Charakterisierung als *„verständnisvoll“* obenan steht, dicht gefolgt von der Forderung, daß er *„gerecht“* sein müsse. Die Erwartungen der Schüler decken sich in ihren Grundzügen also mit dem gesellschaftlich geprägten Idealbild.

Nun, Ideale müssen sein, und sie sind durchaus positiv zu bewerten, solange man sie als solche erkennt. Insofern hat auch das idealisierte Vorbild des allseits offenen und verständnisvollen Lehrers, der zuerst seine Schüler und dann erst den Lehrstoff sieht, durchaus seine Berechtigung. Man muß sich aber auch darüber im klaren sein, daß es sich bei den beiden Hauptforderungen nach Verständnis und nach Gerechtigkeit um einen schwierigen Balanceakt zwischen den gesellschaftlichen Anforderungen der Schule und den individuellen Erwartungen der Schüler (und ihrer Eltern) handelt. Und man muß gleichfalls sehen, daß dieses Idealbild in der Praxis in einigen Abwandlungen erscheint, die sehr schnell problematisch werden können.

Vielleicht ist es angebracht, einige dieser – mehr oder weniger unbewußt verfolgten – *„Beliebtheitsstrategien“* kurz zu betrachten, wobei zunächst das Kriterium „verständnisvoll“ im Vordergrund steht. (Wir bitten sowohl unsere Leserinnen als auch unsere Leser um Nachsicht, wenn dabei nur die jeweils männliche Version aufgeführt wird.)

(1) Der *Kumpelhafte* begibt sich in seinen Verhaltensweisen bewußt auf die Ebene der Schüler. Abgesehen davon, daß die damit verbundenen sprachlichen und nichtsprachlichen Äußerungen sehr leicht peinlich wirken können, geht dabei die Distanz verloren. Und aus dieser Lage heraus lassen sich auftretende Problemfälle nicht mehr so deutlich ansprechen, wie es notwendig ist.

(2) Der *Nachgiebige* versucht, stets den Wünschen seiner Schüler gerecht zu werden. Zwar ist das so oft geforderte „Eingehen auf die Schüler“ eine elementare Voraussetzung für eine erfolgreiche Lehrtätigkeit, doch darf es nicht so weit führen, daß eine endlose Spirale der Nachgiebigkeit in Gang gesetzt wird. Oberste Regel muß es bleiben, da nicht nachzugeben, wo es der eigenen Überzeugung widerspricht.

(3) Der *Großzügige* schaut über alles, was seine Schüler tun und nicht tun, scheinbar leichten Sinnes hinweg. Sicherlich darf eine Klasse als Kollektiv und jeder Schüler für sich ein gewisses Entgegenkommen des Lehrers erwarten, doch wird schrankenlose Großzügigkeit sehr schnell ausgenutzt, und dies verführt zur Schlamperei.

(4) Der *Mildtätige* versucht es vor allem mit guten Noten. Davon profitieren naturgemäß die schwächeren Schüler am meisten. Zwar ist Nachsicht, wenn nicht Mitleid, mit den vom Leben Benachteiligten eine lobenswerte menschliche Eigenschaft, doch werden damit auch die tatsächlich bestehenden Unterschiede innerhalb einer Klasse eingeebnet (was wiederum eine andere, wenn auch akzeptablere, Form von „Ungerechtigkeit“ ist). Problematisch wird eine solche Strategie mit Sicherheit aber dann, wenn die Schüler darauf spekulieren und in ihren eigenen Anstrengungen nachlassen.

(5) Der *Besorgte* kümmert sich, bisweilen sogar mit einer gewissen Aufdringlichkeit, um die persönlichen Verhältnisse seiner Schüler. Sicherlich kann eine verständnisvolle, ja mitfühlende Ansprache in bestimmten Fällen wahre Wunder bewirken, doch

schätzen die Schüler es normalerweise nicht, wenn man allzu tief in ihr Privatleben eindringen will. Was vielleicht gut gemeint war, weckt dann eher Abneigung.

Selbstverständlich sind in all diesen und ähnlichen Charakterisierungen zahlreiche positive und bedenkenswerte Elemente enthalten. Sie werden erst dann problematisch, wenn sie – sozusagen als Generalnenner – auf die Annahme hinauslaufen sollten, daß ein für die Schüler *bequemer Lehrer* auch ein beliebter sei.

Nach unseren Erfahrungen ist das gerade nicht der Fall. Natürlich wünschen sich die Schüler für ihre jeweils aktuelle Situation einen möglichst „harmlosen" Lehrer und versuchen auch, durch entsprechende Rückäußerungen in dieser Hinsicht manipulierend auf ihn einzuwirken, doch schätzen und achten sie ihn auf Dauer nicht.

Die Schüler erwarten vielmehr, daß ein Lehrer ihnen dort, wo es notwendig ist, auch die *Grenzen aufzeigt.*

Insofern ist es auch angebracht, die eben erwähnten Manipulationsversuche der Schüler abzublocken oder zumindest zu signalisieren, daß man sie durchschaut.

Wenn nämlich eine Klasse oder deren Wortführer in leicht gekränktem Ton äußern, daß „beim Herrn Soundso alles ganz anders" sei oder gewesen sei, kann das stimmen oder nicht. Und wenn z.B. ein Kollege tatsächlich auf die Feststellung der Anwesenheit oder die Vorlage von Entschuldigungen verzichtet, könnte er ja Gründe dafür haben, vielleicht weil die Klasse so vertrauenswürdig ist oder weil er an die Selbstverantwortung der Schüler appellieren will.

Daraus können aber keine Ansprüche abgeleitet werden. Somit darf man in aller Ruhe und mit einigem Nachdruck auch sagen: „Herr Soundso wird schon wissen, was er tut. Ich mache das anders, und ich habe meine Gründe dafür."

Es verbleibt, mit einigen Worten auf die zweite Erwartung der Schüler, die auf *„Gerechtigkeit"* einzugehen. Auf den ersten Blick erscheint diese Forderung selbstverständlich, und man glaubt vielleicht auch, ihr mit leichter Hand nachkommen zu können. Auf den zweiten zeigt sich aber, wie an anderer Stelle schon dargestellt (1), daß hier ein hochabstrakter Begriff vorliegt, der eine Vielzahl von Deutungen und Mißdeutungen zuläßt.

Daß man Gleiches gleich behandeln und da Unterschiede machen sollte, wo welche bestehen, dürfte jeder einsehen. Schwieriger werden die Fälle, in denen man als Lehrer scheinbar Gleiches ungleich behandeln muß. Dafür braucht man nämlich eine Begründung. So kann man beispielsweise einem etwas schlampigen, aber gutmütigen Schüler so manches durchgehen lassen, was man bei einem arroganten wohl rügen muß. Die Begründung liegt darin, daß es durchaus gerechtfertigt ist, einen Schüler an dessen eigenen Maßstäben zu messen.

Vermutlich verstehen die Schüler unter „Gerechtigkeit" aber gar nicht die Durchsetzung allgemeiner Rechtsgrundsätze, sondern verbinden damit die Erwartung, *„daß man weiß, wie man bei einem Lehrer dran ist"*. Und das ist ein berechtigtes Verlangen. Es enthält nicht nur formale Aspekte, z.B. die Handhabung bestimmter schulrechtlicher Bestimmungen und unterrichtlicher Abläufe, sondern auch psychologische und soziale, allen voran die Forderung nach einer gewissen *emotionalen Ausgeglichenheit* des Lehrers.

Diese Feststellungen führen zum letzten Punkt, nämlich zu der Frage, was man als Lehrer nun konkret tun könnte, um bei den Schülern nicht ins emotionale Abseits zu geraten. Darauf gibt es, wie oben schon gesagt, nur sehr allgemeine Antworten.

Wir möchten uns hier auf *zwei Gesichtspunkte* beschränken:

(1) Ein Lehrer muß *„echt"* sein. Niemand kann auf Dauer „gegen seine Natur" unterrichten. Wer eher temperamentvoll und locker ist, sollte sich nicht kühl und sachlich geben und umgekehrt.

In der Praxis bedeutet dies, daß man seine allgemein als positiv eingestuften Eigenschaften pflegen und die eher negativen bewußt kontrollieren sollte. Zwischen diesen Extremen liegt die große Zahl der Persönlichkeitsmerkmale und Charaktereigenschaften, die prinzipiell positiv, zumindest aber wertneutral sind und nur im Übermaß problematisch werden.

Gründlichkeit und Genauigkeit sind gut, solange sie nicht zur Pedanterie werden; Nachdruck und Konsequenz sind gut, solange sie nicht in Sturheit enden; Freundlichkeit und Gutmütigkeit sind positiv, solange sie nicht zur „Trottelhaftigkeit" führen; Originalität, ja Extravaganz sind positiv, solange man sich damit nicht lächerlich macht. Solche Aufzählungen ließen sich beliebig fortsetzen; ihnen liegt die uralte Erkenntnis zugrunde, daß alles Gute im Übermaß zum Übel werden kann.

(2) Ein Lehrer sollte für seine Schüler *berechenbar*, d.h. in sich und seinem Handeln konsequent sein. Das bedeutet nicht, daß er immer und ewig freundlich, geduldig und gelassen sein muß; er hat durchaus das Recht, bei Gelegenheit deutliche Worte zu finden und auch einmal hart und unnachgiebig aufzutreten, das aber nicht unversehens und willkürlich. In manchen Situationen muß er zuhören können, bevor er eine Entscheidung trifft (bei der er dann auch bleiben sollte). Dabei gilt die Regel, daß jeder Schüler das Recht auf eine zweite, vielleicht auch dritte und vierte Chance hat, daß dann aber auch die Grenzen deutlich werden müssen.

Schlußbemerkung

Es könnte als Mangel dieses Beitrags empfunden werden, daß keine genauen Anweisungen hinsichtlich eines „richtigen", auf positive emotionale Wirkungen bedachten Lehrerverhaltens gegeben werden. Das ist aber weder möglich noch angebracht.

Wir wissen aus eigener und dienstlicher Erfahrung, daß man als Lehrer – und vor allem als junger Lehrer – auf viele verschiedene Arten „beliebt", d.h. akzeptiert und erfolgreich sein kann. Insofern kann es auch keinen Standardtyp des „guten" Lehrers geben, und wenn es ihn gäbe, wäre das wohl kaum erwünscht. Schule würde damit unendlich langweilig.

Worauf hier aber mit Nachdruck abgehoben werden soll, ist die Aufforderung, zu sich selbst in eine *kritische Distanz* zu treten, die eigenen Stärken und Schwächen zu analysieren und zu versuchen, in diesem Rahmen zu einem in sich möglichst widerspruchsfreien Verhalten zu gelangen (2).

Vielleicht kann das nachfolgende „Suchraster“ hierfür eine gewisse Hilfestellung leisten. Es basiert auf den vor einiger Zeit aktuellen Versuchen, das Lehrerverhalten in Dimensionen zu fassen, die jeweils als polare Gegensätze ausgedrückt sind, beispielsweise dominativ – permissiv oder Zuwendung – Ablehnung (3).

In der hier vorgelegten Auflistung repräsentiert die linke Spalte mehr den Pol der Zuwendung, die rechte signalisiert eher Ablehnung.

	Lehrerverhalten	
freundlich	sachlich	gleichgültig
geduldig, ruhig	gelassen	launisch, aggressiv
„versteht Spaß“	zurückhaltend	„schnell beleidigt“
(meist) gerecht		(oft) ungerecht
sicher		unsicher
überlegt		überheblich
hat Übersicht		übersieht, ignoriert
setzt sich durch		geht unter
verlangt etwas		„läßt es laufen“
stellt etwas dar		„bringt nichts“
ist von seiner Sache überzeugt		hält selbst nicht viel davon

Anmerkungen

(1) Vgl. den Beitrag: Recht und Gerechtigkeit, S. 25.

(2) Vgl. den Beitrag: Unterrichtsbeobachtung als Selbstbeobachtung, S. 103.

(3) Vgl. EGGER, K.: Sportdidaktische Grundlagen. In: EIDGENÖSSISCHE TURN- UND SPORTKOMMISSION (Hrsg.): Turnen und Sport in der Schule, Bd. 1: Theorie. Bern 1991.

3 Wer ist der „gute Sportlehrer“?

Für den guten Sportlehrer gilt zunächst das im vorangegangenen Beitrag zum „beliebten“ Lehrer Gesagte: Man kann auf viele Arten „gut“ sein.

Allerdings lassen sich hier wie dort auch einige – mehr oder weniger unverzichtbare – *Grundvoraussetzungen* feststellen: Der gute Lehrer ist wie der beliebte emotional ausgeglichen, zeigt Verständnis für seine Schüler und hat ein offenes Ohr für ihre Probleme, bleibt dabei aber korrekt, gerecht und in seinem Handeln konsequent. Außerdem sollte er anregend, humorvoll und gelegentlich auch mitreißend sein.

Für den guten Sportlehrer im Sinne eines *erfolgreichen Lehrers* gelten einige zusätzliche Bedingungen, allen voran die beiden nachstehend beschriebenen:

(1) Ein *guter Sportlehrer* muß – ein Gesichtspunkt, der in der sportpädagogischen Literatur nicht genügend deutlich herausgestellt wird – *fachlich kompetent* sein. Er muß von seiner Sache etwas verstehen.

Nach unseren Erfahrungen aus der Lehrerausbildung gibt es für persönliches Können und eigene sportliche Erfahrungen keinen vollgültigen Ersatz. Es läßt sich in aller Regel feststellen, daß ein Sportlehrer in „seiner" Sportart nicht nur leichter und besser, sondern auch effektiver unterrichtet als in einer nur „angelernten".

Genau hier liegt aber auch der kritische Punkt: *Kein Sportlehrer kann in allen Bereichen Experte sein.* Mit diesem Problem müssen wir leben.

Was man billigerweise aber erwarten kann, wäre:
- daß ein Sportlehrer in eigener sportlicher Betätigung und im Verlauf seiner Ausbildung die *Grundfertigkeiten* der von ihm zu unterrichtenden Sportarten erwirbt,
- daß er über das notwendige *Basiswissen* verfügt und sich durch „Selbstfortbildung" (Fachzeitschriften, Fachliteratur) auf dem laufenden hält.

Dazu wird es notwendig sein,
- daß alle Ausbildungsstätten sich auf einen *Grundstock von Leistungs- bzw. Könnensanforderungen* einigen, und dies ohne Abwahlmöglichkeiten,
- daß alle Bundesländer sich in ihren Lehrplänen zu einem allgemeinen und verbindlichen *Fundamentum* der Schulsportinhalte bekennen.

Das aber dürfte Utopie bleiben. Die Entwicklung verläuft hier absolut konträr (1): In den neuesten Lehrplänen werden sozusagen alle Schleusen geöffnet; eine wahre Sturmflut von „Angeboten" bricht über den Schulsport herein. Da kann kein Sportlehrer mehr mithalten, und wenn, dann nur als Dilettant.

(2) *Ein Sportlehrer muß von seiner Sache überzeugt sein.* In dem Bewußtsein, daß er etwas Wichtiges, ja Wertvolles zu bieten hat, muß er diese Überzeugung auch seinen Schülern vermitteln.

Aber auch das ist leichter gesagt als getan. Wohl jeder Sportlehrer hat seine speziellen Vorlieben und möglicherweise auch konkreten Abneigungen. Es stellt sich also die Aufgabe, zu allen Bereichen des Schulsports ein positives Verhältnis aufzubauen und gegenüber den Schülern auch zum Ausdruck zu bringen.

Das wichtigste Mittel hierfür besteht darin, daß der Lehrer sich immer wieder in den Unterricht einschaltet, daß er mithilft, vorzeigt und gelegentlich auch mitmacht. Dies ist, wie an anderer Stelle bereits dargelegt (2), gerade im Sportunterricht von fundamentaler Bedeutung.

Sozusagen außer der Reihe sei auf ein weiteres Merkmal des guten Sportlehrers hingewiesen: Er sieht den Schwerpunkt seines beruflichen Wirkens im *Sportunterricht*, also im Pflichtbereich, nicht in den „Randbereichen" das Schulsports, beispielsweise in der Betreuung der Schulmannschaft und in der Vorbereitung des nächsten Turniers.

Wir möchten ein solches zusätzliches Engagement keinesfalls in ein schiefes Licht rücken, doch sollte es nicht zur Ersatzhandlung für vielleicht mangelnde Berufszufriedenheit werden.

Nachbetrachtung

Es darf nicht übersehen werden, daß die Sportlehrer als Berufsgruppe in weiten Teilen der Öffentlichkeit in die Kritik geraten sind: Man stellt ihre berufliche Qualifikation in Frage und wirft ihnen mangelnde Bereitschaft vor, sich den neueren Entwicklungen zu öffnen.

Aber auch fachintern regt sich Kritik: Auf Grund von Schülerbefragungen will man wissen, daß die Kompetenz von Vereinstrainern allgemein höher eingeschätzt wird als die von Sportlehrern. Sofern darunter Äußerungen zu verstehen sind wie: „Er kann nicht alle Übungen vormachen" (das können auch qualifizierte Trainer nicht immer) oder: „Er kann kein Spiel pfeifen" (an dieser Aufgabe sind schon international renommierte Schiedsrichter gescheitert), kann man getrost mit einem Achselzucken darüber hinweggehen. Wirklich „schlecht" würde ein Sportlehrer erst dann, wenn er resigniert hätte.

Anmerkungen

(1) Vgl. den Beitrag: Die neue Lehrplangeneration, S. 301.
(2) Vgl. den Beitrag: „Machen Sie es doch vor!" S. 32.

4 Einige Anmerkungen zum „schlechten Sportunterricht"

Vielleicht werden Sie als unsere Leser bei diesem Titel fragen, warum denn an dieser Stelle der „schlechte" Unterricht angesprochen werden soll und keine Ratschläge für einen „guten" gegeben werden.

Die Antwort wird wahrscheinlich überraschen: Die Regeln für guten Unterricht werden sehr schnell zu Rezepten, die sich gewissermaßen verselbständigen und den Rang von fachdidaktischen Positionen einnehmen.

Über „schlechten", d.h. unbefriedigenden – und meist wenig erfolgreichen – Unterricht nachzudenken, zwingt in ganz anderer Weise dazu, das eigene Tun zu reflektieren und gegebenenfalls auf Abhilfe zu sinnen.

Das soll am *Beispiel „abwechslungsreich"* verdeutlicht werden:

„Abwechslungsreich" ist wohl eine der ältesten und immer wieder aktuellen Anforderungen an guten Sportunterricht. In jüngster Zeit wurde dieses Kriterium immer mehr auf inhaltliche Abwechslung eingeschränkt, und dies mit der Folge, daß manche Sportlehrer sich scheuen, mehr als eine Stunde beim gleichen Thema zu bleiben.

Dieses geradezu zwanghafte Abwechslungsstreben paart sich mit der neuerdings von Schülern, Eltern, Sportpädagogen und Behördenvertretern gleichermaßen und mit nimmermüder Aufdringlichkeit vorgetragenen Forderung, im Sportunterricht das zu tun, was die Schüler gerade interessiert, was im Trend liegt, was jeweils „in“ ist.

So kommt man in die Nähe des „Spaß-und-Fun“-Arguments, das an anderer Stelle thematisiert ist (1), so daß hier eine kurze Zusammenfassung in Form einiger popularpsychologischer – aber deshalb keineswegs unbegründeter – Feststellungen genügt:

- Was man tun muß, ist immer weniger interessant als das, was man nicht tun darf.
- Was die anderen tun, ist immer begehrenswerter als das, was man selbst tut.
- Vieles ist aus der Ferne attraktiver als aus der Nähe.
- Die Sensation von heute ist die Langeweile von morgen.

Solche Perspektivenveränderungen und Abnützungserscheinungen zeigen sich bei Modethemen noch deutlicher als bei Dingen, die durch die Tradition legitimiert sind.

Damit ist die „Spaß- und Abwechslungsthese“ zwar nicht widerlegt, aber doch stark relativiert. Schließlich sind viele unserer Schüler im Verein sehr wohl bereit, über Jahre hinweg immer dasselbe zu tun.

Wäre es also, anstatt sich an fragwürdige Rezepte anzulehnen, nicht besser, *den tatsächlich gehaltenen Unterricht aus kritischer Distanz zu betrachten* und zu versuchen, ihn Zug um Zug zu verbessern, bis man selbst damit zufrieden ist?

Vielleicht können die folgenden Gesichtspunkte dafür hilfreich sein:

(1) Der Unterricht ist zu *gleichförmig*, weil er immer in denselben Formen und Handlungsfolgen abläuft (2). Hier ist allgemeine unterrichtliche Flexibilität gefragt, z.B. als Wechsel in den *Unterrichtsformen* (Frontalunterricht, Stationsunterricht, Gruppenarbeit), in der *Stoffdarbietung* (strukturierte Anweisungen, Arbeitsaufträge, offene Aufgabenstellungen), in der *Verknüpfung von Zielen und Inhalten* (z.B. Ausdauerschulung mit Hilfe leichtathletischer, tänzerischer oder spielerischer Inhalte).

(2) Der Unterricht ist zu *eintönig*, weil er sich auf wenige Standardelemente beschränkt. Hiermit ist weniger die inhaltliche, als vielmehr die methodische Variabilität gemeint, z.B. als *variierendes Üben* durch systematische Übungsveränderung, durch *allmähliche Steigerung der Anforderungen* oder auch dadurch, daß dieselbe Übung in immer *anderen Zusammenhängen* erscheint. Auf diese Weise wird es gelingen, auch bei begrenzter Stundenzahl „aus Wenigem viel zu machen“.

(3) Der Unterricht ist *langweilig*, weil er schlecht organisiert ist. Es ist also darauf zu achten, daß Verlustzeiten vermieden, die Aktivitätszeiten gesteigert, die Stehzeiten und Übungspausen verringert werden (3), daß ein reibungsloser Übungsablauf hergestellt wird, daß der Geräteauf- und -abbau zügig erfolgt, daß Gruppenbildungen ohne größere Verzögerungen vorgenommen werden (4).

(4) Der Unterricht ist zu *anspruchslos*, weil die Leistungsanforderungen und die körperlichen Belastungen zu gering sind. Hier muß es darum gehen, durch entsprechende Aufgabenstellungen das Können der Schüler herauszufordern und für eine angemessen hohe physische Belastung zu sorgen. Dies setzt eine Unterrichtsgestaltung voraus, die auf konditioneller und koordinativer Ebene differenziert auf das Können der Schüler abgestimmt ist.

(5) Der Unterricht ist *reizlos*, weil die emotionale Mitbeteiligung der Schüler zu gering ist. Abhilfe kann hier vor allem eine „spielerische" Gestaltung des Sportunterrichts schaffen, wobei dieser Begriff in einem weiten Sinne zu verstehen ist (5). Neben Wettbewerbsformen, „Test- und Risikoübungen" spielen hier auch selbständig zu lösende Arbeitsaufträge (z.B. Gruppenübungen) und längerfristige Projekte (z.B. als Vorbereitung auf ein Schulfest) eine besondere Rolle.

Bei allen bisher angesprochenen Defiziten läuft die Abhilfe auf Abwechslung, Variation und Flexibilität hinaus. Diese Forderung ist aber keine absolute: Sportunterricht muß auch einen *festen Grundbestand an standardisierten und immer wiederkehrenden Übungen* haben. Es kommt nur auf das richtige Verhältnis von Standardisierung und Variation an. Dieses Verhältnis wird je nach dem Alter der Schüler („je jünger, desto variabler") und je nach Sportart, aber auch nach Schulart, Klasse und Lehrer ein anderes sein, so daß sich feste Werte nicht benennen lassen.

Dieser Sachverhalt führt zu zwei weiteren Problempunkten:

(6) Der Unterricht ist *planlos*, weil der Lehrer kein klares Konzept und keine konkreten Zielvorstellungen hat. Hier geht es um *lang- und mittelfristige Planung*, die zumindest in groben Zügen – und sei es nur „im Kopf" des Lehrers – festliegen muß (6).

(7) Der Unterricht ist *ziellos*, weil die Schüler keine genaueren Vorgaben erhalten. Die Schüler sollten darüber informiert sein, was in welcher Zeit erreicht werden soll und welche Leistungserhebungen zu welchem Zeitpunkt anstehen.

Diese beiden Gesichtspunkte stehen in einem engen Zusammenhang: Es genügt nicht, daß der Lehrer sich ein ungefähres Bild vom weiteren Fortgang des Unterrichts macht; auch die Schüler haben ein Recht darauf zu erfahren, was von ihnen erwartet wird. Dabei kommt es entscheidend darauf an, sich als Lehrer nicht voreilig von seinen Zielen, Planungen und Erwartungen abbringen zu lassen. Nur so kann man auch die Schüler davon überzeugen, daß „guter Sportunterricht" das *gemeinsame Anliegen* aller Beteiligten ist.

Es gibt sicher noch viele weitere „Fehlerbilder", die damit zu tun haben könnten, daß Sportunterricht unbefriedigend wird. Wir möchten es dennoch bei den beschriebenen bewenden lassen. Wie eingangs bereits angedeutet wurde, laufen solche Betrachtungen früher oder später auf die Frage hinaus, was man denn tun könne, den Unterricht „besser" zu machen.

Einige Aspekte dieses Problemfeldes sollen in den folgenden Beiträgen etwas deutlicher herausgearbeitet werden.

Anmerkungen

(1) Vgl. den Beitrag: „Spaß- und Funsport" in der Schule? S. 195.
(2) Vgl. den nachfolgenden Beitrag: Rituale, Stereotype, Gewohnheiten.
(3) Vgl. den Beitrag: Zur Intensität von Sportunterricht, S. 100.
(4) Vgl. den Beitrag: Die organisatorische Gestaltung des Sportunterrichts, „Handbuch" S. 98.
(5) Vgl. den Beitrag: Was heißt „spielerisch"? „Handbuch" S. 141.
(6) Vgl. den Beitrag: Was heißt „Unterricht planen und vorbereiten"? „Handbuch" S. 109.

5 Rituale, Stereotype, Gewohnheiten

Rituale sind sich stets wiederholende Handlungsfolgen, die für unverzichtbar gehalten und sehr oft auch mit einer gewissen Umständlichkeit dargeboten werden. *Stereotype* sind sprachliche oder nichtsprachliche Äußerungen, die automatisch ablaufen und sich damit einer bewußten Kontrolle entziehen. Unter *Gewohnheiten* sollen im folgenden immer wiederkehrende unterrichtliche Abläufe verstanden werden, die mit bestimmten inhaltlichen Zuordnungen verbunden sind (1).

Rituale

Rituale entstehen häufig aus unterrichtlichen Notwendigkeiten. Wenn es z.B. darum geht, Uhren und Schmuck abzulegen (um sich und andere nicht zu verletzen), lange Haare zusammenzubinden (um sich selbst nicht zu schädigen), Kaugummi sachgerecht zu entsorgen (der Erstickungsgefahr wegen), zweckmäßige Sportschuhe zu tragen (um nicht auszurutschen und um die Gelenke zu schonen) oder „richtige" Sportkleidung anzuziehen (um hinterher nicht in verschwitzten Kleidern dazusitzen, aber auch der Form wegen), wird daraus sehr oft eine ständige Erinnerungs- und Kontrollzeremonie.

An sich müßte eine einmalige Anordnung und der gelegentlich Bezug darauf genügen. Könnte es nicht sein, daß gerade die ständige Kontrolle die Schüler dazu verleitet, zunächst einmal abzuwarten und zu versuchen, das Hals-, Arm- oder Beinkettchen, die offenen Haare usw. doch noch „über die Stunde zu retten"? In vielen unterrichtlichen Situationen spielt dies ohnehin keine Rolle, und gelegentlich kann es sogar angebracht sein, die Wertsachen bei sich zu haben. Auch in den übrigen genannten Fällen ist es vielleicht besser, Verstöße individuell, dann aber um so nachdrücklicher zu rügen, als andauernd auf den Problemen „herumzureiten". Das spart Zeit und zwingt die Schüler zum Mitdenken.

Im folgenden soll jedoch von den Ritualen die Rede sein, die sich auf den Unterricht selbst beziehen und dort nicht nur einen unangemessenen Stellenwert erhalten, sondern auch zu viel Unterrichtszeit in Anspruch nehmen.

(1) Sehr verbreitet ist das *„Eröffnungsritual"*: Zunächst werden die Schüler – fast feierlich – begrüßt und anschließend wird ausführlich dargelegt, was in der nun beginnenden Stunde ablaufen soll.

Selbstverständlich ist zu Beginn der Stunde ein „Guten Morgen" oder – vielleicht noch besser – eine kurze Bemerkung, die den Kontakt zu den Schülern herstellen soll, angebracht. Aber auch ein: „Kommt bitte zusammen, wir wollen anfangen", darf nicht als unhöflich angesehen werden, und mehr erwarten die Schüler auch nicht.

Zum Stundenthema genügt ein kurzer Hinweis, z.B.: „Wie ihr wißt, ist heute das Üben des Aufschlags dran" oder: „... machen wir mit dem Barrenturnen weiter".

Schließlich sollten die Schüler über die mittelfristige Planung informiert sein und aus der Schlußbemerkung der vorangegangenen Stunde wissen, wie es weitergehen soll.

(2) Ziemlich zeitraubend gestaltet sich bisweilen das *„Anwesenheits-Feststellungs-Ritual"*. Da werden die Namen verlesen und vielleicht wird auch erörtert, wer wohl aus welchen Gründen fehlt. Möglicherweise beklagt sich der Lehrer sogar über die vielen Fehlenden, obwohl doch gerade diejenigen, die damit gemeint sind, es gar nicht hören können.

Schüler sind zur Anwesenheit verpflichtet. Wer nicht kommen kann, muß bei nächster Gelegenheit eine Entschuldigung vorlegen. Ist dies nicht der Fall oder ist diese gar zu fadenscheinig, wird der Betreffende ebenso knapp wie nachdrücklich zur Rede gestellt. Alles weitere wird sich zeigen. Für die bloße Anwesenheitskontrolle gibt es einfachere Verfahrensweisen.

(3) Einen recht breiten Raum nehmen auch die *„Verkündigungsrituale"* ein. Sie beginnen zumeist mit der Aufforderung: „Setzt euch bitte hin" oder: „Kommt alle im Mittelkreis zusammen".

Selbstverständlich kann das angebracht, ja notwendig sein, z.B. dann, wenn eine längere Erklärung ansteht, etwas zu besprechen ist, ein Problem gelöst werden muß oder die erarbeiteten Ergebnisse vorgestellt werden sollen. Wenn der Lehrer aber nur eine neue Anweisung oder einen Hinweis geben will, erübrigt sich ein solches Ritual. Dann nämlich kostet es nur Zeit und verursacht zusätzliche Unruhe.

Außerdem könnten die Schüler daraus den Umkehrschluß ziehen, daß sie nicht zuzuhören brauchen, solange sie nicht sitzen. Sie müssen auch lernen, auf ein Zeichen hin einzuhalten und ihre Aufmerksamkeit auf den Lehrer zu richten.

(4) Das *„Wer-hat-eine-Idee-Ritual"* ist nicht ebenso deutlich auszumachen wie die eben besprochenen, da es in vielen Variationen erscheint, z.B. mit Fragestellungen wie: „Wer möchte etwas dazu sagen?", „Kann man das auch anders machen?"

Selbstverständlich sollte man auch im Sportunterricht nichts vorgeben, was die Schüler bei einigem Nachdenken selbst erkennen oder einsehen könnten. Sehr oft handelt es sich hier aber um verkümmerte Formen eines schülerorientierten, „offenen" oder „kreativen" Unterrichts.

Dies wird aber dann fragwürdig, wenn der Lehrer letztlich doch auf etwas Bestimmtes hinauswill – also lediglich ein kleines „Ratespiel" eröffnet – oder wenn die Schüler die Antwort schlichtweg nicht wissen können.

Sobald man aber annehmen kann, daß der eine oder andere Schüler aus seinen Vorerfahrungen etwas zum Unterricht beitragen kann, ist eine engere Fragestellung vorzuziehen (z.B. „Kann jemand sagen, wie das geht?" „Wer von euch weiß, wie man das am besten macht?").

(5) Deutlicher als das eben genannte fällt das *„Mannschaftsbildungsritual"* ins Auge. Es geht zumeist darauf zurück, daß eine Mannschaft unzufrieden war und Veränderung wünscht. Vielleicht hat aber auch der beständige Wechsel einen eigenen Reiz.

Jedenfalls scheinen die Schüler solche Rituale, entweder als „Wählen" der Mannschaften (vor allem bei den Jungen) oder als ausführliche Diskussion, wer mit wem wohl am besten zusammengehen könnte (vor allem bei den Mädchen), sehr zu lieben.

Dagegen läßt sich aber einiges sagen, nicht nur wegen des Zeitaufwandes, sondern auch aus pädagogischen und methodischen Gründen.

(6) Viele Sportlehrer pflegen ein ausgesprochenes *„Hilfestellungsritual"*: Überall, wo es überhaupt nur möglich ist, werden Helfer eingeteilt, die irgendwie für Sicherheit sorgen sollen (und so mancher Schüler zieht sich auf diese Position zurück, weil er dann nicht mitmachen muß).

Zweifellos sind Bewegungshilfen und -sicherungen da vorzusehen, wo sie notwendig sind, und vor allem dann, wenn eine echte Gefahr besteht. Das ist aber nur sehr selten der Fall. Ansonsten stören sie nur und verführen auch dazu, solche Aufgaben nicht mehr ganz ernst zu nehmen.

(7) Auch das *Notenmachen* kann in ähnlicher Weise ausufern, und das nicht nur als „Vorturnen". So wird beispielsweise in der Leichtathletik umständlich gemessen, und die Schüler lassen sich bei jedem Versuch Zeit wie beim Endkampf einer Meisterschaft. Vielleicht werden auch die Noten jeweils laut ausgerufen, kommentiert, kritisiert und diskutiert.

In diesem Punkt sollte man sich für ein eindeutiges Vorgehen entscheiden:

Im Normalfall wird der Lehrer die Noten selbst machen, und zwar „verdeckt". Das bedeutet, daß man die Noten erst nach Abschluß des Vorgangs (und gegebenenfalls nur auf Anfrage) bekanntgibt, einerseits um nicht andauernd abgelenkt zu werden, andererseits um sich die Revision einzelner Noten oder auch des gesamten Notenniveaus offenzuhalten.

Gelegentlich und in geeigneten Klassen kann man auch „offen" benoten, d.h. die Schüler zur Mitwirkung heranziehen („Was könnte das wert sein?" „Was meint ihr dazu?"). Dies kann viel zur Entwicklung eines realistischen Selbsteinschätzungsvermögens beitragen.

Sicherlich gibt es, von Schulart zu Schulart und von Schule zu Schule unterschiedlich, noch andere Rituale, denen hier nicht weiter nachgegangen werden soll. Wesentlich ist lediglich die Erkenntnis, daß an sich richtige und wünschenswerte Verhaltensweisen sehr schnell zu Ritualen werden können, nämlich dann, wenn sie sich sozusagen verselbständigen.

Stereotype

Zu den Stereotypen sind zunächst die persönlichkeitsspezifischen sprachlichen und motorischen Auffälligkeiten zu rechnen, mit denen letztlich jeder zu tun hat, z.B. immer wiederkehrende Laute, Worte oder Redewendungen und ähnliche Erscheinungen in der Gestik und Mimik.

Hier ist ein weites Spektrum von Verhaltensweisen angesprochen, die einen Menschen möglicherweise sympathisch erscheinen lassen, ihn sehr schnell aber auch lächerlich machen können.

In dieser Hinsicht kann man lediglich empfehlen, sich – zumindest versuchsweise – selbst zu beobachten oder auch einmal einen zuverlässigen Schüler zu beauftragen, über eine Stunde hinweg zu notieren, was ihm auffällt.

Im folgenden soll nicht weiter auf solche individuellen Eigenheiten eingegangen werden, sondern mehr auf generelle Erscheinungen dieser Art.

(1) Zunächst wäre hier das *„Bitte-danke-Stereotyp"* zu nennen. Wir möchten nicht mißverstanden werden: Selbstverständlich ist gegen eine höfliche Lehrersprache, die von diesen beiden Worten reichlichen Gebrauch macht, nicht das geringste einzuwenden, doch müssen solche Begriffe auch zur Situation passen.

Wenn der Lehrer zu Beginn des Unterrichts „Bitte kommt zusammen" sagt oder den laufenden Unterricht mit „Bitte hört mal her" unterbricht, ist das angebracht, denn schließlich stört er ja die Schüler bei ihrer Tätigkeit. Dagegen ist eine Formulierung wie: „Streckt bitte beim Absprung das Sprungbein", unangemessen, da hier eine Frage der Zweckmäßigkeit angesprochen ist.

Wenn die gesamte Klasse zum Geräteaufbau eingeteilt wird, erübrigt sich ein „Bitte" oder „Danke". Bei einem Einzelauftrag („Ihr beide holt bitte noch eine Matte") dürfte dies aber durchaus angezeigt sein, denn hier wird eine Sonderleistung verlangt.

Bei all dem spielen Sprachebene und Tonfall eine nicht zu unterschätzende Rolle. Ein (eher umgangssprachliches) „Dankeschön" als Signal zur Beendigung einer Aktion hört sich ganz anders an als ein formales „Ich danke euch für eure Mitarbeit" am Ende der Stunde. In diesem letzten Fall könnten die Schüler auf den Gedanken kommen, daß der Lehrer froh sein mußte, daß sie überhaupt mitgearbeitet haben. Formulierungen, die indirekt auch auf die Verpflichtung der Schüler abheben („Heute war ich mit eurer Mitarbeit zufrieden") sind hier besser.

(2) Eine ähnliche Rolle spielt das *„Ja-gut-Stereotyp"* und seine Varianten („richtig, bestens, toll"). Es ist zwar unbestritten, daß Bestätigung, Bekräftigung und Lob zu den unverzichtbaren Bestandteilen erfolgreicher Lernprozesse gehören, doch sollte man darauf achten, daß solche Rückmeldungen nicht zur bloßen Floskel werden.

Diese Gefahr besteht vor allem dann, wenn gleich eine Einschränkung folgt („Gut, aber ..."). In solchen Fällen sind Formulierungen wie: „Das ist schon besser", „Das geht in die richtige Richtung", vorzuziehen.

Bedenken sind auch dann anzumelden, wenn gerade die schwächeren Schüler auf diese Weise am häufigsten angesprochen werden. Was vielleicht gut gemeint war, kann sehr schnell diskriminierende Wirkungen haben.

Dem widerspricht es keineswegs, daß ein Lehrer bei Gelegenheit Begeisterung äußern darf („Hervorragend! Und jetzt gleich noch einmal"). Es ist aber auch sein gutes Recht, Kritik zu üben und Mißfallen auszudrücken. Die emotionale Mitbeteiligung des Lehrers ist gerade im Sportunterricht von nicht zu unterschätzender Bedeutung, doch muß sie, im ganzen gesehen, der Situation entsprechen.

(3) Recht aufdringlich kann auch das *„Wir-machen-Stereotyp"* werden. Es ist verständlich, daß der Lehrer sich in seinem Sprachverhalten in das Unterrichtsgeschehen einbeziehen möchte, doch sollte man daraus keine Worthülsen werden lassen.

Wenn ein Lehrer zu Beginn der Stunde sagt: „Heute wollen wir den Schmetterschlag lernen", mag das berechtigt sein, denn er steuert schließlich den Unterricht. Eine

Anweisung wie: „Und jetzt laufen wir mit zwei Schritten an“, ist jedoch nur angemessen, wenn er es selbst vormacht. Eine Formulierung wie: „Nach dem Absprung holen wir mit dem Schlagarm aus“, klingt nicht nur etwas seltsam, sondern ist auch zu allgemein gehalten. „Bei den nächsten beiden Versuchen achtet jeder auf ...“, wäre hier besser und wahrscheinlich auch motivierender.

(2) Eine ähnliche Rolle spielt auch das *„Wer-kann-Stereotyp“.* Zweifellos ist eine Aufforderung wie: „Wer hat verstanden, was ich meine, und kann es vormachen?“ dann sinnvoll, wenn die angesprochene Tätigkeit von jedem Schüler billigerweise erwartet werden darf, wenn etwas Bekanntes wiederholt und geübt werden soll oder wenn man davon ausgehen kann, daß einige „Experten“ unter den Schülern sind.

Ist dies nicht der Fall, sollte man die Schüler zunächst probieren lassen. Auf diese Weise läßt sich auch feststellen, wer eine gute oder gar vorbildliche Ausführung zeigt.

Fragwürdig sind auch die „abschließenden“ Aufforderungen am Ende einer Stunde oder eines Stundenteils nach dem Muster: „Und wer kann das noch einmal zeigen (vorturnen, vorführen)?“ Hier besteht die Gefahr, daß sich nur die melden, die es ohnehin schon gekonnt haben oder sich das nur einbilden. In solchen Situationen bringt es mehr, wenn man sich einen Gesamtüberblick verschafft, z.B. mit der folgenden Feststellung: „Und jetzt möchte ich sehen, wie weit ihr heute gekommen seid (was heute herausgekommen ist, wer es heute geschafft hat).“

Diese wenigen Beispiele sollen an dieser Stelle genügen, denn letztlich kann es nur darum gehen, mögliche Stereotype zu identifizieren und auf einen angemessenen Gebrauch hin zu kontrollieren.

Gewohnheiten

Der Begriff der Gewohnheit soll hier, wie eingangs bereits gesagt, in einem speziellen Sinne verstanden werden, nämlich als routinemäßige unterrichtliche Handlungsabläufe, bei denen bestimmte organisatorische, inhaltliche oder methodische Zuordnungen vorgenommen werden (2).

(1) Am häufigsten sind Stundenbeginn und einleitender Stundenteil von solchen Routinehandlungen geprägt, beispielsweise den folgenden:

- Es wird gewartet, bis alle da sind, und erst dann begonnen. (Vielleicht könnten diejenigen, die etwas früher gekommen sind, schon etwas Nützliches tun.)
- Nach der Anwesenheitskontrolle kommt das „Aufwärmen“, zumeist als „Einlaufen“ mit einigen zusätzlichen „Einlagen“. (Vielleicht ließe sich dieser Stundenteil variabler gestalten und genauer auf die folgenden Beanspruchungen abstimmen.)
- Dem Einlaufen folgt die „Gymnastik“, überwiegend in Form einiger funktionsgymnastischer Übungen, zuweilen reduziert auf Dehnübungen. (Vielleicht könnte man hier etwas flexibler und auch gezielter vorgehen oder ein „Kontrastprogramm“ zum nachfolgenden Stundenschwerpunkt bringen.)
- Erst dann werden die Geräte aufgebaut bzw. die Übungsstätten gerichtet. (Vielleicht hätte das schon zu Beginn geschehen können; vielleicht hätte man auch einen brauchbaren Aufbau aus der Stunde zuvor übernehmen können.)

(2) Die erwähnte *Gleichsetzung von „Körperbildung" mit „Funktionsgymnastik"* soll hier keineswegs als „falsch" eingestuft werden; sie reduziert aber die Wirkungsmöglichkeiten des Sportunterrichts in geradezu bedenklichem Ausmaß. Es ist unbestritten, daß der Sportunterricht etwas für die Gesundheit und Fitneß der Schüler tun muß, und es ist ebenso unbestritten, daß dies auf einer soliden funktionsgymnastischen Grundlage geschehen sollte.

Dabei auf Dauer zu verbleiben, ist nicht angebracht. Es stellt sich die umfassendere Aufgabe einer allgemeinen „sportlichen Grundlagenarbeit" (oder nach anderer Terminologie, einer vielseitigen Konditionsschulung). Dabei geht es um die Entwicklung aller körperlicher, d.h. konditioneller und koordinativer Fähigkeiten. Hierfür gibt es eine praktisch unbegrenzte Zahl von Bewegungen, Tätigkeiten und Übungen (ohne, mit und an Geräten) aus allen sportlichen Bereichen.

(3) Es läßt sich beobachten, daß der gerade beschriebene Stundenbeginn vor allem bei Leichtathletik- und Turnstunden zur Anwendung kommt, nur selten aber bei Spielstunden. Darin läßt sich ein Nachklang an die vormals unbestrittene *Theorie der inhaltlichen Gliederung einer Sportstunde* in: „Körperschule" (Zweckgymnastik) – „Leistungsteil" (Leichtathletik oder Turnen) – „Spiel" sehen.

Hier zeigt sich, daß Gewohnheiten solcher Art sehr oft auf Lehrmeinungen zurückgehen, die zu ihrer Zeit durchaus ihre Berechtigung hatten und unter bestimmten Umständen auch noch haben, die deshalb aber nicht verallgemeinert werden dürfen.

(4) Spielstunden beginnen sehr oft mit einer – recht formalen – „Technikschulung" und gehen dann – manchmal sehr unvermittelt – zum „freien Spiel" über. Darin drückt sich eine nicht unproblematische Verallgemeinerung des didaktischen Grundsatzes aus, daß dem *„Üben"* das *„Anwenden"* zu folgen habe.

Die Stufenfolge Lernen – Üben – Anwenden ist jedoch nur *modellhaft* zu verstehen; sie bezeichnet einen komplexen Prozeß, dessen Elemente vielfach miteinander verklammert sind. Dieser kann sich – je nach Unterrichtsgegenstand – über einige Stunden erstrecken oder auch über mehrere Wochen oder sogar Monate .

(5) Auch der *Lern- und Übungsprozeß* im engeren Sinne ist von vielen Gewohnheiten durchzogen. Bei Übungen mit einem geregelten „Drankommen", z.B. bei Sprüngen, tendieren die Schüler beispielsweise dazu, zunächst den „Erfolg" des „Vordermanns" abzuwarten und dann erst zu starten. Möglicherweise wünscht dies auch der Lehrer so, weil er einem jeden noch eine individuelle Korrektur „mitgeben" will.

Abgesehen davon, daß der Nutzen einer solchen Lehrweise nur selten den Erwartungen entspricht, wird damit die Intensität des Unterrichts erheblich beeinträchtigt. Ähnliche Überlegungen gelten für das Üben auf ein Signal, für umständliche Startkommandos oder für komplizierte organisatorische Formen.

Aus diesen Überlegungen sollte nicht der Schluß gezogen werden, daß Gewohnheiten etwas Negatives seien. Gewohnheiten jeder Art bestimmen unser Leben und ebenso auch Schule und Unterricht. Auch in dem hier gemeinten speziellen Sinne haben sie eine wichtige pädagogische Funktion und können sowohl Intensität als auch Effektivität des Unterrichts entscheidend verbessern. Gerade deshalb ist es aber auch notwendig, überkommene Ansichten, Meinungen und Verhaltensweisen nicht unreflektiert zu übernehmen, sondern immer wieder auf ihre Berechtigung zu überprüfen.

Anmerkungen

(1) In diesem Beitrag sollen einige häufig zu beobachtende unterrichtliche Problempunkte aufgelistet werden. Sie sind zum großen Teil unter anderen Aspekten bereits im „Handbuch“ behandelt. Anstelle fortlaufender Einzelnachweise sei hiermit pauschal auf die entsprechenden (und leicht identifizierbaren) Beiträge dort verwiesen.

(2) Die historisch-konzeptionelle Dimension der im folgenden angesprochenen Probleme wird in dem Beitrag: Fachdidaktische Entwicklungen und Fehlentwicklungen, S. 251, behandelt.

6 Zur Intensität von Sportunterricht

Das Intensitätsproblem

In den 60er und 70er Jahren hatten die Intensitätsuntersuchungen zum Sportunterricht Konjunktur. Es waren dies reine Zeitmessungen, bei denen die Aktivitätszeit der Schüler zu den übrigen Faktoren des Unterrichts in Beziehung gesetzt wurde.

Eine dieser Untersuchungen aus dem Jahre 1973, die trotz ihrer regionalen Begrenzung auf Westberlin repräsentativ gewesen sein dürfte, soll hier in ihren wichtigsten Ergebnissen vorgestellt werden (1):

Bezogen auf eine Sollzeit von 45 Minuten, liegt die *tatsächliche Stundendauer* bei durchschnittlich 34:30 Minuten. 10:30 Minuten oder 23,3 % sind also Verlustzeiten, in denen überhaupt kein Unterricht stattfindet.

Die *Aktivitätszeit* eines Schülers beträgt im Durchschnitt 6:34 Minuten. Das sind, bezogen auf die Istzeit 19 %, bezogen auf die Sollzeit 14,6 %. Insgesamt 38:26 Minuten sind also „Warte- und Stehzeiten“.

Doppelstunden weisen – umgerechnet – in allen Bereichen noch schlechtere Werte auf, was nur auf den ersten Blick überraschend ist (2).

Interessant sind auch einige *Einzelergebnisse*: Die beteiligten Sportlehrkräfte schätzten die Aktivitätszeiten durchweg um 50 % höher ein. Als häufigste Ursache für die Verlustzeiten wurde „unpünktliches Erscheinen des Lehrers“ registriert, während die unvermeidlichen Wegzeiten nur einen mittleren Rang einnahmen.

Die Intensitätswerte waren in Grundschulklassen am geringsten, in reinen Mädchen- und noch deutlicher in Jungenklassen höher als in gemischten. Sie waren relativ unabhängig sowohl von der Qualität der Sportstätten als auch – gleichfalls nur auf den ersten Blick erstaunlich – von der Klassengröße (außer bei Klassen über 50 Schüler), aber abhängig vom Ausbildungsstand der Lehrkräfte und von der Sportart: Hier bildeten Gymnastik und Circuit-Training die Spitzengruppe, Schwimmen und große Spiele die Mittelgruppe; Leichtathletik, kleine Spiele und Turnen nahmen in dieser Reihenfolge die hinteren Plätze ein.

Verlust- und Inaktivitätszeiten sind im Sportunterricht unvermeidlich. Die damals festgestellten Werte müssen in ihrem Ausmaß dennoch überraschen und beunruhigen. Es besteht auch kein Grund zu der Annahme, daß die Verhältnisse sich seitdem gebessert hätten. Es ist also dringend geboten, hier nach Abhilfe zu suchen.

In der Tat setzte seinerzeit eine gewisse Intensivierungskampagne ein, die in der innerfachlichen Diskussion aber auch auf Widerspruch stieß: Die einseitige Fixierung auf die quantitativen Aspekte des Sportunterrichts sei geradezu unpädagogisch; Quantität bedeute noch keine Qualität. Die Schüler müßten doch auch Gelegenheit haben, über ein Problem nachzudenken, ihre Lösungsvorschläge zu diskutieren, gemeinsame Absprachen zu treffen u.a.m.

Diese Argumentation ist sicherlich nicht unbegründet, geht in zweierlei Hinsicht aber an der Sache vorbei, nämlich darin,

- daß die Frage der unerträglich hohen *Verlustzeiten* davon gar nicht berührt wird,
- daß die von allen pädagogischen Reformansätzen erhobene Forderung, den Handlungsspielraum der Schüler zu erweitern, unter anderem damit begründet wurde, die *Aktivitätszeiten* zu erhöhen.

Das Intensivierungsproblem

Offensichtlich handelt es sich hier um ein komplexes Problem, dessen verschiedene Aspekte getrennt betrachtet werden sollten:

(1) In *methodischer Hinsicht* dürfte es unbestritten sein, daß derjenige, der mehr übt, auch mehr lernt, und damit auf Dauer auch besser und erfolgreicher wird.

Nun lassen sich die Belastungszeiten und Wiederholungszahlen nicht beliebig erhöhen, sondern nur bis zu einem physiologisch oder lernpsychologisch optimalen Grenzwert. Bei sehr intensiven Schnelligkeits- und Kraftbeanspruchungen sind Erholungspausen notwendig. Bei Übungen mit „Drankommen“, z.B. an Sprunganlagen und Geräten, aber auch bei vielen Übungsformen der Sportspiele ergibt sich dies aus organisatorischen Gründen von selbst, wobei sich eine Gruppengröße von fünf Schülern als ideal erwiesen hat (3).

Einer ungebremsten Intensitätserhöhung sind also aus mehreren Gründen Grenzen gesetzt. Fast immer läßt sich aber erreichen,

- daß eine Unterrichtsstunde wenigstens *eine* ununterbrochene Aktivitätszeit mit einer Mindestdauer von etwa fünf Minuten aufweist,
- daß jede Stunde einen Grundstock von einfachen und elementaren Übungen enthält, bei denen die Schüler zugleich oder in schneller Folge tätig werden können,
- daß überall, wo dies möglich ist, die für einen erfolgreichen Lern- und Übungsprozeß notwendigen Wiederholungszahlen vorgegeben (und kontrolliert) werden,
- daß auch bei Übungen mit „Drankommen“ gelegentlich ein Übungsablauf eingeübt wird, der eine längere und kontinuierliche Aktivitätszeit erlaubt.

(2) Aus *psychologischer Sicht* kann eine hohe unterrichtliche Intensität nur erwünscht sein. Eine gezielte Verringerung der Steh- und Wartezeiten und eine hohe körperliche Belastung tragen, wie bereits mehrfach dargelegt (4), viel dazu bei, Unruhe einzudämmen, Störungen entgegenzuwirken und Konflikte zu entschärfen.

Es kann als gegeben vorausgesetzt werden, daß ein bewegungsreicher Unterricht auch freudvoller und motivierender ist. Diese Feststellungen gelten unabhängig davon, daß es in bestimmten Altersstufen sehr schwer ist, die Schüler (und Schülerinnen) „in Gang zu bringen" (5).

(3) Aus *pädagogischen Gründen* kann die unterrichtliche Intensität nicht immer den Vorrang haben. Es muß auch die Möglichkeit gegeben sein, ein längeres Gespräch zu führen, ein Problem zu besprechen oder einen Konflikt auszudiskutieren. Wenn die Schüler Arbeitsaufträge erfüllen, Probleme selbständig bearbeiten und den Unterricht mitgestalten sollen, ist ihnen dafür auch reichlich Zeit einzuräumen.

Man kann aber verlangen,

- daß Gespräche und Diskussionen sich nicht in ermüdender Regelmäßigkeit wiederholen, sondern auch zu Ergebnissen führen, die einige Zeit vorhalten,
- daß die Schüler bei ihren selbständigen Aktivitäten nicht in ziellosen Aktionismus und leere Betriebsamkeit verfallen, sondern auch die Aspekte der Zielstrebigkeit und der Intensität im Auge behalten.

Auf diese Weise sollte es gelingen, auch den Schülern die „äußeren" Bedingungen eines „guten Unterrichts" bewußt zu machen.

Zusammenfassung

Intensität in einem rein quantitativen Sinne kann sicherlich nicht das oberste Ziel des Sportunterrichts sein. Aus allen bekanntgewordenen Untersuchungen geht aber eindeutig hervor, daß die Verlust- und Wartezeiten bei weitem höher sind, als es vielen Sportlehrern bewußt ist. Es muß also ein dringendes Anliegen sein, diesem Problem mehr Aufmerksamkeit zu widmen und gezielt zu versuchen, sowohl den qualitativen als auch den quantitativen Anforderungen an einen effektiven und zugleich zufriedenstellenden Unterricht gerecht zu werden.

Unter diesen Aspekten müssen auch die gegenwärtig aktuellen Bestrebungen, in den Sportunterricht „theoretische Anteile" einzubeziehen, äußerst kritisch gesehen werden. Auf jeden Fall ist darauf zu achten, daß diese die ohnehin geringen Aktivitätszeiten nicht noch weiter reduzieren.

Anmerkungen

(1) HOPPE, M./VOGT, U.: Zur Effektivität des Schulsportunterrichts und zu einigen ihrer Bedingungen. In: Sportwissenschaft 1979/4.
(2) Vgl. den Beitrag: Einzel- oder Doppelstunden? „Handbuch" S. 121.
(3) Vgl. die Beiträge: Lernen, „Handbuch" S. 268, und: Die organisatorische Gestaltung des Sportunterrichts, „Handbuch" S. 98.
(4) Vgl. den Beitrag: Sportunterricht in unruhigen Klassen, S. 18.
(5) Vgl. den Beitrag: Muß ein Sportlehrer seine Schüler motivieren? S. 83.

7 Unterrichtsbeobachtung als Selbstbeobachtung

Das Problem

Es ist wohl eher die Regel als die Ausnahme, daß man als Lehrer nicht ganz zufrieden aus einer Unterrichtsstunde, zumal einer Sportstunde, hinausgeht, und gelegentlich muß man sich auch zugestehen, daß wieder einmal „etwas schiefgelaufen" ist.

Solche Vorgänge, Erfahrungen und Empfindungen sind völlig normal. Wer als Lehrer mit sich und seinem Handeln immer zufrieden ist – und damit auch die kritische Distanz zu sich selbst verloren hat –, kann wohl kaum ein guter Pädagoge sein. Unterrichten ist ein komplexer Prozeß, dessen (inhaltliche, methodische, psychologische, soziologische usw.) Faktoren sich nur schwer beherrschen lassen.

Gerade deshalb ist aber, wenn man Unbehagen verspürt, *Ursachenanalyse* angezeigt. Diese sollte, sofern sie über eine mehr oder weniger unscharfe Rekonstruktion der unterrichtlichen Abläufe und einige davon abgeleitete Vermutungen hinausgehen will, auf einer möglichst bewußten *Unterrichtsbeobachtung* beruhen. Das jedoch kann, da man als Lehrer normalerweise ja auf sich selbst gestellt ist, nur eine *Selbstbeobachtung* sein.

Diesem Problem soll im folgenden unter *qualitativen* und *quantitativen Aspekten* nachgegangen werden.

Unterrichtsbeobachtung als qualitativ orientierte Selbstbeobachtung und -analyse

Eine – durchaus berechtigte – Forderung der allgemeinen Didaktik und ebenso der Sportdidaktik besagt, daß *Unterricht grundsätzlich nachbereitet* werden sollte.

Es ist das besondere Anliegen dieses Beitrags, diese „Nachbereitung" als *komplexen Beobachtungs- und Analyseprozeß* zu sehen und möglichst weit in die jeweils ablaufende Unterrichtsstunde „hineinzuverlagern",

- einerseits um die gewonnenen Erkenntnisse für das aktuelle unterrichtliche Handeln (vielleicht noch) nutzbar zu machen,
- andererseits um eine möglichst objektive Grundlage für eine rückblickende Auswertung zu schaffen.

Es dürfte einleuchten, daß eine so verstandene Unterrichtsbeobachtung vor allem dann Bedeutung erlangt, wenn Schwierigkeiten auftreten, wenn Unzufriedenheit aufkommt oder wenn sich gar das Gefühl des Versagens einstellt. Diese emotionale Mitbeteiligung verführt nämlich sehr leicht dazu, *vorzeitige Schuldzuweisungen* vorzunehmen, anstatt die Probleme nüchtern zu analysieren.

Deshalb möchten wir für den hier anstehenden Beobachtungs- und Beurteilungsprozeß das folgende *pragmatische Modell* vorschlagen, nämlich

- zunächst zu versuchen, den „kritischen Punkt" herauszufinden, an dem die Schwierigkeiten begonnen haben,
- sodann mit der Ursachenanalyse bei sich selbst zu beginnen,
- erst dann den Blick auf die Schüler zu lenken.

Das ist aber, etwas direkt formuliert, leichter gesagt als getan, denn vor der Verwirklichung dieser – sicherlich berechtigten – Forderungen erheben sich einige Hindernisse, die mit der begrenzten menschlichen Wahrnehmungsfähigkeit zu tun haben. Bevor also der hier aufgenommene Gedankengang fortgeführt wird, erscheint es angebracht, auf das Wahrnehmungsproblem und die mögliche Problemlösung durch eine strukturierte Beobachtung kurz einzugehen.

Das Wahrnehmungsproblem

Wahrnehmung, d.h. die Rezeption der uns umgebenden Wirklichkeit, ist sowohl aus physiologischer als auch aus psychologischer und philosophischer Sicht ein höchst kompliziertes Problem.

Der hier interessierende Aspekt liegt, sehr vereinfacht ausgedrückt, darin, daß „man nur das sieht, was man sehen will". Dies hängt damit zusammen, daß „Wahrnehmen" stets nur eine selektive Interpretation der Wirklichkeit, letztlich nur ein Bild ist, das man sich von ihr macht. Diesem „Gefängnis" der *unvollständigen, einseitigen, von bestimmten Interessen und Zielen gesteuerten Wahrnehmung* kann man prinzipiell nicht entkommen; man kann dieses Problem durch ein gezieltes Aufmerksamkeitstraining anhand eines geeigneten Beobachtungsrasters lediglich entschärfen.

Ein mögliches Beobachtungsraster für den Sportunterricht

Das nachfolgende Schema ist bereits im „Handbuch", S. 70, wiedergegeben und wurde dort begründet. Hier kann der Hinweis genügen, daß es sich um relativ abstrakte *Leitfragen* zur Aufmerksamkeitssteuerung handelt.

Inhaltlich-methodischer Bereich

Wird die gestellte Aufgabe von den Schülern bewältigt? Gibt es welche, die über- oder unterfordert sind? Welches sind die Hauptschwierigkeiten? Welche hauptsächlichen Fehler treten auf, und welche Ursachen haben sie? Sind Lernfortschritte festzustellen, zeigen sich bereits Ermüdungserscheinungen, oder deutet sich ein Lernplateau an?

Organisatorischer Bereich

Halten die Schüler den vorgesehenen Ordnungsrahmen ein? Drängen sich welche vor bzw. halten sich zurück? Machen überhaupt alle mit? Was treiben die Schüler, die gerade nicht üben? Werden die angegebenen Raumwege und Ablauffolgen eingehalten? Treten irgendwo Sicherheitsprobleme auf?

Sprachlich-kommunikativer Bereich

Haben die Schüler verstanden, was ich meine? Haben sie überhaupt richtig zugehört? Können die Schüler sich untereinander in angemessener Weise verständigen, oder kommt es dauernd zu Streitereien? Wie reden sie mit mir, dem Lehrer?

Affektiver und sozialer Bereich

Können die Schüler sich auf die Aufgabe konzentrieren? Machen sie wirklich mit, oder albern sie nur herum? Ist offene oder versteckte Ablehnung festzustellen? Nehmen die Schüler aufeinander Rücksicht? Wird jemand ausgelacht oder sonstwie schikaniert? Können die Schüler beim Üben und Spielen kooperieren und Arbeitsabläufe (z.B. Geräteaufbau) rationell organisieren?

Hinweise zur praktischen Umsetzung

Einem solchen oder ähnlichen Beobachtungsraster kommt bei der Umsetzung des oben vorgeschlagenen „pragmatischen Modells“ eine doppelte Funktion zu:

- Es soll dazu beitragen, die unterrichtlichen Problempunkte aufzufinden.
- Es soll die Grundlage für die weitere Ursachenanalyse abgeben.

Beide Punkte bedürfen einer kurzen Erläuterung:

(1) Das *„Auffinden der Problempunkte“*, zumal der wirklich kritischen und für den Fortgang relevanten, ist keineswegs so einfach, wie es auf den ersten Blick erscheint. Unterrichten ist, wie gesagt, ein komplexer Prozeß; die Probleme liegen auf verschiedenen Ebenen und sind doch vielfältig miteinander verknüpft.

Um nicht in einer Flut von Informationen zu ertrinken, dürfte es angebracht sein, schwerpunktmäßig mit dem Beobachtungsbereich zu beginnen, der in der Selbstwahrnehmung als vordringlich angesehen wird.

Dabei sollte man beachten, daß Schwierigkeiten und Probleme in allen genannten Bereichen gleichermaßen auftreten können. Die in der Praxis häufig festzustellende Bevorzugung des inhaltlich-methodischen Bereichs und die relative Vernachlässigung des organisatorischen sind nach unseren Erfahrungen jedenfalls nicht gerechtfertigt.

(2) Die *Ursachenanalyse* im Sinne der oben erhobenen Forderung, den Blick zuerst auf sich selbst, dann erst auf die Schüler zu lenken, setzt voraus, daß die genannten Leitfragen jeweils in ihrer konkreten Lehrer- und Schülersicht gesehen werden, wie die beiden folgenden Beispiele verdeutlichen können:

- Die Frage: „Wird die gestellte Aufgabe von den Schülern bewältigt?“ deckt ein Spektrum ab, das reichen kann von: „Entspricht das meinen Vorstellungen, oder kann ich wenigstens damit zufrieden sein?“ bis hin zu: „Werden die Schüler damit einig, oder bilden sie sich das nur ein?“
- „Haben die Schüler verstanden, was ich meine?“ kann bedeuten: „Sind meine Formulierungen alters- und situationsgemäß so gewählt, daß die Schüler sie verstehen können?“ ebenso aber auch: „Wollen die Schüler mich nicht verstehen, ist möglicherweise Gleichgültigkeit oder Ablehnung im Spiel?“

Der springende Punkt bei diesem Vorgehen liegt in dem *bewußten Perspektivenwechsel* von der Lehrer- zur Schülersicht, also von der Frage: „Wie sehe ich das Problem (und wie kann ich das begründen)?“ zur Gegenfrage: „Wie sehen möglicherweise die Schüler dieses selbe Problem (und wie weit ist das berechtigt)?“

Dabei kommt es darauf an, daß ein solcher Vorgang – soweit dies überhaupt möglich ist – gleichsam automatisch abläuft und ein möglicher Konflikt nicht erst in gegenseitigen Vorwürfen zutage gefördert werden muß.

Es gibt sicher noch viele andere – auch einfachere – Möglichkeiten, sich selbst im Sinne einer *„teilnehmenden Beobachtung“* und einer *„reflektierten Nachbereitung“* etwas genauer unter die Lupe zu nehmen. Wesentlich ist dabei, sozusagen ein Stück aus sich herauszutreten und aus dieser Perspektive das eigene Handeln zu betrachten.

Die ständige Frage lautet dabei: *„Ist das, was ich sage und unternehme, bei den Schülern angekommen, und war es, im ganzen gesehen, unterrichtlich zweckmäßig?"*

Selbstverständlich muß man auch sehen, daß allen solchen Verfahrensweisen ein hohes Maß an Subjektivität innewohnt. Manche Dinge erhalten vielleicht einen zu hohen Stellenwert, andere entgehen der Aufmerksamkeit. Es scheint also angebracht, sich über die „qualitative Selbstbeobachtung" hinaus auch einige „harte Daten" über den eigenen Unterricht zu verschaffen.

Dazu sollen im zweiten Teil einige Hinweise gegeben werden.

Quantitativ orientierte Unterrichtsbeobachtungen

Quantitative Unterrichtsbeobachtungen beruhen auf Messungen und Zählungen. Sie sind nur insofern noch als Selbstbeobachtungen anzusehen, als sie das Unterrichtsgeschehen für den Lehrenden durchschaubar machen und gegebenenfalls zu seiner Verbesserung beitragen sollen.

Ausgangspunkt für diese Überlegungen sind die Ergebnisse der im vorangegangenen Beitrag dargestellten *Intensitätsuntersuchungen* zum Sportunterricht. Sie stimmen darin überein, daß die Verlust- und Inaktivitätszeiten zu hoch sind, manchmal bis zu einem solchen Ausmaß, daß der verbleibende Rest der Aktivitätszeit eines Schülers kaum noch einen Lernfortschritt, jedenfalls aber keine Verbesserung der körperlichen Leistungsfähigkeit erwarten läßt.

Die einfacheren der nachfolgend dargestellten Formen und Möglichkeiten lassen sich von einem Beobachter, also auch vom Lehrer selbst, durchführen. In der Regel ist aber ein *Zweierteam* erforderlich: ein „Beobachter" und ein „Schreiber", der die diktierten Daten mit Hilfe von Abkürzungen und Symbolen aufnimmt. Erfahrungsgemäß können Schüler solche Aufgaben durchaus bewältigen.

Selbstverständlich lassen sich auch Diktiergeräte verwenden oder Videoaufzeichnungen heranziehen. Der damit verbundene Auswertungsaufwand dürfte sich aber nur in Ausnahmefällen lohnen. Die schriftlich gebundene direkte Beobachtung liefert dagegen Datenmaterial, das unmittelbare Rückschlüsse zuläßt.

Man muß zwar mit einer gewissen Fehlerquote durch Flüchtigkeitsfehler, Schätzfehler und Zuordnungsprobleme rechnen, doch dürften die Fehler sich gegenseitig kompensieren oder sich in einem Toleranzbereich bewegen, der die Gesamttendenz nicht grundlegend verfälscht.

Beobachtungsgegenstand können alle unterrichtlichen Vorgänge sein, sofern sie sich objektiv nachweisen lassen. Im folgenden können dazu nur einige wenige Beispiele gegeben werden.

Das Unterrichtsprotokoll

Eine gute Übersicht über die tatsächliche – und nicht nur vom Lehrer angenommene – zeitliche Struktur einer Stunde kann ein Unterrichtsprotokoll liefern, z.B. nach dem folgenden vereinfachten Schema, das den beobachtenden Schülern auch als schriftliche Vorgabe an die Hand gegeben werden kann:

a) Zeitbedarf für *Stundeneröffnung* (Anwesenheitskontrolle, Themenbekanntgabe),
für *Stundenschluß* (Abschlußgespräch u.ä.)
(ohne Differenzierung nach Lehrer- und Schüleranteilen).

b) Zeitbedarf für *Organisation* (zu Beginn, während, am Schluß der Stunde)
(ohne Differenzierung nach Lehrer- und Schüleranteilen).

c) Übungszeit, getrennt nach:
„Redezeiten“, Demonstrationen u.ä. des *Lehrers*,
Aktivitätszeiten der *Schüler*
(ggf. mit Angabe der Zahl der Durchgänge, Versuche usw.).

Dabei sind verschiedene Verfahrensweisen möglich:

- Für eine erste Orientierung genügen die Zeitangaben nach der Hallenuhr. In diesem Fall ist nur ein Beobachter notwendig.
- Für eine genauere Erfassung der Zeitanteile, vor allem der „Redezeiten“ des Lehrers und der Aktivitätszeiten der Schüler, wird zusätzlich ein „Zeitnehmer“ mit einer Stoppuhr benötigt.
- Um sowohl die Aktivitätszeit der Klasse als Gesamtheit als auch den Wert, der vor allem interessiert, nämlich die Aktivitätszeit des einzelnen Schülers, zu erfassen, muß ein zusätzlicher Zeitnehmer eingesetzt werden, der einen bestimmten Schüler gezielt beobachtet.

Einzelbeobachtungen

Es kann sehr aufschlußreich sein, einen Schüler, der dem Beobachter zuvor benannt oder von ihm willkürlich ausgesucht wurde (davon aber nichts wissen sollte), eine ganze Stunde über nach einem bestimmten Kriterium beobachten zu lassen, z.B.

- nach der „Aktivitätszeit“ im ganzen (Definition: Jede Tätigkeit nach Stundenbeginn außer Stehen und Sitzen),
- nach der „Belastungszeit“ (Definition: Ausführung einer Übung und jede Bewegung „schneller als Gehen“),
- nach der Zahl der tatsächlich ausgeführten Übungen, Versuche u.ä.

In den beiden ersten Fällen ist eine Additionsstoppuhr nützlich, im letzteren genügt in einfacheren Fällen eine Strichliste, doch läßt sich auch ein „Tätigkeitsprotokoll“ (Art der Tätigkeit, ggf. nach „gelungen“ und „mißlungen“ aufgegliedert) erstellen.

Spielbeobachtungen

Einen besonderen Stellenwert haben die Spielbeobachtungen, da nur so genauer aufgeschlüsselt werden kann, „was sich wirklich abspielt“. Auch hier sind einfachere und komplexere Verfahrensweisen denkbar, z.B. wie folgt:

a) Es wird eine bestimmte Sache beobachtet, z.B.
   - Zahl der erfolgreichen bzw. erfolglosen Torschüsse, Korbwürfe oder Angriffsschläge (ggf. mit Angabe des Spielers und der Position, aus der sie erfolgten),
   - Zahl der gelungenen bzw. mißlungenen Pässe oder Aufschläge,
   - Zahl der Dribblings (ggf. aufgegliedert nach Dribblings mit anschließendem Abspiel, Torschuß bzw. Korbwurf oder Ballverlust).

b) Es wird ein bestimmter *Spieler* beobachtet, z.B.
   - nach der Zahl der Ballberührungen (ohne weitere Differenzierung),
   - nach der tatsächlichen Spielzeit (Definition: Ballbesitz und eindeutig erkennbares „Mitspielenwollen"),
   - nach der Laufstrecke (Definition: Strecken, die „schneller als im Gehen" zurückgelegt werden; Spielfeldmarkierungen als Anhaltspunkte),
   - nach der Art der Aktionen (Paß – Fehlpaß, erfolgreicher – erfolgloser Torschuß, gelungenes – mißlungenes Dribbling, ausgedrückt durch Symbole).

c) Es wird eine *Mannschaft* beobachtet, z.B.
   - nach der Zahl der Pässe bei jedem Angriff (also bis zu einem Ballverlust, Torschuß oder Rückspiel),
   - nach der Verteilung der Ballkontakte innerhalb der Mannschaft (Strichliste mit den Spielernamen).

Daraus lassen sich einfache *Spielstenogramme* entwickeln.

Dazu benötigt man die Anfangsbuchstaben der Spielernamen (Torwart wird immer mit T bezeichnet) und Symbole für Ballverlust, Dribbling sowie für erfolgreichen und erfolglosen Tor- bzw. Korbwurf. T M H <u>G</u> x könnte z.B. bedeuten: Der Ball geht vom Torwart zu M, weiter zu H, dann zu G, dieser dribbelt und wirft erfolglos auf das Tor.

Beobachtet wird jeweils eine Mannschaft von einem Zweierteam. Soll auch die Gegenmannschaft erfaßt werden, wird nach einem Ballverlust ein zweites Team tätig, selbst wenn es sich nur um einen einzigen Ballkontakt handeln sollte.

Spielstenogramme dieser Art bedürfen zwar einer gesonderten Auswertung, liefern dann aber vielfältige Erkenntnisse, die auch methodische Rückschlüsse zulassen.

Schlußbemerkungen

Abschließend möchten wir darauf hinweisen,

- daß sich in jeder Klasse geeignete Schüler – auch unter denen, die vom Sportunterricht befreit sind oder aus anderen Gründen nicht teilnehmen können – für solche Aufgaben finden lassen und daß dabei eingespielte Beobachtungsteams die besten Ergebnisse liefern,
- daß Unterrichtsbeobachtungen nur gelegentlich und auch möglichst beiläufig erfolgen sollten, um die Unbefangenheit der Schüler nicht zu beeinträchtigen,
- daß die so gewonnenen Ergebnisse nicht ohne Wissen der Schüler zur Leistungsbeurteilung herangezogen werden sollten.

Kapitel 3

Unterricht

Das Thema des dritten Kapitels steht im Mittelpunkt dieses Buches, entspricht es doch am ehesten dem Titel, sofern man den Blick mehr auf den Alltag als auf die Probleme richtet (aber in dem Sinn, daß der Alltag nie gänzlich ohne Probleme ist). Etwa die Hälfte aller Beiträge ist hier eingeordnet. Diese Stoffülle macht eine weitere Unterteilung notwendig:

Im ersten Abschnitt werden die *institutionellen und organisatorischen Rahmenbedingungen* des Sportunterrichts betrachtet. Dies erscheint uns deshalb wichtig, weil einige der hier angesprochenen Themen in der sportdidaktischen Literatur so gut wie nicht behandelt werden. Dies trifft vor allem auf die beiden einleitenden Beiträge zu. Die anschließenden Beiträge zur Angstbewältigung und Unfallvermeidung scheinen etwas aus diesem Rahmen zu fallen, sollen hier aber in der spezifischen Sicht von Voraussetzungen eines „guten" Unterrichts gesehen werden. Den Abschluß bildet ein kurzer Blick auf zwei spezielle, aber deshalb nicht weniger sensible Themen.

Im zweiten Abschnitt mit dem Zwischentitel *„Spielen – Leisten – Bewerten"* sind einige Beiträge zusammengefaßt, die sowohl den Unterricht selbst als auch seinen institutionellen Rahmen betreffen. Dabei werden zunächst einige typische (Schüler-) Sichtweisen des Spiels angesprochen, um von hier aus zu den Themen Wettbewerb und Lernkontrolle überzugehen. Mit dem Beitrag über den leistungsschwachen Schüler im Sport ist die Überleitung zu einem nach wie vor umstrittenen Problemkomplex, dem der Leistungsbewertung, gegeben.

Allen hier eingeordneten Beiträgen liegt die Absicht zugrunde, sowohl eine kurze Analyse des anstehenden Problems als auch einige praxisrelevante Hinweise zu geben. Lediglich zum Thema „Pädagogische Note" wird etwas weiter ausgeholt.

Im dritten Abschnitt geht es vordergründig um die *inhaltliche Gestaltung* des Sportunterrichts, implizit aber auch um die zeitbedingten gesellschaftlichen Einflüsse, denen er ausgesetzt ist. Anstrengung, Spaß, Freizeit, Erlebnis und Erfolg sollen hierfür als zentrale Begriffe oder auch Schlagworte stehen, in denen dies zum Ausdruck kommen soll.

Mehr als in allen anderen Bereichen ist hier die persönliche Entscheidung des Lehrers gefragt. So kann es auch nicht ausbleiben, daß wir in vielen Fällen unsere eigene Meinung – für manche unserer Leser und Leserinnen vielleicht zu entschieden – zum Ausdruck bringen. Mit allen, die uns zustimmen oder auch widersprechen, glauben wir jedoch darin einig zu sein, daß ein besserer Sportunterricht nur aus der unablässigen Diskussion über seine Formen und Inhalte erwachsen kann.

Im letzten Abschnitt über *Sport im Schulleben* sind mit den Beiträgen über Arbeitsgemeinschaften, Schulsportfeste, Kooperation Schule-Verein und Landheim einige Themen angesprochen, die gleichfalls in der sportdidaktischen Literatur nur wenig zum Zug kommen, aber sowohl im Rahmen der Schule als auch in der Öffentlichkeit von einiger Bedeutung sind. Daß hierzu nur einige erste Hinweise gegeben werden können, liegt in der Natur der Sache.

Teil 1: **Rahmenbedingungen**

1 Materielle und organisatorische Rahmenbedingungen für einen effektiven Sportunterricht

Mehr als jedes andere Fach ist der Sportunterricht von bestimmten materiellen und organisatorischen Bedingungen abhängig, die seine Effektivität entweder fördern oder (manchmal sogar entscheidend) behindern können. Dabei läßt sich beobachten, daß die Bedeutung der materiellen Faktoren allgemein überschätzt, die der organisatorischen eher unterschätzt wird.

Dies ist auch deshalb bedauerlich, weil die letzteren sich eher beeinflussen lassen als die ersteren. Sie seien in der folgenden Betrachtung deshalb vorangestellt.

Deputatspläne

Deputatspläne sind das wichtigste Mittel innerschulischer Weichenstellungen. Hierfür sollten einige Regeln gelten, die ggf. auch gegenüber der Schulleitung zu vertreten sind, vor allem die beiden hier genannten:

(1) Sportstunden werden oft als Manövriermasse für den Deputatsausgleich angesehen. Dennoch sollte auch hier das altbewährte Prinzip beachtet werden, daß ein Lehrer mindestens zwei, aber nicht länger als drei Jahre in einer Klasse eingesetzt werden sollte. Im Sportunterricht wird man geneigt sein, diesen Spielraum eher bis zur oberen Grenze auszuschöpfen, doch sollte man nicht ohne zwingenden Grund darüber hinausgehen. Jeder Lehrer hat in irgendeiner Weise Stärken und Schwächen, und dies sollte über die Schulzeit hinweg kompensiert werden.

(2) Ein Sportlehrer sollte seine Klassen auch in einem seiner „anderen" Fächer unterrichten. Aus umgekehrter Sicht gilt dies besonders dann, wenn er zugleich die Funktion des Klassenlehrers innehat. Man kann den positiven Einfluß solcher „Fächerkombinationen" nicht hoch genug einschätzen.

Stundenpläne

Stundenpläne haben im Schulleben eine zentrale Bedeutung. Sie sind mit verantwortlich für den Erfolg oder Mißerfolg des Fachunterrichts. Dies sollte man bedenken, bevor man sie aus individueller Sicht beurteilt („möglichst keine Hohlstunden, möglichst kein Nachmittagsunterricht"). Die Stundenpläne für den Sportunterricht sollten im – freilich nur selten zu erreichenden – Idealfall folgende Anforderungen erfüllen:

(1) Die Sportstunden einer Klasse sollten *gleichmäßig über die Woche* verteilt sein. Dies möchte zwar jedes Fach erreichen, ist für den Sportunterricht aber vorrangig. Welche Wochentage es sind, ist weniger wichtig, Hauptsache, es liegt ein „Ruhetag" zwischen den Sportstunden.

(2) Sportunterricht sollte in *Einzelstunden* erteilt werden. Es gibt viele Argumente, die gegen die Doppelstunde, und nur wenige, die dafür sprechen (1). Betrachtet man die letzteren etwas genauer, verbleiben schließlich nur zwei, ein unabänderliches und ein beeinflußbares: überlange Wegzeiten und Trödelei (2).

Darüber hinaus wird man nur am Nachmittag nicht um Doppelstunden herumkommen. Um so wichtiger ist es, für die jüngeren Schüler, die ja zumeist am Vormittag unterrichtet werden, die Einzelstunde durchzusetzen.

(3) Die an einem Tag anfallenden *Lehrer-Sportstunden* sollten *hintereinander* liegen. Dies verringert, wie man leicht einsehen kann, den organisatorischen Aufwand in entscheidendem Maße. Mehr als vier Stunden in Folge dürften aber zu belastend sein.

(4) *Parallelklassen* sollten, wenn dies ermöglicht werden kann, im Sport zeitlich *parallel* gelegt werden. Dies eröffnet eine Reihe von interessanten organisatorischen und pädagogischen Möglichkeiten, die ohne Umstände genutzt werden können, z.B. in der Sportstätten- und Geräteauslastung, bei der Gruppeneinteilung, bei Wettbewerben, bei Projekten und ähnlichen gemeinsamen Aktivitäten.

(5) Bestandteil des Stundenplans, zumeist aber intern geregelt, ist die *Hallen- und Sportstättenbelegung*. Normalerweise werden ja von einer Schule mehrere Sportstätten, meist ungleicher Art, zugleich benutzt. Der hier übliche wöchentliche Wechsel erscheint etwas zu kurzfristig. Im Interesse einer kontinuierlichen Unterrichtsplanung wären etwas längere, ggf. auch wechselnde Intervalle vorzuziehen.

Absprachen

Es ist auffallend, wie selten unter Kollegen Absprachen über Sportstätten- und Gerätebenutzung getroffen werden. Im Kernpunkt geht es dabei um die Übernahme eines bereits getätigten Geräteaufbaus, was doch im beiderseitigen Interesse liegen muß und normalerweise auch auf die ungeteilte Zustimmung der Schüler stößt.

Allerdings läßt sich hier ein allgemein verbindliches System nur schwer durchsetzen. Erfolgversprechender sind zweiseitige, für einen bestimmten Zeitraum getroffene Vereinbarungen zwischen unmittelbar hintereinander unterrichtenden Kollegen. Die Verfasser haben mit solchen „Kooperationen auf Zeit“ jedenfalls die besten Erfahrungen gemacht.

Schlüssel, Umkleideräume, Geräteschränke

Der Sportlehrer sollte im Besitz der notwendigen Schlüssel für die Sportanlagen, Sporthallen, Umkleideräume und Geräteschränke sein. So verständlich es ist, daß die Kommunen sich in dieser Hinsicht etwas restriktiv verhalten, so lästig ist es, stets auf den guten Willen anderer angewiesen zu sein oder wegen jeder Kleinigkeit den Hallen- oder Platzwart angehen zu müssen.

Recht unangenehm ist es auch, wenn von seiten der Schulleitung oder des Schulträgers verlangt wird, die jeweils benutzten Umkleideräume verschlossen zu halten. In diesen Fällen verbleibt, auch wenn dies einige rechtliche Bedenken aufwirft, kaum eine andere Wahl, als einen zuverlässigen Schüler mit der Aufgabe des Türschließers zu beauftragen. Der Lehrer kann ja nicht gleichzeitig die Klasse beaufsichtigen und den letzten Nachzügler abwarten.

Unbedingt notwendig ist es jedoch, sich als Sportlehrer nach Unterrichtsschluß persönlich davon zu überzeugen, daß die Geräteschränke eingeräumt und verschlossen sowie die Umkleideräume ordnungsgemäß verlassen sind. Auch sollte man bei dieser Gelegenheit die liegengebliebenen Gegenstände sicherstellen.

Geräteausstattung

Für die Geräteausstattung können hier nur sehr allgemeine Angaben gemacht werden:

Bei *Großgeräten* ist die vierfache Ausstattung die Norm. Die Geräte müssen leicht transportierbar und einfach zu bedienen sein. Komplizierte Geräte, wie Spannbarren und Spannreck, haben für den Schulsport nur in speziellen Fällen eine Bedeutung. Die Zahl der Matten kann nicht großzügig genug bemessen sein; Weichböden sollten in ausreichender Zahl vorhanden sein.

Bei den wichtigsten *Handgeräten* und *Ballarten* sollten so viele vorhanden sein, daß auch in der größten Klasse jeder Schüler „sein" Gerät oder „seinen" Ball hat. Für die übrigen Kleingeräte (Medizinbälle, Kugeln, Schleuderbälle usw.) dürfte die halbe Anzahl genügen.

Mehrfachhallen sind kaum jemals gleich ausgestattet. In solchen Fällen ist es besser, die Geräte in bestimmten Hallenteilen zu konzentrieren, als möglichst gleichmäßig zu verteilen. Eine Klasse hat schneller die Halle gewechselt als Geräte herumgeschoben.

Etatverwaltung

Die Etatverwaltung erfolgt zumeist durch die Fachkonferenz. Hier kann der einzelne Lehrer seine Wünsche und Anregungen einbringen. Dabei sollte die Regel gelten, nicht so sehr von jedem etwas, sondern vom Notwendigen die zureichende Anzahl anzuschaffen. Außerdem ist an die rechtzeitige Ersatzbeschaffung zu denken. Dies setzt eine langfristige, von allen Sportlehrerkollegen mitgetragene Planung voraus.

Die beste „Etatverwaltung" ist jedoch ein pfleglicher Umgang mit den Geräten und Materialien. Was hier eingespart werden kann, ist nicht hoch genug zu veranschlagen.

Eine gute Ausstattung ist jedoch nicht viel wert, wenn sie nicht immer und unmittelbar greifbar ist. Es ist daher höchst empfehlenswert, daß man als Sportlehrer bestimmte Arbeitsmaterialien und -unterlagen, z.B. Pfeife, Stoppuhr, Kreide, Heftpflaster, Anschauungsmaterial, Ausschreibungen, möglichst auch einige Kleingeräte, z.B. eine Zauberschnur und einige Sprungseile, in seinem persönlichen Besitz hat und ständig mit sich führt (3).

Einflußnahme auf Planung und Bau von Sportstätten

Größere Anschaffungen, die über den alljährlichen Etat hinausgehen, sind zumeist nur schwer durchzusetzen. Die besten Aussichten bestehen erfahrungsgemäß dann, wenn die *Planung* von neuen *Bauvorhaben* oder von größeren *Sanierungsmaßnahmen* ansteht. Dann läßt sich, vor allem für die reguläre und zusätzliche Ausstattung der Sportanlagen, so mancher Euro locker machen, der ansonsten recht fest sitzt.

Dabei ist es aber notwendig, sich möglichst früh in die Vorarbeiten einzuschalten. Außerdem sollte man in die Vorschläge der kommunalen Sportstättenberatungsstellen sowie in die Angebote der Gerätehersteller Einblick nehmen und sich hierfür die notwendigen Unterlagen (DIN-Normen, Sportgerätekataloge usw.) beschaffen.

Schlußbemerkung

In diesem Beitrag sollten einige Hinweise auf die *schulorganisatorischen Bedingungen* des Sportunterrichts gegeben werden. Auf diese kann der einzelne Lehrer naturgemäß nur einen begrenzten Einfluß ausüben, doch sollte er die hier gegebenen Möglichkeiten, wo immer es geht, auch gezielt nutzen. Dazu bedarf es der ständigen Kontakte der Sportlehrkräfte untereinander sowie der Zusammenarbeit mit der Schulleitung und den kommunalen Dienststellen, gelegentlich auch mit den Vereinen.

Den schulorganisatorischen Bedingungen schließen sich die *unterrichtsorganisatorischen Maßnahmen* an, die in der Hand des einzelnen Lehrers liegen. Diese sind im „Handbuch" unter dem Kapitel „Sportunterricht organisieren und gestalten" (S. 71 – 106) zusammengefaßt.

Anmerkungen

(1) Vgl. den Beitrag: Einzel- oder Doppelstunden? „Handbuch" S. 121.
(2) Vgl. den Beitrag: Wann fängt eine Sportstunde an? „Handbuch" S. 73.
(3) Vgl. den Beitrag: Was hat der Sportlehrer in seiner Sporttasche? „Handbuch" S. 89.

2 Rationelle Gestaltung von Arbeitsabläufen

Auf den ersten Blick mag es befremdlich erscheinen, wenn im Zusammenhang mit dem Sportunterricht von „Arbeitsabläufen" die Rede ist, doch gibt es wohl kaum eine Sportstunde, in der nicht einiges auf-, ab- und umzubauen oder aus- und einzuräumen ist. Nicht immer aber funktioniert dies so reibungslos, wie es erwünscht wäre.

Besonders deutlich wird das, wenn Matten auszulegen oder aufzuräumen sind. Was dabei in Deutschlands Sporthallen Tag für Tag herab-, herum- und hinaufgezerrt wird, vermittelt nur allzu häufig einen wahrhaft chaotischen Eindruck. Nicht minder dramatisch können die Szenen an Ballschränken oder Ballbehältern werden: Wer zuerst kommt, wühlt im Ballbestand und sucht sich den besten Ball zu sichern.

Vielleicht ist es also nicht überflüssig, solche Abläufe etwas bewußter zu gestalten und in einem gewissen Ausmaß einzuüben. Vielleicht können die Schüler dabei auch einiges in Richtung auf die vielzitierte „Schlüsselqualifikation der Kooperations- und Teamfähigkeit" profitieren.

Mit Sicherheit können sie aber für ihren Alltag daraus lernen, wie man einen Arbeitsgang schnell, überlegt und dennoch exakt – eben rationell – ausführen kann.

Beispiel: Matten auslegen

Als Beispiel, solche Zusammenhänge bewußt zu machen und die entsprechenden Handlungsabläufe einzuüben, sei hier das Thema „Matten auslegen“ angeführt:

Zwei oder mehr Gruppen von 10 bis 15 Schülern erhalten die Aufgabe, jeweils einen Mattenwagen zu einer bestimmten Stelle zu schieben, sodann mehrere Matten zu einer Bahn auszulegen (oder auf zwei nebeneinander liegenden Kastendeckeln zu einem Mattenberg aufzuschichten) und nach einer Pause (oder – besser – einigen Übungen) wieder aufzuräumen.

Dieser Ablauf wird zunächst ohne Zeitdruck ausprobiert und schließlich nach Art einer „Mattenstaffel“ als Wettbewerb durchgeführt. Dabei gilt: Die Matten dürfen nicht geschleift werden; sie müssen immer von vier Leuten getragen werden.

Für die Durchführung gibt es zwei grundsätzlich verschiedene Verfahrensweisen:

- Die Aufgabe wird gestellt; die Schüler sollen die optimale Lösung selbst finden.
- Der optimale Ablauf wird geschildert; die Schüler sollen ihn umsetzen.

Beide Möglichkeiten stellen jeweils ihre eigenen Anforderungen. Auf welche Weise der nachhaltigere Erfolg zu erzielen ist, läßt sich nur schwer voraussagen. In beiden Fällen werden die Schüler schnell sehen, daß es nichts bringt, wenn alle zugleich den Mattenwagen schieben wollen, und daß es notwendig ist, sich an der jeweils richtigen Stelle möglichst reibungslos in den Ablauf „einzuklinken“.

Großgeräte

Haben die Schüler, wie hier am Beispiel der Matten dargestellt, erste Erfahrungen gemacht, können sie vielleicht auch größere Geräteaufbauten selbständig bewältigen.

Hierfür einige Regeln:

Barren, Kästen, Pferde und *Böcke* werden von jeweils zwei Schülern transportiert; die übrigen können bereits beginnen, die Matten zu holen. Beim Aufbau einer *Reckanlage* werden von jeweils zwei Schülern die Recksäulen in Position gebracht (Achtung: Bei vier Gruppen ergeben sich fünf Säulen), von zwei weiteren werden die Reckstangen geholt und eingebaut (Bolzen ganz durchstecken und mit Splint sichern). Erst dann werden gemeinsam die Matten ausgelegt. *Weichböden* werden von sechs bis acht Schülern getragen. Beim Aufstellen von *Hochsprungständern* sollten vier Schüler zusammenarbeiten: zwei an den Ständern, zwei an der Latte. *Absprungtrampoline* und *Volleyballnetze* werden am besten von hierfür eingeteilten „Spezialisten“ aufgebaut. Aber auch die übrigen sollten wenigstens wissen, wie es geht.

Mit dieser letzten Bemerkung ist ein neues Thema angesprochen: die Einweisung der Schüler in die *Funktion der Geräte*.

Auch hierzu einige Hinweise:

Kästen sollten stets entsprechend der aufgemalten Markierung zusammengebaut werden. Böcke und Pferde werden zur Höhenverstellung auf die Seite gekippt (Stellschraube zunächst nach unten). Beim Verstellen der Barrenholme sind diese festzuhalten; der Sicherungshebel darf erst dann angedrückt werden, wenn die Holmsäule hörbar eingerastet ist und die Holme in der Weite eingestellt sind. Beim Verstellen der Schaukelringe hält der Übende diese in der richtigen Höhe, der Helfer hängt die Kette ein und gibt erst dann das Gerät frei. All dies ist vom Lehrer – zumindest stichprobenweise – zu kontrollieren.

Außerdem gilt die Regel: Großgeräte sind immer ordnungsgemäß und an der richtigen Stelle wieder einzuräumen. Das macht keineswegs mehr Arbeit als das häufig zu beobachtende Durcheinander in den Geräteräumen.

Handgeräte, Kleingeräte

Beim eingangs erwähnten „Bälleholen“ gilt die Anweisung: Jeder nimmt den nächstbesten Ball; wenn er mit diesem nicht zufrieden ist, tauscht er ihn anschließend um. Wenn jeder Schüler einen Ball hatte, muß auch jeder wieder einen abgeben. Ist eine geringere Anzahl ausgegeben worden, muß die Rückgabe in geeigneter Weise kontrolliert werden. Medizinbälle, Schleuderbälle und Kugeln läßt man besser vor den Schränken ablegen und von einem beauftragten Schüler einräumen. Wurfbälle sollten vor oder bei der Rückgabe (in einen Korb oder ein Netz) nachgezählt werden.

Sprungseile werden in der Mitte gefaßt und einem „Abholer“ übergeben. Ähnlich wird auch bei Reifen und Spielbändern verfahren. Gymnastikbänder werden längs über den Stab gewickelt und in den Aufbewahrungsbehälter gestellt. Zauberschnüre, Leinen und Baustellenbänder werden über die offene Hand und den Ellbogen aufgenommen und am Ende mit einigen Windungen verschnürt.

Ausblick

Das Thema „rationelle Gestaltung von Abläufen“ hat auch einen unterrichtsorganisatorischen Aspekt. Dieser ist an anderer Stelle ausführlicher dargestellt (1), so daß hier einige Beispiele genügen:

Bei allen Sprüngen (Schritt-, Steige-, Hopser- und Stützsprüngen), die einen reibungslosen Ablauf erlauben, gilt: „Wenn der vordere abspringt, läuft der nächste los.“

Entsprechend sollten auch bei Weitsprüngen in die Grube stets mehrere Schüler in schneller Folge springen (soviel läßt sich die Landestelle variieren), bis der Sand (dann aber richtig) wieder eingeebnet wird.

Würfe an die Wand lassen sich so organisieren, daß die Bälle sofort wieder aufgefangen oder aufgenommen werden können.

Beim Schwimmen und überhaupt bei allen Übungen im Seitenwechsel startet die nächste „Welle“, wenn die vorhergehende einige Meter zurückgelegt hat.

Diese wenigen Beispiele sollen zeigen, daß sich auch im Unterrichtsablauf selbst einiges „rationalisieren“ läßt, und dies vor allem zur Zufriedenheit der Schüler. Zumindest im jüngeren Schulalter hassen sie nämlich nichts so sehr, als untätig herumstehen zu müssen. Und warum sollte dieser Aktivitätsdrang nicht genutzt und in die richtigen Bahnen gelenkt werden?

Anmerkung

(1) Im Beitrag: Die organisatorische Gestaltung des Sportunterrichts, „Handbuch“ S. 98.

3 Angst und Angstbewältigung im Sportunterricht

Vor zwei oder drei Jahrzehnten war „Angst im Sport“ ein höchst aktuelles Thema. In den letztvergangenen Jahren hat sich die Lage wieder beruhigt. Das dürfte mehrere Gründe haben:

- Einige Übungen und Disziplinen, die als besonders angstauslösend gelten (beispielsweise Übungen am hohen Reck, Sprünge vom 3-m-Brett), sind weitgehend außer Gebrauch gekommen.
- Mit gezielten methodischen Maßnahmen wird bei allen Unterrichtsgegenständen mehr Wert auf angstfreies Lernen gelegt.
- Durch vermehrte Freiräume und auch infolge eines deutlich höheren Notenniveaus sehen sich die Schüler einem geringeren Leistungsdruck ausgesetzt.
- Ein „Versagen“ im Sport wird heute sowohl vom Betroffenen selbst als auch in den Augen der anderen nicht mehr als so belastend empfunden wie früher.

Dennoch besteht kein Anlaß, über das Thema Angst mit leichter Hand hinwegzugehen. Sportliche Betätigung ist niemals gänzlich ohne Risiko. Konkrete Angstzustände werden hier, ebenso wie auch eine allgemeine Ängstlichkeit, deutlicher sichtbar als in anderen Lebensbereichen.

Angst und Ängstlichkeit

Angst ist ein Urphänomen der Menschheit mit einer – vor allem unter urzeitlichen Verhältnissen – lebenserhaltenden Bedeutung. Sie signalisiert dem Menschen, welche Situationen als bedrohlich einzuschätzen sind. In einer technisierten Welt ist diese Schutzfunktion gelegentlich außer Kraft gesetzt. Weil z.B. unsere Sinnesorgane eine gleichbleibend hohe Geschwindigkeit nur mittelbar, d.h. über die Beobachtung der Umwelt, wahrnehmen können, wird sie sowohl im Straßenverkehr als auch im Sport (z.B. beim Skilaufen) nicht unbedingt als gefährlich empfunden.

Prinzipiell hat die Angst ihre Aufgabe als Warnsignal aber beibehalten, wenn auch in einem individuell sehr unterschiedlichen Ausmaß. Bei Kindern ist dies besonders deutlich, und somit ist bei ihnen gerade im Sportunterricht immer und überall mit einem – gelegentlich recht plötzlichen – Auftreten von Angstzuständen zu rechnen.

Für eine erste Annäherung an das Thema erscheint es angebracht, zunächst in reale und vermeintliche Ängste zu unterscheiden und diesen beiden Kategorien die übrigen Erscheinungsformen zuzuordnen.

(1) Die *realen Ängste* werden von bestimmten Situationen ausgelöst, die auch objektiv bedrohlich sind oder doch werden können, wenn z.B. die Möglichkeit besteht, von einem Gerät zu fallen, an einem Hindernis hängenzubleiben, von einem Mitspieler zu Fall gebracht, von einem Ball getroffen zu werden, oder wenn verlangt wird, mit dem Kopf voran ins Wasser oder aus größerer Höhe in die Tiefe zu springen.

(2) Die *vermeintlichen, subjektiv aber doch als „echt“ empfundenen Ängste* sind gleichfalls an bestimmte Bedingungen gebunden, lassen sich aber nicht ebenso genau

lokalisieren wie die realen. Sie treten z.B. auf, wenn jemand aus sicherer Position in die Tiefe schaut oder mit dem Kopf unter Wasser geht, wenn er eine unbekannte Bewegung, vor allem eine Rückwärtsbewegung, ausführen soll oder ganz allgemein als „Versagensangst", wenn der Ausgang einer Sache ungewiß ist.

(3) Dieser letzte Hinweis auf ein mögliches Versagen lenkt den Blick auf eine weitere Form, auf die sogenannte *soziale Angst*, die Angst vor Blamage und Prestigeverlust, weniger vor sich selbst als in den Augen der anderen. Davon sind auch physisch robuste, aber emotional labile Schüler betroffen.

(4) Nur bedingt diesem Umkreis zuzuordnen sind die nur *vorgetäuschten oder unangemessen aufgebauschten Ängste*, wenn es um etwas Unbequemes geht (z.B. einen 1000-m-Lauf „durchzustehen") oder wenn nur eine minimale Hemmschwelle zu überwinden ist (z.B. beim Überspringen eines harmlosen Hindernisses oder beim Eintauchen in kühles Wasser). In solchen Fällen sollte man – vielleicht mit einer lockeren Bemerkung – zur Tagesordnung übergehen.

Angstbewältigung

Angst ist, wie eben dargestellt, an bestimmte Bedingungen gebunden, hat aber eine starke *Generalisierungstendenz*. Sie kann sich bei demselben Schüler auf verschiedene Bereiche ausdehnen oder auch recht unvermittelt von Schüler zu Schüler überspringen und sogar die gesamte Klasse ergreifen.

Umgekehrt kann sie nur sehr situationsspezifisch bewältigt und sozusagen wegtrainiert werden. Allgemeine Regeln lassen sich schwer finden und können nur eine recht pauschale Auskunft geben. Alles weitere ist Sache eines speziellen methodischen und psychologischen Vorgehens.

Was das *Grundsätzliche* betrifft, sei zunächst auf zwei Punkte verwiesen (1):

(1) Man muß als Lehrer die *Angst des Schülers akzeptieren*. Man sollte ihm erklären, daß Angst zwar individuell sehr unterschiedlich ausgeprägt ist, im Grunde aber eine natürliche Reaktion darstellt, die nichts Ehrenrühriges enthält.

(2) Es ist aber auch notwendig, dem Schüler die *persönlichkeitsbildende Funktion der Angstbewältigung* bewußt zu machen. Vielleicht kann man ihm anhand geeigneter Beispiele auch verdeutlichen, daß die Überwindung einer (situativen oder generellen) Angst eine geradezu befreiende Wirkung hat.

Hinsichtlich des *praktischen Vorgehens* lassen sich folgende Regeln aufstellen:

(1) Der ängstliche Schüler muß wissen, daß Angstreduktion nur durch *geduldiges Üben* unter relativ *leichten Bedingungen* zu erreichen ist, daß er hundertmal einen Ball fangen oder über einen Bock springen muß, wo für andere zehnmal genügen.

(2) Der ängstliche Schüler darf die Anforderungen an sich nur *langsam steigern* und muß bei den geringsten Schwierigkeiten sofort wieder zu leichteren Bedingungen zurückkehren. Gerade ängstliche Schüler neigen nämlich, zumal sie hinsichtlich ihrer Motivationsstruktur sehr oft mißerfolgsorientiert sind, zu plötzlichen und unkontrollierten Risikosteigerungen.

(3) Wo immer es möglich ist, sollte man bei ängstlichen Schülern vom methodischen Prinzip der *„graduellen Annäherung"* Gebrauch machen, das ein allmähliches Herantasten an die Zielübung ermöglicht. Man beginnt also mit einer vereinfachten oder unvollständigen Übungsform, verringertem Krafteinsatz, verkürztem Anlauf, geringen Zuspielentfernungen usw. und steigert kontinuierlich.

(4) In vielen Fällen kann der *direkte Beistand des Lehrers*, sei es durch aktive Hilfe oder durch Zuspruch, einiges bewirken; in anderen ist es besser, den Schüler eher unbeobachtet zu lassen. Zuverlässige materiale Absicherungen sind selbstverständlich.

Angstauslösende Situationen im Sportunterricht

Es ist hier nicht möglich, alle angstauslösenden Situationen im Sport aufzulisten, allein schon deshalb, weil die individuellen Unterschiede sehr groß sind. Es soll vielmehr versucht werden, anhand einiger Beispiele mögliche *Strategien zur Angstbewältigung* aufzuzeigen (2).

Umgang mit Bällen

Im jüngeren Schulalter haben viele Kinder Angst vor fliegenden Bällen. Abhilfe kann hier eine entsprechende Ballgewöhnung schaffen (3):
- Ball aufprellen und selbst fangen, hochwerfen und fangen (auch in verschiedenen Wurf- und Fangarten), Ball gegen eine Wand werfen und fangen.
- Zuspielübungen im Stand und in der Bewegung aus kurzer Entfernung und mit bogenförmig geworfenen Bällen. Abstände langsam steigern und ständig variieren. Homogene Partnerschaften und Gruppen bilden. Die Bälle dürfen nicht „abgeklatscht" werden und sollen vor dem Fangen auch nicht auf dem Boden aufprallen.

Spiel

Für sehr ungeübte Schüler kann das Spielen mit wesentlich besseren Mitspielern zur bedrohlichen Situation werden. Mögliche Abhilfen:
- (Vorübergehende) Verwendung von Weichbällen.
- Spiel mit kleinen Mannschaften auf verkleinerten Spielfeldern.
- Homogenisierung der Mannschaften (weniger Geübte spielen miteinander).
- Auf körperloses Spiel hinarbeiten; Tempo aus dem Spiel herausnehmen (z.B. durch Dribbelverbot).
- Beim Fußballspiel auf niedrige Ziele spielen lassen; Fernschüsse unterbinden (gültige Tore nur innerhalb eines Schußkreises).

Gerätturnen

Im Gerätturnen werden bedrohliche Situationen wegen der kompakten Geräte und des „Alleingelassenseins" bei der Übungsausführung besonders deutlich empfunden. Die generelle Regel muß also lauten: Schüler nicht überfordern; Anforderungen nur langsam und individuell unterschiedlich steigern.

Im einzelnen sollte man auf folgende Punkte achten (4):
- Ungewohnte Körperlagen (Kopf unten, Rückwärtsbewegungen) in möglichst angstfreien Situationen einüben.

- Wo immer ein Sturz möglich ist, für sorgfältige materiale und/oder personale Absicherungen sorgen. Hinweise zur gefahrlosen Ausführung der Übungen und zur Selbsthilfe geben.
- Mit niedrigen Gerätehöhen und kraftsparender Übungsausführung beginnen (mit wenig Schwung, mit kurzem Anlauf). Niedersprünge (aus geringer und aus mittlerer Höhe) gezielt üben.
- Zur Überwindung von Hemmschwellen Absprunghilfen (Sprungbrett, Doppelbrett, Absprungtrampolin) einsetzen.
- Übungen allmählich „aufbauen“ (nach dem Prinzip der „graduellen Annäherung“): Rad aus dem Wendeschwung über eine Bank, Salto vorwärts aus dem „Parterresalto“ („Rolle ohne Hände auf den Rücken oder zum Sitzen“), Sprunghocke aus dem Aufhocken (auf den längsgestellten Kasten), Handstütz-Sprungüberschlag (trotz einiger methodischer Bedenken) aus der Rolle über einen (durch eine Matte abgepolsterten) Kasten entwickeln.

Schwimmen und Wasserspringen

Im Schwimmunterricht sind Angstprobleme im Laufe der vergangenen Jahre deutlich geringer geworden, da vielen Kindern auf privater Ebene zunehmend bessere oder doch zureichende Schwimmöglichkeiten geboten werden.

Die verbleibenden Schwierigkeiten sind vor allem darauf zurückzuführen, daß viele Kinder nicht gelernt haben, unter Wasser die Augen offen zu halten (ggf. Schwimmbrille empfehlen).

Darüber hinaus sollte folgendes beachtet werden:
- Wassergewöhnung nicht vernachlässigen (Kernpunkt: Kopf unter Wasser, Augen auf, ins Wasser ausatmen). Gleitübungen (vor allem unter Wasser) intensiv üben. Kleine Spiele und Tauchübungen durchführen, die zum Öffnen der Augen unter Wasser zwingen.
- Ängstliche Schüler so lange wie angezeigt im Nichtschwimmerteil des Beckens beschäftigen (wenn möglich, gemeinsam mit der übrigen Klasse). Bei tiefsitzenden Ängsten („Wasserscheu“) Auftriebshilfen verwenden (möglichst solche, die an der Brust so angebracht werden, daß sie nicht verrutschen).
- Bei Kopfsprüngen an der Treppe und am Beckenrand beginnen. Bei Sprüngen vom 3-m-Brett prinzipiell auf Freiwilligkeit setzen; unentschlossenen Schülern allenfalls gut zureden.

Gleiten und Rollen

Bei allen Sportarten, die auf einem Gleiten oder Rollen aufbauen (Skilaufen, Skateboardfahren, Inline-Skating) gilt als oberste Regel: Geduld haben, nichts überstürzen, unter „entschärften“ Bedingungen üben (5). Auch hier sollte man zunächst homogene Gruppen bilden, um Leistungsdruck möglichst zu vermeiden.

Schlußbemerkung

Aus den vorstehenden Ausführungen darf nicht der Rückschluß gezogen werden, daß im Sportunterricht andauernd von Angst und Angstbewältigung gesprochen werden sollte oder der beständige psychologische Beistand des Lehrers gefordert ist. So sehr dies in bestimmten Fällen auch angebracht ist, so wenig sollte dies den „normalen“ Unterricht bestimmen.

Man muß nämlich auch davon ausgehen, daß ängstliche Schüler unter dieser Eigenschaft leiden und, solange dies möglich ist, lieber unbeachtet bleiben wollen (einen methodisch sorgfältig aufgebauten und auf allgemeine Sicherheit bedachten Unterricht vorausgesetzt).

Die beste Angstbewältigung ist und bleibt eine langfristige konditionelle, koordinative und psychologische Vorbereitung, speziell auf die als bedrohlich empfundenen Anforderungen des Sportunterrichts.

Anmerkungen

(1) Vgl. dazu die Ausführungen zur Angst und Angstbewältigung in dem Beitrag: Die Stützsprünge, „Handbuch“ S. 310.
(2) Vgl. auch den nachfolgenden Beitrag: Über Unfälle und Unfallvermeidung.
(3) Vgl. auch das Themenbeispiel: Grundfertigkeiten der großen Spiele, „Praxis und Methodik“ S. 217.
(4) Vgl. den Beitrag: Methodische Hilfen, „Handbuch“ S. 224.
(5) S. Anm. (2).

4 Über Unfälle und Unfallvermeidung

Sicherheit im Schulsport wird derzeit groß geschrieben. Dahinter steht nicht nur die berechtigte Sorge um die Schüler, es sind auch die finanziellen Interessen der Krankenkassen und Unfallversicherungen angesprochen. Dazu ist vorab zu bemerken, daß Sportarten, die allgemein als „Freizeitsportarten“, und damit auch als „Volkssport“ angesprochen werden, wie Skilaufen und Inline-Skating, eine recht hohe Unfallrate, auch an gravierenden Fällen, aufzuweisen haben.

Dennoch ist die Zahl der Schülerunfälle zu hoch, und dies nicht nur im Sportunterricht. Dies ist zunächst unter zwei Aspekten zu sehen:

(1) Der größte Teil der Unfälle, vor allem der Bagatellfälle, ist *unvermeidlich.* Es läßt sich nicht verhindern, daß Schüler beim Laufen und Springen, ob auf dem Pausenhof oder im Sportunterricht, mit dem Fuß umknicken oder ausrutschen, daß sie beim Spielen einander ins Gehege kommen und stürzen u.a.m.

(2) Ein Teil der Unfälle ist zweifellos auf Leichtfertigkeit, gelegentlich auch Rücksichtslosigkeit zurückzuführen. Dem kann nur durch die *Erziehung zu einem geordneten und selbstverantwortlichen Verhalten* entgegengewirkt werden. Daran mangelt es derzeit, nicht nur in der Schule, sondern überall in unserer Gesellschaft. Hier liegt eine – nur langfristig lösbare – Daueraufgabe für Schule und Unterricht vor.

Dabei ist allerdings eines zu beachten: Der *Bewegungsdrang* der Kinder und Jugendlichen, der sich glücklicherweise, wenn auch reduziert, noch feststellen läßt, darf nicht eingeschränkt werden. Das immer wieder geforderte „Austoben“ ist notwendig, muß aber, populärwissenschaftlich gesprochen, in die richtigen Bahnen gelenkt werden, damit es sich nicht in aggressiven Aktionen entlädt.

Es geht also, in der Schule wie anderwärts, um einen schwierigen Balanceakt zwischen Freiheit und Ordnung, zwischen Aktivitätsbedürfnis und Selbstkontrolle.

Unfallschwerpunkte im Sportunterricht

Die meisten Unfälle, überwiegend allerdings leichterer Art, ereignen sich beim *Spiel*. Sie sind dort, wie bereits gesagt, in einem gewissen Umfang unvermeidlich, sehr oft aber auch die Folge einer unkontrollierten und rücksichtslosen Spielweise.

Dagegen muß etwas unternommen werden, und zwar nicht so sehr durch eine möglichst lückenlose Kontrolle des Foulspiels, sondern primär mit methodischen Mitteln (überschaubare Verhältnisse, geringe Spielerzahlen, „entschärfende“ Regeln) und selbstverständlich auch durch eine ständige erzieherische Einwirkung, etwa im Sinne von „bewußtseinsbildenden Maßnahmen“.

Manifeste Aggressionen sollten sofort und ohne Umschweife unterbunden werden. Wer einen Mitspieler absichtlich, z.B. durch „Fußstellen“, zu Fall bringt, muß belangt werden, notfalls auch durch eine Schulstrafe.

Gefährdet sind auch die Schüler, die gerade nicht mitspielen, da sie nicht immer auf das Spielgeschehen achten und deshalb von „verirrten“ Bällen getroffen werden. Daran sollte man ausdrücklich erinnern, besonders beim Fußballspiel. Hier wäre generell auf flaches Spiel hinzuwirken, z.B. dadurch, daß man auf niedrige Ziele (Kastenteile, umgelegte Bänke) spielen läßt.

Notwendig ist auch, alle Gegenstände, die dort nichts zu suchen haben (so auch die nicht mehr benötigten Bälle), aus dem Spielfeld zu entfernen. Dieser Gesichtspunkt gilt übergreifend für alle Sportarten und sämtliche unterrichtlichen Situationen. In der Halle sind außerdem die Tore zu den Geräteräumen zu schließen.

Geradezu gegenläufig zu den Sportspielen verhält sich das *Gerätturnen*. Hier ereignen sich relativ wenige, aber immer wieder schwerere Unfälle. Diese betreffen allerdings mehr die Randbereiche des Gerätturnens als seinen traditionellen Grundbestand. Seit nämlich die Übungen am sprunghohen Reck und Barren im „normalen“ Sportunterricht kaum noch Berücksichtigung finden, ist eine der spezifischen Gefahrenquellen entfallen.

Es verbleiben im Grunde nur noch einige Abgänge und die Stützsprünge (hier vor allem Hocke und Handstütz-Sprungüberschlag), die besonderer Beachtung bedürfen.

Dabei gilt folgende Regel: Alle Übungen, bei denen der Übende im Falle des Mißlingens sich nicht selbst helfen kann, müssen konsequent abgesichert werden, zunächst durch „personale Hilfen“ (Hilfestellung), im weiteren Verlauf des Übens auch durch „materiale Hilfen“ (z.B. einen Weichboden).

Gerade an diesem Beispiel läßt sich aber auch die Ambivalenz allen unterrichtlichen Handelns aufzeigen: Einerseits müssen die Schüler vor möglichen Unfällen geschützt werden, andererseits verhindert eine immerwährende totale Absicherung die Ausbildung eines *realistischen Selbsteinschätzungsvermögens*. Es muß also auch die Möglichkeit gegeben sein, sich „freizuschwimmen", etwa nach dem Motto: „Wenn du dir es zutraust, darfst du es auch allein probieren".

In jedem anderen Fall wäre gerade der Kernpunkt der Sicherheitserziehung nicht angesprochen. Es läßt sich z.B. beobachten, daß vermeintliche Sicherheit (die schon das Auslegen eines Weichbodens vorspiegeln kann) ein unbedachtes und waghalsiges Verhalten geradezu provoziert.

Was nützt es beispielsweise, wenn jemand sich „toprope"-gesichert im 7. Grad an der Kletterwand bewegt, sich dabei bedenkenlos und problemlos immer wieder ins Seil fallen läßt und dieselbe Sicherheit im Auto bei Tempo 200 von seinem Airbag erwartet? Solche Gesichtspunkte dürfen bei der steigenden Beliebtheit der Natur- und Abenteuersportarten wohl nicht gänzlich außer acht bleiben.

Doch zurück zum Turnen: Beim *Absprungtrampolin* verbleibt bei unkontrollierten Sprüngen, besonders beim Salto vorwärts, an den *Schaukelringen* durch Griffverlust und „Wegfliegen" vom Gerät ein Restrisiko, das sich auch durch sorgfältige personale und materiale Absicherung nicht völlig ausschalten läßt. Das große Trampolin sollte nur von wirklich Sachkundigen im Unterricht eingesetzt werden.

Das *Bodenturnen* erfordert eine differenzierte Betrachtung: Die hier gebräuchlichen Übungen sind, im Unterschied zu den sogenannten akrobatischen Elementen, im allgemeinen ungefährlich.

Beim Handstand ist der Übende gegen Überfallen abzusichern. Geübtere sollten auch auf die Selbsthilfe verwiesen werden, z.B. mit der Anweisung: „Sobald du überfällst, nimmst du eine Hand weg und setzt die Füße auf den Boden."

Bei Rollbewegungen, speziell bei der Rolle rückwärts, ist wegen der notwendigen Beweglichkeit in der Wirbelsäule eine vorsichtige Hinführung angezeigt. Andererseits sollte das „Abrollen" aus Gründen der allgemeinen Gewandtheitsschulung und Unfallvorsorge intensiv geübt werden, und dies nicht nur als geformte Rolle vorwärts, sondern auch seitwärts und schräg-vorwärts („Judorolle") nach beiden Richtungen. Daraus läßt sich leicht eine allgemeine „Fallschulung" entwickeln.

Einfachere Fall- und Rollbewegungen sollten allerdings nicht generell am Weichboden durchgeführt werden, weil dabei das, worauf es ankommt, verlorengeht. Eine Rolle ist nämlich erst dann „richtig", wenn man sie, ohne etwas Besonderes zu bemerken, auf dem blanken Boden ausführen kann.

In der *Leichtathletik* können Stürze auf der Kunststoffbahn sehr problematisch werden. Beim Weitsprung muß der Sand in der Grube locker genug sein. Beim Hochsprung ist die Floptechnik ungefährlicher als ursprünglich angenommen. Dennoch sollte das Landeverhalten geübt werden. Bei den anderen Hochsprungtechniken kann es zu Handgelenks- und Unterarmbrüchen kommen.

Bei Wurf- und Stoßübungen sind primär organisatorische Faktoren angesprochen, die im Anschluß betrachtet werden sollen.

Organisatorische Aspekte der Sicherheitserziehung

Beim Werfen mit *Medizinbällen* sind die Abstände entweder so knapp zu wählen, daß die Bälle genau zugespielt und sicher gefangen werden können (was bei entsprechender Anleitung auch durchzusetzen ist), oder so weit, daß niemand mehr getroffen werden kann. Im zweiten Fall dürfen sowohl das Abwerfen als auch das Aufnehmen der Bälle erst nach einem „Freizeichen" erfolgen.

Dies gilt auch für den *Ball-* und besonders den *Schleuderballwurf*, bei dem auch auf ausreichenden Seitenabstand zu achten ist. Beim *Speer- und Diskuswurf* muß das Wurffeld vollständig frei sein. Diskus kann gefahrlos nur aus einem Schutzgitter (bei weiträumigen „Randzonen") geworfen werden.

Beim *Kugelstoßen* gilt folgende zusätzliche Regel: Die Nichtübenden stehen mit deutlichem Abstand hinter der Abstoßlinie; wer gestoßen hat, geht zurück und stellt sich hinten an; der nächste holt auf ein Zeichen die Kugel.

Auch im *Schwimmen* sind einige Anordnungen notwendig. Vor allem muß verhindert werden, daß die Schüler kopfvor ins flache Wasser springen. Dabei haben sich schon schwerste Unfälle ereignet.

Es ist zu empfehlen, mehr oder weniger wörtlich, folgendes anzusagen:

- Ihr zieht euch um, geht unter die Dusche, dann ins Schwimmbad und setzt euch dort auf die Bank; es geht niemand ins Wasser, bevor ich es sage.
- Sprünge, gleich welcher Art, sind die ganze Stunde über verboten, außer wenn ich es erlaube. Beim Wasserspringen ist niemand unter dem Sprungbrett; wer gerade gesprungen ist, schwimmt schnell weg; wer springen will, vergewissert sich, daß wirklich alles frei ist.
- Seid vorsichtig beim Laufen außerhalb des Beckens, nasse Fliesen sind rutschig.

Für den *Schwimmunterricht mit Anfängern* und wenig geübten Schülern gelten einige spezielle Regeln:

- Unsichere und ängstliche Schüler sollten sich nur im flachen Wasser bewegen.
- Wenn die Schüler im Wasser sind, steht der Lehrer draußen und kontrolliert das Unterrichtsgeschehen.
- Wenn der Lehrer etwas zeigen will, stehen die Schüler am Beckenrand.
- Nichtschwimmer sind, sofern sie nicht durch geeignete Auftriebshilfen abgesichert werden können, getrennt zu unterrichten.

So problemlos in der Regel der obligatorische Schwimmunterricht ist, so gefährlich kann Baden und Schwimmen bei *außerunterrichtlichen Schulveranstaltungen* (Wandertagen, Landheimaufenthalten u.ä.) werden. Dabei kommt es immer wieder zu Todesfällen, zumal die Schüler sich in einer physischen (Anstrengung, Klima) und psychischen Ausnahmesituation (fremde Umgebung, Gruppenzwang) befinden.

Es sind folgende Vorsichtsmaßnahmen anzuraten:

- Erlaubnis der Eltern einholen. (Wenn gesundheitliche Bedenken bestehen, werden sie wahrscheinlich widersprechen.)
- Nur öffentliche und überwachte Badeanstalten und Badestrände benutzen.
- Baderegeln konsequent einhalten (nicht ohne Abkühlung, nicht mit vollem Magen ins Wasser gehen).

Beim *Skilaufen* mit Schülern ist eine sorgfältige Geländewahl die erste und wichtigste Bedingung. Steilhänge, vor allem in felsiger Umgebung, und vereiste Pisten verbieten sich von selbst. Anfänger dürfen nur Anfängerhänge und (besonders wichtig) Anfängerlifte benützen. Bei Sesselliften (auch bei den moderneren) sollten Absprachen mit dem Liftpersonal getroffen werden.

Bei *Rollsportarten* (Skateboardfahren, Inline-Skating) ist zumindest dann, wenn sie pflichtgemäß im Unterricht betrieben werden, die vollständige Schutzkleidung zu tragen. Für alle „Gleit- und Rollsportarten" gilt, daß leichtsinniges Verhalten verhindert werden muß, allerdings ohne dabei einen berechtigten und vertretbaren Wagemut völlig zu unterbinden.

Schutz vor Überlastungsschäden

Wesentlicher Bestandteil der Sicherheitserziehung sind auch die Vorkehrungen gegen mögliche Überlastungs- und Verschleißschäden im orthopädischen Bereich. Zu diesem Thema können hier nur einige kurze Hinweise gegeben werden:

Niedersprungstellen sind prinzipiell abzusichern, normalerweise durch Matten, ggf. auch durch Weichböden. Die optimale Niedersprungtechnik (tiefes Abfedern) sollte mit den Schülern geübt werden. Außerdem sind sie dazu anzuhalten, „richtige" *Sportschuhe* zu tragen, deren Sohlen gewisse Dämpfungseigenschaften aufweisen. „Barfußturnen" ist bedenklich, außer es handelt sich um eine spezielle Fußgymnastik.

Das *Heben und Tragen* von schwereren Gegenständen (Matten, Bänken usw.) sollte gleichfalls eingeübt werden. Wichtigster Aspekt: Rücken gerade halten, Last „aus den Beinen heraus" anheben.

Dagegen sind die seit einiger Zeit allenthalben feststellbaren Ängste vor unphysiologischer oder „unfunktioneller" Belastung bei *körperbildenden und gymnastischen Übungen* so gut wie gegenstandslos, wenn man drei Grundsätze beachtet:

- Spezielle Belastungen setzen eine allgemeine körperliche Vorbereitung voraus.
- Bei Übungen, die direkt auf die Wirbelsäule einwirken (also den sogenannten Rumpfübungen) sollte eine „Hau-ruck-Ausführung" vermieden werden.
- Bei Kraftübungen sollten keine oder nur geringfügige Gewichtsbelastungen eingesetzt werden, es sei denn, daß die in den Krafträumen und Studios üblichen speziellen Bedingungen und Sicherungen eingehalten werden können.

Klimmzüge und „Liegestütze" sind (bei richtiger Ausführung) unbedenklich, solange sie nicht als alleiniger Inhalt des „Krafttrainings" angesehen werden. Auch das „Anheben des Oberkörpers aus der Rückenlage" ist, selbst mit fixierten Beinen, nicht zu beanstanden, sofern die Schüler die notwendige Körperspannung aufnehmen können. (Wie anders sollte man auch aus dem Liegen aufstehen.)

Was tun, wenn sich ein Unfall ereignet hat?

Es ist hier nicht der Platz, einen kurzgefaßten „Erste-Hilfe-Kurs" (den jeder Sportlehrer gelegentlich „auffrischen" sollte) vorzulegen. Wir möchten uns auf einige allgemeine Hinweise beschränken:

Bei *leichteren Verletzungen* (Schürfungen, Prellungen, Stauchungen, Zerrungen): Erstversorgung sicherstellen (Binde, Heftpflaster, Kältekissen, Druckverband). Je nach Lage der Dinge den Schüler entweder sofort nach Hause entlassen oder späteren Arztbesuch anregen.

Bei Verdacht auf *Gehirnerschütterung*: Genaue Verhaltensanweisungen geben („auf Übelwerden achten", absolute Ruhe einhalten). Die Eltern verständigen und einen Arztbesuch anmahnen.

Bei *behandlungsbedürftigen Verletzungen*: Erstversorgung vornehmen, Schüler fragen, ob er vielleicht von den Eltern abgeholt werden könnte oder ob er sofort zum Arzt (und zu welchem) geschickt werden möchte (und dies stets in Begleitung durch mindestens einen weiteren zuverlässigen Schüler). Die Benachrichtigung der Eltern sollte grundsätzlich der Lehrer selbst übernehmen (auch um die Kinder vor ungerechtfertigten Vorwürfen zu schützen).

Bei *schweren Unfällen* sind unverzüglich der Rettungsdienst und der nächst erreichbare Arzt zu alarmieren. Dazu muß der Zugang zu einem (funktionsfähigen) Telefon gewährleistet sein, bei dem auch die erforderlichen Telefonnummern angeschlagen sein müssen. Beim Unterricht außerhalb geschlossener Sportanlagen sollte man möglichst ein Handy mitführen.

Ein Ratschlag: Wenn sich ein Unfall ereignet hat, sollte man im Unterricht mit etwas anderem weitermachen. Ein Unfall kommt nämlich selten allein. Dies gilt auch, wenn es sich ohne besonderen Aufwand ermöglichen läßt, für Bagatellfälle: Ein Stolpern beim Springen über die Bank oder eine Zerrung bei der Rolle rückwärts können sich wie eine Epidemie ausbreiten.

Zur juristischen Verantwortlichkeit des Lehrers

Es wird immer wieder darüber geklagt, daß man als Sportlehrer „mit einem Bein im Gefängnis stehe". Diese Befürchtung ist nach aller Erfahrung gegenstandslos. Allerdings läßt sich nach einer Zeit relativer Ruhe wieder ein leichter Anstieg der gerichtlichen Klagen gegen Schule und Lehrer feststellen (was nicht unmittelbar mit dem Sportunterricht zusammenhängt), Grund genug, hier eine kurze Zusammenfassung über die rechtlichen Bedingungen des Lehrerdaseins zu geben:

Eine *juristische Verantwortlichkeit* eines Lehrers ist nur gegeben,

- wenn ein (materieller oder immaterieller) *Schaden* entstanden ist,
- wenn ein *Verschulden* festgestellt wird.

Ein Verschulden kann auf Vorsatz oder Fahrlässigkeit beruhen.

Vorsatz ist dabei nicht gleichbedeutend mit Absicht. Es genügt das Bewußtsein, daß eine Handlung oder Unterlassung eine Rechtsverletzung darstellt.

Fahrlässigkeit ist die Außerachtlassung „der im Verkehr erforderlichen Sorgfalt". Der Begriff ist damit enger gefaßt als derjenige der „üblichen" Sorgfalt und ist abhängig von den jeweiligen Umständen (hier: obligatorischer Sportunterricht) und den persönlichen Voraussetzungen (hier vor allem dem Ausbildungsstand). Es ist also durchaus möglich, daß in dieser Hinsicht an einen erfahrenen Lehrer strengere Maßstäbe angelegt werden als an einen Berufsanfänger.

Die Beurteilung des Sachverhalts erfolgt durch die Gerichte jeweils für den konkreten Einzelfall. Allgemeine Aussagen sind also nur bedingt möglich.

Die Verantwortlichkeit eines Lehrers besteht in strafrechtlicher, zivilrechtlicher und disziplinarrechtlicher Hinsicht. Diese drei Ebenen sind – in juristischer Sicht – prinzipiell voneinander unabhängig.

Strafrechtlich ist der Lehrer persönlich verantwortlich. Voraussetzung für eine Strafverfolgung ist ein Strafantrag, der normalerweise vom Geschädigten oder seinen gesetzlichen Vertretern ausgeht. In Fällen von besonderem öffentlichen Interesse (Todesfall, schwerwiegende Verletzung) erfolgt die Einleitung des Verfahrens durch die zuständige Staatsanwaltschaft.

Zivilrechtlich haftet bei Fahrlässigkeit eines Beamten der Dienstherr (d.h. das jeweilige Bundesland). Allerdings besteht in Fällen von grober Fahrlässigkeit ein Rückgriffsrecht der Behörde gegenüber dem Beamten. Grobe Fahrlässigkeit wird von den Gerichten aber nur in seltenen Fällen angenommen, so daß das Rückgriffsrecht in der Praxis kaum eine Rolle spielt, zumal die Schüler seit langem gegen Unfälle pflichtversichert sind und mit der Inanspruchnahme von Versicherungsleistungen alle weiteren Ansprüche abgegolten sind.

Disziplinarrechtlich ist der Lehrer wiederum persönlich verantwortlich. Bei Fahrlässigkeit spielt dies aber nur im Rahmen des Rückgriffsrechts eine Rolle. Anders bei Vorsatz: Hier kann eine mit einer Freiheitsstrafe geahndete Tat den Verlust der Beamtenrechte zur Folge haben.

Gegenüber diesen, recht rigoros klingenden Darlegungen sollte man sich vor Augen halten, daß alle rechtlichen Bestimmungen letztlich nur dem Schutz der Betroffenen dienen sollen. Schüler und Eltern haben einen Anspruch darauf, vor leichtfertigen Lehrern geschützt zu werden, auch wenn es nur in seltenen Ausnahmefällen zu einer gerichtlichen Klage kommt.

In diesem Fall – und vor allem bei ungerechtfertigt erscheinenden Vorwürfen – sollte man sich als betroffener Sportlehrer nicht nur an eine möglicherweise bestehende Berufshaftpflichtversicherung wenden, sondern auch an die zuständige Standesorganisation (z.B. Beamtenbund, GEW, PhV) und den Berufsfachverband (hier den Deutschen Sportlehrerverband).

Auf diesem Weg wird man zumindest Rechtsauskunft erhalten oder auch ein Gutachten beantragen können.

5 Von Erkältungen und anderen Unpäßlichkeiten

Es ist völlig normal, daß Schüler gelegentlich erkältet sind und Schülerinnen ab einem bestimmten Alter „ihre Tage“ haben, und ebenso normal ist es, daß dadurch die körperliche Leistungsfähigkeit, soweit sie jedenfalls im Sportunterricht angesprochen ist, nicht wesentlich beeinträchtigt wird (1).

Normalerweise wird also ein Schüler oder eine Schülerin zum Sportlehrer bzw. zur Sportlehrerin kommen, darüber eine kurze Mitteilung machen (Kernpunkt: „Ich weiß nicht, ob ich heute überall mitmachen kann“) und einen entsprechenden Bescheid erhalten („Wenn es nicht mehr geht, nimmst du eine Auszeit“).

Etwas anderes ist es, wenn die Schüler und Schülerinnen von vornherein ohne Sportkleidung zum Unterricht erscheinen. Dann ist neben dem pädagogischen auch ein juristischer Aspekt zu beachten: Man kann als Lehrer nämlich nicht feststellen, ob die Eltern über das Verhalten ihrer Kinder überhaupt informiert sind oder sie im Gegenteil wider besseres Wissen in die Schule geschickt haben, obwohl sie besser zu Hause geblieben wären. Aus beiden Gründen sollte man in solchen Fällen auf einer schriftlichen Mitteilung („Entschuldigung“) bestehen, und sei es nur deshalb, um später, wenn es z.B. um Noten geht, nicht in einige Probleme verwickelt zu werden.

Verdächtig ist es auch, wenn die Schüler und Schülerinnen sich erst dann zu Wort melden, wenn das Stundenthema bekanntgegeben worden ist, also erst einmal abwarten, ob etwas dabei ist, was ihnen nicht gefällt. Dann sind sie nämlich schnell bei der Hand, „unbequem“ mit „anstrengend“ gleichzusetzen, auch wenn dies objektiv gar nicht zutreffen kann.

Mit solchen und ähnlichen Fällen ist die Frage des *Mißbrauchs* angesprochen.

Dazu ein Wort vorweg: Mißbrauch läßt sich nicht verhindern. Je strenger die Kontrollen sind, desto größer wird auch der Anreiz, sie zu unterlaufen. Was die speziellen Mädchenprobleme betrifft, ist die Bandbreite der Erscheinungsformen und der möglichen (physisch oder psychisch bedingten) Beschwerden so groß, daß nicht einmal ein versierter Frauenarzt eine konkrete Aussage machen kann.

Liegt nun der Verdacht auf mißbräuchliche Verhaltensweisen vor, so ist in einem „ersten Anlauf“ zweierlei zu tun:

- Man sollte als Lehrer sich nicht scheuen, das Problem gezielt anzusprechen, und zwar in persönlicher Stellungnahme („Ich habe den Verdacht, daß du dich nur um etwas drücken willst, was dir unbequem ist“), nicht in Form von allgemeinen Verhaltensregeln („Die Schulordnung verlangt es so“).
- Man sollte den Schüler bzw. die Schülerin auf die Folgen eines solchen Verhaltens hinweisen („Wenn du allem, was dir unbequem ist, aus dem Weg gehst, mußt du auch die Folgen tragen“).

In diesem letzten Punkt muß man auch weiterhin konsequent bleiben: Ein Schüler oder eine Schülerin muß beispielsweise versäumte Leistungskontrollen nachholen (schwerere Erkrankungen natürlich ausgenommen). Für eine nicht erbrachte Leistung kann es keine „Gutschrift" geben.

Jedes andere Vorgehen würde die Erziehung der Schüler zur Selbstverantwortung beeinträchtigen. Falls ein Schüler nämlich den Eindruck gewinnt, so oder so „seine Zwei" sicher zu haben, sieht er sich wohl kaum veranlaßt, sein Verhalten zu ändern.

Das eben angesprochene „Nacharbeiten" versäumten Unterrichts sollte selbst dann gefordert werden, wenn man als Lehrer sehr wohl weiß, daß der Schüler die Sache „kann". Er ist in jedem Fall verpflichtet, dies auch zu zeigen.

Wie weit man in Fällen von vermutetem Mißbrauch die ständige Vorlage einer Entschuldigung verlangt (bei volljährigen Schülern auch einer selbst unterschriebenen) bzw. bei Mädchen die Führung eines Kalenders fordert, muß jeweils im Einzelfall entschieden werden.

Außerdem sollte ein spezieller Aspekt nicht außer acht bleiben: Wenn bei einem Schüler oder einer Schülerin immer wieder gesundheitliche Probleme auftreten, sollte man mit ihnen darüber sprechen, im Rahmen des Möglichen Rat und Auskunft erteilen und notfalls auf einen Arztbesuch dringen. Dies folgt aus der allgemeinen Sorgfaltspflicht des Lehrers. Nicht immer kann man sich in solchen Dingen auf die Eltern verlassen. Viele sind zwar eher übervorsichtig, manche aber auch recht gleichgültig.

Anmerkung

(1) Das hier anstehende Problem ist in dem Beitrag: Entschuldigungen und Atteste – das ewige Ärgernis, „Handbuch" S. 80, ausführlich behandelt. Es soll hier lediglich um einige Aspekte erweitert werden.

6 „Nach der Sportstunde muß man duschen"

In der „offiziellen" Diskussion wird, sofern sie sich überhaupt mit dieser Frage befaßt, ganz selbstverständlich davon ausgegangen, daß nach einer Sportstunde geduscht wird. Abweichende Positionen werden nicht zur Kenntnis genommen. Offensichtlich handelt es sich um ein recht emotionales Thema. Fakten scheinen eine nachrangige Rolle zu spielen.

Es sei deshalb mit einem Blick auf die *Unterrichtspraxis* begonnen:
- Im Rahmen des Vormittagsunterrichts läßt sich das Duschen nicht organisieren. Und selbst wenn man die notwendige Zeit zur Verfügung stellen würde (die materiellen Voraussetzungen sind zumeist gegeben), würde sie aus verschiedenen Gründen (Bequemlichkeit, Zeitdruck, Erkältungsgefahr) nur in seltenen Fällen genützt. Die Schüler würden lieber die zusätzliche Pause genießen.
- Im Nachmittagsunterricht ist Duschen normalerweise kein Problem. Viele Schüler nützen diese Gelegenheit recht gerne, allerdings fast nur in der warmen Jahreszeit.

Für die weitere Betrachtung ist zwischen einem gesundheitserzieherischen, einem hygienischen und einem ästhetischen Aspekt zu unterscheiden:

(1) Aus *gesundheitserzieherischen Gründen* einen „Duschzwang“ einzuführen, wäre wenig ratsam. Dies würde nur Widerstand hervorrufen und wäre – nicht nur im koedukativen Unterricht – auch kaum kontrollierbar. Hier hilft nur der ständige Verweis auf ein gesundheitsbewußtes Verhalten im Rahmen der bestehenden Möglichkeiten.

(2) Unter dem *hygienischen Aspekt* ist darauf hinzuweisen, daß die menschliche Haut einen natürlichen Säureschutzmantel hat, der bewirkt, daß die Keimzahl auf gewaschener und ungewaschener Haut sich nur unwesentlich unterscheidet. Dieser aber wird durch Duschen oder Baden, vor allem bei Verwendung kosmetischer Mittel, vorübergehend gestört. Im Hinblick auf die zunehmenden Hautprobleme vertreten auch renommierte Dermatologen die Ansicht, daß das früher übliche „Bad am Samstagabend“ nicht die schlechteste Lösung sei.

(3) Aus *ästhetischer Sicht* geht es vor allem um das Schwitzen, das an sich schon als unangenehm empfunden wird und dem vor allem eine Geruchsbelästigung zugeschrieben wird. Frischer Schweiß ist aber, von Ausnahmen abgesehen, geruchlos, wie man sich durch einen Selbstversuch leicht überzeugen kann. Was sich bemerkbar macht, ist also, etwas verkürzt und recht drastisch ausgedrückt, der „Dreck von gestern“ (und das, was in den Kleidern steckt).

Duschen ist, wenn man geschwitzt hat, zweifellos höchst angenehm und wohltuend. Für viele Menschen ist es zu einem Grundbedürfnis geworden (wie wir als Sportlehrer ja auch gerne davon Gebrauch machen). Daraus läßt sich aber kein zwingendes Argument ableiten, daß es unmittelbar nach jeder Sportstunde unumgänglich sei.

Wie sollte man sich in der Praxis also verhalten?

(1) Die wichtigste hygienische Maßnahme besteht darin, die Schüler zum Tragen von Sportkleidung zu veranlassen, aber nicht die Tagesunterwäsche darunter anzubehalten. (Was würde Waschen und Duschen auch nützen, wenn man danach in nasse Kleider steigt?) Wer feuchte Füße hat, sollte auch die Strümpfe wechseln.

(2) Bei konkreten Verschmutzungen, wenn z.B. nach dem Kugelstoß der Hals oder nach dem Weitsprung die Füße eine etwas dunklere Farbe haben als sonst, ist den Schülern Gelegenheit zu geben, sich zumindest zu waschen.

(3) Für solche Fälle sollten die Schüler aber ein Handtuch dabei haben, das auch geeignet ist, den verschwitzten Körper abzutrocknen.

(4) Wo und wann auch immer sich die Gelegenheit bietet, nach der Sportstunde zu duschen, sollten die Schüler auch dazu angehalten werden.

Teil 2: **Spielen – Leisten – Bewerten**

7 „(Nicht nur) Mädchen spielen anders“

Spiel ist in den Lehrplänen durchweg recht eindeutig definiert: Es besteht aus bestimmten technischen und taktischen Elementen, die möglichst zweckmäßig eingesetzt werden sollen, um in der Auseinandersetzung mit einer Gegenmannschaft als Sieger hervorzugehen.

„Spiel“ ist im wesentlichen also gleichbedeutend mit „Sportspiel“, und als solches ist es notwendigerweise konkurrenzorientiert. Das aber ist pädagogisch nicht gänzlich unumstritten, und so hat man immer wieder versucht, dem konkurrenzorientierten Spiel das kooperative, das „Spiel ohne Verlierer“, oder etwas pathetisch formuliert, „ohne Tränen“ gegenüberzustellen.

Die Auswirkungen hielten sich bislang in Grenzen, wahrscheinlich deshalb, weil damit das zugrundeliegende pädagogische Problem keineswegs gelöst ist. Dabei sind vor allem zwei Gesichtspunkte zu berücksichtigen:

(1) Es könnte sein, daß Konkurrenz, Rivalität, Aggressivität und in deren Gefolge auch die unmittelbare körperliche Auseinandersetzung gleichsam angeborene und aus Urzeiten überkommene menschliche Verhaltensweisen sind. Aus dieser Sicht wäre der Sport, und hier besonders das Sportspiel, ein ganz hervorragendes Mittel, solche „Urinstinkte“ auf sozial unschädliche Weise abzureagieren. Dabei kommt es entscheidend darauf an, daß der Mensch als soziales Wesen auch lernt, als „zweiter Sieger vom Platz zu gehen“.

Dieser Gesichtspunkt soll hier nicht weiter verfolgt werden, da in solchen Dingen keine endgültigen Aussagen möglich sind (1). Für den Alltag des Sportunterrichts bedeutsamer ist vielleicht der folgende:

(2) Das Sportspiel als eine Kette von Entscheidungshandlungen, die unter dem unmittelbaren gegnerischen Druck teils könnens-, teils zufallsbedingt entweder gelingen oder mißlingen, erzeugt eine sich fortlaufend aus sich selbst heraus erneuernde Spannung, die seinen geradezu unwiderstehlichen Anreiz ausmacht. Nicht ohne Grund ist es also der beliebteste Bereich des Schulsports.

Aber selbst wenn man diese letztere oder auch beide Grundpositionen akzeptiert, verbleiben einige Zweifel. Sie kommen aus zwei Richtungen:

(1) Es gibt Hinweise darauf, daß Mädchen anders spielen als Jungen. So hat man beispielsweise festgestellt, daß Mädchen Spiele mit einem geregelten „An-die-Reihe-Kommen“ bevorzugen (2), und gelegentlich läßt sich auch beobachten, daß sie diese Art zu spielen auf das Sportspiel übertragen, etwa nach der Devise: Wenn du mich jetzt auf den Korb/das Tor werfen läßt, lasse ich dich nachher auch werfen.

(2) In fast jeder Klasse sind erhebliche Leistungsunterschiede festzustellen. Im Sportspiel wirken sie sich dahingehend aus, daß die schwächeren Spieler kaum eine Chance zum Mitspielen haben, wenn die stärkeren sie nicht „drankommen“ lassen, indem sie auf eine mögliche Gegenaktion verzichten.

Auf beide Aspekte soll im Anschluß noch näher eingegangen werden. Ihr gemeinsames Merkmal liegt darin, daß das komplexe *Gegeneinander* des Sportspiels in ein *Nacheinander* aufgelöst wird. Solange die Kriterien des Gelingens und Mißlingens erhalten bleiben, widerspricht dies keineswegs dem Wesen des Spiels.

Beim *Tschoukballspiel* beispielsweise ist dieses geregelte Nacheinander zur spielbestimmenden Regel erhoben worden, und dennoch zweifelt niemand daran, daß hier ein „echtes“ Spiel vorliegt, freilich eines ohne direkte körperliche Auseinandersetzung. (Die Tschoukballregel besagt, daß die ballbesitzende Mannschaft bei ihren Aktionen in keiner Weise behindert werden darf. Im Gegenzug dazu muß allerdings ein Angriff nach drei Pässen abgeschlossen werden.)

Es soll hier keineswegs in Abrede gestellt werden, daß die bei uns dominierenden großen Sportspiele Fußball, Handball und Basketball, wenn sie „richtig“ oder „ernsthaft“, also unter dem Gebot der Effektivität aller spielerischen Handlungen ausgetragen werden, nur so gespielt werden können, wie man es gewohnt ist.

Spielerischer Erfolg ist nur auf der Grundlage einer wirksamen Verteidigungsarbeit möglich, sosehr die Angriffsaktionen auch im Mittelpunkt des Interesses (nicht nur der Zuschauer) stehen. „Verteidigen“ gegen einen „anstürmenden“ Gegner ist aber, ungeachtet aller regelbedingten Einschränkungen im direkten Körperkontakt, gleichbedeutend mit aktivem körperlichen Einsatz, jedenfalls aber mit (möglichst frühzeitigem) Stören und Behindern.

„Mädchen spielen anders“

Die altbekannte Klage, daß Frauen und Mädchen „anders“ und – im Sinne der Männer – „schlechter“, jedenfalls aber „unvollkommener“ spielen, wird zumeist als *Defizit* gedeutet. Für den Sportunterricht wird daraus die Erwartung abgeleitet, daß Mädchen ebenso „gut“ und „richtig“ spielen würden wie Jungen, wenn sie sich nur ebenso lange und intensiv mit dem Sportspiel befassen würden wie diese.

Dies führt weiter zu der Frage, warum sie dies – im großen und ganzen gesehen – nicht tun, warum Mädchen sich offensichtlich nicht so sehr zum Sportspiel hingezogen fühlen wie ihre männlichen Altersgenossen.

Die Antwort darauf läßt zwei konträre Positionen erkennen:

- weil sie nicht *wollen*, da sie als Frauen „von Natur aus“ anders sind als Männer,
- weil sie nicht *dürfen*, da sie durch gesellschaftliche Normen und Rollenerwartungen daran gehindert werden.

Die häufig diskutierte Frage, ob die (psychischen, seelischen, emotionalen, verhaltensmäßigen, motorischen usw.) Unterschiede zwischen Frauen und Männern eher genetisch „vorprogrammiert“ oder eher sozialisationsbedingt sind, ist ein Teil des nach wie vor ungelösten Anlage-Umwelt-Problems.

Soviel dürfte freilich deutlich sein, daß monokausale Erklärungsversuche hier nicht statthaft sind. Anlage und Umwelt bilden offenkundig ein wechselseitiges Beziehungsgeflecht von erheblicher individueller Streubreite. Es dürfte somit auch nicht viel bringen, die beiderseitigen Anteile näher bestimmen zu wollen; es kämen nur statistische Durchschnittswerte heraus, die im Einzelfall wenig besagen.

Die Konsequenz aus diesem Befund kann nur darin liegen,
- daß es einerseits nicht „unweiblich" ist, wenn Mädchen „nach Art der Jungen" und vielleicht auch zusammen mit ihnen spielen wollen,
- daß Mädchen andererseits nicht dazu gezwungen werden sollten, wenn sie nicht von sich aus dahin tendieren.

Den Mädchen die Möglichkeit zu eröffnen, (auch) „nach ihrer Art" zu spielen, ist somit eine pädagogisch begründete *didaktische Entscheidung*. Wann und in welchem Umfang dies angebracht ist, muß sich aus der jeweiligen Situation heraus ergeben (3).

Der zweite der hier angesprochenen Aspekte führt von einem anderen Ausgangspunkt zu ähnlichen Überlegungen:

„Anfänger müssen anders spielen"

Der Anfänger ist in der komplexen Spielsituation überfordert: Der Umgang mit dem Spielgerät erfordert seine volle Aufmerksamkeit, das Spielgeschehen ist zu unübersichtlich und läuft zu schnell ab, unter gegnerischem Druck hat er vollends keine Aussicht mehr, „ins Spiel zu kommen".

Entsprechend kennt die Spielmethodik eine Fülle von *Erleichterungsstrategien*. Diese gehen vor allem in drei Richtungen:
- Verkleinerung der Mannschaften und Vereinfachung der Regeln,
- Erleichterung in den technischen Anforderungen,
- Verminderung des gegnerischen Drucks.

Die dem letzten Bereich zuzuordnenden Maßnahmen bedingen mehr oder weniger deutlich, daß die beiden Mannschaften abwechselnd ihre Chance erhalten müssen. Sie wirken also in Richtung auf die schon erwähnte Auflösung des Gegeneinanders zum Nacheinander. Dem weniger erfahrenen Spieler eine solche oder ähnliche Erleichterung zu verschaffen, ist eine didaktisch begründete *methodische Entscheidung*.

Dies bedeutet nicht, daß bewegungserfahrene Kinder und Jugendliche ein Spiel nicht auch nach der Konfrontationsmethode lernen könnten, wie das z.B. im Straßenfußball oder Streetball der Fall ist. Aber gerade diese Straßenspiele zeigen, daß die Kinder, wenn sie ein Sportspiel für ihren Gebrauch adaptieren, zwar immer „richtig" spielen, die Rahmenbedingungen und Regeln des Spiels aber wesentlich vereinfachen.

Allgemeine Grundsätze der Spielvermittlung

Die nachfolgend aufgeführten Grundsätze der Spielvermittlung können durchaus Allgemeingültigkeit beanspruchen, sollen vor allem aber den besonderen Bedürfnissen der Mädchen und der schwächeren Spieler unter den Jungen Rechnung tragen (4).

Zunächst muß es darum gehen, *angemessene Lernziele zu formulieren*, z.B. wie folgt:

Ziel der Spielvermittlung ist:
- das zufriedenstellende „Mitspielen-Können" für *alle* (wobei freilich darauf zu achten ist, daß die Spielidee erhalten bleibt),
- das wettkampfmäßige Spiel für *möglichst viele* (wobei durchaus nicht immer nach den offiziellen Regeln gespielt werden muß).

Diese Lernziele können – zumindest bei den hier vorwiegend angesprochenen Zielgruppen – nur erreicht werden, wenn im Rahmen einer langfristigen Unterrichtsplanung die notwendigen *Voraussetzungen* geschaffen werden. Es sind dies:
- der Erwerb einer zureichenden *Ballsicherheit* durch intensiven Umgang mit dem Spielgerät unter wechselnden Bedingungen und variablen Aufgabenstellungen,
- das Einüben der spielerischen *Grundformen*, vor allem solcher Spiel- und Übungsformen, die den kooperativen Aspekt betonen.

In beiden Bereichen ist ein *integratives Vorgehen* angebracht.

Integrative Vermittlungsansätze dürfen sich aber nicht in einem formalen Nebeneinander erschöpfen; sie müssen, wie der Name schon sagt, ein sinnvolles Miteinander und Nacheinander bilden. Von den elementaren Fertigkeiten und Fähigkeiten abgesehen, lassen sie sich am ehesten im Rahmen verwandter Spiele verwirklichen und sollten schwerpunktmäßig an einem der großen Sportspiele, sozusagen als Leitspiel, „festgemacht" werden.

Die *Verstärkung des kooperativen Aspekts* erfolgt, wie oben bereits angedeutet, vor allem durch zwei, im Normalfall miteinander verknüpfte methodische Maßnahmen:
- Aufgliederung des Spielgeschehens in ein geregeltes Nacheinander,
- Einschränkung der Verteidigertätigkeit.

Dazu zwei *Beispiele*:

(1) In Kontinuumformen mit festgelegtem Ablauf, z.B. im Wechselspiel von drei Mannschaften auf zwei Ziele, kann zunächst der Balltransport mit abschließendem Zielwurf geübt werden. Durch Hinzunahme von Verteidigern lassen sich sodann die verschiedensten Überzahlverhältnisse herstellen, z.B. 2 : 1, 3 : 2, 4 : 2. Damit (und zusätzlich durch ein eventuelles Dribbelverbot) können die technischen und taktischen Anforderungen gezielt gesteigert werden.

(2) Beim Spiel auf ein Tor oder einen Korb wird zunächst nach jedem (erfolgreichen oder erfolglosen) Angriff neu angespielt. Der Rollentausch Angreifer – Verteidiger kann dabei regelmäßig oder nur nach einem mißlungenen Angriff erfolgen. Es kann aber auch, ohne Rücksicht auf den jeweiligen Ballbesitz, so lange weitergespielt werden, bis ein Treffer erzielt ist, zunächst aber nach der Regel, daß bei Ballgewinn mindestens einmal abgespielt werden muß.

Zentrales Problem bei all diesen Maßnahmen ist es, den Schülerinnen und Schülern Einsicht in *spielerisches Handeln* zu vermitteln, und zwar:
- generell, insofern als sie erkennen sollen, was Spiel ist und sein kann,
- speziell, insofern als ihnen die Grundstrukturen spielerischer Handlungen und die damit verknüpften Handlungsintentionen bewußt werden müssen.

Der erste dieser beiden Gesichtspunkte besagt, daß Spielen sich nicht im Kopieren des regelgerechten Spiels aus dem Wettkampfsport erschöpfen darf. „Spielen“ ist vielmehr in verschiedenen Arten und Formen möglich. Dabei muß es zunächst darum gehen, einen Handlungsablauf in Gang zu setzen, der „gelingt“ (der aber ebensosehr auch mißlingen kann).

Der zweite Gesichtspunkt bedeutet, namentlich bei dem hier angesprochenen Adressatenkreis, daß bestimmte spielerische Abläufe sozusagen nachgestellt und in möglichst „zwingenden Situationen“ so lange „durchgespielt“ werden, bis ihr „Sinn“ von allen Mitspielern erfaßt worden ist. Für die Schüler könnte auch der Hinweis hilfreich sein, daß selbst in Bundesligamannschaften Standardsituationen und andere wichtige Spielzüge immer wieder von neuem „eingeübt“ werden.

Vielleicht ist darüber hinaus ein Vergleich mit dem Theaterspiel angebracht: Wie dort wird sozusagen Spielszene für Spielszene geprobt, bis sie in einen größeren Ablauf integriert werden können. Ein wesentlicher Unterschied liegt freilich darin, daß die „Szenen“ aus dem Sportspiel offen genug gestaltet werden müssen, damit Handlungsalternativen gegeben sind, die den Charakter spielerischer Aktionen als *Entscheidungshandlungen* verdeutlichen können.

Dazu ein Beispiel:

In der Situation 2 : 1 spielt der Ballbesitzer, wenn er angegriffen wird, zum freistehenden Mitspieler ab und versucht sofort, in Richtung auf das Tor bzw. den Korb „durchzubrechen“. Gelingt ihm dies, erhält er den Ball zurück, wenn nicht, versucht er, seinen Gegenspieler zu „binden“, damit der andere freie Bahn hat. In der Situation 3 : 2 läuft sich außerdem der dritte Mitspieler parallel zum Ballweg frei.

Dieses Handlungsmuster läßt sich weiter variieren, z. B. dadurch, daß man zur Raumdeckung übergeht.

Auf diese Weise läßt sich vielleicht das entwickeln, was man unter Spielfähigkeit versteht, nämlich die Fähigkeit, eine Spielsituation wahrzunehmen, hinsichtlich der damit eröffneten Handlungsmöglichkeiten zu erfassen und mit einer erfolgversprechenden Aktion zu beantworten.

Dafür bedarf es eines gewissen Handlungsrepertoires, das in Form von abrufbereiten Programmen „im Kopf“ gespeichert ist.

„Spielenkönnen“ ist somit eine Sache der Erfahrung, und der Weg dahin kann nicht beliebig abgekürzt werden. „Spielenlernen“ erfordert also – beim Lehrer und bei den Schülern gleichermaßen – Geduld und nochmals Geduld.

Anmerkungen

(1) Vgl. dazu die Beiträge: Vom Sinn und Unsinn des sportlichen Wettbewerbs, S. 143, und: Völkerball – Anmerkungen zu einem beliebten Schulspiel, „Handbuch“ S. 340.
(2) Vgl. SUTTON-SMITH, B.: Die Dialektik des Spiels. Schorndorf 1978, S. 148 - 151.
(3) Vgl. dazu das Kapitel: Sportspiel, „Praxis und Methodik“ S. 215 ff.
(4) Vgl. dazu: BLUM, I./DASSEL, H./KERN, U. (Red.): „Zweites Forum Mädchensport“ des DSLV Baden-Württemberg. Reutlingen 1997.

8 „Wann dürfen wir spielen?“

„Wann dürfen wir spielen?“ oder (je nach dem gerade anstehenden Thema): „Wann dürfen wir ‚richtig‘ spielen?“ wer kennt sie nicht, die gelegentlich recht nervtötenden Fragen der Schüler, mit denen sie den Lehrer in ihrem Sinn beeinflussen wollen.

Man kann natürlich mit leichter Hand darüber hinweggehen („Wartet doch erst einmal ab“, „Alles zu seiner Zeit“); man kann aber auch darüber nachdenken. In diesem Fall wird sich bald herausstellen, daß hier einer der zentralen sportpädagogischen Fragenkomplexe angesprochen ist.

„Spielen dürfen“

Zunächst muß auffallen, daß die Schüler „spielen“ stets mit „dürfen“ verbinden, während sie in anderem Zusammenhang nur allzu häufig von „müssen“ sprechen. „Spielen“ ist in ihrer Vorstellung – unabhängig von dem tatsächlich gezeigten Einsatz – ganz offensichtlich mit „Abwechslung, Spaß, Vergnügen“, der Sport im engeren Sinne eher mit „Anstrengung, Mühe, Arbeit“ verbunden.

Diese Sichtweise des Spiels ist nicht gänzlich unbegründet, wie die folgenden Überlegungen zeigen können:

Zunächst bietet das Spiel eine „Freiheit des Handelns“, die der Sport in diesem Umfang nicht kennt. Man kann – vordergründig betrachtet – „tun, was man will“, und man kann sich (fast) nach Belieben in den Spielablauf „einschalten“ oder auch sich (eine Zeitlang) „heraushalten“.

Weiterhin kann jede einzelne spielerische Aktion gelingen oder mißlingen, und dies ist teils vom Können, teils vom Zufall abhängig. Ein Spiel besteht also aus einer Kette von Spannungsmomenten, die es aus der „realen Welt“ hinausheben.

Schließlich sind die Sportspiele (und ein großer Teil der kleinen Spiele) so angelegt, daß sie die direkte Auseinandersetzung mit einer „Gegenpartei“ ermöglichen. Fast unversehens kann man daraus als „Sieger“ hervorgehen; als „Verlierer“ ist man weitgehend entlastet („Pech gehabt“, „individuelle Fehler der anderen“), jedenfalls steht man nicht so sehr als Versager da, wie das der Fall ist, wenn man nicht auf die Reckstange hinaufkommt oder beim 100-m-Lauf hinterherrennt.

Auf die Benennung weiterer – pädagogisch mehr oder weniger erwünschter – Charakteristika des Spiels soll hier verzichtet werden (1).

Es sei lediglich darauf hingewiesen, daß der hier aufscheinende „sportpädagogische Dualismus“ zwischen „Spiel“ und „Sport“ sich grundsätzlich nicht aufheben läßt. Er wird aber dadurch verschärft, daß Sportlehrer sehr gerne das Spiel als Belohnung für eine „ernsthafte“ Tätigkeit in Aussicht stellen („Wenn ihr jetzt richtig mitmacht, dürft ihr nachher spielen“) oder jedenfalls ihre Sportstunden so gestalten, daß dies den Schülern so erscheinen muß.

Damit erhält das Problem jedoch eine neue Dimension.

„Richtig" spielen wollen

Wenn Schüler beim Üben technischer Fertigkeiten oder taktischer Grundformen eines Sportspiels immer wieder fragen: „Wann spielen wir (endlich) richtig?" verbinden sie in aller Regel damit zwei an sich konträre, in der Praxis aber weitgehend miteinander vermischte Vorstellungen: Spielen als „Gewährenlassen" und Spielen als „Kopie des offiziellen Wettkampfsports".

Diese beiden Gesichtspunkte können hier nur nacheinander betrachtet werden:

„Spielen als Gewährenlassen"

„Richtig" spielen bedeutet für die Schüler zunächst, ohne Bindung an ein bestimmtes Schema, ohne einschränkende Vorschriften oder genaue Anweisungen, eben so, wie man will, spielen (und sich dabei vielleicht auch etwas austoben) zu dürfen.

Grundsätzlich können sie dies auch mit einem gewissen Recht für sich beanspruchen: Wenn Kinder nämlich unter sich spielen, spielen sie immer „richtig", sie „üben" nicht. Dafür spielen sie dort aber in kleinen und überschaubaren informellen Gruppierungen, die durch gleiche Interessen zusammengehalten werden und in der Regel auch leistungsmäßig miteinander vergleichbar sind. Und vor allem haben sie für ihr Tun unendlich viel Zeit.

Beide Voraussetzungen treffen auf den Sportunterricht nicht zu, und so muß dort auch – und vor allem – geübt werden. Die Frage ist nur, in welcher Weise und in welchen Formen dies geschehen sollte.

Vielleicht kann hier eine andere Überlegung weiterhelfen: Wenn das Spiel, wie oben gesagt, als Belohnung verwendet wird, können die Schüler mit doppeltem Recht verlangen, dabei nicht weiter gestört oder behelligt zu werden. Und von den Lehrern wird dies auch respektiert.

Damit erhebt sich aber die Frage, ob es dazu noch des Sportunterrichts bedarf oder ob die Schüler dies – in oder außerhalb der Schule – nicht selbst übernehmen könnten. Auf jeden Fall verbleibt ein Anflug von schlechtem Gewissen, der an anderer Stelle kompensiert wird, nämlich dann, wenn es ans Üben geht.

Dort wird mit Hilfe unendlicher methodischer Übungsreihen Methodik zelebriert; unentwegt wird „gelernt", „eingeübt" und „verbessert", was den Graben zwischen Spielen und Üben weiter vertieft.

Eine Lösung dieses Problems kann nur darin liegen, im „Spielen" nicht so sehr den Gegenbegriff zum „Üben" zu sehen, sondern beide Begriffe (wieder) etwas näher zusammenzubringen. Darauf soll weiter unten noch eingegangen werden.

Zunächst ist aber der zweite der genannten Aspekte zu betrachten:

Spiel als „Kopie des Wettkampfsports"

Diese Sichtweise des Spiels, die in den Augen der Schüler weder inhaltlich noch formal von der zuvor betrachteten klar abgegrenzt ist, sieht im Spiel einseitig das nach den offiziellen Regeln durchgeführte Wettkampfspiel.

Dies wird auch von den gegenwärtig noch gültigen Lehrplänen unterstützt: Spiel ist dort nicht mehr, wie früher, ein einheitlicher Komplex, sondern findet im Rahmen der vier „Mannschaftssportarten“ statt. Das Denken kreist um Gewinnen und Verlieren, Turniererfolg und (Schul-)Meisterschaft.

Man sollte eine solche Sicht des Spiels nicht voreilig für „falsch“ erklären; sie dürfte aber pädagogisch unvollständig sein. Dabei werden wiederum zwei qualitativ unterschiedliche Problempunkte deutlich:

(1) Die Schüler wollen so bald wie möglich dieses *richtige, große Spiel* spielen, eben so, wie sie es vom Verein oder vom Fernsehen her kennen. Und die Lehrer geben – mehr oder weniger widerstrebend – diesem Druck nach: Eine recht formale „Technikschulung“ und eine ziemlich isolierte (und gelegentlich um einiges zu hoch angesiedelte) „Taktikschulung“ werden möglichst kurz abgemacht, um ziemlich unvermittelt zur „Anwendung“ überzugehen.

Damit werden die Schüler aber überfordert; das Spiel gerät unweigerlich in die Hände derer, die ihr Können außerhalb der Schule erworben haben. Die übrigen sind ganz oder teilweise ausgegrenzt. Daß sie gegen diese Überforderungssituation nicht protestieren (wie sie es in anderen Sportarten wohl tun würden), liegt daran, daß fast alle doch in irgendeiner Weise „mitlaufen“ und daraus emotionalen Gewinn ziehen können. An den tatsächlichen Spielanteilen ändert dies aber nicht viel; es besteht die Gefahr, daß die stärkeren Spieler immer besser, die schwächeren in Relation dazu immer schlechter werden.

Das hier anstehende Problem des *befriedigenden und gleichberechtigten „Mitspielenkönnens“ aller* zu lösen, ist Aufgabe der Spielmethodik. Und in der Tat gibt es in der Fachliteratur eine Fülle von Erleichterungsstrategien, deren gemeinsames Merkmal darin besteht, das Spielgeschehen für den weniger erfahrenen Spieler durchsichtiger und überschaubarer zu machen.

Dazu sind an anderer Stelle einige Anmerkungen gemacht (2). Hier soll lediglich darauf hingewiesen werden, daß alle in diese Richtung zielenden Bemühungen nur dann erfolgreich sein können, wenn man den Schülern bewußt machen kann, daß sie auch dabei noch „richtig“ spielen. Das führt weiter zum nächsten Punkt:

(2) *Spiel ist mehr als Sportspiel.* Es ist ein umfassendes Phänomen, das alle Lebensbereiche durchzieht. Auf einer höheren Ebene ist „Sport“ auch „Spiel“. Es gilt also, nicht nur auf didaktischer, sondern auch auf psychologischer Ebene das bei unseren Schülern vorherrschende, recht eingeschränkte Verständnis von „Spiel“, das darin mehr das „Gegeneinander“ als das „Miteinander“ sieht, etwas aufzubrechen.

Vielleicht lassen sich die Schüler sogar davon überzeugen, daß auch der „Umgang mit etwas“, mit dem Ball, mit einem Gerät oder mit der Bewegung, einen Aspekt des Spielerischen darstellt. Dazu muß, wie oben angedeutet, der Graben zwischen Spielen und Üben etwas eingeebnet werden. Das kann von beiden Seiten her geschehen.

Schlagwortartig zusammengefaßt, muß es also darum gehen, „spielend zu üben“ und „übend zu spielen“.

Dazu seien hier einige wenige Hinweise gegeben.

„Spielend üben"

„Spielend" oder „spielerisch lernen" ist zu einem pädagogischen Schlagwort geworden (3), und stillschweigend wird hier auch das Üben mit einbezogen.

Nur zu oft versucht man dieses Anliegen jedoch dadurch umzusetzen, daß man eine Wettbewerbssituation arrangiert oder mit großem zeitlichen und materiellen Aufwand ein Projekt in Gang setzt. Das aber führt am Kern des Problems vorbei. Es ist tiefer anzusetzen. Wie das geschehen könnte, soll eine kurze Überlegung zeigen:

Wenn man allen Schülern einen Ball gibt, verbleibt dem einzelnen Schüler nur die eine Möglichkeit, mit dem Gerät zu „spielen" (eben so, wie ein Kleinkind mit seinem Spielzeug umgeht). Er kann ausprobieren, was sich mit dem Ball alles anfangen läßt; er kann ihn gegen die Wand „spielen" und wieder annehmen; er kann versuchen, ein Ziel zu treffen und dabei vielleicht auch feststellen, wie oft ihm das bei zehn Versuchen gelingt u.a.m.

In einer zweiten Stufe kann er den Ball einem Partner „zuspielen" und wieder annehmen; er kann sich dabei so bewegen, daß er den Ball genau am Schußkreis oder in der richtigen Korbwurfentfernung wieder zurückerhält usw.

„Spielen" führt also von der Auseinandersetzung mit einem Gegenstand zum Gelingen oder Mißlingen einer in sich gegliederten Aktion und erst dann zur Auseinandersetzung mit einem anderen.

Wie man schnell sieht, geht es letztlich darum, die Spielmethodik auf einfachste Weise psychologisch zu untermauern: „Spielen" ist eine bestimmte Sichtweise menschlichen Tuns, nicht das zu einem bestimmten Zeitpunkt mit einer bestimmten Absicht organisierte Vorhaben.

Dies drückt sich auch in der Sprache aus. Und so kann man den Schülern, wenn sie sich über das „Üben-Müssen" beklagen, durchaus sagen: „Was wollt ihr denn? Ihr ‚spielt' doch mit dem Ball, ihr ‚spielt' ihn an die Wand oder auf das Tor; ihr ‚spielt' ihn einem Partner zu, und der ‚spielt' ihn zurück. ‚Spielen' ist doch schließlich mehr als nur Gewinnen-Wollen."

„Übend spielen"

Auch auf der anderen Seite des „Spielens", also in dem Bereich, der von der Systematik des Lehrplans nicht dem Spiel zugerechnet wird, sollte das „Spielerische" herausgestellt und den Schülern bewußt gemacht werden, das aber am Beispiel kleiner und alltäglicher Dinge, nicht anhand großartiger und aufwendiger „Abenteuer-Spielstationen", die wie alles Spektakuläre und Sensationelle das Problem eher vernebeln als erhellen (4).

Hier bieten sich vor allem vier Ansatzpunkte:

- *Ausprobieren, „was geht und was nicht geht"*, z.B. mit oder ohne Zuhilfenahme der Recksäulen oder der Hilfe durch einen Partner auf eine sprunghohe Reckstange hinaufkommen; aus dem Sitz auf dem Barren um einen oder beide Holme klettern; mit Händen und Füßen eine immer steiler eingehängte Bank hinaufklettern.

- *Ein Risiko eingehen*, z.B. mit nur zwei Versuchen, die zusammengezählt werden, die größte Gesamthöhe überspringen oder aus der größten Gesamtentfernung ein Ziel treffen; die 1000-m-Zeit möglichst genau voraussagen.
- *Beim Sich-Bewegen etwas „fühlen" oder „empfinden",* z.B. das „Fliegen" beim Niedersprung von der Sprossenwand oder dem Stufenbarren, beim Sprung vom Sprungbrett oder Absprungtrampolin über ein Hindernis oder auf einen Mattenberg, das „Schweben" bei Mehrfachsprüngen über eine Mattenbahn, das „Herumwirbeln" beim Salto (auch in den Sitz auf einem Weichboden) oder bei einem Drehsprung aus dem Laufen.
- *Eine Bewegung als besonders leicht und mühelos erleben*, z.B. ganz locker einen Ball zuspielen; völlig entspannt mit Kraularmzügen schwimmen (und das Gleiten wahrnehmen); die richtige Höhe des Gerätes herausfinden, bei der ein Stützsprung absolut mühelos gelingt.

Dieser letzte Aspekt findet auch sprachlich seinen Ausdruck in Redewendungen wie „spielend etwas bewältigen" oder „spielend von der Hand gehen". Vielleicht kann ein Hinweis darauf auch bei den Schülern das Verständnis von „Spiel" etwas erweitern.

Eben dieses Merkmal des „Gekonnten", „Leichten" und „Mühelosen" ist auch der dominierende ästhetische Aspekt jeder *künstlerisch geformten Bewegung.*

Dies gilt nicht nur für die Einzelleistung, sondern auch und vor allem für *Gruppengestaltungen* und *Gemeinschaftsdarbietungen.* Wie bei einem Theaterspiel muß hier Szene für Szene „geprobt" werden, bis sie sich „eingespielt" hat und in jenem „spielerischen Schwebezustand", der die Faszination des Showgeschäfts ausmacht, „über die Bühne gehen" kann.

Im Sportunterricht freilich sollte man in dieser Beziehung mit ganz einfachen Aufgabenstellungen beginnen: (z.B.: „Welche Gruppe steht" – nach einem Sprung über die Langbank – „als erste wieder drüben", „Welche Gruppe kann" – an der Mattenbahn – „alle Rollen und alle Strecksprünge gleichzeitig ausführen") und erst von hier zu komplexeren Abläufen, z.B. in der Gymnastik oder beim Gruppenturnen, übergehen.

Von dieser Sicht des Spielerischen kann rückkoppelnd auch die Spielmethodik profitieren: Auch das Sportspiel läßt sich – wie im vorangegangenen Beitrag gesagt – in „Szenen" auflösen, die so lange „geprobt" werden, bis sie „gekonnt" sind und wie selbstverständlich im Spiel reproduziert werden können.

Solche und ähnliche Beziehungen zwischen *Spiel* und *Kunst* bestehen auch auf einer übergeordneten Ebene: Es läßt sich beispielsweise beobachten, daß Jugendliche das Streetballspiel – ob bewußt oder unbewußt, sei hier dahingestellt – mehr und mehr als Bühne für eine „inszenierte Selbstdarstellung" betrachten (5). Sofern man diese Erscheinung positiv interpretiert, geht es ihnen damit nicht sosehr um „Gewinnen und Verlieren", sondern um das „Spiel mit der Bewegung".

Somit sind die „neuen", zu den Trendsportarten gerechneten Spiele, wie Streetball und Beach-Volleyball, keine reduzierten Formen der „großen" Spiele, sondern repräsentieren ein neues Verständnis von Spiel, das auch pädagogisch nutzbar gemacht werden kann. Vielleicht können die Schüler dabei einige Einsichten in das Wesen des Spiels gewinnen, auch in dem Sinne, daß Schulsport und Freizeitsport, obwohl sie unterschiedliche Funktionen haben, keineswegs getrennte Welten sind.

Anmerkungen

(1) Vgl. den Beitrag: Spiel – pädagogischer Ideal- oder Problemfall? „Handbuch" S. 342.
(2) In dem vorangegangenen Beitrag: „(Nicht nur) Mädchen spielen anders", S. 131.
(3) Vgl. dazu den Beitrag: Was heißt „spielerisch"? „Handbuch" S. 141.
(4) Vgl. den Beitrag: Was heißt „Erlebnissport"? S. 207.
(5) Vgl. dazu: KOLB, M.: Streetball als jugendkulturelle Bewegungsform. In: sportunterricht 10/1996.

9 Spielen – mit oder ohne Schiedsrichter?

Schiedsrichterausbildung gehört zum Sportstudium, und die meisten Sportlehrer sind stolz darauf, ein Spiel korrekt und zur allgemeinen Zufriedenheit leiten zu können. Sollte dies die allgemeine Richtschnur für den Sportunterricht sein? Dieser Frage soll im folgenden etwas genauer nachgegangen werden.

Als Einstieg sollen zwei „Tatsachenfeststellungen" dienen:

(1) In fast allen höheren Klassen finden sich Schüler, die sowohl hinsichtlich ihres Leistungsstandes als auch in der Beherrschung des jeweils zuständigen Repertoires an „faulen Tricks" als Profis zu bezeichnen sind. Ein Spiel unter Profis kann nur pfeifen, wer selbst Profi ist oder war.

(2) Auch die besten und erfahrendsten Schiedsrichter der Welt haben es bislang nicht vermocht, das Foulspiel zu unterbinden. Sie haben lediglich erreicht, es mehr oder weniger gut zu „verwalten".

Insgesamt also eine wenig tröstliche Bilanz. Sie läßt sich aber aus dem Wesen des Spiels heraus erklären.

Das sportliche Spiel ist durch zwei *konkurrierende Prinzipien* bestimmt:
- durch das mehr „soziale" Prinzip des „Spielen-Wollens", das sich in dem Bestreben äußert, einen Gegenspieler zu haben und zu erhalten,
- durch das eher „unsoziale" Prinzip des „Gewinnen-Müssens", das sich darin äußert, daß jedem Sieger zwangsläufig ein Verlierer entsprechen muß.

Diese beiden Prinzipien stehen in einem gewissen Widerspruch zueinander, und da sie für beide Parteien gleichermaßen gelten, *führt dies trotz genereller Regelakzeptanz zu einer erheblichen Toleranzbreite hinsichtlich eines abweichenden Verhaltens.*

Der „Duldungsspielraum für Foulspiel" stellt gewissermaßen das ungeschriebene Gesetz der Sportspiele dar, zumindest derjenigen, bei denen beide Mannschaften auf demselben Feld spielen.

Sportspiele stellen nämlich eine Kombination dar aus dem „Spiel an sich“, das sehr stark vom Zufall bestimmt ist, und einem Wettkampf, der auf Überwindung des Gegners gerichtet ist.

Der früher gebräuchliche Begriff der *„Mannschaftskampfspiele“* trifft diesen Tatbestand ziemlich genau. Dabei spielen freilich, was hier nicht weiter verfolgt werden soll, die *Erwartungen der Zuschauer* eine entscheidende Rolle.

Was folgt daraus für die *pädagogische Bewertung* des Schiedsrichterproblems?

(1) Wenn der *Lehrer* die Funktion des Schiedsrichters übernimmt, läßt er sich unweigerlich in die oben gekennzeichnete Rolle eines „Verwalters des Foulspiels“ drängen. Natürlich wird er damit keine nennenswerten Schwierigkeiten haben, aber er darf sich nicht wundern, wenn die Schüler nun versuchen, den genannten Toleranzbereich gezielt „auszutesten“.

Foul ist ja, einer gängigen Redensart zufolge, was der Schiedsrichter pfeift, und nicht nur Bundesligaspieler nehmen ein regelwidrig erzieltes Tor dankend entgegen.

(2) Pädagogisch ergiebiger könnte es sein, *Schüler als Schiedsrichter* einzusetzen, besonders in der Form, daß alle reihum diese Funktion übernehmen müssen. Damit läßt sich zweierlei erreichen:

Zunächst lernen die Schüler das Problem von beiden Seiten her kennen, aus der Sicht dessen, der vielleicht ein Foul begeht, und dessen, der das kontrollieren soll.

Sodann läßt sich gerade am Beispiel des „schlechten“, weil unerfahrenen, Schiedsrichters das hier anstehende Problem der Fairneß verdeutlichen, z.B. mit der – nur scheinbar – beiläufigen Bemerkung: „Es ist ja auch nicht besonders fair, eurem Schiedsrichter das Leben so schwer zu machen.“

(3) Es bietet sich also (auch) an, *ohne Schiedsrichter* zu spielen, und erfahrungsgemäß können sich die Schüler sehr schnell und sehr gut darauf einstellen. Unter sich und in der Freizeit sind sie dazu ja auch in der Lage.

In den wenigen Fällen, in denen Reklamationen laut werden, sollte man als Lehrer das Problem möglichst direkt und vom Grundsätzlichen her ansprechen, z.B. mit der Bemerkung: „Es ist euer Spiel; also müßt ihr euch einigen, was erlaubt ist und was nicht erlaubt ist.“

Oder etwas deutlicher: „Fairneß ist keine in einem Strafenkatalog festgelegte Verhaltensvorschrift, sondern eine stillschweigende Vereinbarung darüber, nur angemessene Mittel einzusetzen und die Grenzen des Erlaubten nicht zu überschreiten.“

Bei diesem Vorgehen muß man allerdings in Kauf nehmen, daß der oben bezeichnete Toleranzbereich von den Schülern unterschiedlich ausgelegt wird, von den Vereinsspielern zumeist etwas großzügiger als von den „Nichtspielern“. Notfalls muß man die Mannschaften entsprechend einteilen.

Sollten immer noch einige Schwierigkeiten verbleiben, kann man versuchen, das „Spiel ohne Schiedsrichter“ auch „lernen“ zu lassen, z.B. mit der Anweisung, daß ein Foul von dem jeweils benachteiligten Spieler „angesagt“ wird und dies vom Gegenspieler zu akzeptieren ist.

Eine Grenze gibt es freilich für das Spiel ohne Schiedsrichter, nämlich dann, wenn die Schüler, und sei es auch nur ein geringer Teil von ihnen, ein – vorgebliches oder tatsächliches – Foul mit Nachschlagen oder Nachtreten, also mit einem Revanchefoul, beantworten. Dann ist der Punkt erreicht, an dem nichts mehr geht.

Man kann hier einwenden, daß Schiedsrichtertätigkeit aus primär *methodischen Gründen*, also wenn es darum geht, die Regeln eines Spiels einzuführen und einzuüben, notwendig sei.

Dem ist grundsätzlich nicht zu widersprechen, doch sollte man auch bedenken, daß Regelverstöße bei Anfängern zumeist aus Ungeschick geschehen und daß regelkonformes Verhalten schon aus diesem Grund erst „gelernt" werden muß.

Wenn im Verlauf dieses Lernprozesses entsprechende Kontrollen angebracht sind, sollten sie sich auf den jeweils anstehenden Aspekt beschränken. Sie können direkt, also durch den Lehrer oder einen Schüler als Schiedsrichter, oder indirekt, d.h. durch eine Spielbeobachtung, erfolgen, z.B. in folgenden Formen:

- „Ich pfeife in den nächsten fünf Minuten jeden Schrittfehler (Dribbelfehler, Körperkontakt) ab, aber nur das."
- „Ich halte auf einer Strichliste jedes Foul (jeden Schrittfehler, jeden Körperkontakt, jede Behinderung) fest."
- Jedem spielenden Schüler wird ein gerade aussetzender zugeordnet, der ihn mit Hilfe einer Strichliste nach bestimmten Kriterien beobachtet.

Schlußbemerkung

Es ist durchaus lohnend, den hier angesprochenen Problemkomplex im Verlauf einiger Unterrichtsstunden oder im Rahmen eines Projekts einmal „durchzuspielen" und anschließend in einem Unterrichtsgespräch auszuwerten. Die Erfahrung hat gezeigt, daß Schüler, gleich welchen Alters, sehr wohl in der Lage sind, den jeweils „springenden Punkt" zu erkennen.

10 Vom Sinn und Unsinn des sportlichen Wettbewerbs

Wettkampf oder Wettbewerb ist wohl das auffälligste Kennzeichen des Sports, namentlich des Leistungssports. Man hat die daraus folgende Antithese von Sieg und Niederlage sogar als das strukturbestimmende Merkmal, den „Code" des modernen Sports herausgestellt. Dem ist entgegenzuhalten, daß man – mit guten Gründen – dieses Wesensmerkmal schon immer in der *Leistung*, d.h. in der Darstellung willentlich erbrachter körperlicher Leistungen, gesehen hat.

Wettbewerb wäre demnach nur eine relativ einfache und effektive Möglichkeit, Leistung sichtbar und vergleichbar zu machen. Dabei muß man allerdings auch bedenken, daß in manchen Bereichen des Sports sich „Leistung" – konkretisiert in der Frage, wer nun mehr oder weniger „gut“ ist, – nur über den „Umweg“ des Wettbewerbs feststellen läßt.

In den Sportspielen und Kampfsportarten geschieht dies durch den fortgesetzten Vergleich von Mannschaften oder Athleten. Im Grunde ist dies auch bei den Sportarten der Fall, in denen gewertet wird. Auch hier beruht die „Leistungsmessung“ auf dem Vergleich innerhalb einer vom Kampfrichter noch überschaubaren Gruppe.

Lediglich in den Sportarten, in denen gemessen wird, ist eine „Leistungsfeststellung“ über die aktuelle Situation hinaus möglich, was im Extremfall auch Fernwettkämpfe möglich macht. Andererseits versucht man, auch in den „Vergleichssportarten“ mit Hilfe langfristig angelegter Wettkampfsysteme (Spielrunden, Ranglisten, Weltcupwertungen) und entsprechender Tabellen eine solche Generalisierung, und damit auch eine gewisse Abstrahierung der sportlichen Leistungen vorzunehmen.

Dies alles dürfte offensichtlich und allgemein bekannt sein. Nicht geklärt ist jedoch das Problem der *gesellschaftlichen Bewertung des Wettbewerbs*. Es stellt sich nämlich die Frage, ob Wettbewerb ein der Menschheit innewohnender Urtrieb ist, der in seinem Kraft-, Fähigkeits- und Könnensvergleich einstmals eine existenzerhaltende Bedeutung hatte, oder ob hier eine moderne Fehlentwicklung vorliegt, die in ihrem übersteigerten Konkurrenzstreben gar die Zukunft der Menschheit gefährdet.

Je nach Sichtwinkel dürfte die Antwort hier unterschiedlich ausfallen, doch muß man davon ausgehen, daß Wettbewerb ein aus Urzeiten überkommenes Grundbedürfnis des Menschen ist, das nach wie vor eine nicht zu unterschätzende psychologische und soziologische Bedeutung hat, bei Männern etwas mehr als bei Frauen und im jüngeren Lebensalter deutlicher als im höheren.

Im folgenden soll jedoch nicht der Wettbewerb im allgemeinen, sondern nur im Rahmen der Schule und hier speziell im Sportunterricht betrachtet werden. Dazu sollen zunächst die im Klassenverband möglichen Wettkampfformen dargestellt und pädagogisch bewertet werden. Anschließend ist ein Blick auf die sogenannten Schulsportwettbewerbe zu werfen.

Wettbewerbsformen im Klassenverband

Es ist nicht möglich, eine inhaltlich und terminologisch widerspruchsfreie *Systematik der Wettbewerbsformen* zu erstellen. Wir folgen hier der mehr pragmatischen Einteilung in

- *Einzelwettbewerbe*, bei denen eine Person als Sieger festgestellt oder in eine Rangfolge eingeordnet wird,
- *Gruppenwettbewerbe*, bei denen der Sieger, d.h. die beste Gruppe, in der Regel durch Addition der Einzelleistungen ermittelt wird,
- *Mannschaftswettbewerbe*, bei denen nur die Mannschaftsleistung registriert wird.

Nicht berücksichtigt werden sollen alle Leistungserhebungen, die vorwiegend der Bewertung und Beurteilung der Schüler dienen. Formal gesehen ist ein Vierkampf in der Leichtathletik oder im Gerätturnen zwar ein Wettbewerb (und letztlich auch die Bewertung der Einzelleistung eines Spielers), da sich daraus eine Rangliste gewinnen läßt, doch wird dies von den Schülern nicht so empfunden. Durch die doppelte Brechung: Leistungsfeststellung durch Messen oder Werten – Umsetzung in Punkte und Noten, entfällt die Unmittelbarkeit der Vergleichssituation. Der „Wettkampf" wird zum bloßen „Notenmachen".

Ähnliches gilt auch für Gruppenübungen und -gestaltungen, z.B. im Gerätturnen und in der Gymnastik, zumal hier der Aspekt der Präsentation im Vordergrund steht.

Einzelwettbewerbe

(1) Die einfachste Form des Einzelwettbewerbs ist der *„Rekordversuch"*. Dabei wird nur das jeweils beste Ergebnis angezeigt, bei Weitsprüngen z.B. durch ein Markierungshütchen oder (noch einfacher) durch den Fuß des Lehrers am Grubenrand, bei Weitwürfen durch eine Person im Wurffeld (die freilich sorgfältig auf die heranfliegenden Bälle achten muß). Bei Start- und Sprintwettbewerben wird nach einem Massenstart auf breiter Front an der Ziellinie nur der Sieger festgestellt.

In ähnlicher Weise lassen sich improvisatorisch aus vielen Situationen kleine Wettbewerbe gewinnen, z.B. mit Aufgabenstellungen wie: „Wer erreicht mit vier Schrittsprüngen die größte Weite, mit einem Differenzsprung die größte Höhe?" „Wessen Ball prallt am weitesten von der Wand zurück?" „Wer kann ohne Unterbrechung am längsten Seilhüpfen, mit einem Ball jonglieren, sich im Beugehang halten?" Situativ lassen sich auch mehr oder weniger unerreichbare Ziele angeben, z.B.: „Wer kann (aus dem Stand oder aus dem Hockstand) einen Medizinball mit beiden Händen an die Decke stoßen?"

Diese Wettbewerbsform hat zwar nur einen begrenzten Anwendungsbereich, doch geht von ihr, vor allem zu Beginn der Aktion, ein hoher Anreiz aus. Es gibt nur einen Sieger, der relativ schnell festgestellt ist; die „Besiegten" verbleiben in der Anonymität. Als besonderer Vorteil ist herauszustellen, daß die Zahl der Versuche oder Durchgänge beliebig gehalten werden kann.

Wettbewerbe dieses Typs werden allerdings schnell uninteressant, wenn der Sieger von vornherein feststeht. Ideal sind homogene Teilnehmerfelder oder Aufgaben mit einer gewissen Zufallskomponente, die für einen ungewissen Ausgang sorgen.

(2) Umfangreichere Anwendungsmöglichkeiten bieten die *Ausscheidungswettkämpfe*. Typische Beispiele hierfür sind die Start- und Sprintwettbewerbe, bei denen in Vor- und Zwischenläufen die Endlaufteilnehmer ermittelt werden (1).

Zeitdauer und Belastungsumfang werden dabei durch den *Ausscheidungsmodus* bestimmt, d.h. verringert, wenn z.B. bei jedem Durchgang aus jeder Gruppe nur einer weiterkommt, oder erhöht, wenn jeweils nur einer ausscheidet. Für die Teilnehmer, die bereits in den ersten Runden ausscheiden, sollten ein oder mehrere „Hoffnungsläufe" angesetzt werden.

Dieses Prinzip läßt sich direkt auf alle *„Schnelligkeitswettbewerbe"*, z.B. im Schwimmen oder in entsprechenden Situationen aus den Sportspielen, und auf alle Zweikampfsituationen, z.B. Zieh- und Schiebekämpfe, übertragen, hier allerdings in einem durch den fortgesetzten Paarvergleich vorbestimmten Ausscheidungsmodus.

Ausscheidungswettkämpfe lassen sich auch bei allen *„Schwierigkeitswettbewerben“* durchführen, z.B.

- bei „umgekehrten“ Zonenweit- und -zielwürfen, wenn aus einer immer größeren Entfernung etwa die Hallen- oder Schulhauswand oder ein bestimmtes Ziel getroffen werden soll,
- bei allen Zielwurf- und Zielschußsituationen aus den Sportspielen, nicht nur auf Tore und Körbe, sondern auch als Zielpritschen, Aufschlagspiele u.ä., wobei entweder die Entfernung vergrößert oder das Ziel verkleinert werden kann,
- bei Zuspielübungen in Zweiergruppen, wenn die Abstände zwischen den Partnern fortlaufend erweitert werden,
- bei Sprüngen über einen immer breiter werdenden „Graben“, der z.B. durch eine in der Sprunggrube liegende Leine dargestellt wird, oder über mehrere, durch eine Mattenbahn gebildete „Gräben“ (2),
- bei allen Übungen, die durch Veränderung der Übungsbedingungen erschwert werden können, beispielsweise Klimmzüge aus verschiedenen Ausgangsstellungen oder Hüftaufschwünge an einer immer höheren Reckstange.

In allen diesen Fällen ist jedoch nicht vorauszubestimmen, zu welchem Zeitpunkt wieviele Schüler ausscheiden. Die Ausgangsbedingungen sollten so gewählt sein, daß auch die schwächeren unter ihnen mehrere gelungene Versuche haben. Der weitere Fortgang kann in Zeitdauer und Belastungsumfang dadurch gesteuert werden, daß die Anforderungen mehr oder weniger schnell gesteigert werden und ein Schüler schon nach dem ersten oder erst nach mehreren Fehlversuchen ausscheidet. Dies gilt auch für Hochsprungwettbewerbe, die ja zwangsläufig Ausscheidungswettkämpfe sind.

Für diese Wettbewerbsform spricht, daß sie einfach und überschaubar ist, sich schnell organisieren läßt und eine zügige Durchführung erlaubt. Ein weiterer Vorteil liegt darin, daß die besseren Schüler höher belastet werden, was im Hinblick auf ihr höheres Fähigkeitsniveau auch angebracht ist. Außerdem stellt sich von Runde zu Runde der „eigentliche“ Konkurrent immer deutlicher heraus.

Dem ist freilich entgegenzuhalten, daß die schwächeren Schüler vorzeitig ausscheiden und so ihre Übungs- und Trainingsmöglichkeiten einbüßen. Dieses Problem kann aber mit den genannten Mitteln (Hoffnungsläufe, Trostrunden, leichte Ausgangsbedingungen) entschärft werden.

Aus pädagogischer Sicht läßt sich einwenden, daß Ausscheidungswettkämpfe am deutlichsten zwischen „Siegern“ und „Besiegten“ unterscheiden und damit auf die schwächeren Teilnehmer frustrierend wirken. Auch hinsichtlich dieses Problems gilt das eben Gesagte. Im übrigen scheinen Schüler damit weniger Probleme zu haben als Sportpädagogen. Zurückhaltung ist allerdings angebracht, wenn die Schüler übermäßig konkurrenzorientiert sind oder sich nur dadurch noch „in Gang setzen“ lassen, indem man eine Wettbewerbssituation arrangiert.

(3) Recht reizvoll, durch die notwendigen Kontrollen (Punktwertung, Listenführung) organisatorisch aber etwas aufwendiger, sind die *Risikowettkämpfe*. Sie basieren auf dem Grundgedanken, mit einer begrenzten Anzahl von Versuchen das bestmögliche

Ergebnis zu erzielen, z.B. beim Hochsprung oder den genannten „Grabensprüngen“ und („umgekehrten“) Zonenweitwürfen mit nur drei Versuchen die größte Gesamthöhe oder -weite zu erreichen.

Dieses Prinzip läßt sich auf die gleichfalls schon erwähnten Zielwurf- und Zielschußsituationen übertragen. Dabei sollte man, da hier der Zufall eine größere Rolle spielt als anderwärts, bei jedem Durchgang mindestens zwei Versuche zulassen.

Der pädagogisch relevante Aspekt der Risikowettkämpfe liegt darin, daß sie zu einem realistischen Selbsteinschätzungsvermögen zwingen und über ein geschicktes Taktieren eine gewisse Einflußnahme auf das Ergebnis ermöglichen.

(4) Auf eine weitere, allerdings recht untypische Wettbewerbsform, den *Qualifikationswettkampf*, sei hier nur am Rande hingewiesen, zumal darauf im nächsten Beitrag eingegangen wird. Bei Übungen, bei denen ein prinzipielles Gelingen oder Mißlingen möglich ist, wie bei einigen Gerätübungen, beim Klettern und bei bestimmten Kraftübungen, wird dabei nur nach „gekonnt“ und „nicht gekonnt“ unterschieden.

Bei Übungen, die bewertet werden können, ist eine grobe Einteilung nach „viertel – halb – dreiviertel – ganz gekonnt“ angebracht.

In vielen Fällen läßt sich – dem „Sportabzeichenprinzip“ entsprechend – nach Höhe, Weite, Wiederholungszahl oder Zeitdauer eine „Qualifikationsschwelle“ bestimmen, z.B. in einer bestimmten Weise über eine Matte auf eine andere zu hüpfen, ein Schwimmbecken der Breite oder Länge nach zu durchtauchen, einen Ball zehn Sekunden zu jonglieren.

Dabei sollte man darauf achten, daß die Anforderungen möglichst im mittleren Leistungsbereich einer Klasse liegen.

Diese Wettbewerbsform unterscheidet, ähnlich wie die Ausscheidungswettkämpfe, sehr deutlich zwischen „Könnern“ und „Nichtkönnern“. Demgegenüber gibt es aber auch stets eine größere Zahl von „Siegern“. Pädagogisch erwünscht ist es, wenn deren Anteil bei späteren Wiederholungen ansteigt, doch sollte man dieses Verfahren nicht so lange fortsetzen, bis sich ein Rest von „ständigen Verlierern“ herauskristallisiert.

Gruppenwettbewerbe

Bei Gruppenwettbewerben in dem hier angesprochenen Sinne wird auf der Grundlage von Einzelleistungen ein Gruppenergebnis festgestellt. „Sieger“ (oder auch „Verlierer“) ist also die gesamte Gruppe, relativ unabhängig vom Beitrag des einzelnen.

Es sind *zwei Grundformen* möglich, die Gruppenwettläufe und die Gruppenwettbewerbe mit Einzelwertung:

(1) Bei den *Gruppenwettläufen* starten die einzelnen Gruppen geschlossen. Es kommt lediglich darauf an, welche Gruppe zuerst die Ziellinie erreicht hat, auf einer Matte versammelt ist, auf einem Gerät steht usw.

Als Vorteil dieser Wettbewerbsform kann die weitgehende Anonymisierung der Einzelleistung gelten. Man muß sich aber auch darüber im klaren sein, daß der Ausgang vorwiegend durch die schwächeren Gruppenmitglieder bestimmt ist, ein Problem, das sich durch ein entsprechendes Verhalten der Gruppe jedoch etwas abmildern läßt. Der Anwendungsbereich ist im wesentlichen auf die sogenannten Schnelligkeitswettbewerbe begrenzt.

(2) Bei den *Gruppenwettbewerben mit Einzelwertung* werden die Einzelleistungen zum Gruppenergebnis zusammengezogen.

Dabei lassen sich drei Verfahrensweisen unterscheiden:

- *Gruppenwettbewerbe mit Siegwertung:* Der Sieger eines jeden Durchgangs erhält einen Gutpunkt für seine Mannschaft. Die Startreihenfolge kann dabei, wie bei den Nummernwettläufen, mehr oder weniger willkürlich gewählt werden, vorher genau festgelegt sein oder innerhalb der Gruppe abgesprochen werden. Im letzteren Falle ist eine gewisse taktische Einflußnahme auf den Wettkampfverlauf möglich.
- *Gruppenwettbewerbe mit Platzwertung*: In den einzelnen Runden werden je nach Einlaufreihenfolge Punkte vergeben, die zum Gesamtergebnis aufaddiert werden. Im übrigen gilt das eben Gesagte.
- *Staffeln*: Bei dieser Form wird zwar auf die Feststellung der Einzelleistung verzichtet, doch geht sie unverkürzt, sozusagen in fortlaufender Addition, in das Gesamtergebnis ein. Dies macht auch die besondere Attraktivität der Staffeln aus.

Hauptsächlicher Anwendungsbereich all dieser Wettbewerbsformen sind die Schnelligkeitswettbewerbe. Mit einigen Einschränkungen lassen sie sich auch auf die Schwierigkeitswettbewerbe übertragen. Hier ist freilich zu berücksichtigen, daß durch den unvermeidlichen Zeitdruck die Bewegungsqualität beeinträchtigt werden kann.

Speziell bei den *Staffeln* sollte man auch bedenken, daß durch das Fehlen einer „Streichwertung" auch schwache Leistungen in vollem Umfang in das Endergebnis eingehen, was dazu führt, daß sie nicht so sehr von den Besten gewonnen, als vielmehr von den Schwächsten verloren werden. Dadurch sind gerade die schwächeren Schüler einem sehr starken Leistungsdruck und damit auch einem hohen sozialen Druck ausgesetzt (3).

Gruppenwettbewerbe gelten wegen ihrer spezifischen sozialisierenden Funktion als pädagogisch wertvoll. Dem ist grundsätzlich nicht zu widersprechen.

Für die schwächeren Kinder können sie aber durchaus ambivalente Auswirkungen haben: Einerseits besteht für sie Chance, mit ihrer Mannschaft auch einmal „Sieger" zu werden, andererseits könnte ihnen, wie gesagt, die besondere Verantwortung für einen Mißerfolg zugeschoben werden.

Mannschaftswettbewerbe

Bei den Mannschaftswettbewerben kann das Ergebnis nur von allen Mannschaftsmitgliedern in einem abgestimmten Zusammenspiel gemeinsam erreicht werden.

Dabei sind zwei Grundformen zu unterscheiden: „unechte" Mannschaftswettbewerbe, bei denen die Mannschaftsmitglieder in gleicher Funktion tätig werden, und „echte" Mannschaftswettbewerbe, die auf einer differenzierten Funktionszuweisung beruhen. Diese Unterscheidung soll hier unabhängig von der offiziellen Sportterminologie vorgenommen werden, in der – durchaus begründet – in beiden Fällen von Mannschaften gesprochen wird.

(1) Als Musterbeispiel für die „unechten" Mannschaftswettbewerbe kann das *Rudern* dienen: Die Ruderer in einem Boot tun alle das gleiche; es ist nicht genauer festzustellen, welchen Anteil der einzelne am Endergebnis hat. Ähnliches gilt beispielsweise auch für das Tauziehen und entsprechende Tätigkeiten.

Auf der Grenze zu den „echten" Mannschaftswettbewerben stehen die *kleinen Spiele*, jedenfalls die Mehrzahl von ihnen. Ein Spiel wie „Ball über die Schnur" oder „Burgball" kennt keine echte Funktionsteilung, doch werden die gewandteren und fangsicheren Mitspieler sehr bald die größeren Spielanteile haben und damit auch mehr zum Mannschaftsergebnis beitragen.

(2) „Echte" Mannschaftswettbewerbe sind die *Sportspiele*. Sie bieten die einzigartige Gelegenheit, daß jeder Mitspieler nach seinem Vermögen und an seiner Position in unterschiedlicher Weise zum gemeinsamen Erfolg beitragen kann.

Wie bei den Gruppenwettbewerben eröffnet sich für die schwächeren Spieler die Möglichkeit, mit „ihrer" Mannschaft auch einmal Sieger zu werden, während die stärkeren einsehen müssen, daß sie dafür die Mithilfe der „anderen" benötigen.

Wird die allgemeine Erfolgserwartung allerdings zu groß, kann es auch geschehen, daß man die schwächeren Spieler nicht in der Mannschaft haben möchte oder sie, wenn sie zugeteilt werden, während des Spielens schlichtweg „übersieht".

Nun lassen sich aus einer Klasse in aller Regel mehrere Mannschaften bilden – entweder mit der „offiziellen" oder auch in geringerer Spielerzahl –, die miteinander in Wettbewerb treten.

Die einfachste Form hierfür ist das *„Turnier nach dem K.-o.-System"*, also ein Ausscheidungswettkampf. Bei vier Mannschaften sind zur Ermittlung des Siegers drei Spiele nötig (A : B, C : D, Sieger gegen Sieger) und gegebenenfalls ein zusätzliches Plazierungsspiel der beiden Unterlegenen. Bei ungerader Mannschaftszahl ergibt sich dabei das Problem des „Freiloses" für eine Mannschaft in der ersten Runde.

Bei drei Mannschaften würde man eher zum System der *„Rundenspiele* nach dem Prinzip *jeder gegen jeden"* greifen. Bei dem vorliegenden Beispiel würden sich gleichfalls drei Spiele ergeben (A : B, A : C, B : C).

Bei einer größeren Zahl von Mannschaften steigt die Zahl der Spiele dann aber sehr schnell an. Der Sieger wird hier durch eine Punktwertung ermittelt, was den Vorteil hat, daß auch unentschiedene Ergebnisse berücksichtigt werden können.

Ein Turnier bietet sich vor allem dann an, wenn es noch in derselben Stunde zu Ende gebracht werden kann; Rundenspiele lassen sich auch über einen längeren Zeitraum hinweg durchführen.

Eine weitere Möglichkeit bietet das von den Rückschlagspielen her bekannte *Kaiserspiel*, das allerdings mehrere Spielfelder bzw. Spielgelegenheiten und relativ kleine Mannschaften voraussetzt. Dabei beginnen alle Mannschaften (bzw. Einzelspieler) zugleich auf allen Spielfeldern. Die jeweils siegreiche Partei rückt ein Spielfeld „vor“, die unterlegene eines „zurück“.

Sinn dieses Systems ist es, daß die besseren Mannschaften sich allmählich „nach oben durchspielen“. Sie sollten also möglichst auf den „hinteren“ Plätzen beginnen. Die Spielzeiten müssen relativ kurz sein; bei unentschiedenem Spielstand wird bis zum nächsten Punkt-, Korb- oder Torerfolg weitergespielt.

Zur pädagogischen Bewertung des Wettbewerbs

Eine pädagogische Bewertung des Wettbewerbs-, Wettkampf- oder Konkurrenzprinzips sollte sich nicht bei Grundsatzdiskussionen aufhalten, bei denen nur ideologisch vorgeprägte Positionen ausgetauscht werden, sondern die unterrichtlichen Aspekte in den Vordergrund stellen.

Tatsache ist, daß Wettbewerbssituationen einen *hohen Anreiz* ausüben und zu größerer Anstrengungsbereitschaft herausfordern. Ebenso können sie *Erfolgserlebnisse* deutlicher vermitteln, als dies in einer reinen Übungssituation möglich wäre.

Alle weiteren Überlegungen müssen von der einfachen Feststellung ausgehen, daß ein *Wettbewerb zwangsläufig in Sieger und Unterlegene aufteilt.* Dies wird zumindest dann fragwürdig, wenn jeder Wettkampf auf eine große „Siegerehrung“ hinausläuft oder die „Verlierer“ gar persönlich abqualifiziert werden.

Dieses Problem läßt sich dadurch entschärfen,
- daß man die *verschiedenen Wettbewerbsformen* sinnvoll mischt, daß z.B. einem Ausscheidungswettkampf ein anderer folgt, der die Unterlegenen in der Anonymität beläßt oder eine erhöhte Zufallskomponente aufweist,
- daß immer wieder *Gruppenwettbewerbe* organisiert werden, um auch die Schwächeren am kollektiven Erfolg teilhaben zu lassen (oder ihnen im Mißerfolgsfall eine gewisse Selbstentlastung zu ermöglichen).

Auf diese Weise kann erreicht werden, daß möglichst viele Schüler eine echte Chance haben, zumindest aber, daß nicht immer dieselben die vordersten bzw. die hintersten Plätze belegen.

Man sollte diese Frage aber auch auf *emotionaler Ebene* angehen, indem man z.B. den Siegern zu verstehen gibt, daß sie sich sehr wohl über ihren Erfolg freuen dürfen, daraus aber nicht den Anspruch ableiten sollten, „bessere Menschen“ zu sein, und die Unterlegenen damit tröstet, auf die nächste Chance zu warten. Dazu genügt zumeist eine einfache, fast beiläufige Bemerkung („Jetzt schnappt nicht gleich über“, „Das nächste Mal sieht vielleicht alles ganz anders aus“).

Schließlich sollte das Problem auch *kognitiv bewältigt* werden, indem man den Schülern zur Einsicht verhilft, daß zu jedem, der „vorne steht“, viele andere gehören, die klaglos und vielleicht ohne realistische Chance hinterherlaufen, und daß dennoch alle davon profitieren können („Ihr spielt doch, um zu spielen, nicht um zu gewinnen“).

Möglicherweise wird den Schülern so auch die Relativität des Leistungsbegriffs und der Unterschied zwischen Leistung und Erfolg bewußt.

Schulsportwettbewerbe

Zum Schluß sei ein Blick auf die sportlichen Veranstaltungen geworfen, die im Rahmen der gesamten Schule oder gar darüber hinaus stattfinden. Es sind dies, in historischer Reihenfolge, vor allem drei: Bundesjugendspiele, Jugend trainiert für Olympia und Schulsporttag (4).

Bundesjugendspiele

Die Bundesjugendspiele repräsentieren, namentlich in der ursprünglichen Form der 50er und 60er Jahre, die „Turnfestidee", die sich darin ausdrückt, daß möglichst alle Schüler im Rahmen einer festlichen Großveranstaltung in den verschiedenen Schulsportarten an einem Mehrkampf teilnehmen sollen. Dabei kann jeder, der eine etwas über dem Durchschnitt seiner Altersstufe liegende Leistung erreicht, eine „Siegerurkunde" erhalten.

In letzter Konsequenz könnte man daraus einen riesigen, alle Schulen der Bundesrepublik umfassenden Fernwettkampf gewinnen. Dies dürfte an mangelnder Akzeptanz, aber auch an Wertungs- und Organisationsproblemen scheitern. Wie die zurückliegenden Jahrzehnte gezeigt haben, werden nämlich die Festlegung der Bundesjugendspiele auf bestimmte Sportarten und auf normierte Leistungsanforderungen sowie die intendierte Teilnahmepflicht von Lehrern und Schülern gleichermaßen als Zwang empfunden. Daran konnten auch die Bestrebungen zur Umgestaltung in Richtung auf eher „normfreie" Übungen im Turnen und in der Leichtathletik nicht viel ändern.

„Jugend trainiert für Olympia"

„Jugend trainiert ..." begann 1969 als Talentsuchaktion mit nur wenigen Sportarten und entwickelte sich alsbald zu einem komplizierten und aufwendigen Wettkampfsystem, de facto zu einer deutschen Schulmannschaftsmeisterschaft.

In der derzeitigen Form umfaßt es 16 „offizielle" und einige „gleichgestellte" Sportarten, von denen die Hälfte in der Schule nicht oder nur am Rande gelehrt wird. Dies und die in Relation zur Gesamtschülerzahl geringen Mannschaftsstärken führen dazu, daß auf allen Wettkampfebenen vorwiegend die Schüler eingesetzt werden, die in der gleichen Sportart auch im Verein tätig sind. Ungeachtet einiger positiver emotionaler Rückwirkungen auf den Schulsport muß man hier die Frage stellen, ob überhaupt noch ein „Schulsportwettbewerb" vorliegt, zumal das ursprüngliche Anliegen der Talentsuche sich als Trugbild erwiesen hat.

Schulsporttag

Der Schulsporttag wurde im Gefolge der Aktionen „Zweiter Weg" und „Trimm Dich" im Jahre 1974 eingeführt, und dies mit dem ausdrücklichen Anliegen, für alle Arten sportlicher Betätigung offen zu sein. Neben traditionellen Wettkampfformen und Turnieren werden auch alternative Wettbewerbe, „Trimmspiele" u.ä. angeboten. Dazu treten Schauvorführungen verschiedener Art.

Die bisherigen Erfahrungen mit dieser Schulsportveranstaltung sind uneinheitlich. Neben allseits gelungenen Versuchen sind auch weniger zufriedenstellende zu verzeichnen. Für die weitere Entwicklung bietet sich an, schulspezifische Wettbewerbsprogramme zu entwickeln, die im Verlauf einiger Schuljahre wechseln (5).

Diese drei – sozusagen offiziellen – Schulsportveranstaltungen haben das alte System der „Privatwettkämpfe" und „Einladungsturniere" zwischen zwei oder mehreren Schulen weitgehend verdrängt. Damit ist leider auch ein Stück Lockerheit und Unverbindlichkeit im schulischen Wettkampfbetrieb verlorengegangen.

Anmerkungen

(1) Vgl. das Themenbeispiel: Leichtathletik in der Halle, „Praxis und Methodik" S. 157.
(2) Vgl. das Themenbeispiel: Springen, „Praxis und Methodik" S. 25.
(3) Vgl. das Themenbeispiel: Staffeln – Staffelspiele – Staffelwettbewerbe, „Praxis und Methodik" S. 186.
(4) Zu einer genaueren Analyse vgl. den Beitrag: Bundesjugendspiele und „Jugend trainiert ...", „Handbuch" S. 44.
(5) Vgl. den Beitrag: Schulsportfeste, S. 237.

11 Informelle Lernkontrollen

In der Schule werden Noten vergeben; das gilt auch für das Fach Sport, obwohl das „Notenmachen" dort besonders lästig ist. Daraus darf jedoch nicht der Umkehrschluß gezogen werden, daß alles, was im Sportunterricht gemessen, gewertet oder beobachtet wird, ausschließlich der Notenfindung zu dienen habe. Nichts wäre problematischer als das, und sei es nur deshalb, weil die Schüler damit ständig unter Druck gesetzt werden.

Dennoch ist es notwendig, daß man sich als Lehrer fortlaufend einige *Informationen über den Leistungsstand und Lernfortschritt* der Schüler verschafft,

- einerseits um den Erfolg des laufenden Unterrichts zu überprüfen und Hinweise für die weitere Gestaltung zu gewinnen,
- andererseits um der Klasse im ganzen und den einzelnen Schülern möglichst exakte Rückmeldungen zu geben.

Dagegen ließe sich einwenden, daß man als Lehrer das ja ohnehin sehe und die Schüler über sich selbst einigermaßen Bescheid wüßten. Aber abgesehen davon, daß auf diese Weise zahlreiche und bisweilen gravierende Fehleinschätzungen zustande kommen, sollte die motivierende Wirkung solcher Lernkontrollen nicht unterschätzt werden. Man kann nämlich davon ausgehen, daß die meisten Schüler bereitwilliger mitarbeiten, wenn sie wissen, wo sie „wirklich stehen" und welche Perspektiven sich ihnen darüber hinaus noch eröffnen.

Es kommt hinzu, daß Fortschritte zu Beginn eines Lern- oder Trainingsprozesses wesentlich leichter zu erreichen sind als in späteren Phasen. Es spricht also einiges dafür, informelle Kontrollen mehr am Anfang, Leistungserhebungen zur Notenfindung eher gegen Ende einer Unterrichtseinheit oder eines größeren Unterrichtsvorhabens einzusetzen.

Hinsichtlich der unterrichtlichen Verwendung von informellen Lernkontrollen sollten einige *Regeln* beachtet werden, vor allem die folgenden:

(1) Aus dem Gesagten ergibt sich als erste Forderung, *zwischen informellen Lernkontrollen und Notengebung keine Verbindung herzustellen.* Sie sollen, wie schon der Name sagt, unverbindlich und (im „amtlichen Sinne") folgenlos bleiben. Es darf also nichts „aufgeschrieben" werden, jedenfalls nichts, was der Lehrer „zur späteren Verwendung" zurückbehält. Die Ergebnisse werden zwar angezeigt und benannt, dann aber wieder „vergessen" (1).

(2) Informelle Lernkontrollen dürfen den *Unterricht nicht beeinträchtigen.* Sie sollten aus dem laufenden Betrieb hervorgehen, sich von der „echten" Übungssituation so wenig wie möglich unterscheiden und eher eine überblickshafte Demonstration darstellen. In vielen Fällen kann man sie sogar so gestalten, daß sie zum vermehrten Üben geradezu herausfordern.

(3) Informelle Lernkontrollen sollten vor allem einen möglichst breiten *mittleren Leistungsbereich* ansprechen. Bei Übungen, die nur ein „Gekonnt" oder „nicht Gekonnt" zulassen, ist darauf zu achten, daß bereits bei der ersten Kontrolle mehrere Schüler erfolgreich sind und daß deren Zahl bei späteren Wiederholungen ansteigt. „Qualifikationsschwellen" nach Weite, Höhe, Zeit und Wiederholungszahl sollten einem „mittleren Erreichbarkeitsgrad" entsprechen, um den sich die Mehrzahl der Schüler gruppiert. Es muß die Ausnahme bleiben – und dann auch deutlich genug zum Ausdruck gebracht werden –, den Schülern auf diese Weise ihr kollektives Unvermögen nachzuweisen. Es ist auch problematisch, wenn stets nur einige wenige erfolgreich sind und zur übrigen Klasse eine unüberbrückbare Lücke klafft.

(4) Lernkontrollen, gleich welcher Art, sind immer in irgendeiner Weise auch *Wettbewerbssituationen*, selbst wenn dies den Schülern nicht bewußt wird. Generell gilt also auch das zu diesem Thema im vorangegangenen Beitrag Gesagte. Gegenüber einer allzu deutlichen Konkurrenzorientierung sollte man den Aspekt der individuellen Könnens- und Leistungsverbesserung in den Vordergrund stellen und den Schülern auch bewußt machen, dies freilich auf dem Boden eines realistischen Anspruchsniveaus und einer gesunden Erfolgszuversicht.

(5) Von den informellen Lernkontrollen sind die standardisierten *Testverfahren* zu unterscheiden. Tests in diesem engeren Sinne des Begriffs haben die Aufgabe, eine möglichst exakte Einstufung der Testperson, gegebenenfalls auch zum Zwecke der Notengebung, zu ermöglichen. Auf sie und ihre mögliche unterrichtliche Funktion soll im nächsten Beitrag eingegangen werden.

Beispiele

Für die informellen Lernkontrollen haben sich vor allem *vier Formen* als praktikabel erwiesen: die „Nachfrage", die „Kurzbewertung", die „Qualifikation", der „Schnelltest“. Dabei ergeben sich die folgenden, hier nur als Beispiele zu verstehenden und zumeist recht situationsgebundenen Möglichkeiten:

(1) Die kürzeste und problemloseste Form der Kontrolle ist die *„Nachfrage“*, zumeist am Ende einer Stunde oder eines Stundenabschnitts, z.B. mit der einfachen Frage: „Wer hat diese Übung heute geschafft?“ und ggf. mit der Zusatzfrage: „Wer hat sie heute erstmals bewältigt?“

Sie ist vor allem dann angebracht, wenn das Gelingen oder Mißlingen einer Übung von den Schülern selbst eindeutig festgestellt werden kann, wie bei den meisten Gerätübungen oder allen „Zieltreffsituationen“, aber auch bei einfachen Konditionsübungen, beispielsweise einem Klimmzug.

In einem weiteren Sinne läßt sich dieses Vorgehen auch auf andere, weiter unten noch zu besprechende Situationen übertragen, z.B. mit Fragen wie: „Wer ist die 50 Meter unter 8,0 Sekunden gelaufen, hat drei oder mehr Klimmzüge geschafft, hat alle Aufschläge in das gegenüberliegende Feld gebracht?“

Dieses Nachfragen ist ein so einfaches und zeitsparendes Verfahren, daß man empfehlen muß, es viel häufiger anzuwenden, als das tatsächlich geschieht. Es sollte freilich mit einem – möglichst positiv gehaltenen – Ausblick auf das weitere Geschehen verbunden sein.

Selbstverständlich kann man die „Nachfrage“ auch „verifizieren“, und zwar dadurch, daß man von den Schülern, die sich gemeldet haben (oder auch von allen), die Übung noch einmal vorzeigen läßt. Damit ist der Übergang zu den konkreteren Formen der Kontrolle gegeben.

(2) Bei allen Übungen, die nicht nur gelingen oder mißlingen, sondern auch mehr oder weniger gut gelingen können (z.B. im Gerätturnen und in der Gymnastik, aber auch bei den anspruchsvolleren Fertigkeiten aus allen anderen Sportarten) bietet sich die *„Kurzbewertung“* an, zumeist eingeleitet mit einer Bemerkung wie: „Zum Schluß zeigt jeder die Übung noch einmal vor“, oder auch: „Jetzt möchte ich sehen, wie weit wir heute gekommen sind“.

Dabei sind mehrere Varianten möglich:

- Solange nur das prinzipielle Gelingen einer Übung überprüft werden soll, genügt eine Unterscheidung nach „gekonnt“ und „nicht gekonnt“.
- Soll auch die Qualität der Bewegung mitbewertet werden, bietet sich eine grobe Einstufung an, jedoch gerade nicht nach den – als langweilig empfundenen – Notenstufen, sondern nach eindrucksvolleren Kriterien, z.B. als „viertel – halb – dreiviertel – ganz gekonnt“ oder in Anlehnung an das Wettkampfsystem der Sportspiele als Zuordnung zu einer Spielklasse von der „Kreisklasse“ über die „Regionalliga“ bis hin zur „Bundesliga“.
- In einigen Fällen, so z.B. beim Rad (sei es als „Überradeln“ einer Bank oder als Bodenübung), ist es möglich, eine lückenlose Bewertungsskala zwischen der unzureichenden („nicht sichtbar vom Boden abgehoben“) und der perfekten Ausführung („absolut senkrecht und raumgreifend“) aufzustellen und in Prozentwerten zum Ausdruck zu bringen.

In den beiden letzten Fällen ergibt sich die Möglichkeit zu einer interessanten „Vorführung“: Man läßt die Übung in der Reihenfolge der Bewertungen, mit den schwächeren beginnend, in schneller Folge noch einmal vorzeigen. Damit ergibt sich das lebendige Bild einer „immer besseren Ausführung“, das auch dem einzelnen Schüler die Einschätzung seiner eigenen Leistung ermöglicht.

Das Problem bei allen qualitativ ausgerichteten Fertigkeiten liegt ja darin, daß der Übende sich selbst nicht sehen kann. Auf die hier dargestellte Weise kann er sich jedoch mit seinen unmittelbaren „Nachbarn“ vergleichen.

Wie die Erfahrung zeigt, ist ein solches Verfahren nicht nur zeitsparender, sondern auch psychologisch weniger belastend als die Konfrontation mit der eigenen Unvollkommenheit über eine Videoaufzeichnung (2).

(3) Für Übungen und Disziplinen, in denen das „Mehr oder Weniger“ nach Strecke (Höhe, Weite, Abstand), Zeit oder Wiederholungszahl festgestellt werden kann, ist die *„Qualifikation“* eine einfache und rationelle Art der Kontrolle. Die dafür notwendige „Qualifikationsschwelle“ kann den offiziellen oder inoffiziellen Wertungstabellen, Benotungsrichtlinien oder Testnormen entnommen oder nach dem aktuellen Leistungsstand der Klasse relativ frei gewählt werden.

Im ersten Fall wird beispielsweise beim 800- oder 1000-m-Lauf die für das jeweilige Sportabzeichen notwendige Zeit durch ein Signal angezeigt oder die für die Note 2 zureichende Sprung- oder Wurfweite durch ein Hütchen am Rande der Grube oder ein Baustellenband im Wurffeld markiert.

Im zweiten Fall werden bestimmte (durchschnittliche) „Testwerte“ vorgegeben, z.B. mit Fragestellungen wie: „Wer kann 20 Sekunden, ohne hängenzubleiben, Seilhüpfen, sich zehn Sekunden (am Reck oder Barren, an Tauen oder Ringen, an einem Geländer) im Beugehang halten, eine Bahn nur mit Armzügen schwimmen, fünf erfolgreiche Korbleger hintereinander ausführen, zehnmal fehlerlos einen Ball an die Wand werfen und wieder fangen, paarweise 20 gelungene Pässe spielen?“

Dem Erfindungsreichtum sind hier keine Grenzen gesetzt. Die Festlegung der jeweils angemessenen „Qualifikationsschwellen“ ist freilich eine Frage der Erfahrung und der realistischen Einschätzung der gegebenen Situation.

(4) Von hier aus ist, wie oben bereits angedeutet, der Übergang zu konkreteren Wettbewerbsformen gegeben, die hier, um den improvisatorischen Charakter zu betonen, unter dem Begriff des *„Schnelltests“* zusammengefaßt werden sollen. Auch hier sind die Möglichkeiten praktisch unbegrenzt:

An erster Stelle stehen dabei solche Formen, bei denen nur eine Wiederholungszahl festgestellt, also kein besonderer Zeitdruck ausgeübt wird, beispielsweise mit Aufgaben wie: „Wer erreicht mit der geringsten Zahl von Schritt- oder Hüpfsprüngen die andere Seite des Basketballfeldes?“ „Wer schwimmt eine Bahn mit den wenigsten Schwimmzügen?“ „Wer schafft die meisten Klimmzüge oder Hüftaufschwünge?“ „Wer erzielt, jeweils ohne Fehlversuch, die meisten Treffer in den Korb, die meisten gelungenen Aufschläge (ggf. in ein bestimmtes Zielfeld) oder die meisten erfolgreichen Torwürfe (z.B. gegen einen ‚Kastentormann‘)?“

An zweiter Stelle folgen die Formen, in denen es um die Wiederholungszahl pro Zeiteinheit geht, z.B. mit folgenden Aufgabenstellungen: „Wer erreicht in 30 Sekunden die meisten Seildurchschläge, in Zweiergruppen die größte Zahl von Zuspielen?“ „Wer erzielt in einer Minute die größte Zahl von Treffern auf ein bestimmtes Ziel, abwechselnd auf beiden Spielfeldseiten die meisten Punkte beim Korbleger?“

In diesen Fällen ist zu beachten, daß durch den unvermeidlichen Zeitdruck die Bewegungsqualität beeinträchtigt werden könnte. Die Übungen müssen also „gekonnt“ sein, d.h. in ihrer Grundstruktur beherrscht werden.

Es gibt sicher noch viele andere Formen, Möglichkeiten und Verfahrensweisen im Bereich der informellen Lernkontrollen. Hier eine vollständige Liste zu erstellen, ist nicht möglich. Bedingung ist dabei, daß alle Aufgabenstellungen und Bewertungskriterien nicht nur auf den Leistungsstand, sondern auch auf das emotionale Befinden einer Klasse abgestimmt sind. Sie müssen bei den Schülern auch „ankommen“. Dazu bedarf es einer eher lockeren Unterrichtsführung, die je nach Lage der Dinge auch einmal „fünf gerade sein“ läßt.

Anmerkungen

(1) An dieser Stelle sei darauf hingewiesen, daß bei sehr trainingsintensiven Übungen und Disziplinen auch eine „fortlaufende Leistungserhebung“ zur Notenfindung sinnvoll sein kann, im Normalfall aber unter der Prämisse, daß „die beste je erreichte Leistung zählt“. Vgl. dazu das Themenbeispiel: Methodische Hinweise zum leichtathletischen Sprung, „Praxis und Methodik“ S. 170.

(2) Vgl. den Beitrag: Korrektur, Rückmeldung, Verstärkung, S. 62.

12 Etwas über Tests

Der Begriff des Tests wird im folgenden in einer doppelten Bedeutung verstanden:
- zunächst als *standardisiertes Verfahren* zur Gewinnung von normierten Testwerten, die einen statistisch abgesicherten Vergleich mit einer entsprechenden größeren Population zulassen,
- sodann als *„quasinormiertes“ Verfahren*, bei dem durch Zählen oder Messen eine Rangfolge aufgestellt werden kann, die ggf. eine Umsetzung in Noten zuläßt.

In der ersten Bedeutung muß ein Test bestimmten *Gütekriterien* entsprechen, vor allem den folgenden:
- *Objektivität*, d.h. die Testergebnisse müssen von irgendwelchen Einschätzungen oder Wertungen des Testleiters oder Beobachters unabhängig sein,
- *Reliabilität* oder Zuverlässigkeit, d.h. der Test muß mit möglichst hoher Genauigkeit zu stets gleichen Ergebnissen kommen,
- *Validität* oder Gültigkeit, d.h. der Test muß tatsächlich das messen, was er zu messen vorgibt.

Grundsätzlich sollten diese Forderungen auch auf die an zweiter Stelle genannten Testverfahren zutreffen, doch lassen sie sich dort auch im günstigsten Fall nur näherungsweise einlösen. Daraus folgt, daß der Begriff des Tests, sofern er im landläufigen Sinne verwendet wird, eine große Spannweite besitzt, die von einem wissenschaftlich abgesicherten Prüfverfahren bis hin zu mehr improvisierten und nur bedingt aussagekräftigen Überprüfungen reicht.

Letztlich verbleibt nur ein einziges gemeinsames Merkmal: Die „Tests" führen zu *quantitativen Aussagen*, die sich durch Zahlenwerte ausdrücken lassen. Das macht sie gerade für die Notengebung so attraktiv. Es ist somit angebracht, sowohl auf die hier liegenden unterrichtlichen Möglichkeiten als auch auf die dabei zu beachtenden Schwierigkeiten kurz einzugehen.

Welche Tests gibt es und was messen sie?

Es ist trivial festzustellen, daß die Weitsprungleistung die Fähigkeit „weit zu springen" und ein 12-Minuten-Lauf („Cooper-Test") die Fähigkeit „ausdauernd laufen zu können" mißt. Immerhin ist im zweiten Fall ein relativ direkter Rückschluß auf die Funktionsfähigkeit des Herz-Kreislauf-Systems möglich, während eine bemerkenswerte Weitsprungleistung zwar auf ein überdurchschnittliches Niveau an Schnelligkeit, Sprungkraft und Koordinationsvermögen schließen läßt, jedoch nichts Genaueres über das anteilige Ausmaß aussagt.

Dies weiter aufzuklären, ist die Aufgabe von *Fähigkeitstests*, die einen bestimmten, möglichst genau definierten Faktor der körperlichen Leistungsfähigkeit quantitativ erfassen sollen.

Das spezifische Problem solcher Tests besteht darin, daß ein *Konstrukt* gemessen wird, eine „Eigenschaft" oder „Fähigkeit", die man selbst nicht sehen, sondern nur in ihren Wirkungen beobachten kann und die dennoch die Ursache für mehr oder minder gute Leistungen sein muß.

Die hierfür notwendigen *Testaufgaben* sollten so gewählt sein, daß sie von Geübten und weniger Geübten gleichermaßen bewältigt werden können. Es ist auch nicht erwünscht, daß die Testergebnisse durch eine gezielte Vorbereitung kurzfristig verändert werden können.

In diesem letzten Merkmal gegenläufig, im übrigen aber konform verhalten sich die *Fertigkeitstests*. Sie sollen den aktuellen Stand des technischen Könnens feststellen und in Zahlenwerten ausdrücken.

Beide Testarten dienen sowohl im Leistungssport als auch im Schulsport vorwiegend dazu, bestimmte Defizite im konditionellen bzw. technischen Bereich aufzuspüren, die sodann durch gezielte, möglichst langfristig angelegte Trainingsprogramme behoben werden sollen.

Vergleicht man die Testergebnisse mit bestimmten *Normwerten*, die bei den Fähigkeitstests mehr auf das Lebensalter, bei den Fertigkeitstests eher auf die Dauer der körperlich-sportlichen Ausbildung bezogen sind, erhält man *Begabungstests*, die zur Talentsuche, aber auch zur langfristigen Trainingssteuerung herangezogen werden.

Für den Schulsport werden Tests vor allem für die Bereiche interessant, in denen es keine konkreten, in Punktetabellen und Wertungsrichtlinien niedergelegten Kriterien für die Leistungsbewertung gibt, aber dennoch eine quantitative Erfassung der Leistungen möglich erscheint. Dies trifft im besonderen Maße auf die Beurteilung der allgemeinen körperlichen Leistungsfähigkeit und der Leistung in den Sportspielen zu, was zu den Fitneßtests einerseits und den Spieltests andererseits geführt hat.

Dazu ist folgendes zu bemerken:

(1) *Fitneßtests* sollen eine Aussage über den Stand der *körperlichen Fähigkeiten* machen. Dabei ist zu unterscheiden zwischen allgemeinen Fitneßtests, die sich auf die Gesamtheit aller (konditionellen und koordinativen) Fähigkeiten beziehen, und speziellen Tests, die entweder auf den konditionellen (Kraft, Schnelligkeit, Ausdauer) oder den koordinativen Bereich (Koordinationsfähigkeit, Gewandtheit, Geschicklichkeit) ausgerichtet sind. Damit ist zugleich gesagt, daß diese Tests stets mehrere, in einer „Testbatterie" vereinigte Testübungen enthalten müssen.

Fitneßtests entsprechen einem wichtigen Anliegen des Schulsports, der ja eine allgemeine körperliche Ausbildung, nicht aber die spezialisierte sportliche Leistung zum Ziel hat. Dennoch ist davor zu warnen, die Leistungsbewertung im Sport ganz oder teilweise auf solche motorische Testverfahren umzustellen. Es bestünde nämlich die Gefahr, daß die Inhalte des Sportunterrichts nicht so sehr von einem lebendigen, sich stets weiterentwickelnden System von Schulsportarten, sondern von standardisierten und möglichst „beweiskräftigen" Testübungen bestimmt werden (1).

Dies spricht in keiner Weise gegen eine sinnvolle, im höheren Schulalter möglicherweise sogar schwerpunktmäßige Einbeziehung von Fitneßtests in den Sportunterricht, vor allem dann, wenn dies im Rahmen einer langfristig angelegten Konditionsschulung erfolgt. Dabei sollten standardisierte und „freie" Formen wechseln.

(2) *Spieltests* beschränken sich ganz überwiegend auf die Überprüfung der *technischen Fertigkeiten*, z.B. des Dribbelns, des Zuspiels und des Zielwurfs. Sie sind also Musterbeispiele für Fertigkeitstests.

Man hat nämlich einsehen müssen, daß „Spielfähigkeit", definiert als taktisches Verständnis, Spielübersicht u.ä., sich nicht quantitativ erfassen läßt. Ein Kriterium wie „gelungene Zuspiele" kann z.B. nicht ausdrücken, ob es sich überwiegend um spielerisch irrelevante „Sicherheitspässe" handelte oder um unerwartete und riskante, aber spielentscheidende Vorlagen.

Dazu bedarf es einer qualitativ ausgerichteten *Spielbeobachtung*, letztlich also des Expertenurteils. Quantitative Verfahrensweisen können vielleicht eine Aussage über das Niveau des mannschaftlichen Zusammenspiels, nicht aber über die Leistung des einzelnen Spielers machen (2).

Dennoch besteht zwischen den fertigkeitsbezogenen Spieltests und dem Expertenurteil über die Spielfähigkeit in aller Regel eine hohe Übereinstimmung. Dies ist darauf zurückzuführen, daß beide Verfahrensweisen – neben anderem – dasselbe Merkmal „messen", nämlich das Trainingsalter. Man kann davon ausgehen, daß eine langjährige Spielpraxis technische und taktische Fähigkeiten in gleicher Weise entwickelt.

In diesem Sinne können Spieltests in der Tat eine „Basisnote" für die Leistungsbeurteilung in den Sportspielen abgeben. Ihre hauptsächliche Funktion dürfte aber in der Selbstkontrolle der Schüler liegen, wobei die motivierende Wirkung nicht unterschätzt werden sollte.

Spieltests können als Einzeltests erscheinen oder als *Komplextests*, bei denen mehrere Fertigkeiten zu einem „Testparcours" vereinigt werden, der in einem Durchlauf zu bewältigen ist. In diesem Fall ist die Ergebnisfeststellung zwar nur über eine Zeitmessung möglich, doch zeigt die Erfahrung, daß diese ausreichend trennscharf ist.

Hinweise zur unterrichtlichen Verwendung von Tests

Beim Einsatz von Tests im Unterricht sollte zwischen standardisierten und informellen Formen unterschieden werden:

(1) *Standardisierte Tests* erfordern in aller Regel einen erheblichen zeitlichen und organisatorischen Aufwand. Schon aus diesem Grund dürfte ihre Verwendung auf Ausnahmefälle beschränkt bleiben.

Vor allem bei den Fitneß- und Konditionstests ist zu bedenken, daß die Mehrzahl von ihnen aus den 70er Jahren stammt, als es um die Neugestaltung der gymnasialen Oberstufe und die Einführung des Sportabiturs ging. Die verwendeten Testübungen entsprechen somit nicht immer den heutigen Anforderungen hinsichtlich einer funktionellen physiologischen Belastung. Sie sollten den Schülern zumindest bekannt sein und in der Ausführung kontrolliert werden. Eine sorgfältige (funktions-)gymnastische Vorbereitung ist unabdingbar.

Für Beispiele zu solchen Tests ist auf die Literatur zu verweisen (3). Dabei ist es wichtig zu wissen, daß nur ein Teil der bislang veröffentlichten Tests strengeren Anforderungen an Aussagekraft und Normierung genügt.

(2) *„Freie"* oder *informelle Tests* besitzen eine größere Variabilität in der unterrichtlichen Verwendung. Sie können in einem immer wiederkehrenden Grundbestand erscheinen oder auch mehr improvisatorisch aus dem Unterricht hervorgehen. Damit rücken sie in die Nähe der im vorangegangenen Beitrag behandelten informellen Lernkontrollen. Der Unterschied besteht in erster Linie darin, daß die Testergebnisse schriftlich registriert und ausgewertet werden.

Tests dieser Art dienen vorwiegend der Selbstkontrolle der Schüler. Sie haben also nur dann einen Sinn, wenn sie nach einiger Zeit oder auch in regelmäßigen Abständen wiederholt werden, um die Lern- und Leistungsfortschritte sichtbar zu machen. Generell ist jedoch ein eher sparsamer Gebrauch anzuraten.

Organisation, Durchführung und Ergebnisfeststellung können von den Schülern selbst übernommen werden. Mögliche organisatorische Formen sind Circuit-Training und Stationsunterricht (4). Für die Auswahl der Übungen und die allgemeine körperliche Vorbereitung gilt das oben Gesagte.

Bei der *Auswertung* informeller Tests sollte man folgende Gesichtspunkte beachten:
- Soll nur der *Lern- und Leistungsfortschritt* festgestellt werden, genügt der Vergleich der späteren Testwerte mit dem Ausgangswert. Die erzielten Verbesserun-

gen können – für die einzelnen Schüler oder für die Klasse insgesamt – grafisch dargestellt und ggf. in Schaubildern „veröffentlicht“ werden.
- Die absoluten Zahlenwerte erlauben die Aufstellung einer *Rangfolge* innerhalb der Klasse. Solche oder ähnliche Rangordnungen sind den Schülern zwar durchaus bewußt, doch sollte man nur in Ausnahmefällen davon einen „offiziellen“ Gebrauch machen.
- Die *Gesamtleistung* einer Klasse läßt sich mit entsprechenden Klassen derselben oder anderer Schulen vergleichen, was interessante „Fernwettkämpfe“ ermöglicht.
- Für eine Aussage darüber, wie die ermittelten Leistungen nach *objektiven Maßstäben* einzustufen sind, benötigt man Vergleichswerte. Dies wäre auch die Voraussetzung für eine Umsetzung in Noten. Wie bereits gesagt, ist man hier jedoch weitgehend auf Erfahrungswerte angewiesen.
- Als ein mögliches, aber recht unsicheres Indiz für eine „normale“ Leistung kann gelten, wenn die Leistungsstreuung innerhalb einer Klasse der statistischen *Normalverteilung* entspricht. Eine solche liegt dann vor, wenn die Leistungsdichte bei einem mittleren Wert am größten ist und zu den beiderseitigen Extremwerten hin schnell abfällt. Das ist aber durchaus nicht immer der Fall.

Beispiele

Fitneßtests lassen sich z.B. aus einem Gymnastikprogramm oder Circuit-Training gewinnen. Die verwendeten Testübungen sollten jedoch einfach und kontrollierbar sein, sich unter Zeitdruck durchführen lassen und dabei keine unphysiologischen Belastungen bringen. Bei genauerem Hinsehen wird damit das Repertoire an geeigneten Testübungen wesentlich geringer, als man zunächst annehmen würde.

Für *Konditionstests* im engeren Sinne sind vor allem vereinfachte leichtathletische Fertigkeiten geeignet, z.B.
- ein 30-m-Lauf für die Schnelligkeit,
- ein „Dreierhop“ (d.h. ein Mehrfachsprung auf demselben Bein, ggf. jeweils rechts und links) für die Sprungkraft,
- ein beidhändiger Medizinballwurf (entsprechend dem Einwurf beim Fußball) für die Wurfkraft.

Als *Ausdauertest* ist jeder längere Lauf geeignet. Dabei wird üblicherweise die in einer bestimmten Zeit zurückgelegte Strecke festgestellt (5).

In ähnlicher Weise lassen sich einfache Übungen aus dem Gerätturnen zu Testzwecken verwenden, beispielsweise Klimmzüge am Reck oder fortlaufende Kehren am Barren (Abb. 1).

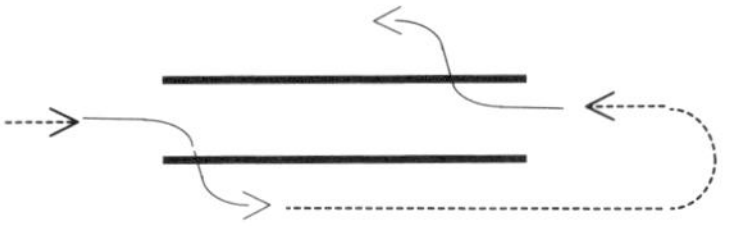

Abb. 1

Dabei sollte im ersten Fall nur die Wiederholungszahl, im zweiten eher die Wiederholungszahl in einer bestimmten Zeit festgehalten werden.

Umfangreiche Möglichkeiten bieten die *Spieltests*, z.B. als

- *Dribbeltests*, entweder als Slalomdribbling oder in einem speziellen Parcours (Abb. 2), wobei entweder nur die Zeit oder die in einer vorgegebenen Zeit zurückgelegte Strecke ermittelt wird,

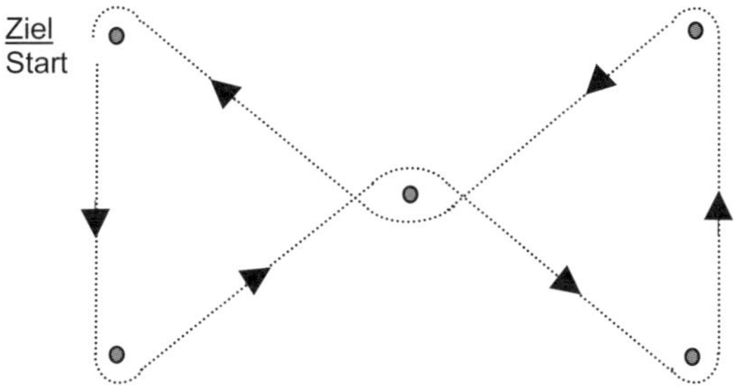

Abb. 2

- *Zuspieltests*, auch über größere Entfernungen, bewertet nach der Wiederholungszahl in einer bestimmten Zeit,
- *Zielwurftests*, entweder mit Rebound wie beim Basketball oder mit einer größeren Anzahl bereitgelegter Bälle wie in den übrigen Spielen, wobei zumeist die in einer bestimmten Zeit erzielten Treffer festgestellt werden.

Solche Tests werden vor allem dann interessant, wenn das Üben langweilig zu werden droht, wie das beim *Volleyballspiel* gelegentlich der Fall ist. Als mögliche Formen seien hier genannt:

- *Aufschlagtests*, entweder in das gesamte gegenüberliegende Feld, in einer festgelegten Reihenfolge in ein längsgeteiltes oder ein längs- und quergeteiltes Feld (Abb. 3) oder in ein (z.B. durch einen Weichboden dargestelltes) verkleinertes Zielfeld.

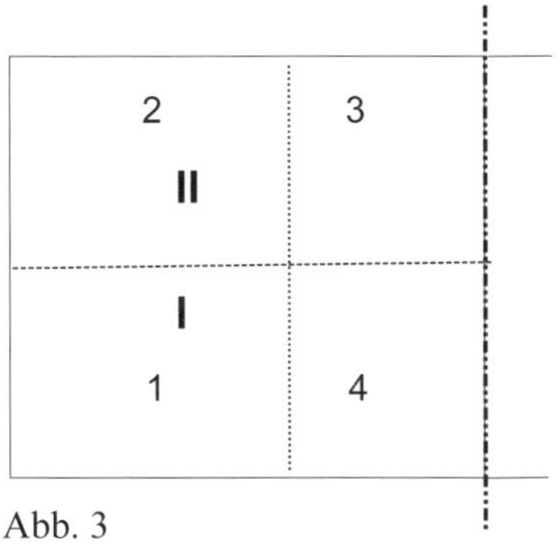

Abb. 3

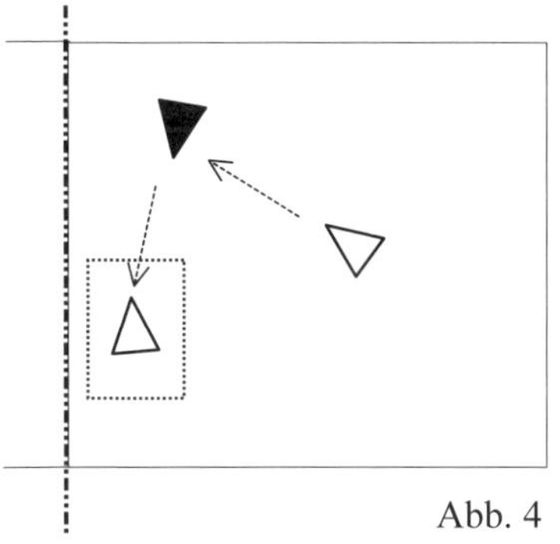

Abb. 4

- *Zuspieltests*, wobei der zugeworfene oder zugepritschte Ball durch Pritschen oder Baggern im Winkel in ein Zielfeld (Matte) oder zu einem Fänger, der auf einer Matte oder in einem abgegrenzten Raum steht, gespielt werden soll (Abb. 4).

In beiden Fällen werden die gelungenen Versuche (bei vorgegebener Gesamtzahl) bewertet. Auch Punktwertungen sind möglich, z.B.: Aufschlag erreicht das gegnerische Feld: ein Punkt, erreicht das angesagte Zielfeld: drei Punkte.

Anmerkungen

(1) Vgl. den Beitrag: Leistungsbewertung und Notengebung im Sport, „Handbuch" S. 168.

(2) S. Anm. (1). Nicht einzuordnen sind hier Spielbeobachtungen, die Aufschlüsse über die Effektivität des Unterrichts geben sollen, also gerade nicht zur Leistungsbewertung herangezogen werden. Vgl. den Beitrag: Unterrichtsbeobachtung als Selbstbeobachtung, S. 103.

(3) Standardwerk ist: BÖS, K.: Handbuch sportmotorischer Tests. Göttingen 1987. Im Hinblick auf den hohen Preis dieses Buches sei darauf hingewiesen, daß viele der dort verzeichneten Tests auch in anderen Sammelwerken, Einzelveröffentlichungen und Fachzeitschriften veröffentlicht worden sind. Vgl. HAAG, H./ DASSEL, H.: Fitneß-Tests, Schorndorf 1975, und die Prüfungsbestimmungen für das Sportabitur der letztvergangenen drei Jahrzehnte.

(4) Vgl. hierzu auch das Themenbeispiel: Circuit-Training und Stationsunterricht, „Praxis und Methodik" S. 42.

(5) Hier ein Beispiel für die Einstufung nach dem als „Cooper-Test" bekannten Zwölf-Minuten-Lauf:

Einstufung	Jungen (16 J.)	Mädchen (16 J.)	Erwachsene
ungenügend	weniger als 1450 m	weniger als 1250 m	weniger als 1600 m
mangelhaft	ab 1450 m	ab 1250 m	ab 1600 m
befriedigend	ab 2050 m	ab 1850 m	ab 2000 m
gut	ab 2450 m	ab 2250 m	ab 2400 m
sehr gut	ab 2850 m	ab 2650 m	ab 2800 m
ausgezeichnet	ab 3050 m	ab 2850 m	

Aus: BLUM, I./FRIEDMANN, K.: Trainingslehre. Sporttheorie für die Schule. Pfullingen 2002^{8}.

13 Der leistungsschwache Schüler im Sportunterricht

Über mehrere Jahrzehnte war der „leistungsschwache Schüler" ein brisantes sportpädagogisches Thema. In den beiden letztvergangenen ist es eher in den Hintergrund getreten, obwohl doch die Zahl der körperlich weniger leistungsfähigen Schüler stark angestiegen ist.

Dieser Befund legt eine Zweiteilung dieses Beitrags nahe, indem zunächst ein kurzer Blick auf die schul- und bildungspolitischen Entwicklungen geworfen wird, die für diese veränderte Einschätzung von Bedeutung sind, sodann der Frage nachgegangen wird, was im Sportunterricht für die schwächeren Schüler getan werden könnte.

Das Fach Sport in einem veränderten bildungspolitischen Umfeld

Schulerfolg und Schulversagen sind, schulrechtlich gesehen, ein Problem der gestellten Leistungsanforderungen und ihrer Umsetzung in Noten. Vergleicht man nun die Sportlehrpläne der Nachkriegszeit mit den heute gültigen, stellt man fest, daß sich im Hinblick auf die formalen Ansprüche nichts Gravierendes verändert hat, ja man kann sogar den Eindruck gewinnen, daß diese eher größer als geringer geworden sind. „Leistungsschwäche“ dürfte somit nicht so sehr eine Frage der objektiven Anforderungen, als vielmehr ihrer *Umsetzung* sein.

In der Tat zeigt ein weiterer Blick in die Lehrpläne (und die neuen „Standards“),
- daß die *Leistungsanforderungen* als „Lehrplaninhalte“ zwar genannt, nicht aber näher präzisiert sind,
- daß insbesondere keine *Bewertungsmaßstäbe* angegeben sind, obwohl dies im Sport, insbesondere in den sogenannten cgs-Sportarten, leichter möglich wäre als in allen anderen Fächern.

Eine Ausnahme machen hier nur die Prüfungsbestimmungen für das Sportabitur. Im übrigen verhält sich das Fach Sport wie jedes andere Schulfach auch. Die hier feststellbaren Entwicklungen sind somit in einem größeren Rahmen zu sehen.

Sie sollen im folgenden unter vier Aspekten etwas näher betrachtet werden, nämlich als Veränderungen
- im allgemeinen Notenbild,
- in den Sportnoten,
- im innerfachlichen Bereich,
- in der gesellschaftlichen Bewertung des Faches Sport.

Dabei stehen, dem Tätigkeitsgebiet der Verfasser entsprechend, die Verhältnisse an den Gymnasien im Vordergrund.

Veränderungen im allgemeinen Notenbild

Schul- und Examensnoten sind im Verlauf der letzten Jahrzehnte – in den einzelnen Bundesländern zwar im unterschiedlichen Ausmaß – immer besser geworden. Dies ist zunächst eine indirekte Folge der um ein Mehrfaches angestiegenen Übergangsquote in die höheren Schulen und Hochschulen, was sich zwangsläufig in Richtung auf eine Nivellierung der Leistungsanforderungen auswirkte.

Entsprechende behördliche Vorschriften weisen in dieselbe Richtung. So können nach den seit 1978 im Gefolge der „neugestalteten gymnasialen Oberstufe“ erlassenen Prüfungs- und Korrekturbestimmungen auch Leistungen mit 13 Punkten, also noch mit der Note 1, bewertet werden, für die es zehn Jahre zuvor allenfalls eine 2, wahrscheinlich nur eine 2,5 gegeben hätte.

Der tiefere Grund für solche Veränderungen liegt in der – seit etwa 1970 allgemein anerkannten – Forderung nach möglichst großer Objektivität und Transparenz in der Beurteilung aller Prüfungsleistungen. Bezugspunkt für die Note 1 ist seitdem die formale Richtigkeit, nicht mehr die außerordentliche, weit über dem Durchschnitt liegende Leistung, sosehr dies die amtlichen Notendefinitionen auch vorspiegeln.

Veränderungen in den Sportnoten

Im Sport wurden schon immer gute Noten vergeben. Dies wird durch eine auf das Jahr 1960, also in die „konservative Epoche“ der Schulpolitik zurückreichende Großuntersuchung bestätigt (1). Danach hatte das Fach Leibesübungen mit 2,4 (Mädchen) bzw. 2,5 (Jungen) den besten Notendurchschnitt aller Fächer.

Diese Tendenz dürfte sich seither weiter verstärkt haben. Nach den uns zugänglichen Unterlagen erhält die Hälfte aller Schüler die Note 2, ein Viertel die Note 3, ein Fünftel die Note 1. Die Note 4 spielt kaum noch eine Rolle. Dies läßt sich, etwas überspitzt formuliert, nur so verstehen, daß Anwesenheit für die Note 4 ausreicht, einigermaßen regelmäßige Mitarbeit mit der 3 honoriert wird, durchschnittliche Leistungen mit 2 und über dem Durchschnitt liegende mit 1 bewertet werden.

Dabei ist freilich zu berücksichtigen, daß das Fach Sport eine besondere, von der Theorie der Leibeserziehung übernommene und in den amtlichen Erlassen der Bundesländer mehr oder weniger deutlich festgeschriebene, eigene Notentheorie, die sogenannte *pädagogische Notengebung*, verfolgt. Danach sollen nicht nur die Leistungen, sondern auch die körperlichen Voraussetzungen und die Mitarbeit in die Note eingehen. Dazu ist im nächsten Beitrag etwas zu sagen.

Tatsache ist jedenfalls, daß das Problem des leistungsschwachen Schülers schon von der Benotung her entschärft ist. Die Schüler und noch mehr ihre Eltern sind ja weitgehend zufrieden, sofern nur die „Noten stimmen“.

Innerfachliche Veränderungen

Wie ein Vergleich der derzeit gültigen Lehrpläne mit ihren Vorgängern zeigt, hat sich in den generellen Leistungserwartungen zwar nur wenig verändert, doch ist eine deutliche Verlagerung von den sogenannten Individualsportarten, vor allem Leichtathletik und Gerätturnen, zu den Sportspielen hin festzustellen. Außerdem wurde eine Reihe neuer Sportarten, darunter einige Trend- und Modesportarten, zumindest in den Wahl- und Ergänzungsbereich, zum Teil auch in den Pflichtbereich aufgenommen.

Beides wirkt sich als Gewichtsverlagerung von relativ „harten“, in Wertungstabellen und -vorschriften genau festgeschriebenen, zu eher „weichen“ Leistungsanforderungen mit weniger klar formulierten Beurteilungskriterien aus. Die Schüler fühlen sich somit auch subjektiv von einem gewissen Leistungsdruck entlastet, zumal gerade die schwächeren unter ihnen sich in den Sportspielen durchweg für besser halten, als sie tatsächlich sind.

Veränderungen in der gesellschaftlichen Bewertung des Faches Sport

Die bis etwa 1970 herrschende „Theorie der Leibeserziehung“ hatte für das Fach Leibesübungen vor allem zwei Zielbereiche ausgewiesen:

- eine allgemeine *körperliche Grundausbildung*, die sich im Erreichen bestimmter sportlicher Mindeststandards, wie sie z.B. die Sportabzeichenbedingungen oder die Ausschreibungen der Bundesjugendspiele darstellen, konkretisieren sollte,
- einen Beitrag zur *Persönlichkeitsbildung*, der sich in einer teilweise recht rigoros formulierten „Willens- und Charakterschulung“ niederschlug.

Mit dem Übergang zum „Sportunterricht" (bzw. zur Fachbezeichnung „Sport") traten andere, vor allem die *Ausgleichsfunktion* des Faches betonende Zielbestimmungen in den Vordergrund. Sport sollte z.B. zu einer sinnvollen Freizeitgestaltung und zur allgemeinen Gesunderhaltung beitragen.

Sportunterricht wurde in den Augen der Öffentlichkeit – und weitgehend auch bei den Schülern und ihren Eltern – zu einem „unernsten" Fach mit hohem „Spaßcharakter". Diese Einschätzung führte, selbst wenn sie nur unterschwellig wirksam war, zu einer weiteren emotionalen Entlastung der Schüler.

Körperliche Leistungsfähigkeit und sportliche Leistungen der Schüler

Im Gegensatz zu dem stetig besser werdenden Notenbild ist die körperliche Leistungsfähigkeit der Schüler eindeutig zurückgegangen. Die Hauptursachen liegen in der erheblich geringeren körperlichen Belastung im Alltag, z.B. durch Mitarbeit in der Landwirtschaft, im Betrieb, im Garten und im Haushalt, sowie in einem allgemeinen Bewegungsmangel in der Freizeit.

Dem steht eine breitere sportliche Betätigung, vor allem in den „neuen" Sportarten, z.B. einigen Sportspielen, dem Skilaufen und spezifischen Trendsportarten, gegenüber. Dazu kommt eine allgemeine Größen- und Gewichtszunahme. Auf die sportlichen Leistungen hatten diese Faktoren sehr unterschiedliche Auswirkungen. Sie reichen von partiellen Verbesserungen, z.B. in den Sportspielen, bis hin zu einem deutlichen Rückgang, z.B. im Gerätturnen.

Leistungsschwäche im Sport

Unabhängig von den eben dargestellten Entwicklungen ist Leistungsschwäche ein konkretes, nicht zu übersehendes und ernstzunehmendes Problem des Sportunterrichts, und dies aus drei Gründen:

(1) Sportliche Leistungen stehen durchweg in enger Abhängigkeit von bestimmten körperlichen Fähigkeiten. Diese aber sind in Art und Ausprägungsgrad durch die Erbanlagen weitgehend vorgegeben und durch Training nur innerhalb einer gewissen Bandbreite veränderbar, Kraft- und Ausdauerfähigkeiten beispielsweise mehr als Schnelligkeits- und Schnellkraftfähigkeiten.

Man ist, stark vereinfacht ausgedrückt, im Sport „von Natur aus gut" oder eben benachteiligt, und damit „schlecht". Die Kompensationsmöglichkeiten für generelle und partielle Defizite sind geringer als in anderen Fächern, in denen durch Aufmerksamkeit, Fleiß, Auswendiglernen oder Nachhilfe viel erreicht werden kann. Allerdings wirkt hier die Breite des Schulsports etwas ausgleichend.

(2) Im Sport können die Schüler in weitaus größerem Umfang als in den übrigen Fächern Vorkenntnisse und Vorerfahrungen aus der Vereins- und Freizeittätigkeit in den Unterricht einbringen, ja man kann sogar sagen, daß die Schüler das, was sie im Sportunterricht wirklich „können", zumeist außerhalb der Schule erworben haben.

Da der Vereinssport vorwiegend die besseren Schüler anzieht, wird dadurch das ohnedies bestehende Leistungsgefälle noch weiter verstärkt.

(3) Unser Schulsystem kennt – zwangsläufig und zu Recht – keine Auslese nach der körperlichen Leistungsfähigkeit. Da nun je nach Sportart bereits 13jährige, spätestens aber 19jährige internationales Niveau erreichen können, sind in einer Sportklasse alle Leistungsstufen, im Extremfall von „Weltklasse" bis „Hilfsschule", vertreten.

Das in diesem Zusammenhang immer wieder genannte Schulsonderturnen konnte sich trotz intensiver Bemühungen nicht allgemein durchsetzen, sei es, daß die organisatorischen Schwierigkeiten zu groß sind, daß sich nur schwer objektive Zuweisungskriterien bestimmen lassen, daß die Schüler oder ihre Eltern sich dadurch diskriminiert fühlen oder daß die Lehrer die sportschwachen, sehr oft aber recht umgänglichen und beliebten Schüler nicht einfach „abschieben" wollen.

Die hier aufgezeigten Zusammenhänge bleiben auch den Schülern nicht verborgen. Vor allem sehen sie ziemlich deutlich, daß die guten Sportler zumeist „Naturtalente" sind. Dies führt zu einem nur scheinbar widersprüchlichen Verhalten: Auf der einen Seite wird körperliche und sportliche Überlegenheit – von den Jungen mehr als von den Mädchen – vorbehaltlos anerkannt; niemand erhebt hier den Vorwurf des „Strebertums". Auf der anderen Seite zeigt sich auch ein gewisses Verständnis, ja Mitgefühl für den schwächeren Klassenkameraden, zwar nicht immer und in jeder Situation, aber im Verlauf der letzten Jahre immer deutlicher.

Es zeigt sich, um eine vorläufige Bilanz zu ziehen,

- daß das Problem der Leistungsschwäche bzw. des leistungsschwachen Schülers dem Sportunterricht gewissermaßen immanent ist,
- daß es in der Praxis aber nicht mehr die Rolle spielt wie früher.

Somit wäre Anlaß zu einer relativen Zufriedenheit gegeben, wenn nicht durch andere Einflüsse neue Unzufriedenheit aufgekommen wäre. Deren Ursachen liegen in einem allgemeinen Hang zur Bequemlichkeit und in einem immer extremeren Anspruchsdenken. Man lehnt alles ab, was mühsam ist oder werden könnte, und verlangt dennoch völlige Sicherheit und garantierten Erfolg in allen Lebenslagen. Gesucht wird, etwas verkürzt ausgedrückt, der *schnelle und mühelose Erfolg* (2).

Da Kinder und Jugendliche solche unterschwelligen gesellschaftlichen Entwicklungen – meist unbewußt – übernehmen und sehr oft in übersteigerter Form zum Ausdruck bringen, entsteht auf die Eltern (die „bei Bedarf" die Entschuldigungen schreiben sollen), auf die Ärzte (die um Atteste angegangen werden) und über die jeweiligen Interessenvertreter auf die Kultusministerien ein permanenter Druck, mit administrativen Maßnahmen gegen „Überforderung" und „Leistungsdruck" anzugehen.

Dies ist auch der Grund, warum die von der Wirklichkeit schon längst überholte Diskussion um die „pädagogische Notengebung" im Sport nicht zur Ruhe kommt. Leider hat auch die wissenschaftliche Sportpädagogik dem nur wenig entgegenzusetzen, zumal das derzeit vorherrschende Modell der „Handlungsfähigkeit im Sport" sich gegenüber diesem Problem recht neutral verhält.

Insgesamt ergibt sich also ein differenziertes und in mancher Hinsicht widersprüchliches Bild, insofern als die Mehrheit der Schüler durchaus zufrieden ist und die allgemeine Diskussion mehr von den Klagen derer beherrscht wird, die sich benachteiligt glauben, als von denen, die es tatsächlich sind.

Damit dürfte auch deutlich geworden sein, daß es *den* leistungsschwachen Schüler nicht gibt, daß vielmehr mit einer Reihe unterschiedlicher Erscheinungsformen zu rechnen ist. Auf sie soll im folgenden kurz eingegangen werden.

Der leistungsschwache Schüler in der Unterrichtspraxis

Die leistungsschwachen Schüler lassen sich, für die weitere Betrachtung grob schematisierend, in vier Kategorien einteilen:

- Schüler mit körperlichen Beeinträchtigungen,
- generell leistungsschwache Schüler,
- partiell leistungsschwache Schüler,
- sportlich gute Schüler mit „gespaltenem“ Leistungsbild.

(1) Schüler mit konkreten *körperlichen Beeinträchtigungen*, z.B. orthopädischen oder internistischen Schäden, koordinativen Störungen, erheblichem Übergewicht und anderen angeborenen oder erworbenen Mängeln sollten neben der ärztlichen Betreuung unbedingt zu einer entsprechenden physiotherapeutischen, krankengymnastischen, ergotherapeutischen oder psychologischen Behandlung veranlaßt werden.

Es ist Aufgabe der Ärzte und Gesundheitsämter, dann in jedem Einzelfall zu entscheiden, ob der Schüler durch Attest vom Sportunterricht zu befreien ist oder ob er nicht doch im Rahmen seiner Möglichkeiten teilnehmen soll.

Im zweiten Fall erhebt sich freilich das Problem der Benotung: Reine Phantasienoten zu vergeben, verbietet sich von selbst. Also sollte man als Sportlehrer auch in solchen Fällen ein entsprechend formuliertes Attest anfordern, um dem „Zwang zur Benotung“ enthoben zu sein (3). Leider zeigt die Erfahrung, daß die Schüler auf Dauer den bequemeren Weg gehen und auf völlige Freistellung drängen.

(2) *Generelle Leistungsschwäche* äußert sich vor allem in zwei Formen:

- in der Gestalt des kleinen und schwächlichen, körperlich zurückgebliebenen oder retardierten Schülers, der mit den anderen „nicht mithalten“ kann,
- in der Gestalt des aufgeschossenen und schlaksigen, motorisch unbeholfenen und ungeschickten Schülers, der sportlich „auf keinen grünen Zweig kommt“.

Es sind dies unsere eigentlichen Sorgenkinder, auch in einem durchaus positiven Sinne: Es handelt sich zumeist um recht gutwillige, unauffällige und wenig aggressive Schüler, die dem Lehrer das Leben nicht schwermachen. Sie haben in der Tat, auch im Hinblick auf die Benotung, einige Rücksicht verdient, wenngleich der Rahmen einer gebotenen Objektivität nicht überschritten werden sollte.

Im übrigen sind sie dahingehend zu beraten,

- daß mit zunehmendem Alter sich manches „auswächst“ und damit von selbst gibt,
- daß sie nur durch vermehrtes Üben und Trainieren den Abstand zu den anderen verringern können.

Dabei sollte man auch darauf hinweisen, daß koordinative Defizite durch geduldiges Üben sich durchaus beheben lassen, daß die erzielten Fortschritte aber auf einen bestimmten Anwendungsbereich beschränkt bleiben und nur in begrenztem Umfang auf andere Bereiche übertragen werden können.

(3) *Partielle Leistungsschwächen* können naturgemäß die unterschiedlichsten Ursachen haben.

Dabei werden vor allem drei Problemkomplexe sichtbar:
- konstitutionelle Faktoren, z.B. als deutliche Abweichungen in Körpergröße und Körpergewicht vom Normalmaß,
- genetisch bedingte physiologische Faktoren, z.B. hinsichtlich der Muskelstruktur und der Reaktionsfähigkeit,
- zivilisatorisch bedingte Defizite, vor allem im Kraft- und Ausdauerbereich.

Von den äußerlich erkennbaren *konstitutionellen Voraussetzungen* spielen für die sportliche Leistung vor allem Größe und Gewicht eine Rolle. Dazu sollte man den Schülern erklären, daß überdurchschnittliche Körpergröße in den meisten Sportarten und Disziplinen eher von Vorteil ist und nur gelegentlich einen Nachteil darstellt. Hohes Körpergewicht ist vielfach nachteilig, verhält sich in den meisten Fällen aber leistungsneutral. Alles in allem kann man feststellen, daß konstitutionsbedingte Bevorzugungen und Benachteiligungen sich über die gesamte Breite des Schulsports weitgehend ausgleichen.

Unter den anlagebedingten *physiologischen Faktoren* spielen im Hinblick auf höhere sportliche Leistungen vor allem Schnelligkeits- und Schnellkraftfähigkeiten eine Rolle. Wer hier über eine gute „Ausstattung" verfügt, hat beachtliche Vorteile; wer „langsam" veranlagt ist, kommt nicht immer mit. Dennoch sind solche Fähigkeiten in einem gewissen Umfang trainierbar. Ebenso bestehen einige Kompensationsmöglichkeiten, vor allem in den „reinen" Kraft- und Ausdauerdisziplinen. Hier hat wohl jeder Schüler das Recht, seine Stärken auszuspielen, ohne jedoch der Verpflichtung enthoben zu sein, gegen seine Schwächen anzugehen.

Von den genannten Faktoren zu unterscheiden, wenn auch nicht immer klar abzugrenzen, sind die *zivilisatorisch bedingten Defizite*. Es ist wohl keine Übertreibung, wenn hier festgestellt wird, daß die Mehrheit der Schuljugend in dieser Hinsicht deutliche Mängel aufweist, vor allem in der gleichmäßigen Ausbildung der Rumpf- und Oberkörpermuskulatur sowie in der allgemeinen und speziellen Ausdauer. Es kommt hinzu, daß die meisten der heute betriebenen Trend- und Modesportarten dem nur bedingt entgegenwirken (obgleich es natürlich immer noch besser ist, in diesem Rahmen etwas zu tun, als völlig inaktiv zu bleiben).

Hier eröffnet sich für den Sportunterricht ein weites Betätigungsfeld, das in einem langfristigen, über die gesamte Schulzeit hinweg angelegten und systematisch betriebenen *körper- und bewegungsbildenden Grundlagentraining* konkrete Gestalt annehmen sollte. Dabei gilt die Regel, die schwächeren Schüler gezielt zu fördern, ohne die besseren zu vernachlässigen. Dies erfordert, wo immer möglich, eine differenzierte Gestaltung der Belastung.

(4) Mit dem Typ des sportlich guten, gelegentlich sogar herausragenden Schülers mit *spezifischen Leistungsdefiziten* an anderer Stelle ist ein vorwiegend emotionales Problem angesprochen. Manch einer von ihnen hält sich für einen Star und glaubt, sich anderweitig nicht mehr anstrengen zu müssen. Das kann bis zum totalen Desinteresse und zur faktischen Verweigerung gehen.

Gegenüber solchen Leuten sollte man als Sportlehrer – in aller Ruhe und mit Nachdruck – den Standpunkt der Schule vertreten, etwa wie folgt: „Es ist höchst anerkennenswert, daß du im Fußball (Schwimmen, Turnen) so gut bist; aber es gibt andere, die sind darin genau so gut wie du und können auch sonst noch etwas. In der Endabrechnung sind sie also besser als du und haben auch die bessere Note verdient." An dem einfachen Grundsatz: „Wer (in der Breite) mehr kann, ist besser", sollte der Schulsport festhalten. Für die spezielle Leistungsförderung sind die Vereine und andere Institutionen zuständig.

Didaktische Folgerungen

Sowohl die Lehrpläne als auch die spezielle methodische Literatur sind, was die Bedürfnisse der leistungsschwachen und sportlich benachteiligten Schüler angeht, nicht sonderlich hilfreich. Beide sind zu sehr auf Sportarten und ihre jeweils zu vermittelnden Fertigkeiten orientiert. Was hilft es aber, wenn den schwächeren Schülern immer neue „methodische Wege" und „Hilfen" angeboten werden, ihnen jedoch die elementaren Voraussetzungen fehlen, eine bestimmte Übung zu lernen oder etwas schneller zu laufen und weiter zu springen?

Ganz ohne Zweifel sollte im Sportunterricht mehr Nachdruck auf die Entwicklung und Verbesserung der körperlichen, d.h. konditionellen und koordinativen *Fähigkeiten* gelegt werden, als dies gemeinhin geschieht. Das bedeutet, daß der Komplex Körperbildung – Konditionsschulung – Grundlagentraining größere Beachtung finden muß (4). Allein dadurch läßt sich auch der Abstand zwischen den besseren und schwächeren Schülern innerhalb einer Klasse etwas verringern, während die einseitige Ausrichtung auf die Vermittlung von Fertigkeiten ihn eher vergrößert.

Dabei ist es mit etwas Rückengymnastik und einigen Stretchingübungen nicht getan, sosehr diese an ihrer Stelle notwendig und nützlich sein können. Laufen, Springen, Werfen und Fangen sind wohl selbstverständlich, doch sollte dasselbe auch für Hangeln, Klettern und Balancieren gelten. Klimmzüge und „Liegestütze" sind angeblich veraltet, und selbstverständlich darf man die Schüler nicht unvorbereitet damit überfallen, aber richtig ausgeführt, sind sie, wie Dutzende ähnlicher *einfacher Übungen*, schlichtweg unentbehrlich. Ebenso hat jede Sportart eine Reihe von Kern- oder Basisübungen zu bieten, die gezielt eingesetzt, eine erhebliche körperbildende und konditionsschulende Wirkung entfalten können (5).

Aber nicht nur inhaltlich, sondern auch in der Arbeitsweise sollte sich im Sportunterricht einiges ändern. Sehr oft fehlt es an der trainingswirksamen *Intensität* der Belastung. Es genügt nicht, einmal im Jahr 100 m „auf Zeit" zu laufen oder „auf Weite" zu springen; es sollte vielmehr regelmäßig mit voller Kraft gelaufen (und sei es nur über 20 oder 30 m) oder gesprungen werden (z.B. auf oder über ein Hindernis).

Ebenso werden nicht immer die notwendigen *Wiederholungszahlen* erreicht. Es bleibt bei zwei oder drei Versuchen, wo vielleicht zehn (z.B. bei Würfen mit dem Medizinball) oder 20 (bei leichteren Bällen) angebracht wären. Jeder sieht ein, daß z.B. Korbleger und Schmetterschlag immer wieder geübt werden müssen (um die Erfolgswahrscheinlichkeit zu erhöhen); dasselbe sollte aber auch für Rad und Hüftaufschwung gelten, nicht nur der gleichmäßigen körperlichen Ausbildung, sondern auch der ungewohnten Körperlage wegen.

Die Beispiele ließen sich beliebig vermehren. Sie laufen auf die keineswegs beruhigende Feststellung hinaus, daß es der Sportdidaktik bisher nicht gelungen ist, eine „Basiskonzeption für die körperliche Ausbildung" zu erarbeiten. Der Grund hierfür dürfte in einem falschen Verständnis von Wissenschaftlichkeit liegen. Im Unterschied z.B. zur Trainingslehre und Bewegungslehre zieht sich die Sportdidaktik auf die Diskussion der „übergeordneten" Themen zurück und überläßt die inhaltliche Ausgestaltung des Sportunterrichts den Praktikern.

In einem ersten Anlauf würde sich hier ein pragmatisches Vorgehen empfehlen, wie es z.B. in den frühen Zeiten der „Leibeserziehung" oder in den letzten, nicht mehr zur Auswirkung gekommenen Lehrplänen der ehemaligen DDR versucht worden ist. Deren besonderes Kennzeichen war nicht nur die Konzentration auf das Wesentliche und Erreichbare, sondern auch die enge Anbindung an die körperlichen, d.h. konditionellen und koordinativen Fähigkeiten. Auch die Programme der Kindersportschulen und vergleichbarer Einrichtungen dürften einige gute Ansätze enthalten. Es würde sich lohnen, in dieser Richtung weiterzudenken (6).

Dabei muß sich der Blick vor allem auf die elementaren Fähigkeits- und Fertigkeits-Komplexe, die sogenannten *Basistechniken* und *Grundübungen* richten, wenn es z.B. darum geht, mit einem schnellen Antritt „auf Tempo" zu kommen, aus dem Anlauf zu einem ein- oder beidbeinigen Absprung überzugehen, das eigene Körpergewicht im Stütz zu beherrschen, den Körper im Hängen und Schwingen (auch mit gebeugten Armen) griffsicher festzuhalten, in der Position „Kopf unten", bei Rollen und Drehungen die Orientierung nicht zu verlieren, Arm- und Beintätigkeiten, z.B. beim Seilspringen, aufeinander abzustimmen, einen zugespielten Ball mühelos zu fangen u.a.

Anmerkungen

(1) LINDE, H./HEINEMANN, K.: Leistungsengagement und Sportinteresse. Schorndorf 1968.
(2) Vgl. die Beiträge: Über das „Erfolgserlebnis", S. 216, und: Muß Sportunterricht Spaß machen? S. 189.
(3) Vgl. den Beitrag: Entschuldigungen und Atteste – das ewige Ärgernis, „Handbuch", S. 80.
(4) In dieser Hinsicht bringen die seit 1994 in Baden-Württemberg geltenden Lehrpläne einige vielversprechende Ansätze.
(5) Die Verfasser haben versucht, im Band „Praxis und Methodik der Schulsportarten" nicht nur das Thema „Entwicklung körperlicher Fähigkeiten" an einigen zentralen Beispielen darzustellen, sondern auch die Methodik der Einzelsportarten vorwiegend unter dem Aspekt der einfachen und grundlegenden Fertigkeiten zu behandeln.
(6) Vgl. die im Kapitel „Konzeptionen", S. 249 ff., zusammengefaßten Beiträge.

14 Um die „pädagogische Note“ im Sport

Vorbemerkung

Im folgenden soll ein Problem behandelt werden, das zugleich Vergangenheit und Gegenwart ist:

- Vergangenheit insofern, als seine Anfänge dem allgemeinen Bewußtsein weitgehend entschwunden sind,
- Gegenwart insofern, als es bis heute nicht bewältigt ist.

Wir verbinden damit auch ein persönliches Anliegen: Wer sich gegenwärtig für die sogenannte Leistungsnote im Sport einsetzt, gerät sehr schnell in den Verdacht, konservativ und damit rückständig zu sein, ein Sozialdarwinist sozusagen, der kein Mitgefühl für seine benachteiligten Mitmenschen hat. Wir hoffen, daß dieser Eindruck im Verlauf dieser Ausführungen doch etwas relativiert wird.

Der Lehrplan von 1937: Leistungsnoten und Persönlichkeitsbeurteilung

Wer die – weithin so genannte – pädagogische Note im Sport wirklich verstehen will (und darin liegt ein wesentlicher Vorteil der historisch-geisteswissenschaftlichen Methode), der sollte ihre Entstehung kennen. Dazu muß man in das Jahr 1937 zurückgehen. Damals erschienen die – übrigens ersten und einzigen reichseinheitlichen – „Richtlinien für die Leibeserziehung in Jungenschulen“. Im Schnittpunkt der auslaufenden Ära des Schulturnens und der heraufziehenden der Leibeserziehung nehmen diese Lehrpläne eine Schlüsselposition ein. (Die entsprechenden Lehrpläne für die Mädchen erschienen erst 1941, zeigen aber dieselbe Grundstruktur.)

In diesem Lehrplan von 1937 waren – ebenfalls erstmalig und einmalig – genaue Vorschriften zur *Leistungsbewertung* enthalten. Alljährlich war ab der Klasse 5 – also nicht in der Grundschule, für die andere Maßstäbe galten – im Sommer ein Prüfungsmehrkampf in der Leichtathletik, im Winter im Gerätturnen durchzuführen. Nach Möglichkeit sollte dies auch im Schwimmen geschehen.

Die Bewertung erfolgte nach verbindlichen *Wertungstabellen*, deren Anforderungen für die 18- und 19jährigen im großen und ganzen dem heutigen Sportabitur entsprechen. Dabei ist freilich zu bedenken, daß *alle* Schüler nach diesen Tabellen bewertet wurden und nicht nur die wenigen, die sich nach freier Wahl in „ihren“ Sportarten prüfen lassen. Auch die „abschließende Leistungsprüfung“ in der Abiturklasse war für alle Schüler und Schülerinnen obligatorisch und erhielt damit den Rang eines *allgemeinen Sportabiturs*.

Für die „Übungsgebiete“ Leichtathletik, Turnen, Schwimmen, Spiele, Boxen (in der Oberstufe) wurden *getrennte Noten* vergeben, die nicht zu einer Gesamtnote zusammengezogen wurden. Diese Noten sollten ausdrücklich nur den von 1 (schlechteste Note) bis 9 (beste Note) reichenden „Schwierigkeitsgrad der betreffenden Leistung oder Übung“ wiedergeben. Im Anschluß an diese Leistungsnoten wurde mit einem Prädikat („gut“, „befriedigend“ usw.) die *„Allgemeine körperliche Leistungsfähig-*

keit" als „Gesamteindruck der körperlichen Eignung und Leistungsfähigkeit" gesondert vermerkt.

Richtig angewandt, war dieses Schema etwas, was man einen Kunstgriff nennen könnte. Es erlaubte nämlich einen Vergleich von potentieller Leistungsfähigkeit und tatsächlicher Leistung und konnte darüber hinaus einige Einblicke in das spezifische Leistungsprofil eines Schülers vermitteln, wie das nachfolgende Beispiel eines Zeugnisses aus der Klasse 7 zeigen kann:

Leibesübungen	
1. Leichtathletik	4
2. Turnen	7
3. Schwimmen	9
4. Boxen	–
5. Spiele	8
Allgemeine körperliche Leistungsfähigkeit:	gut

Man erkennt einen Schüler, der gute, aber keineswegs sehr gute Voraussetzungen mitbringt, eine typische „lahme Ente", die in der Leichtathletik ziemlich hinterherläuft, im Turnen ganz gut ist, aber doch einige Schwierigkeiten hat, im Schwimmen (das sich als Sportart damals noch nicht profiliert hatte) alle Bedingungen, meist in Form der DLRG-Scheine, erfüllt und im Spiel einigermaßen mithalten kann (wobei freilich zu bedenken ist, daß die Spielnoten aus dem Spielnachmittag stammen und nicht ganz ernst zu nehmen sind).

Dieses an sich schon sehr komplizierte und aufwendige Bewertungsverfahren ist jedoch nur die eine Seite der Gesamtbeurteilung. Die andere Seite wird von der *Persönlichkeitsbeurteilung* gebildet. Der Lehrplan sagt dazu folgendes: „Die Beurteilung der Persönlichkeit ist unabhängig von der Leistungsbewertung schriftlich niederzulegen. Sie soll weder schematisch gehandhabt noch in allgemeinen Ausdrücken abgefaßt werden. Vielmehr soll der Turnlehrer bestrebt sein, in wenigen Sätzen einen klaren Gesamteindruck von dem Schüler zu vermitteln, der gegebenenfalls durch die Hervorhebung bestimmter Vorzüge oder Mängel zu ergänzen ist."

Die Persönlichkeitsbeurteilung war untergliedert in eine „Beurteilung des körperlichen Allgemeinzustandes" und in eine „Beurteilung des Charakters".

Für die Beurteilung der *körperlichen Verfassung* waren neun Fragen vorgegeben, die sich auf Entwicklungsstand, Reifungseinflüsse, Wachstumsphasen, Muskulatur, Krankheiten, chronische Leiden, negative häusliche Verhältnisse und die Relation von Leistungsfähigkeit und tatsächlichen Leistungen bezogen.

Die *Beurteilung des Charakters* sollte anhand von zehn Fragen erfolgen, die in Stichworten wie folgt lauten: Freude am Sport oder Abneigung gegen Anstrengungen? Straffe Haltung und Disziplin? Ausdauer und Härte gegen sich selbst? Beherrscht und ritterlich im Spiel? Kampfgeist in Wettkämpfen und beim Boxen? Entschlossen und mutig? Offen oder verschlossen? Wahrheitsliebend? Gewissenhaft und verläßlich? Einfluß auf Kameraden, selbständig, verantwortungsbewußt?

Diese Beurteilungen des Sportlehrers wurden – und dies war allgemeiner Gebrauch – zusammen mit dem Eindruck des Klassenlehrers in die Kopfleiste der Zeugnisse („Allgemeine Beurteilung des körperlichen, charakterlichen und geistigen Strebens und des Gesamterfolges") aufgenommen.

Natürlich enden, wie jeder Praktiker weiß, solche Vorgaben fast unweigerlich in Routine und Schematismus. So auch hier: Die Beurteilung der körperlichen Leistungsfähigkeit kam über Aussagen wie „gute" oder „befriedigende körperliche Voraussetzungen" kaum hinaus; in der Charakterbeurteilung waren, der NS-Ideologie entsprechend, „einsatzbereit" und „kameradschaftlich" die dominierenden Prädikate.

Die Analyse des Bewertungs- und Beurteilungsverfahrens nach dem Lehrplan von 1937 dürfte zwei Erkenntnisse gebracht haben,

- daß ein solches Beurteilungsverfahren zu einem sehr rigorosen Erziehungsmittel werden kann,
- daß die dazu herangezogenen Kriterien zwangsläufig von dem gerade herrschenden gesellschaftlichen, ideologischen und schichtenspezifischen Normen- und Wertesystem geprägt sind.

Der Lehrplan von 1937 entstand keineswegs aus dem Nichts heraus. Die Idee einer „Pädagogisierung" der Sportnote lag gleichsam in der Luft. Schon in früheren Lehrplänen, z.B. Baden 1930, sollte die Turnnote „Ausdruck für den Grad der jeweils erlangten körperlichen Gesamtausbildung sein". Dabei sollte „den in der Verschiedenheit der körperlichen Veranlagung begründeten Unterschieden im Leistungsvermögen genügende Beachtung" geschenkt werden.

Es bot sich also an, in der *Nachkriegszeit* auf solche Überlegungen zurückzugreifen.

Damit kommen wir zur zweiten, von der ersten Nachkriegszeit bis etwa 1960 reichenden Phase in der Entwicklung der „pädagogischen Note".

Der „Wertungsbogen" von Schöning und der KMK-Beschluß von 1952

Richtungweisend für die weitere Entwicklung wurde ein kleines, 1951 erschienenes Büchlein von E. Schöning mit dem Titel *„Die Leibesübungen pädagogisch gewertet"*. Schöning stellt darin einen *Wertungsbogen* für die Abschlußklassen der Volksschulen (Hauptschulen), Mittelschulen (Realschulen) und Oberschulen (Gymnasien) vor, mit dem eine doppelte Zielsetzung verfolgt wird,

- zum einen die *Objektivierung der Prüfungsanforderungen* durch Anbindung an die Sportabzeichenbedingungen mit dem Ziel einer Gleichbehandlung aller Schüler,
- zum andern die *„Pädagogisierung" der Sportnote* durch ihre Relativierung im Hinblick auf die körperlichen Voraussetzungen und durch die Mitbewertung des individuellen Verhaltens.

Diesen Absichten entsprechend war der Wertungsbogen angelegt, wie er auf der folgenden Seite wiedergegeben ist.

Richtschnur für die Note „gut“ war die Erfüllung der (damals gültigen) Bedingungen
- des Männersportabzeichens für den Oberschul- bzw. Gymnasialabschluß,
- des Jugendsportabzeichens für den Mittelschul- bzw. Realschulabschluß,
- des Frauensportabzeichens für den Volksschul- bzw. Hauptschulabschluß.

„Leistungs-voraussetzungen“	Leistungen		„Leistungs-wille“	Endnote
A: überdurchschnittlich B: durchschnittlich C: unterdurchschnittlich	Sportabzeichen	übrige Fachgebiete		
	Gruppe I II III IV V (in Meßwerten)	Spiel Gerätt. Gymn. (in Notenstufen)	(im Worturteil)	
Schüler 1				
Schüler 2				

Schema des Wertungsbogens für Jungen von SCHÖNING

„Sehr gut“ konnte erhalten, wer die Bedingungen mehrfach erfüllte oder im einzelnen deutlich übertraf. Die Leistungen sollten im Verlauf des jeweils letzten Schuljahres erhoben werden. Für die Mädchen galt ein in den Anforderungen entsprechend modifizierter Wertungsbogen, der das Fachgebiet Gymnastik stärker berücksichtigte.

Dieser Wertungsbogen war bereits 1932 in Hamburg amtlich eingeführt und wurde dort den Prüfungsakten beigefügt.

Ein besonderes Sportabitur fand nur in Form einer „stichprobenhaften Turnprüfung“ statt. Damit konnte zwar die Prüfungskommission das Zustandekommen der Sportnote nachverfolgen, nicht aber die außenstehenden Adressaten der Zeugnisse.

Den Vorstellungen von SCHÖNING war ein voller Erfolg beschieden: Bereits 1952 erfolgte ein *KMK-Beschluß zur „Wertung der Leibesübungen in der Schule“,* der die enge Anlehnung an seine Konzeption erkennen läßt.

Danach sollte die Beurteilung sich stützen
- auf die *Leistungsvoraussetzungen* (Alter, Größe, Gewicht, Gesundheitsbefund und Konstitution),
- auf die *Leistungen,* die in den an der Schule betriebenen Teilgebieten der Leibesübungen erbracht wurden,
- auf den *Leistungswillen* als Ausdruck der charakterlich bedingten Mitarbeit.

Als Norm für die Note „gut“ sollte im 13. Schuljahr die Erfüllung der Anforderungen des Männer- bzw. Frauensportabzeichens gelten. Der Wertungsbogen von SCHÖNING wurde ausdrücklich empfohlen.

Mit dieser *„Dreikomponentennote“* war der Zustand erreicht, der bis heute als die „pädagogische Notengebung“ fortwirkt, z.B. in den Hinweisen zur Notengebung in den einzelnen Bundesländern und als allgemeine Lehrmeinung an den Hochschulen.

Was damit aber wirklich erreicht war, wird sofort deutlich, wenn man eine kurze *Zwischenbilanz* zieht:

Die *Entwicklung der „pädagogischen Note“* im Sport läßt *drei Stufen* erkennen:

1. Bis zum Beginn der 30er Jahre gelten für die Erteilung der Sportnote dieselben Grundsätze wie in allen anderen Fächern. Der Lehrer mußte also bestrebt sein, auf Grund der Lehrplanvorgaben und seiner Erfahrung einen überindividuellen, über die jeweilige Klasse (und möglichst auch Schule) hinausreichenden Maßstab zu finden. In den Lehrplänen finden sich jedoch auch Hinweise auf die besondere Verantwortung des Sportlehrers.
2. Der Lehrplan von 1937 bringt die faktische *Zweiteilung* der Sportnote: Reduktion auf die „reine Leistungsnote“ einerseits und Einführung einer „Persönlichkeitsbeurteilung“ andererseits, an der die Sportlehrer maßgeblich beteiligt waren und die in die Zeugnisse einging.
3. Durch den KMK-Beschluß von 1952 wird ein „Dreischritt“ in der Notenfindung verbindlich festgelegt, das Endergebnis wird aber wieder zu einer *einheitlichen Ziffernnote* zusammengezogen.

Allein schon diese kurze Übersicht kann zeigen, daß die pädagogische Note eine recht künstliche und in sich widersprüchliche Konstruktion ist. Sie wirft auch einige juristische und moralische Probleme auf.

Bevor aber darauf eingegangen wird, ist ein kurzer Blick auf ein „innerdeutsches“ Problem angebracht:

Die „Dreikomponentennote“ konnte sich nur in der alten Bundesrepublik durchsetzen, wo sie zunächst auch ungeteilte Zustimmung fand. In der DDR blieb man nach RAHN (in: STIEHLER 1971) in den Grundzügen bei der Konzeption von 1937, die trotz allen Unbehagens, das man dabei empfinden muß, in sich wenigstens konsequent ist.

Die *Kritik* an der pädagogischen Note westdeutscher Prägung muß sich hier auf einige wenige Beispiele beschränken:

(1) Die Mitberücksichtigung der *körperlichen Voraussetzungen*, des sogenannten Konstitutionsfaktors, läuft auf eine Relativierung der sportlichen Leistungen hinaus. Damit ist ein uraltes Problem angesprochen, das vor allem turnerisches Gedankengut repräsentiert. Bereits in den 60er Jahren des 19. Jahrhunderts wurde darüber heftig und kontrovers diskutiert.

Damals wie später sind freilich alle solche Versuche im Sande verlaufen. Auch wenn man den Wertungsbogen von SCHÖNING betrachtet, sind die entsprechenden Hinweise mit den Kategorien A, B und C recht dürftig, und dies nicht ohne Grund: Man kann z.B. die Hochsprungleistung auf die Körpergröße beziehen, könnte mit demselben Recht aber auch verlangen, den Prozentsatz der weißen Muskelfasern zu berücksichtigen, was wohl auch beim 100-m-Lauf angebracht wäre. Dort wäre wiederum die Einbeziehung eines „Reaktions- und Koordinationsfaktors“ (in der Praxis also eines „Ungeschicklichkeitsfaktors“) zu erwägen.

Solche Gedankenspielereien ließen sich ins Endlose fortsetzen.

In der Praxis lassen sich nämlich nur Größe und Gewicht ohne weiteres feststellen; andere, für die sportliche Leistung vielleicht wichtigere Faktoren müssen zwangsläufig unberücksichtigt bleiben.

Die Bevorzugungen und Benachteiligungen durch Größe und Gewicht dürften sich über die gesamte Breite des Schulsports weitgehend ausgleichen, wobei die großen und kräftigen Schüler freilich einen deutlichen Vorteil haben. Aber gerade aus dieser Ecke kommen die meisten Klagen, wenn es um tatsächliche oder vermeintliche Nachteile geht. Erhebliches Übergewicht ist eine behandlungsbedürftige Krankheit, und auch in den verbleibenden Fällen sollte man etwas dagegen tun, anstatt eine Notengutschrift zu geben.

(2) Wie dieser letzte Hinweis zeigen kann, liegt der expliziten Berücksichtigung eines Konstitutionsfaktors ein *doppelter Denkfehler* zugrunde: Zunächst dürfte es unbestritten sein, daß von einer „Anrechnung" nur im positiven Fall, also zur Aufwertung einer körperlich bedingten Minderleistung, Gebrauch gemacht werden kann. „Zu gute" körperliche Voraussetzungen können wohl kaum bestraft werden. Sodann dürfte es sowohl der pädagogischen Logik als auch der allgemeinen Gewohnheit entsprechen, daß eine solche Vergünstigung nur gewährt wird, wenn der Schüler sie durch erhöhten Fleiß und gute Mitarbeit auch „verdient" hat.

Damit reduziert sich das Konstitutionsproblem auf das Mitarbeitsproblem nach der einfachen Formel, daß anlagebedingte Minderleistungen durch bessere Mitarbeit kompensiert werden können.

Eine Durchsicht der Fachliteratur bestätigt diesen Sachverhalt: Die Diskussion geht vorwiegend um die „Verschiebekraft" des Faktors „Mitarbeit". Dazu wird weiter unten noch etwas zu sagen sein.

(3) Aber auch der *„Mitarbeitsfaktor"* als solcher muß, so selbstverständlich er auf den ersten Blick auch erscheinen mag, einige Bedenken hervorrufen. Ein grundsätzliches sei hier nur in Frageform vorgelegt: Ist es wirklich unbedenklich, von diesem Faktor auch „gegen" den Schüler Gebrauch zu machen, also eine objektiv gute Leistung abzustufen, wenn der Schüler es – tatsächlich oder vorgeblich – an „Mitarbeit", „Fleiß", „Einsatz" oder „Leistungswillen" fehlen läßt, zumal es für solche Fälle ja eine Mitarbeitsnote gibt? Das ist sicher eine juristisch interessante Frage.

Darüber hinaus ist der Mitarbeitsfaktor ein vorwiegend pragmatisches Problem: Zu einer „normalen" und zumutbaren Mitarbeit ist der Schüler schulrechtlich und moralisch verpflichtet. Eine Notengutschrift hierfür erübrigt sich. Ein darüber hinausgehendes Engagement ist vielfach ambivalent zu bewerten. Schon die Formulierung des KMK-Beschlusses muß hier zwiespältige Gefühle wecken: Der Lehrer soll die „charakterlich bedingte", also die „echte" und „innere" Mitarbeit bewerten, nicht die vielleicht nur vorgetäuschte.

Sicher kann Erfahrung hier viel helfen, es verbleiben aber zwei ernsthafte Einwände:

- Sobald die Schüler wissen oder doch annehmen müssen, daß der Lehrer bestimmte Verhaltensweisen mit und in der Note belohnt, sind sie *gezwungen*, diese zu zeigen oder notfalls auch einmal vorzutäuschen.

- Der Lehrer ist immer in der Gefahr, nach seinem eigenen, schichtenspezifisch oder biographisch bedingten Normen- und Wertesystem zu urteilen, nicht nach dem der Schüler. Im Extremfall könnte dies zum *Mißbrauch* und – ob dies dem Lehrer bewußt ist oder nicht – zur Ausübung unzulässiger Macht führen, die ihm gerade durch die pädagogische Note verliehen worden ist.

Genau an dieser Stelle lag auch ein gleich zu besprechender Angriffspunkt.

(4) Mindestens genau so interessant wie das, was der KMK-Beschluß enthält, ist das, was er nicht sagt. Es sind dies vor allem zwei Punkte:

Zum einen ist nicht explizit von der Berücksichtigung *sozialer Verhaltensweisen* die Rede. Natürlich ist das zunächst ein terminologisches Problem: Was zur Zeit der Leibeserziehung die „Charakterbildung" war, wurde in der nachfolgenden Epoche der Sportpädagogik begrifflich zur „Sozialisation" und zum „sozialen Lernen". Dennoch drückt sich darin – auch – eine kennzeichnende Blickverschiebung vom Individuum auf die Allgemeinheit aus.

Zum anderen wird noch nicht von der Mitbewertung *kognitiver Leistungen* gesprochen. Man hat damals eben noch etwas einfacher gedacht als heute, nämlich daß Sport, wie der Name des Faches sagt, sportliche Leistungen und damit auch indirekt körperliche Leistungsfähigkeit bewerten sollte und daß kein Anlaß besteht, daraus ein weiteres „Wissensfach" zu machen.

(5) Der KMK-Beschluß macht keinerlei Angaben darüber, in welchem *Verhältnis* die drei Komponenten in die Gesamtnote eingehen sollen. Auch die Erläuterungen von SCHÖNING geben darüber keine Auskunft. Sie lassen eher darauf schließen, daß sowohl der Konstitutions- als auch der Mitarbeitsfaktor eine Art Ausgleichsfunktion in Zweifelsfällen haben sollten.

Jedenfalls verblieb ein offenes Problem, was in der Folgezeit fast zwangsläufig zu Irritationen führen mußte.

Schülerprotest und Lehrerwiderspruch (1960 - 1971)

Es ist weithin in Vergessenheit geraten, daß die ersten Widerstände gegen die „pädagogische Note" von *Schülerseite* kamen. Das hatte freilich einen konkreten Anlaß: 1960 wurde – sicherlich nicht in allen Bundesländern gleichzeitig und nicht überall mit demselben Nachdruck – das allgemeine *Sportabitur* (wieder) eingeführt. Damit wurde der Leistungsdruck auf die Schüler, dem sie sich durch die damals als obligatorisch geltenden Bundesjugendspiele ohnedies ausgesetzt fühlten, weiter verstärkt. Es kam hinzu, daß die Prüfungsergebnisse nur Einfluß auf die Sportnote, nicht aber auf das Bestehen des Abiturs hatten, was die Relation von Aufwand und Ertrag in einem ungünstigen Licht erscheinen ließ.

Rückblickend ist es somit nicht verwunderlich, daß es im Zuge der 1968 einsetzenden Studenten- und Schülerproteste allenthalben auch zu Protest- und Streikaktionen gegen das Sportabitur kam. Dabei geriet auch die „pädagogische Note" ins Schußfeld, z.B. mit folgendem Argument einer Schülergruppe bei der Diskussion über das Sportabitur: „Wir wollen keine Gewissens- und Gesinnungsprüfung; wir verlangen, daß die

Wertungstabellen und Vorschriften offengelegt werden und daß die Lehrer sich auch strikt daran halten."

Dabei war es den Schülern offensichtlich nicht bewußt, daß es, außer der empfohlenen Anlehnung an das Sportabzeichen, keine verbindlichen Regelungen gab. Die Schulen mußten sich also mit „hausgemachten" oder von den Sportlehrerverbänden verbreiteten Prüfungsanforderungen behelfen.

Den Widerspruch von seiten der *Lehrerschaft* formuliert zu haben, ist das Verdienst von H. DASSEL. In einer kurzen Veröffentlichung aus dem Jahre 1971 wies er vor allem darauf hin,

- daß im Fach Sport ohne äußere Kennzeichnung eine andere Note vergeben wird als in allen anderen Fächern,
- daß das Zustandekommen dieser Note nicht nachprüfbar ist,
- daß diese „Mischnote" so gut wie keine Aussagekraft hat.

Die Argumentation von DASSEL blieb nicht ohne Widerhall. Sie trug wesentlich dazu bei, daß mit dem *Lehrplan von 1971* in *Baden-Württemberg* die Rückkehr zur „Leistungsnote", genauer gesagt, zur allgemein üblichen Notengebung, vollzogen wurde. Über die „Notenverordnung" von 1983 ist dies bis heute so geblieben, allerdings mit Ausnahme der neuen Bestimmungen zur Kursstufe. Außer einer Anfrage des Landeselternbeirates, die sich mehr auf die prinzipielle Problematik der Sportnote als auf ihre praktische Handhabung bezog, ist kein Widerspruch bekannt geworden.

Aus dem Vorfeld des eben genannten Lehrplans ist freilich von einem kennzeichnenden Vorgang zu berichten: Als auf einer sehr gut besuchten Fachtagung die Lehrplanentwürfe diskutiert wurden und dabei auf die bevorstehende Einführung der „Leistungsnote" hingewiesen wurde, erhob sich bei einer Gruppe von Kolleginnen und Kollegen Widerspruch, und zwar mit dem Argument: „Dann haben wir ja gar kein Druckmittel mehr, die Schüler zur Mitarbeit zu bringen."

Um die Bedeutung dieser Aussage zu verstehen, ist ein Blick auf die zeitgleiche *Fachliteratur* recht hilfreich:

In dem damals maßgeblichen sportdidaktischen Standardwerk, der „Allgemeinen Methodik der Leibesübungen" von F. FETZ (1971^4), wird ein Vorschlag von H. GROLL aus dem Jahr 1962 diskutiert, wonach „eine ausgezeichnete Leistung des Schülers durch unzureichende Mitarbeit um drei Grade auf genügend abgewertet ..., eine nichtgenügende bei guter Mitarbeit um zwei Grade auf befriedigend aufgewertet" werden kann. Die Gesamtnote und die beiden Teilnoten sollten ins Zeugnis aufgenommen werden.

Damit wäre in der Tat ein starkes Druckmittel in der Hand des Lehrers geschaffen, obwohl derselbe Autor in einem anderen, gleichfalls recht verbreiteten Standardwerk, in der „Leibeserziehung" von E. W. BURGER und H. GROLL (1971^3) feststellt, daß die Sportnote nicht als Disziplinierungsmittel mißbraucht werden dürfe.

Sowohl FETZ als auch GROLL sprechen sich freilich bereits 1971 für eine „Aufwertung bzw. Abwertung" der Leistungsnote um höchstens eine Notenstufe auf Grund einer entsprechenden Mitarbeitsnote aus. Dies gilt auch noch für die neueste, 9. Auflage 1988, des Buches von FETZ. Es dürfte dies auch der allgemeinen Handhabung in der Praxis entsprochen haben und vermutlich noch entsprechen.

Hier ist aber die Frage zu stellen, ob es dazu eines solchen Aufwandes in Form einer „Zwei-" oder gar „Dreikomponentennote" bedarf.

Es muß ernsthaft nachgefragt werden, *ob hierfür nicht die allgemeinen, für alle Fächer geltenden schulrechtlichen Bestimmungen ausreichen*, die (in der Formulierung von Baden-Württemberg) in der Notenbildung eine „pädagogisch-fachliche Gesamtbeurteilung der vom Schüler erbrachten Leistungen" mit einem erheblichen *Ermessensspielraum* für den Lehrer sehen.

Jeder, der einmal unterrichtet hat, weiß,
- daß dieser in jeder Teilnote enthaltene „positive" Ermessensspielraum sich in der „Gesamtabrechnung" sehr wohl auf eine Notenstufe aufaddieren kann,
- daß es umgekehrt problematisch ist, eine Note um denselben Betrag zu „drücken", es sei denn, daß konkrete, im Zusammenhang mit der Leistungsbeurteilung stehende Fehlverhaltensweisen des Schülers nachweisbar sind.

Man sollte in diesem Zusammenhang auch die *Schülersicht* beachten: Nach allem, was man aus Befragungen weiß, erwarten die Schüler von einem Lehrer vor allem, daß er „verständnisvoll" und „gerecht" ist (wobei sie wahrscheinlich nicht daran denken, daß diese beiden Forderungen auch in Konflikt miteinander geraten können).

Dies führt zu recht eindeutigen praktischen Konsequenzen: Ein Schüler dürfte sehr wohl verstehen, daß ein von Natur aus benachteiligter Mitschüler trotz objektiv schwächerer Leistungen dieselbe Note erhält wie er; er wird aber wohl kaum akzeptieren, daß dieser vor ihm rangieren sollte (1).

Sofern über diesen einfachen Satz Konsens hergestellt werden könnte, hat sich die „pädagogische Notengebung" von selbst überholt.

Anmerkung

(1) Vgl. hierzu den Beitrag: Leistungsbewertung und Notengebung im Fach Sport, „Handbuch" S. 168.

Literatur

BADISCHES MINISTERIUM DES KULTUS UND UNTERRICHTS: Lehrplan, Richtlinien und Stoffverteilung für das Turnen der männlichen Schuljugend. Karlsruhe 1930.
BERNETT, H.: Grundformen der Leibeserziehung. Schorndorf 1975.
BURGER, E. W./GROLL, H.: Leibeserziehung. Wien 1971[3].
DASSEL, H.: Mixtum compositum – Zur Frage der Benotung im Schulsport. In: Die Leibeserziehung 3/1971.
FETZ, F.: Allgemeine Methodik der Leibesübungen. Frankfurt 1971[4]; Wien 1988[9].
KULTUSMINISTERIUM BADEN-WÜRTTEMBERG: Richtlinien für den Sportunterricht. Stuttgart 1971.
REICHS- UND PREUSSISCHES MINISTERIUM FÜR WISSENSCHAFT, ERZIEHUNG UND VOLKSBILDUNG: Richtlinien für die Leibeserziehung in Jungenschulen. Berlin 1937.
SCHÖNING, E.: Die Leibesübungen pädagogisch gewertet. Frankfurt a. M. 1951.
STIEHLER, G. (Red.): Methodik des Sportunterrichts. Berlin-Ost 1971[3].

15 Sportnoten abschaffen – und dann?

Noten abschaffen, selbstbestimmt und ohne Leistungsdruck lernen, unbeschwert zur Schule gehen – ein alter pädagogischer Wunschtraum. Im folgenden soll aber nicht von der generellen Abschaffung der Noten, sondern allein vom Verzicht auf die Sportnote unter Beibehaltung des üblichen Notensystems in den anderen Schulfächern die Rede sein.

Einwände gegen die Sportnote

Spätestens seit den reformpädagogischen Bestrebungen der 20er Jahre ist die Sportnote – damals noch „Turnnote" oder „Note in Leibesübungen" genannt – in die *Kritik* geraten. Im Verlauf vieler und intensiver Diskussionen wurden vor allem drei Gesichtspunkte herausgearbeitet:

(1) Die Sportnote ist *„ungerecht"*. Sportliche Leistungen sind von bestimmten körperlichen Voraussetzungen abhängig, die im wesentlichen angeboren sind und nur innerhalb einer bestimmten Bandbreite verändert werden können.

Diesem Einwand versuchte man mit der durch einen KMK-Beschluß aus dem Jahre 1952 zur amtlichen Norm erhobenen *„pädagogischen Notengebung"* Rechnung zu tragen. Danach sollten nicht nur die tatsächlich erbrachten Leistungen, sondern auch die körperlichen Voraussetzungen und die Mitarbeit des Schülers in die Note eingehen. Angesichts einiger grundsätzlicher Einwände und der unlösbaren praktischen Schwierigkeiten war diesem Unternehmen kein sonderlicher Erfolg beschieden. Was blieb, war die verständliche Neigung der Sportlehrer, einem körperlich benachteiligten Schüler in der Benotung etwas entgegenzukommen (1).

(2) Die Sportnote ist *nicht sachgerecht*. In sie fließen so viele sachlich und strukturell unterschiedliche Bewertungs- und Beurteilungsgegenstände ein, daß eine einheitliche Ziffernnote keine sinnvolle Aussage mehr machen kann.

Dieser Kritikpunkt führte zeitweise, nämlich im Lehrplan von 1937, zu einer *Aufspaltung* der Sportnote in die Teilbereiche Leichtathletik, Turnen, Schwimmen, Boxen und Spiele. In der Praxis wurde daraus dann doch wieder eine Art Gesamtnote gebildet, die als „körperlich-sportliche Leistungsfähigkeit" den „Abnehmer" eines Zeugnisses, namentlich eines Abgangszeugnisses, vor allem interessierte.

(3) Die Sportnote ist *überflüssig*. Der Schüler erhält im Sport nicht nur eine Menge Meßwerte, sondern auch die unmittelbare Rückmeldung darüber, was er kann und was er nicht kann.

Es ist dies die alte, bis auf die Philanthropen zurückgehende Idee der *Leistungstafeln*, die dem einzelnen Schüler Stand und Fortschritt seiner Leistungen verdeutlichen sollen. Solche Auflistungen fordern zum Vergleichen aber geradezu heraus, zunächst innerhalb der Bezugsgruppe, dann auch darüber hinaus. Selbst in Bereichen, in denen keine exakten Messungen und Wertungen möglich sind, ist der Schüler sehr wohl in der Lage abzuschätzen, wie er im Vergleich zu seinen Klassenkameraden steht.

„Schulfach“ oder „Erziehungsbereich“ Sport?

Das Problem einer angemessenen Bewertung körperlicher und sportlicher Leistungen ist weiterhin mit der Frage verknüpft, ob der Sportunterricht (bzw. das Turnen oder die Leibesübungen) ein Fach ist wie jedes andere oder ein eigenständiger und *übergreifender Bildungs- und Erziehungsbereich.*

Auch darin drückt sich ein bis zur Wende vom 19. zum 20. Jahrhundert zurückgehendes Anliegen der Reformpädagogik aus, das in der musischen, körperlichen und manuellen Tätigkeit – als Kunsterziehung, Musikerziehung, Leibeserziehung und Werken – besondere erzieherische Einwirkungsmöglichkeiten sah. Vor allem sollte dadurch die Ganzheitlichkeit der Erziehung gegenüber den als übermächtig empfundenen intellektuellen Anforderungen wieder hergestellt werden.

Diese Bestrebungen schlugen sich alsbald auch in den Sportlehrplänen nieder, unter anderem wie folgt:

(1) In den älteren Lehrplänen werden *Wandern* und *Winterliche Leibesübungen* pauschal dem Turnen bzw. den Leibesübungen zugeschlagen, obwohl dies primär Schul- und keine Fachveranstaltungen sind. Vielerorts galt dies auch für das Schwimmen, nämlich dann, wenn es in freien Gewässern stattfinden mußte.

(2) Seit etwa 1900 wurde, vor allem auf Grund der Bemühungen des „Zentralausschusses zur Förderung der Volks- und Jugendspiele“, der *Spielnachmittag* in den Ländern des Deutschen Reiches eingeführt. Da er sozusagen außerhalb des üblichen Schulbetriebes lief, war damit die Möglichkeit zu klassenübergreifenden Aktivitäten gegeben. In großem Umfang wurden auch fachfremd unterrichtende Lehrer zu seiner Durchführung herangezogen. Die hier erzielten Leistungen gingen, sofern sie überhaupt registriert wurden, in die allgemeine Turnnote ein.

(3) Nach dem zweiten Weltkrieg wurde der Spielnachmittag durch die *Arbeitsgemeinschaften* abgelöst. Dies geschah auch auf Betreiben der Sportlehrerverbände, die sich für die dritte Sportstunde und zusätzliche freiwillige Angebote anstelle der Wiederaufnahme des Spielnachmittags aussprachen.

Seitdem bildet der Sport, zusammen mit den musischen Fächern, das „klassische“ Betätigungsfeld der Arbeitsgemeinschaften. Die Ergebnisse aus diesem Bereich werden allgemein nicht benotet; allenfalls wird die Teilnahme im Zeugnis vermerkt.

Nach dem gegenwärtigen Stand beschränkt sich die Benotung sportlicher Leistungen auf den Bereich des *pflichtgemäßen Sportunterrichts.* Dieser aber ist sowohl schulrechtlich (als das „Fach Sport“) als auch in der praktischen Handhabung ein Schulfach wie jedes andere, was sich in folgenden Merkmalen ausdrückt:

- Der Sportunterricht ist im Stundenplan verankert und damit in den schulischen Tagesablauf integriert.
- Der Sportunterricht kann durch die allgemeine Verfügbarkeit von Sporthallen witterungsunabhängig und damit regelmäßig stattfinden.
- Für den Sportunterricht bestehen verbindliche Vorgaben, sei es durch Lehrpläne oder durch „Bildungsstandards“.

Strukturelle Vorgaben für die Notengebung im Sport

Wie allgemein üblich, werden auch in den Sportlehrplänen die Anforderungen nur genannt, nicht aber näher präzisiert. Es ist Sache des einzelnen Lehrers festzustellen, wie weit sie von den Schülern erfüllt worden sind. Dabei hat sich die *kriteriumsorientierte Bewertung*, die sich darin ausdrückt, daß das Erreichen der inhaltlich vorgegebenen Lernziele die Höchstnote ergibt, allgemein durchgesetzt.

Eine gewisse *Normorientierung* ist – im Sport wie in den anderen Fächern – dadurch gegeben, daß man in Anforderungen von unterschiedlichem Schwierigkeitsgrad unterscheidet. In einigen Teilbereichen des Sports, vor allem in der Leichtathletik und im Schwimmen, besteht darüber hinaus die Möglichkeit einer statistischen Anbindung an allgemeine Wertungstabellen, d.h. an „absolute" Normen. Eine entsprechende Objektivierung der Anforderungen wird auch in den Hauptfächern, z.B. durch zentrale Aufgabenstellung, Probearbeiten u.ä., zu erreichen versucht.

Sportnoten kommen im großen und ganzen also auf dieselbe Weise zustande wie alle anderen Noten. Der Schüler erwartet sie hier wie dort sozusagen als „Belohnung" für die pflichtgemäße Teilnahme. Dies gilt grundsätzlich auch für den oben bereits erwähnten Fall der „pädagogischen" Notengebung.

Eine Abschaffung der Sportnoten würde dem Sport eine *Sonderstellung* verleihen, die unweigerlich zu gravierenden Veränderungen im Schülerverhalten führen müßte.

Bevor darauf näher eingegangen wird, ist eine grundsätzliche Bemerkung angebracht:

Die Sichtweise des Sportunterrichts als eines Schulfaches neben acht bis vierzehn anderen Pflichtfächern kann der gesellschaftlichen und erzieherischen Bedeutung des körperlich-sportlichen Bereichs im Rahmen einer ausgewogenen Allgemeinbildung selbstverständlich nicht gerecht werden.

Eine Ausweitung der Stundenzahl, die Aufgliederung in einen Pflicht- und Wahlpflichtbereich oder die Aufspaltung in eine sportliche und künstlerische Richtung der Bewegungserziehung wären ein dringendes Anliegen. Dieses aber besteht unabhängig von der Frage, ob und in welchem Umfang Noten vergeben werden sollen.

Konsequenzen einer Abschaffung der Sportnote

Zunächst ist hier die Frage zu stellen, was man denn konkret über die Auswirkungen einer Abschaffung der Sportnote weiß. Die Antwort darauf ist eher ernüchternd: Abgesehen von einigen sporadischen und vagen Andeutungen in der Fachliteratur über „durchaus positive Erfahrungen", so gut wie nichts.

Zumindest im Bereich der alten und neuen Bundesrepublik wurde bisher noch kein Groß- und Langzeitversuch unternommen, der allein beweiskräftig wäre. Alle in diese Richtung zielenden Untersuchungen sind vielmehr als *Laborversuche* zu werten, deren Beweiskraft begrenzt ist (2).

Wir stützen uns deshalb auf unsere eigenen Erfahrungen und Untersuchungen (z.B. im Rahmen von Examensarbeiten). Die dabei gewonnenen Erkenntnisse lassen sich wie folgt zusammenfassen:

(1) Die Schüler sind mit dieser Fragestellung durchaus vertraut. Darin dürften sich die auch in der Öffentlichkeit immer wieder geäußerten *Zweifel* an der Sportnote niederschlagen und ebenso die Tatsache, daß der „freie Sport" ja auch keine Noten kennt.

(2) Die Schüler sehen aber sehr genau, daß infolge des weiterbestehenden Pflichtcharakters die ohnedies bestehenden Unterschiede in der *Einstellung* zum Sportunterricht sich weiter verschärfen würden, von einem möglicherweise gesteigerten Engagement einerseits bis hin zu völliger Gleichgültigkeit andererseits.

(3) Selbst diejenigen, die sich positive Auswirkungen versprechen, argumentieren aus einem eher *negativen Zusammenhang* heraus: Man könne sich ja dann auf das konzentrieren, was Spaß mache, und bräuchte da nicht mehr mitzumachen, wozu man keine Lust habe.

Alles in allem ergibt sich, daß aus Schülersicht die Abschaffung der Sportnote untrennbar verknüpft ist

- mit der *Wahlfreiheit in den Inhalten,*
- mit der *Beliebigkeit im Mitmachen,*
- mit der *Unverbindlichkeit in der Anwesenheit.*

Es ist keine Frage, daß guter und engagierter Sportunterricht auch ohne Noten erfolgreich sein kann. Über die möglichen „Langzeitwirkungen" scheinen die Schüler aber realistischere Vorstellungen zu haben als manche Sportlehrer und Sportpädagogen.

Ganz offensichtlich ist der Verzicht auf die Sportnote nur sinnvoll im Zusammenhang mit der Umwandlung des Sportunterrichts in ein reines *Wahlpflichtfach*, verstanden als Wahlmöglichkeit innerhalb des Fachbereichs.

Selbst dann würden aber zwei ungelöste Probleme verbleiben:

(1) Wie die Erfahrungen mit einem konsequenten *Neigungsgruppenunterricht* zeigten, haben sich die Erwartungen, daß sportlich wenig interessierte Schüler durch Wahlmöglichkeiten zu einem größeren Engagement veranlaßt werden könnten, nur bedingt erfüllt. Wer etwas zur Wahl stellt, müßte konsequenterweise auch die Abwahl vorsehen. Andernfalls verbleibt nur die „Wahl des geringsten Übels".

(2) Wahlmöglichkeit bedeutet *Spezialisierung.* Das aber kann nicht Aufgabe des Sportunterrichts als Pflichtfach sein. Auf jeden Fall hätte man damit einen wesentlichen Aspekt einer *eigenständigen Begründung des Schulsports* aufgegeben.

Das führt weiter zu der Frage, was denn für die Beibehaltung der Sportnote spricht. Es sind dies vor allem zwei Gesichtspunkte, die zueinander in einer inneren Beziehung stehen:

- zum einen der *Pflichtcharakter von Schule und Unterricht*, der darauf zurückgeht, daß die Gesellschaft an die nachwachsende Generation bestimmte Anforderungen stellt, unabhängig davon, ob sie im Einzelfall als mehr oder weniger „notwendig" oder „beliebt" empfunden werden,
- zum anderen die *Aufgabe einer vielseitigen und gleichmäßigen körperlichen Ausbildung*, die nicht nur im gesellschaftlichen Interesse liegt, sondern auch dem indi-

viduellen Nutzen dient, und dies auch dann, wenn ein Schüler in der Freizeit oder im Verein sportlich oder auch leistungssportlich tätig ist.

Daß ein Schüler, wenn er seine Pflicht tut, auch erwarten kann, dafür durch eine Note, d.h. einen Erfolgsnachweis, „belohnt“ zu werden, ist oben schon gesagt worden; daß der weniger engagierte durch einen gewissen Notendruck dazu möglicherweise erst veranlaßt werden muß, sollte hingenommen werden können.

Es ist hier unerheblich, ob die Note dem Lehrer Macht oder doch eine gewisse Sicherheit verleiht. Nach unseren Feststellungen spielt dieser – für den Sportlehrer ja keineswegs unerwünschte – Aspekt bei den Schülern so gut wie keine Rolle.

„Ersatzlösungen“

Die prinzipielle Schwierigkeit, auf eine Schülerbeurteilung gänzlich zu verzichten, hat vielfach zu „Ersatzlösungen“ geführt. Die älteste und verbreitetste von ihnen ist das *Worturteil.* Als *zusätzliche Verhaltensbeurteilung* hatte es zeitweise eine nicht zu unterschätzende Bedeutung, bis sich in der Nachkriegszeit auch hier die Ziffernnote bzw. ein entsprechendes Prädikat durchsetzte.

Dabei blieb es einige Jahrzehnte; doch formierte sich allmählich wieder eine Gegenbewegung: Die Ziffernnote wurde als zu undifferenziert empfunden; die Wortbeurteilung erschien aussagekräftiger. Und so ist diese, vor allem auf Grund von Elterninitiativen wieder im Vordringen.

Offensichtlich ist man sich dabei aber nicht im klaren, welch ambivalentes Instrument damit geschaffen worden ist und wird. Als Vorteil ist sicher zu verbuchen, daß der Lehrer gezwungen ist, über seine Schüler etwas genauer nachzudenken. Dies schärft den Blick für das tatsächliche Schülerverhalten und führt auch zu einer gewissen Solidarität in der Lehrerschaft. Auf der anderen Seite werden Worturteile unweigerlich zur Persönlichkeits- und Charakterbeurteilung, und damit sehr schnell zu einem recht rigorosen, von den gesellschaftlichen und ideologischen Zeitverhältnissen abhängigen Erziehungsmittel.

Es wird weithin übersehen, daß die Formalisierung der Verhaltensbeurteilung durch eine Ziffernnote auch zum Schutz des Schülers vor einer allzu aufdringlichen „Seelenanalyse“ und „Gesinnungsprüfung“ dient. So bedeutet „gut“ z.B.: „was man von Kindern erwarten kann“, „befriedigend“ etwa: „mit einigen Einschränkungen erträglich“. In ähnlicher Weise haben auch die Leistungsnoten ihre konventionelle Bedeutung, die sich nicht immer mit der amtlichen Notendefinition deckt.

Was mit diesen Ausführungen gemeint ist, läßt sich vielleicht durch einen Vergleich des im vorangegangenen Beitrag bereits erwähnten historischen Fragenkatalogs zur Persönlichkeitsbeurteilung aus dem Lehrplan von 1937 mit einem neueren, hier etwas gekürzt wiedergegebenem Vorschlag aus dem Jahre 1980 (3) verdeutlichen. Dabei ist freilich zu bedenken, daß im ersten Fall die Fragen nur als Hilfen zur Formulierung einer allgemeinen charakterlichen Beurteilung dienen sollten, während im zweiten Fall an einen im Zeugnis wiedergegebenen, nach einer dreistufigen Bewertungsskala (z.B. „häufig“ – „manchmal“ – „selten“) ausgefüllten Kriterienkatalog gedacht ist.

Weiterhin dürften die jeweils nicht erwähnten Gesichtspunkte ebenso interessant sein wie die berücksichtigten.

1937	**1980**
	Teilnahme
Freude am Sport oder Scheu vor Anstrengungen?	Mitarbeit
straffe Haltung und Disziplin?	Vollständigkeit der Sportkleidung
Ausdauer und Härte gegen sich selbst?	Ausdauer beim Lernen und Üben
beherrscht und ritterlich?	Rücksichtnahme und Hilfsbereitschaft
	Zusammenarbeit mit Mädchen/Jungen
Kampfgeist im Wettkampf?	
entschlossen und mutig?	
offen oder verschlossen?	
wahrheitsliebend?	
gewissenhaft und verläßlich?	
Einfluß auf Kameraden, selbständig, verantwortungsbewußt?	selbständiges Erarbeiten von Aufgaben, Anregungen geben, Kritik üben
	Zusammenarbeit mit anderen, beschlossene Regeln einhalten

Anstelle eines Kommentars sei hier auf einen ironisch-satirischen Text des englischen Soziologen C. N. PARKINSON über „Prinzipien der Begabtenauslese“ verwiesen (4).

PARKINSON äußert sich darin zu den verschiedenen Prüfungssystemen. Er unterscheidet dabei das „englische alter Art“, das darauf ausgeht, die verwandtschaftlichen Beziehungen des Prüflings zur herrschenden Klasse festzustellen (und mit Abstand das erfolgreichste war, da auf diese Weise die Leute „entdeckt“ worden sind, die das britische Weltreich aufgebaut haben), das „chinesische“, das darauf beruht, allen Kandidaten gleichermaßen Aufgaben zu stellen, die mit ihrer späteren Tätigkeit nicht das geringste zu tun haben (und das trotz seiner weiten Verbreitung und seines international sehr hohen Ansehens nur mäßige Erfolge erbracht hat) und das „moderne psychologische“, über das er folgendes berichtet:

„Die Kandidaten verbringen ein angenehmes Wochenende unter den Augen der Experten. Wenn einer der Kandidaten über den Türvorleger stolpert und ‚Mist‘ murmelt, zücken die Fachleute im Hintergrund sofort ihre Taschenbücher und notieren: ‚leidet an Gleichgewichtsstörungen‘ oder ‚Mangel an Selbstbeherrschung‘. Man braucht dieses Verfahren nicht näher zu beschreiben; seine Produkte laufen vor unseren Augen herum und sind offensichtlich zu bedauern. Personen, die den Forderungen eines Psychologen am meisten entsprechen, sind gewöhnlich von vorsichtiger, mißtrauischer Gemütsart, pedantische Kleinbürger und Spießer, die wenig sagen und noch seltener etwas tun... Von den zahlreichen Verfahren der Begabtenauslese ist dieses letztere zweifellos das allerschlechteste.“

Anmerkungen

(1) Vgl. den vorangegangenen Beitrag: Um die „pädagogische Note“ im Sport, S. 171.
(2) Vgl. den Beitrag: Vom Problem, Probleme zu Ende zu denken, S. 285.
(3) FUNKE, H. J.: Zensurenfreie Information zum Lernprozeß. In: Sportpädagogik 6/1980.
(4) PARKINSON, C. N.: Parkinsons Gesetz. Düsseldorf 1958.

Teil 3: Inhaltliche Gestaltung

16 Muß Sportunterricht anstrengend sein?

Diese Frage läßt sich nach bekanntem Muster nur mit „Ja, aber ...“ beantworten, womit bereits angedeutet ist, daß es sich hier um ein recht komplexes Problem handelt. Dieses besitzt einen – schnell zu klärenden – physiologischen und einen – nur schwer zu entwirrenden – psychologischen Aspekt.

Der physiologische Aspekt: „Anstrengung“ als Belastung

Auch für jemanden, der nicht über spezielle Kenntnisse aus der Trainingslehre verfügt, dürfte es unmittelbar einleuchtend sein, daß *Leistungsfortschritte* im körperlichen Bereich sich nur durch eine *spezifische Belastung* erzielen lassen. Diese Belastung wirkt als physiologischer Reiz, der den Organismus zu einer Anpassungsreaktion zwingt (1). Für Kinder und Jugendliche kommt hinzu, daß auch für eine normale, d.h. dem Durchschnitt entsprechende körperliche Entwicklung intensive Bewegungs- und Belastungsreize notwendig sind.

Dieser Zusammenhang ist bei den konditionellen Fähigkeiten, wie Kraft und Ausdauer, am deutlichsten, er gilt aber auch für die koordinativen Fähigkeiten. Auch sie können sich, allen voran die motorische Lernfähigkeit, aber auch die Steuerungs- und Anpassungsfähigkeit, nur entfalten, wenn immer wieder relativ anspruchsvolle Bewegungsprobleme in Angriff genommen und bewältigt werden. In diesem Zusammenhang verwendet man auch den allgemeineren Begriff der *Beanspruchung.*

Hier ergibt sich aber das Problem, ob und wie weit die entsprechenden Belastungen bzw. Beanspruchungen von den Schülern als „Anstrengung“ empfunden und akzeptiert oder doch toleriert werden.

Der psychologische Aspekt: „Anstrengung“ als Anstrengungsbereitschaft

Anstrengungsbereitschaft, zumal im Sportunterricht, stellt sich ihrerseits als vielschichtiges Problem dar, was eine differenzierte Betrachtung notwendig macht:

(1) Man kann davon ausgehen, daß Anstrengungen umso weniger registriert, ja gelegentlich sogar als lustvoll empfunden werden, je mehr der *Antrieb zu einer Handlung* „von innen heraus“ erfolgt. Es ist dies das Problem der vorgeprägten, intrinsischen oder primären Motivation.

Folgerichtig hat man versucht – und versucht es immer wieder –, die Anstrengungsbereitschaft der Schüler dadurch zu erhöhen, daß man die Inhalte des Sportunterrichts frei wählen läßt. Nun ist das Wahlverhalten von Schülern aber so sehr von aktuellen und zufälligen Faktoren bestimmt und zudem recht unstet und schwankend, daß sich darauf kein sinnvoller Sportunterricht aufbauen läßt.

Damit stellt sich die Frage, ob eine instabile innere Motivation nicht durch eine äußere, extrinsische oder sekundäre verstärkt oder ersetzt werden könnte. Dazu ist weiter unten etwas zu sagen.

(2) In dem angesprochenen Zusammenhang ist zu bedenken, daß Dinge, die in der Schule, d.h. im Rahmen des verbindlichen Unterrichts, getan werden müssen, immer in irgendeiner Weise *Widerstand* hervorrufen.

Nur so ist es zu erklären, daß viele Schüler dem, was sie im Verein oder in der Freizeit gerne und ausdauernd tun, in der Schule recht gleichgültig gegenüberstehen, und dies selbst dann, wenn ihnen die Möglichkeit der Auswahl gegeben wurde. „Wählen dürfen" bedeutet in diesem Umkreis eben „wählen müssen". Außerdem ist damit zu rechnen, daß allgemeine Schulunlust auf die Inhalte einzelner Fächer übertragen wird.

(3) Ganz offensichtlich gibt es *Situationen*, namentlich der Anblick eines sich bewegenden Objekts, sei es eines Menschen oder eines Balles, die zu einer körperlichen Aktivität geradezu herausfordern.

Wahrscheinlich spielt hier ein aus Urzeiten überkommener Jagdtrieb eine Rolle: Die Beute wird gehetzt und gestellt. Ähnliches gilt für den „abschließenden" Zielwurf: Die Beute soll erlegt werden. Im Sport ist dies zum Grundprinzip der großen und vieler kleinen Spiele geworden und ebenso wird dies unter dem Stichwort der „spielerischen" Vermittlung von Unterrichtsgegenständen für andere Bereiche nutzbar zu machen versucht (2).

Hier dürfte ein wichtiger Hinweis für eine freudvolle und abwechslungsreiche Unterrichtsgestaltung vorliegen, doch sollte man bedenken, daß unter den heutigen Lebensverhältnissen die Schüler auch lernen müssen, sich einer Aufgabe „um ihrer selbst" zu widmen und darin ohne spezifischen Situationsanreiz eine Herausforderung zu sehen.

(4) Was die *Art der Belastung* betrifft, zeigt die Erfahrung, daß koordinative Beanspruchungen eher toleriert werden als konditionelle und von den letzteren kurzdauernde, also Kraft- und Schnelligkeitsleistungen, mehr als langdauernde, d.h. Ausdauerleistungen. Bei diesen ist nämlich, obgleich sie die physiologisch „schonenderen" Belastungen darstellen, in aller Regel eine „Unlustschwelle" zu überwinden, was Kindern und Jugendlichen allgemein recht schwerfällt.

Dennoch gibt es viele Gründe, die für eine regelmäßige Berücksichtigung solcher Anforderungen im Sportunterricht sprechen, nicht zuletzt die Möglichkeit, sich bei solchen Gelegenheiten auf sich selbst zu konzentrieren und das „Funktionieren des eigenen Organismus" als geradezu beglückendes Erlebnis wahrzunehmen.

(5) Schließlich ist die Anstrengungsbereitschaft von Schülern auch ein *alterstypisches* und *geschlechtsspezifisches Problem*: Sie läßt im höheren Schulalter deutlich nach, bei Mädchen im allgemeinen etwas mehr als bei Jungen. Ob sich darin biologische Gesetzmäßigkeiten oder gesellschaftliche Einflüsse ausdrücken, ist nicht klar zu entscheiden; beides dürfte eine Rolle spielen.

Solche und noch viele andere Überlegungen, die man zu diesem Thema anstellen könnte, laufen auf die Frage hinaus, ob es nicht geeignete „Motivationshilfen", also *sekundäre Motivationen* gebe, durch die sich das Interesse der Schüler und damit auch ihre Anstrengungsbereitschaft steigern ließen. Diese Frage ist berechtigt, und nicht ohne Grund ist sie Gegenstand eines Teiles der sportpädagogischen Literatur.

In ihrem Kernpunkt laufen alle hier einzuordnenden Empfehlungen und Vorschläge auf das Idealbild eines zielstrebigen, aber dennoch abwechslungsreichen und erlebnisreichen Sportunterrichts hinaus. Davon ist in diesem Band mehrfach die Rede, und dies nicht nur in den speziell hierzu ausgewiesenen Beiträgen (3).

An dieser Stelle erscheint es jedoch angebracht, einen Blick auf die „Patentrezepte" zu werfen, die mit einem Schlag alle Probleme lösen sollen.

In diesem Zusammenhang sind es vor allem zwei: Rückgriff auf das Wettbewerbsprinzip und auf den Einsatz von Musik.

(1) Zum *Wettbewerb* als pädagogischem Prinzip und methodischem Mittel ist an anderer Stelle das Notwendige gesagt (4), so daß hier eine kurze Bemerkung genügt: Das Bedürfnis nach Leistungs- und Könnensvergleich im Wettbewerb, nach der Aufstellung von Rangordnungen, vielleicht sogar nach unmittelbarer körperlicher Auseinandersetzung ist dem Menschen wohl seit Urzeiten angeboren, bei Männern im allgemeinen mehr als bei Frauen.

Es stellt sich nur die Frage, ob ein solches Verhalten auch unter den heutigen zivilisatorischen Lebensbedingungen noch sinnvoll ist und durch eine entsprechende Unterrichtsgestaltung gezielt verstärkt werden sollte.

Trotz einiger Zweifel dürfte aber Übereinstimmung darüber herrschen, daß Wettbewerb, im richtigen Umfang an der geeigneten Stelle eingesetzt, ein unabdingbarer Bestandteil des Sportunterrichts ist. Wenn dadurch die Anstrengungsbereitschaft der Schüler aktiviert wird, kann das nur erwünscht sein. Daraus darf jedoch nicht der Umkehrschluß gezogen werden, daß dies nur auf dem Weg über eine Wettbewerbssituation möglich und erwünscht sei.

(2) Nicht weniger kritisch ist der *Einsatz von Musik* zu beurteilen. Selbstverständlich sind damit nicht die Bildungs- und Stoffbereiche gemeint, in denen die Musik sozusagen zur Sache gehört, im wesentlichen also die rhythmische Gymnastik und der Tanz, sondern nur die Situationen, in denen Musik als Stimulans dient, Menschen in Bewegung zu setzen.

Sicherlich gibt es auch hierfür einige ernstzunehmende Argumente, doch sollte man auch bedenken, daß damit zwischen Musik und Bewegung ein Zusammenhang im Sinne eines bedingten Reflexes hergestellt wird: Wenn Musik, dann Bewegung – keine Musik, keine (oder nur unlustige) Bewegungen. Es ist dies, etwas überspitzt formuliert, dieselbe Methode, mit denen man auch Zirkuspferde in Bewegung setzt.

Man sollte in jedem Fall also darauf achten, daß die Musik eine echte Funktion hat, daß ihr Rhythmus auf den der Bewegung abgestimmt ist und die Art der Bewegung der Musik entspricht (5). Inline-Skating nach Diskomusik als Idealbild eines zeitgemäßen Sportunterrichts herauszustellen, wie dies schon mehrfach geschehen ist, dürfte jedenfalls höchst fragwürdig sein (6).

Das eben Gesagte leitet über zu einer abschließenden Bemerkung: Es ist problematisch, die Frage der Anstrengungsbereitschaft der Schüler allein unter *emotionalen Gesichtspunkten* zu sehen. Die „Traumfabrik“ ist wohl kaum eine geeignete Zukunftsperspektive für den Sport, und hierfür den Begriff „Kultur“ zu beanspruchen, ist eine Anmaßung.

Die *kognitive Komponente* darf nicht außer Betracht bleiben. Sie besteht, etwas verkürzt gesagt, darin, den Schülern verständlich zu machen, daß sportliche Bewegungen zwar willkürlich geschaffene, aber dennoch in sich *sinnvolle Bewegungsprobleme* darstellen, die eine „richtige“ und optimale Lösung zulassen.

Das Problem, möglichst hoch zu springen, darf dabei allerdings nicht auf die „Schulung der Floptechnik“ reduziert werden, sondern muß in seinen physiologisch-konditionellen und physikalisch-biomechanischen Bezügen einsichtig gemacht werden, dies aber nicht als aufgesetzte Theorie, sondern in eigener Erfahrung über einen längeren Zeitraum hinweg.

Dabei müssen Denken, Fühlen und Wollen in einem sinnvollen Verhältnis stehen. Die einseitige Betonung der Emotionalität führt in letzter Konsequenz zu einem permanenten, notfalls künstlich erzeugten Rauschzustand, und damit zur „Flucht aus der Realität“. Das aber hat kaum noch etwas mit Erziehung zu tun.

Anmerkungen

(1) Vgl. den Beitrag: Kleines ABC der Trainingslehre, „Handbuch“ S. 258.
(2) Vgl. den Beitrag: Was heißt „spielerisch“.? „Handbuch“ S. 141.
(3) Vgl. dazu u.a.: Was heißt „Erlebnissport?“ S. 207, und: Einige Anmerkungen zum „schlechten Sportunterricht“, S. 91.
(4) In dem Beitrag: Vom Sinn und Unsinn des Wettbewerbs, S. 143.
(5) Vgl. das Themenbeispiel: Konditionsübungen mit Musik, „Praxis und Methodik“ S. 49.
(6) Kommentar zu einem behördlich initiierten Unterrichtsversuch (Originalzitat): „Aus dem Recorder kommen die Hits der Backstreet Boys, und die Kinder fegen dazu auf ihren Inline-Skates durch die Halle. Das ist keine Skater-Disko, sondern Unterricht.“

17 Muß Sportunterricht Spaß machen?

Es gibt Wörter und Begriffe, die so wunderbar bequem sind: Jeder weiß, was damit gemeint ist, ohne daß man das Wie und Warum näher darlegen muß. Das spielt vor allem dann eine Rolle, wenn Gefühle, Stimmungen und Emotionen wiedergegeben oder emotional unterlegte Meinungen, Behauptungen und Urteile ausgedrückt oder gar propagiert werden sollen.

Ein Musterbeispiel hierfür ist der Begriff „Spaß“, bezeichnet er doch ein *Spektrum von Emotionen*, das von „Befriedigung, Freude, Vergnügen“ auf der einen Seite bis hin zu „Spannung, Erregung, Nervenkitzel“ auf der anderen Seite reicht und das im allgemeinen an Dingen oder Vorgängen festgemacht wird, die als interessant, attraktiv und begehrenswert gelten.

„Spaß“ kann etwas Oberflächliches und Launenhaftes, aber ebenso etwas Tiefsitzendes und Überdauerndes sein. Insofern konnten auch die immer wieder unternommenen Versuche, dem Spaß etwas Negatives anzuhängen und ihn von der „echten“ Freude abzugrenzen, nicht recht überzeugen.

Es kann also keineswegs verwundern, daß „Spaß“ zu einem Schlüsselbegriff der Sportpädagogik geworden ist. Vom etablierten Sportwissenschaftler bis hin zum jüngsten Grundschüler sind alle davon überzeugt, daß der einzige Sinn des Sports darin liege, Spaß zu machen. Für viele, vor allem jüngere Leute sind Sport und Spaß geradezu identische Begriffe geworden.

Diese Hochschätzung des Spaßes ist darüber hinaus ein *gesamtgesellschaftliches Phänomen*. Schule, Studium, Beruf, Freizeit, Urlaub, Familien- und Sexualleben, alles soll heutzutage Spaß machen; kein Bereich bleibt dabei ausgeklammert.

Die Ursachen für diese Entwicklung sind, sofern man sie nur allgemein genug betrachtet, relativ leicht zu fassen: Im Zuge der generellen Liberalisierung der gesellschaftlichen Verhältnisse und der zunehmenden Emanzipation von allen Zwängen und Verpflichtungen wurde nicht mehr nur, wie in einer aufklärerischen Strömung der antiken Philosophie, der *Mensch als Gattungswesen*, sondern das *Individuum* zum *Maß aller Dinge*. Es allein bestimmt frei darüber, was Lust und Lustgewinn ist.

Verstärkt wurde – und wird – diese Tendenz durch eine geradezu entfesselte *Werbung*. Hier ist ja unentwegt von Genießen, Erleben und natürlich auch von Spaß die Rede. Ein typisches Beispiel hierfür ist der vor einigen Jahrzehnten über längere Zeit gebrauchte Werbeslogan eines großen Sportfachgeschäftes und -versandhauses: „Wir haben Ihren Sport; Sie haben Ihren Spaß“.

Dieses Schlagwort soll zweierlei transportieren: erstens daß Sport und Spaß identisch sind, zweitens daß beides käuflich ist. Jeder kann also, sofern er nur ein paar Euro springen läßt, sich diese begehrenswerten Dinge verschaffen.

Im Umkehrschluß folgert man daraus, daß jedermann Anspruch auf einen solchen Spaß habe. Man fühlt sich, wenn dieser aus irgendwelchen Gründen versagt bleibt, „ungerecht“ behandelt und fordert ihn, gelegentlich sogar recht aggressiv, für sich ein.

Versuchen wir, ein vorläufiges Fazit zu ziehen:

„Spaß“ ist ein sehr weiter und (deshalb auch) recht unscharfer Begriff, *eine Kurzformel für emotionales Wohlbefinden jedweder Art.*

Solange dieser Begriff nun im *positiven* Sinne gebraucht wird, ist alles in Ordnung: Man hat dieses – mehr oder weniger diffuse – Wohlbefinden zum Ausdruck gebracht, und alle Beteiligten sind zufrieden.

Im *negativen* Fall aber („Das macht doch keinen Spaß, hat keinen Spaß gemacht“) wird „Spaß“ zum ultimativen Argument, das nicht mehr weiter hinterfragt werden darf, zur großen Keule sozusagen, mit der jeder Einwand niedergestreckt wird (1).

Besonders betroffen sind die Lehrer, und hier vor allem die Sportlehrer. Solange die Forderung, daß Schule und Unterricht Spaß machen sollten, allgemein genug bleibt, ist auch nicht das geringste dagegen zu sagen (denn welcher Lehrer wollte dies nicht schon von sich aus). Sobald aber nicht nur die Schüler, die Eltern und die sogenannte Öffentlichkeit, sondern – zwar nur ganz gelegentlich und andeutungsweise – auch die für den Lehrberuf zuständigen Wissenschaften und Behörden einen Lehrer, der diesen Spaß nicht fortlaufend zu produzieren versteht, zum Versager zu stempeln versuchen, ist die Sache nicht mehr fair.

Was soll denn ein Lehrer, der vor dreißig, möglicherweise recht verwöhnten und hemmungslosen Schülern mit ihren auseinanderstrebenden Wünschen und schnell wechselnden Launen steht, mit den hier unweigerlich angebotenen „Man-braucht-doch-nur-Rezepten" („... die Interessen der Schüler berücksichtigen", „an ihrer Lebensumwelt anknüpfen", „ihre Freizeitbetätigungen in den Sportunterricht holen", „sie richtig motivieren" usw.) im aktuellen Fall wirklich anfangen?

Unser Ratschlag: *Keine Grundsatzdiskussionen über „Spaß" und „Nichtspaß" führen, sondern nachfragen,* z.B. wie folgt: „Euer ‚kein Spaß' ist mir zu nichtssagend; ich möchte genauer wissen, was ihr meint". Irgendwo muß der mangelnde Spaß der Schüler ja seine Ursachen haben, vielleicht in einer konkreten Abneigung, einem diffusen Unbehagen oder einer anderen negativen Emotion, die es herauszufinden gilt. Der Lehrer ist also nicht nur berechtigt, sondern geradezu verpflichtet, in dieser Richtung weiter nachzuforschen.

Dabei wird sich herausstellen, daß die Schüler nur selten Aussagen machen, die substantiell über das „Kein-Spaß-Argument" hinausgehen, sei es, daß sie ihre wahren Beweggründe nicht nennen wollen oder nicht nennen können, weil sie sich selbst darüber nicht im klaren sind.

Zunächst muß man also mit – bewußt oder unbewußt – nur *vorgeschobenen Argumenten* rechnen, vor allem mit solchen, die objektive Gründe anzugeben scheinen, z.B. in folgender Hinsicht:

- daß eine Sache als „bekannt" dargestellt wird („war doch schon da", „wird allmählich langweilig"),
- daß der Gegenstand zu „schwer" sei („können wir nicht", „geht doch gar nicht"),
- daß die Umstände „gesundheitsschädlich" seien („heute ist es zu heiß", „zu kalt", „zu schwül", „hat es zu viel Ozon").

In diesen und ähnlichen Fällen wird sich schnell entscheiden lassen, ob es sich um begründete Einwände der Schüler oder um bloße Ausreden handelt. Es könnte ja sein, daß tatsächlich ein (vielleicht recht anspruchsloses) Thema zu sehr ausgedehnt wurde, ein Teil der Schüler sich überfordert fühlte oder die Ozonwerte bereits am Vormittag eine kritische Grenze erreichten, doch dürfte dies kaum jemals von grundsätzlicher Bedeutung sein.

In zweiter Linie geht es um Argumente, die einen – zumindest in den Augen der Schüler – durchaus berechtigten Vorwurf, jedenfalls aber einen *ernsthaft zu erwägenden Einwand* enthalten.

Dies ist vor allem der Fall,

- wenn ein Thema oder eine Sportart als veraltet oder überholt bezeichnet wird („braucht man doch heute nicht mehr“, „wozu soll das gut sein?“),
- wenn ein Thema oder Gegenstand als abgenutzt oder langweilig empfunden wird („immer dasselbe“, „ist doch öde“).

Beide Argumentationsrichtungen gehen von der Sache aus. Sie wird als zu unattraktiv dargestellt und ist gewissermaßen „schuld“ daran, daß sich der Spaß nicht einstellt.

Aus dieser Sichtweise heraus („Ihr schiebt euer Unbehagen doch nur auf die Sache ab“) lassen sich den Schülern vielleicht einige *Einsichten* vermitteln, z.B. daß etwas, was „alt“ und unmodern ist, deshalb noch nicht wertlos und überflüssig sein muß, daß es elementare Dinge gibt, die man nie gut genug „kann“ und die man beherrschen muß, um überhaupt mithalten zu können.

Schließlich finden sich in jeder Schulklasse genügend Beispiele dafür, daß auch Altgewohntes immer wieder gut ankommt, die Argumentation der Schüler also nicht ganz widerspruchsfrei ist („Wenn es ums Völkerballspielen geht, habt ihr das noch nie behauptet“).

Spätestens an dieser Stelle ist der Punkt erreicht, an dem die *Einstellung der Schüler* zu bestimmten sportlichen Gegenständen und Themen, ja zum Sport überhaupt, zur Debatte steht.

Da solche Einstellungen aber im negativen Fall stark von Vorurteilen, Befürchtungen und Ängsten geprägt sind, spricht man nicht gerne darüber. Die Schüler sind in diesem Bereich auf eine gewisse Hilfestellung durch den Lehrer angewiesen (2).

In der Praxis läuft dies zumeist darauf hinaus, daß man den Schülern eine bestimmte Vermutung „auf den Kopf zu“ sagt, sie also mit dem Beweggrund konfrontiert, der in einer bestimmten Situation wahrscheinlich ihr Verhalten steuert. Vielleicht läßt sich damit einiges ins Bewußtsein heben und auch emotional bewältigen.

Dabei sollte man sich freilich auf einige kurze Bemerkungen beschränken; lange Diskussionen führen nur allzu leicht zu einer Verhärtung der Fronten. Schnelle Erfolge sollte man ohnedies nicht erwarten.

Nach unserer Erfahrung geht es vor allem um folgende *Problemkomplexe*:

(1) Die Schüler lehnen eine Sache nur deshalb ab, weil sie *neu* und *unbekannt* ist. Unbekanntes bringt Unsicherheit und stellt die vertrauten Hierarchien in Frage. Also bleibt man lieber beim Gewohnten und Vertrauten.

Hier ist den Schülern zu bedeuten, daß die Scheu vor dem Neuen letztlich nur die eigenen Wirkungs- und Entfaltungsmöglichkeiten beschneidet („Wer nichts dazulernen will, blockiert nur sich selbst“).

(2) Die Schüler lehnen etwas ab, weil es *unbequem* oder *anstrengend* ist. Es ist ihnen beispielsweise lästig, „richtige“ Sportschuhe mitzubringen oder Geräte aufzubauen; sie schrecken vor jeder Anstrengung zurück, vielleicht weil sie dergleichen noch nie erlebt haben oder weil sie „Schnaufen und Schwitzen“ als unfein ansehen.

Hier ist den Schülern klarzumachen, daß es gerade das mangelnde Engagement ist, das keinen Spaß aufkommen läßt („Es ist ja gerade eure Bequemlichkeit/Trägheit, die euch den Spaß verdirbt").

(3) Die Schüler lehnen etwas ab, weil sie fürchten, sich zu *blamieren*, oder weil sie – vor allem die „Stars" der Klasse – ihre Position in der klasseninternen Rangordnung gefährdet sehen. Es ist dies vor allem ein Problem bei bestimmten Disziplinen, Themen und Sportarten und hat somit auch etwas mit der unterschiedlichen Beliebtheit der Schulsportinhalte zu tun. Es kann also nicht verwundern, daß sich gerade in dieser Beziehung eine gelegentlich recht aggressive Ablehnungsfront formiert.

Hier kommt es darauf an, den Schülern solche Zusammenhänge bewußt zu machen („Es geht hier ja gar nicht um Spaß oder Nichtspaß; ihr habt bloß Angst, euch zu blamieren", „eure Machtposition aufs Spiel zu setzen").

(4) Die Schüler lehnen eine Sache ab, wenn sie anfängt, *anspruchsvoll* zu werden. Viele Gegenstände des Sportunterrichts erlauben schnelle Anfangserfolge. Wenn diese aber allmählich ausbleiben, wenn etwas mehr Stehvermögen und Geduld gefragt sind, wollen viele Schüler nur allzugerne wieder „aussteigen".

Vielleicht lassen sie sich aber davon überzeugen, daß sie sich damit nur um den Erfolg ihrer Arbeit bringen („Alles anfangen und gleich wieder wegwerfen, das führt doch zu nichts").

Es dürfte noch eine Reihe weiterer Ursachen geben, weshalb Schüler am Sportunterricht keinen Spaß haben oder zu haben glauben, doch würde dies keine grundsätzlich neuen Aspekte mehr eröffnen.

Wenn nun aber in den vorangegangenen Überlegungen soviel von „Nichtspaß" die Rede war, führt dies zurück zur eingangs gestellten Frage, die hier in leicht veränderter Form wiederholt werden soll:

Darf denn der Sportunterricht keinen Spaß machen?

Die Antwort ist einfach: Natürlich soll Sportunterricht Spaß machen, ja er kann gar nicht genug Spaß machen, wie Schule und Unterricht im ganzen auch. Nichts wünschen wir Lehrer doch mehr, als daß unsere Schüler nicht nur Erfolge, sondern auch Spaß haben, daß sie mit Begeisterung zu uns kommen und einiges davon auch in ihr späteres Leben hinüberretten.

Dabei sollte man aber auch die beiden folgenden Problempunkte nicht vergessen:

(1) Eine Klasse besteht, wie oben bereits gesagt, aus zwanzig oder dreißig Individuen mit divergierenden Wünschen, Erwartungen und Vorstellungen. Die Forderung, daß jedem Schüler jederzeit der (durchaus notwendige) Spaß vermittelt werden müsse, ist also nicht nur überzogen, sondern schlichtweg unzulässig. Allerdings muß man ebenso scharf sehen, daß daraus kein Lehrer eine Ausrede für schlechten Unterricht, der den Schülern in der Tat den Spaß verdirbt, ableiten darf.

(2) Was in einer Klasse als „Spaß" gilt und was nicht, wird fast immer von einer „aktiven Minderheit" durchsetzungsfähiger Schüler bestimmt. Als Lehrer tendiert

man, um Ruhe zu haben, fast unbewußt dazu, vor allem deren Wünsche zu berücksichtigen und vergißt darüber die Bedürfnisse der „schweigenden Mehrheit".

Hinter all diesen Überlegungen steht ein grundsätzliches Problem: Wenn der „Spaß am Sport und durch den Sport" einen „Sinn" haben soll, muß er zu einem *nachhaltigen und dauerhaften Engagement* führen. Damit ist nicht die übliche Lehrplanfloskel von der „Hinführung zu lebenslangem Sporttreiben" gemeint, sondern die Bereitschaft der Schüler, sich intensiv mit einer Sache zu beschäftigen und so lange dabei zu bleiben, bis etwas Brauchbares dabei herausgekommen ist.

Selbst im positiven Fall, wenn alle ihren Spaß haben (oder zu haben glauben), führt dies nun doch zu einer besorgten Frage:

Was ist, wenn der „Spaß" zu sehr an der Oberfläche bleibt?

„Spaß" kann ja durchaus etwas Launenhaftes, Flüchtiges, Unverbindliches sein. Insofern sollten die Bedenken, die gegen den Spaß als Leitziel des Schulsports vorgebracht werden, und die Versuche, den „bloßen Spaß" von der „echten Freude" zu unterscheiden, nicht achtlos beiseite geschoben werden (3).

Das Problem liegt dabei weniger in solchen definitorischen Abgrenzungen, sondern in der einfachen Frage, ob der „Spaß" auch zu einer tieferen Befriedigung und inneren Zufriedenheit führt, ob damit also elementare Bedürfnisse des Menschen abgedeckt werden. In jedem anderen Fall wird der Spaß nicht nur pädagogisch, sondern auch, sofern damit mehr als nur ein berechtigtes Unterhaltungsbedürfnis angesprochen werden soll, gesellschaftlich fragwürdig.

Auf den Sport und den Sportunterricht bezogen, ist in diesem Zusammenhang auf zwei bedenkliche Entwicklungen hinzuweisen:

(1) Die erste liegt in dem für unsere Gesellschaft typischem Streben nach dem *schnellen Erfolg* und dem *mühelosen Erlebnis*. Das aber vermittelt keine wirkliche Befriedigung; es verbleibt stets ein Rest von innerer Leere. Wer mit eigener Kraft auf einen Berg steigt, ist glücklich; wer mit der Seilbahn hinauffährt, ist allenfalls angetan, oft unzufrieden. Ein gekauftes Vergnügen ist kein echtes Vergnügen; was mit Mühe und Anstrengung erreicht worden ist, zählt doppelt.

Wer als Lehrer sich scheut, konkrete Anforderungen an die Schüler zu stellen, verwöhnt sie nur. Verwöhnung aber macht maßlos und unzufrieden.

(2) Die zweite besteht in dem geradezu zwanghaften *Neuigkeits- und Modernitätsstreben*, das nicht nur die Lehrpläne und die Fachliteratur, sondern auch die Praxis über weite Strecken beherrscht.

Wer die Attraktivität des Sportunterrichts dadurch zu steigern versucht, daß er aus dem unendlichen (historischen und aktuellen) Bewegungsrepertoire der Menschheit ständig etwas Neues hervorholt oder daß er sich stets an den gerade herrschenden Modetrend anhängt, setzt einen Teufelskreis in Gang, denn er muß fortgesetzt Neues produzieren, um das schnell erlahmende Interesse der Schüler wachzuhalten. Bei den „Konsumenten" führt dies zu den bereits genannten Erscheinungen: zu Maßlosigkeit und Unzufriedenheit.

Hier könnte man freilich einwenden, daß dies eine überholte konservative Position sei, die lediglich die notwendige Reform des Sportunterrichts behindere. Es sei vielmehr dringend geboten, den modernen „Spaß- und Funsport" in die Schule zu holen, um die Schüler überhaupt zum Sporttreiben zu motivieren.

Damit ist ein Thema angesprochen, das im nächsten Beitrag behandelt wird.

Anmerkungen

(1) Vgl. BRÄUTIGAM, M.: Spaß als Leitidee jugendlichen Sportengagements. In: sportunterricht 6/1994.

(2) Vgl. den Beitrag: Konflikte und Störungen im Sportunterricht, S. 43.

(3) Vgl. SCHREITTER-SCHWARZENFELD, K.: Spaß oder Nichtspaß – ist das wirklich die Frage? In: sportunterricht 6/1994.

18 „Spaß- und Funsport" in der Schule?

In allen westlichen Industrieländern ist in den vergangenen Jahrzehnten eine Verschiebung des Sportinteresses und -engagements zu verzeichnen, die man, stark vereinfachend, als Abkehr vom „klassischen" Sport und Hinwendung zum „postmodernen Spaß- und Funsport" bezeichnen kann (1). Das traditionelle, im wesentlichen von der „Olympischen Idee" geprägte Sportverständnis wird allmählich von einem „neuen", mehr marktwirtschaftlich orientierten, abgelöst oder scheint abgelöst zu werden.

Die Ursachen für diese Entwicklung dürften letztlich in der zunehmenden Individualisierung der gesellschaftlichen Verhältnisse und im steigenden Wohlstand zu suchen sein. In ihrem Zusammenwirken führen diese beiden Faktoren zu einer Erwartungs- und Anspruchshaltung, die auf möglichst umgehende Bedürfnisbefriedigung und eben auch auf den „garantierten Spaß in allen Lebenslagen" ausgerichtet ist.

Wo aber eine Nachfrage ist, liegt sofort auch das entsprechende Angebot vor. Die Freizeitindustrie bemächtigt sich dieser Marktlücke und sorgt mit immer neuen, meist sehr laut und aufdringlich propagierten Modesportarten für weitere Nachfrage.

Es kann nicht überraschen, daß vor allem junge Leute von diesem Trend erfaßt worden sind. Dabei dürften die zahlenmäßigen Verschiebungen eher gering sein. Nach wie vor ist die übergroße Mehrzahl der Kinder und Jugendlichen in den „traditionellen" Sportarten aktiv; die neuen Trendsportarten werden von ihnen eher nebenbei mitgenommen. Aber die „Inliner" auf allen Straßen und Plätzen fallen eben mehr ins Auge als die vielen Fußballmannschaften auf ihren Sportplätzen.

Was den Schulsport und den Sportunterricht betrifft, könnte man es bei dieser Analyse bewenden lassen, wenn mit der beschriebenen Entwicklung nicht eine zweite einherginge, die zunehmende *Ablehnung der traditionellen Schulsportinhalte*, die als „alt" und „überholt" empfunden werden.

Die Gründe für diese Ablehnung werden in diesem Band an vielen Stellen – und implizit auch in den folgenden Ausführungen – angesprochen. Sie liegen nicht nur in dem hier zu behandelnden Gegensatz von alt und neu, sondern sind zu einem erheblichen Teil systembedingt und damit unvermeidlich. Nichtsdestoweniger macht dies den Sportlehrern das Leben schwer und stellt die Effektivität des Sportunterrichts mehr und mehr in Frage.

In dieser Situation sind nicht nur Sportpädagogen, Behördenvertreter und Sportfunktionäre, sondern auch die Exponenten der öffentlichen Meinung und nicht zuletzt auch viele praktizierende Sportlehrer mit einem typischen „Patentrezept" zur Hand:

Holt doch den im Trend liegenden „Spaß- und Funsport" in die Schule!

Abgesehen davon, daß solche kurzschlüssigen und monokausalen Erklärungs- und Heilungsversuche nur selten sinnvoll sind, ergeben sich zwei Fragen:
- Was ist das, was man in die Schule holen will?
- Welche Konsequenzen könnte das haben?

Die erste Frage läuft auf eine Analyse des Spaß- und Funsports hinaus, die hier natürlich nur in sehr geraffter und in mancher Hinsicht auch überzeichneter Form erfolgen kann, die zweite hat etwas mit der Zukunft des Schulsports zu tun.

Die *Kurzanalyse* des „neuen Sports" soll hier in den nachfolgenden Aussagen zusammengefaßt werden:

(1) *Spaß- und Funsport soll wenig anstrengend, aber möglichst erlebnisreich sein.* Er soll, überspitzt formuliert, mit einem Minimum an körperlichem Aufwand ein Maximum an Emotionen garantieren (2).

Man läßt sich mit dem Skilift oder der Seilbahn auf den Berg transportieren, um bei der Abfahrt den „Rausch der Geschwindigkeit" zu erleben (was neuerdings auch die Mountainbiker tun); man baut, sobald man auf den Skateboards oder Skates stehen kann, eine Rampe für den Anlauf; man fährt mit dem Auto auf den Berg, um mit dem Gleitschirm ins Tal zu schweben.

Allerdings bedarf sowohl der Begriff der Anstrengung als auch der des Erlebnisses einer Interpretation: „Wenig anstrengend" darf nicht mit „leicht" gleichgesetzt werden. Viele der Funsportarten stellen hohe koordinative Anforderungen, vor allem hinsichtlich der Richtungssteuerung und des Gleichgewichtserhaltes. Aber wenn man sozusagen den „zentralen Trick" erst einmal beherrscht, halten sich die physischen Belastungen in Grenzen.

„Erlebnis" ist gleichfalls ein zwiespältiger Begriff. Es ist nämlich zu fragen, ob das hier angestrebte, relativ mühelose Erlebnis nicht eine Art Ersatzerlebnis ist, das immer einen Rest an Unbefriedigtsein zurückläßt. Eine Skitour beispielsweise ist, wie jeder Kenner weiß, „erlebnisreicher" als der Pistenskilauf, obwohl sie doch erheblich mühsamer und scheinbar auch eintöniger ist. Das wahre Erlebnis sitzt eben tiefer.

Der Grund hierfür liegt letztlich darin, daß der Mensch in seiner stammesgeschichtlichen Entwicklung über Jahrmillionen auf Anstrengung, Mühe und Not programmiert war. Überfluß und Verwöhnung scheinen ihm nicht unbedingt gut zu tun, weder gesundheitlich noch emotional.

Daraus folgt unmittelbar das nächste zu betrachtende Kennzeichen des Funsports:

(2) *Spaß- und Funsport tendiert zur Maßlosigkeit und Übersteigerung*, vor allem hinsichtlich eines bisweilen zwanghaften Wiederholungsstrebens, einer nahezu ungezügelten Steigerung des Schwierigkeitsgrades und einer Verabsolutierung der Emotionalität. Gesucht wird der fortgesetzte „kick" und der ultimative „thrill".

Man kann die Skiabfahrt nicht oft genug hinter sich bringen (auch um den Liftpaß „auszunutzen"); der Pistenskilauf wird zur Skiakrobatik, zum Freestyle- und Buckelpistenfahren; Skateboardfahren strebt nach der artistischen Schau; der freie Fall ist erregender als Gleiten und Schweben.

Auch die voraussichtliche Leistungsentwicklung wirft einige Probleme auf: Selbstverständlich sind bei der Einführung einer neuen Sportart die Leistungsunterschiede innerhalb einer Klasse zunächst nivelliert. Dies bedeutet aber nicht, daß alle Schüler gleichermaßen beim Punkt Null anfangen, da viele ihre Vorerfahrungen in den Unterricht einbringen. Gerade wegen des artifiziellen Charakters des Funsports werden sich die Leistungsdifferenzen schnell vergrößern, und zwar noch sichtbarer als im „traditionellen" Schulsport. Die vielbeklagte Benachteiligung der „unsportlichen" Schüler wird damit nicht gemildert, sondern eher noch verschärft.

(3) *Spaß- und Funsport ist schnell wechselnden Modeströmungen unterworfen.* Er ist weitgehend von bestimmten „Trendsportarten" geprägt. Das macht ihn zwar prestigeträchtig, aber auch teuer.

Sich stets das Neueste „leisten" zu können bringt – auch und vor allem bei Kindern – Sozialprestige und hebt das Selbstwertgefühl. Die Sportgeräte und das entsprechende „Equipment" werden wichtiger als die Sportausübung selbst.

Es genügt nicht mehr, sich warm anzuziehen und auf den Schlitten zu setzen; beim Snowboarding muß man sich anders ausstatten als beim Skilaufen; Mountainbiking ohne das entsprechende „Outfit" ist undenkbar. Und das betrifft nicht nur die notwendige Schutzausrüstung und -bekleidung.

Dieser Aspekt ist wiederum in engem Zusammenhang mit dem folgenden zu sehen:

(4) *Spaß- und Funsport ist weitgehend kommerzialisiert und professionalisiert.* Er lebt mehr von der Animation als von der freien Entscheidung und der selbstgewählten Herausforderung. In vielen Fällen benötigt man eine Lizenz oder einen Berechtigungsschein, die wiederum von den zuständigen Fachverbänden oder von kommerziellen Anbietern verliehen werden.

Ein Sportlehrer ist zwischen 30 und 40 Jahren im Dienst. Während dieser Zeit sieht er viele Generationen von Trendsportarten kommen und gehen, und auch bei intensiver Nutzung aller Fortbildungsmöglichkeiten wird er nicht immer den Anschluß halten können. Der speziell ausgebildete Fachmann wird ihm immer überlegen sein, und dies auch emotional, nämlich in der Rolle des Animateurs. Dafür trägt dieser aber auch das volle Risiko aller Konjunkturschwankungen und -verlagerungen.

Für eine *zusammenfassende pädagogische Bewertung* des Spaß- und Funsports sind in diesem Zusammenhang vor allem zwei Aspekte von Bedeutung, ein mehr psychologischer und ein mehr sachbezogener:

(1) Der Spaß- und Funsport ist nur so lange „Spaß und Fun", wie er *absolut freiwillig und unverbindlich*, eben nach Lust und Laune betrieben wird. Sobald er zum Pflichtgegenstand wird oder auch nur zu werden droht, ändert sich diese Einschätzung schlagartig. Begehrenswert ist ja, einer uralten Erfahrung zufolge, immer das, was man haben könnte, im Augenblick aber nicht hat. Der Knochen im Maul des anderen Hundes ist immer größer.

Angesprochen ist hier auch das Problem der *Zumutbarkeit*: Es ist sicher einem jeden Schüler zuzumuten, 50 Meter zu laufen, einen Klimmzug zu probieren und über eine Schwebebank zu balancieren; die Mehrzahl von ihnen wird sich trotz anfänglicher Hemmungen auch für das Skilaufen und Inline-Skating gewinnen lassen; für manche könnte aber die Aufgabe, sich auf ein Pferd zu setzen oder auf ein Surfbrett zu stellen, zum Schreckgespenst werden.

Es kommt hinzu, daß auch Dinge, die anfangs sehr einfach, leicht und spielerisch erscheinen, sehr schnell höchst schwierig und anspruchsvoll werden. Jonglieren mit drei Bällen kann vermutlich jeder lernen, mit vier Bällen erfordert es bereits ein Übermaß an Übungszeit und Geduld.

Spaß- und Funsport an sich ist damit weder „gut" noch „schlecht", und es spricht nicht das geringste dagegen, entsprechende Elemente in den Sportunterricht einzubeziehen. Es muß ja auch Dinge geben, die man nur um ihrer selbst willen, eben „aus Spaß" tut, und dies vor allem in selbstgewählten und offenen Aufgabenstellungen.

Warum sollten bei einer solchen Gelegenheit nicht auch die Inline-Skater ihre Geräte in die Schule mitbringen und vielleicht einmal ihren Klassenkameraden zum Ausprobieren überlassen? Daraus aber eine „methodische Übungsreihe" gewinnen zu wollen und am Ende gar noch Noten darauf zu machen, dürfte mehr als problematisch sein.

Wer solche Unternehmungen in seinem Unterricht einplant, sollte sie in jenem Schwebezustand halten, der die Erwartungen der Schüler nicht zu sehr festlegt, aber genügend Neugier weckt, sich privat darin zu engagieren.

(2) Der Spaß- und Funsport – oder jedenfalls das, was man gegenwärtig darunter versteht, – läßt sich *nicht überall durchführen*. Es sind stets einige verkehrs-, besitz- und umweltrechtliche Vorschriften und Regeln zu beachten.

Diese Situation begünstigt das Entstehen bestimmter professioneller Strukturen, die ein entsprechendes „Angebot" unterbreiten. Damit ist nicht nur das recht ausdifferenzierte Ski-, Tennis- und Golflehrwesen gemeint; es geht auch um die vielen Segel-, Surf-, Tauch-, Flug- und anderen Schulen, die in ihrem Bereich eine geradezu monopolartige Stellung einnehmen.

Für den Schulsport, wie er heute ausgestattet ist (und wohl auch in Zukunft ausgestattet sein wird), verbleibt nur eine begrenzte Auswahl von Dingen, die sich auf einer relativ kleinen und ebenen Fläche organisieren lassen, im wesentlichen also das, was sich auf Rollen bewegt, und einige einfache akrobatische und zirzensische Kunststükke. Das aber ist auf Dauer zu wenig.

Wenn nun, wie vielfach behauptet wird, „der Schulsport traditioneller Prägung tot ist" und durch einen „neuen", auf Spaß und Fun orientierten Sport ersetzt werden muß, verbleibt nur eine Lösung, nämlich die *Auslagerung des Schulsports* dorthin, wo er angeboten wird, und seine Übergabe an die zuständigen Fachleute, also an die dafür ausgebildeten Übungsleiter und Animateure (3).

Es liegt durchaus in der Konsequenz einer solchen Entwicklung, den Schulsport, wie in einem Bundesland auf einem bestimmten Sektor – allerdings nicht mit dem erwarteten Erfolg – bereits versucht worden ist, zu reduzieren oder abzuschaffen und den Schülern dafür Gutscheine zu geben, die sie bei einem bestimmten oder auch beliebigen „Sportanbieter" (womöglich gegen Zuzahlung) einlösen können. Für die öffentliche Hand wäre dies zweifellos die kostengünstigste, und damit auch eine höchst attraktive Lösung. Die Einsparungen bei den Sach- und Personalkosten bis hin zur Sportlehrerausbildung an den Hochschulen wären in der Tat beträchtlich.

Es sei aber eine Frage erlaubt: Wo sollen die Kinder zukünftig die einfachen und elementaren Dinge erlernen? Müssen die Eltern sie dann in eine Kindersportschule schicken, damit sie dort laufen, springen, werfen, rollen, hängen, schwingen, klettern und balancieren lernen?

Anmerkungen

(1) „Spaßsport" ist wohl aus phonetischen Gründen kein gebräuchlicher Begriff; „Funsport" spricht sich besser aus und suggeriert darüber hinaus noch eine Steigerung des Spaßes. Vgl. SCHWIER, J.: Sport in den 90er Jahren. In: sportunterricht 7/1994.

(2) Vgl. dazu den Beitrag: Was heißt „Erlebnissport"? S. 207.

(3) Vgl. den Beitrag: Die neue Lehrplangeneration, S. 301.

19 Welche Bedeutung hat der „Freizeit- und Lifetime-Sport" für die Schule?

Seit mehr als drei Jahrzehnten ist „Freizeitsport" als eine mögliche oder gar die maßgebliche Zielperspektive des Schulsports in der Diskussion. Der Sportunterricht hätte demnach vor allem die Aufgabe, auf das möglichst lebenslange Sporttreiben in der Freizeit vorzubereiten. Aus dieser Sicht sind also die Begriffe „Freizeitsport" und „Lifetime-Sport" eng miteinander verknüpft.

Diese Diskussion schlug sich auch in den Lehrplänen nieder, doch hielten sich die inhaltlichen Auswirkungen in Grenzen. Es wurde zwar, vor allem in die Wahl- und Ergänzungsbereiche, eine Reihe „neuer" Sportarten aufgenommen, die große Umstrukturierung der Kern- und Pflichtbereiche blieb bislang aber aus.

Das dürfte durchaus seine Gründe haben. Es ist nämlich zu fragen, ob die seither in den Präambeln der Lehrpläne und entsprechender Dokumente enthaltenen neuen Zielproklamationen, nämlich „Vorbereitung auf eine sinnvolle Freizeitgestaltung" und „Hinführung zu einem lebenslangen Sporttreiben", in sich wirklich so schlüssig sind, wie es auf den ersten Blick erscheinen mag.

Betrachten wir zunächst die These vom *„Freizeitsport"*:

Schon eine kurze Überlegung zeigt, daß „Freizeitsport" ein recht vager und kaum definierbarer Begriff ist. Es gibt nämlich keine Sportart, die man *nicht* in der Freizeit betreiben könnte, und wer kein Profi ist, der *muß* seinen Sport sogar in der Freizeit betreiben. Dies gilt unabhängig von der Art des Sporttreibens, ob mehr oder weniger engagiert, leistungsbezogen oder regelmäßig. Aus der Sicht der Schule (und namentlich der „betroffenen" Schüler) bezeichnet „Freizeitsport" letztlich nur das, „was man tun könnte, aber gerade nicht tun darf".

In der Tat wurden zu Beginn der „Freizeitsportkampagne" recht wahllos die Sportarten als „Freizeitsportarten" genannt, die nach dem damaligen Stand im Kanon der Schulsportarten nicht enthalten waren. „Freizeitsport" wurde so zu einer bequemen Worthülse, die nur eine unterschwellige Abneigung gegen bestimmte Schulsportinhalte zum Ausdruck bringen wollte.

Darüber hinaus läßt sich lediglich feststellen, daß junge Leute gerne bestimmten *Trendsportarten* anhängen, von denen sie sehr wohl wissen, daß sie für die Schule nur bedingt geeignet sind, und die sie gar nicht so gerne im Pflichtbereich verankert sehen möchten. Davon war im vorangegangenen Beitrag bereits die Rede (1).

Man könnte somit den Begriff „Freizeitsport" als pädagogisch untauglich abtun, wenn sich zwischenzeitlich nicht bestimmte Sportfachverbände und entsprechende Institutionen zum *Sachwalter des Freizeitsports* aufgeworfen hätten, allen voran die Vertreter des Skisports und des Tennissports.

Gerade am *Beispiel des Skilaufens* läßt sich das Problematische, ja Irreführende einer solchen Argumentation aber sehr gut aufzeigen (2): Skilaufen kann man nur im Winter und im Gebirge. Man muß also an einen bestimmten Ort fahren (und dort meist auch bestimmte, kommerziell betriebene Anlagen in Anspruch nehmen). Dazu braucht man normalerweise aber Urlaub. Auch Tennisspielen kann man erst, wenn man sich auf einer entsprechenden Anlage eine Benützungszeit gesichert hat.

Hier kommt es offensichtlich zu einer systematischen – und wahrscheinlich auch gewollten – Vermengung der Begriffe „Freizeitsport", „Urlaubssport", „Familiensport" und „Konsumsport".

„Freizeitsport" soll, einem anderen gängigen Bild zufolge, das sein, „was man zusammen mit der Familie im Urlaub am Strand" betreiben könnte. Sicher gibt es einige Dinge, die man, sofern dort Platz ist, am Strand ausüben kann, z.B. Federballspielen; auch Skilaufen kann im Familienverband sehr reizvoll sein.

Daneben gibt es anderes, was sich nur mit anderen, möglichst Gleichwertigen, zusammen organisieren läßt, und wieder anderes, was nur vereinsgebunden möglich ist.

Daraus abzuleiten, daß das eine „freizeitrelevanter“, und damit womöglich „wichtiger“ und „wertvoller“ sei als das andere, ist nicht statthaft.

Der wahre Grund für eine solche Argumentation liegt wohl tiefer: „Freizeit“ ist ein emotional hoch bewerteter Begriff, „Sport“ desgleichen. Also muß beides zusammen noch hochwertiger sein, und daraus könnte man – im wörtlichen und übertragenen Sinne – Kapital schlagen.

Seltsamerweise hat man das, was immer und überall möglich ist, nämlich Laufen, noch nie als typischen Freizeitsport bezeichnet. Als „Jogging“ ist das vielmehr *„Gesundheitssport“*, und den betreibt man nur, wenn man muß. Die Vorstellung, daß man nur so aus „Spaß an der Freude“ durch Feld und Wald laufen könnte, ist anscheinend etwas Fremdartiges.

Ganz offensichtlich soll der Begriff des Freizeitsports bestimmte Wünsche und Erwartungen wecken, und damit auch zu einer gewissen *Konsumorientierung* beitragen. Dies wird durch eine allgegenwärtige Werbung noch unterstützt: Zu verlockend sind die Bilder vom stolzen Reiter auf dem edlen Pferd, von den weißen Segeln auf der blauen See und der fröhlichen Wandergruppe in eindrucksvoller Gebirgslandschaft. In der rauhen Wirklichkeit verflüchtigen sich solche Wunschvorstellungen sehr schnell: Pferde können gelegentlich recht widerspenstige Tiere sein, sowohl Segeltörn als auch Bergtour können in Gewitter, Sturm und Kälte enden.

Wir möchten nicht mißverstanden werden: Für den, der gerne und ambitioniert reitet, segelt oder auf die Berge steigt, gehören solche Widrigkeiten zur Sache, und in ihrer Überwindung liegt der eigentliche Reiz des Tuns. Wenn es aber zur Pflicht wird, weckt es nur allzu leicht Abneigung.

Ein weiterer Aspekt dieser Art von Freizeitsport sollte nicht unbeachtet bleiben: Es kann wohl kaum Aufgabe der Schule sein, als Werbeträger und Zulieferer der *Freizeitindustrie* zu dienen und deren künftige Kunden heranzuziehen. Zumindest aber sollten wir Sportlehrer gegenüber entsprechenden Beeinflussungs- und Manipulationsversuchen („Wir sind die Freizeitsportart Nr. 1“, „der Freizeitsport der Zukunft“ usw.) etwas hellhöriger werden.

Aus dieser etwas zwiespältigen Situation heraus wandte man sich, um die Idee des Freizeitsports zu retten, sowohl von seiten der Sportpädagogik als auch der interessierten Institutionen hilfsweise einem weiteren Argument zu, der These vom *Lifetime-Sport*, oder genauer gesagt, von bestimmten Lifetime-Sportarten, die allein ein lebenslanges Sporttreiben ermöglichen könnten.

Nun kann kein Zweifel daran bestehen, daß es sportliche Tätigkeiten gibt, die sich, weil sie z.B. vorwiegend Schnelligkeits- und Schnellkraftanforderungen stellen, mehr für jüngere Leute eignen, und andere, die auch dem älteren Menschen noch zugänglich sind, weil sie z.B. mehr auf Ausdauerbelastungen oder auf koordinative Fähigkeiten und bestimmte Fertigkeiten ausgerichtet sind.

Daraus folgt aber nicht, daß man Kinder und Jugendliche unbedingt mit „Alterssport“ traktieren müsse. Es läßt sich eher die Gegenthese formulieren, daß *jede Altersstufe* den *ihr gemäßen Sport* betreiben sollte.

Zur Begründung für einen spezifischen Lifetime-Sport wird auch gerne darauf verwiesen, daß bestimmte Sportarten eine größere Spannweite in der Intensität der körperlichen Aktivität erlauben als andere. Skilaufen läßt sich beispielsweise nach eigenem Ermessen, Tennisspielen in Absprache mit einem Partner mehr oder weniger ernsthaft und anstrengend gestalten, und mancher ältere Sportler hat es darin zu einer bemerkenswerten Fertigkeit gebracht, partielle physische und gesundheitliche Mängel fast vollständig zu kompensieren.

Die Zahl der hier möglichen Sportarten und sportlichen Betätigungen ist aber erheblich größer, als man zunächst denkt, wie schon die vielen Altherrenmannschaften und Seniorensportgruppen beweisen (3). Vor allem aber läßt sich daraus kein Argument gewinnen, daß diese Art des Sporttreibens für die Schule die einzig richtige sei.

Hier deutet sich ein grundsätzliches Problem an: Es gibt Dinge, die nur als Sport denkbar sind, und andere, ihnen ähnliche, die auch als „Nichtsport“ ihre Berechtigung haben. Ein 100-m-Lauf ist nur sinnvoll, wenn alle Teilnehmer sich bemühen, möglichst schnell zu laufen; eine Skiabfahrt hat noch ihren Sinn (oder besser: ist auch dann für die Beteiligten noch „sinnerfüllt“), wenn man alle 20 m stehen bleibt, vielleicht der Unterhaltung, des schönen Wetters oder der eindrucksvollen Landschaft wegen. „Sport“ wird hier zur Zerstreuung und zum Zeitvertreib (4).

Das ist in keiner Weise angreifbar oder gar ehrenrührig, doch sollte man diese Art des Sporttreibens dem Privatvergnügen überlassen und es einem jeden anheimstellen, dahin zu gehen, wo ihm ein entsprechendes Angebot unterbreitet wird. Es kann doch niemand ernsthaft verlangen, daß ein solcher Sport (oder, wie wir gesehen haben, „Nichtsport“) unter dem Deckmantel einer Schulveranstaltung von der öffentlichen Hand, letztlich also vom Steuerzahler finanziert wird. Jedenfalls sollte man hier etwas strengere Maßstäbe anlegen.

Mit anderen Worten: Es ist nicht nur zu befürchten, sondern liegt geradezu in der Konsequenz der Sache, daß ein so verstandener „Freizeit-“ oder „Lifetime-Sport“ auf die *Abschaffung des Schulsports* hinausläuft. Vielleicht ist eine solche Entwicklung unausweichlich, denn einer – gerade in Fachkreisen – gängigen Feststellung zufolge ist das „Zeitalter des Sports“ vorbei.

Sport im traditionellen Sinne müßte demnach durch neue, dem „postmodernen Lebensgefühl“ entsprechende Formen der Körperlichkeit und der körperlichen Betätigung ersetzt werden. Wie diese „neue“ Körper- und Bewegungskultur sich konkretisieren sollte und wie sie sich pädagogisch begründen ließe, ist bisweilen freilich nur in ersten und undeutlichen Ansätzen erkennbar.

Ungeachtet solcher düsterer Prophezeiungen ist auf die eingangs gestellte Frage, welche Funktion der Freizeit- und Lifetime-Sport für den gegenwärtigen Schulsport haben könnte, zurückzukommen.

Nach den hier vorgebrachten Überlegungen kann die Antwort nur lauten: *Im Prinzip keine, doch sollte der Sportunterricht jeden Schüler in die Lage versetzen, in seinem späteren Leben eine beliebige sich bietende Chance zu einer befriedigenden freizeitsportlichen Betätigung wahrzunehmen.*

Dazu bedarf es nicht nur der gleichmäßigen und umfassenden Entwicklung der körperlichen Fähigkeiten, sondern auch der Vermittlung elementarer und grundlegender sportlicher Fertigkeiten.

Vielleicht sollte dies an einem Beispiel verdeutlicht werden: Wenn es angezeigt erscheint, im Schulalter die Voraussetzungen für eines der gegenwärtig so populären Rückschlagspiele zu schaffen, genügt es, in den Lehrplänen zu verankern, daß „der Schüler lernen sollte, mit einem Schläger einen Ball zu treffen". Dies ließe sich in eine Reihe stellen mit dem Prellen, Werfen, Fangen, Stoßen und Stoppen eines Balles. Aber offensichtlich sind die Lehrpläne zu solch einfachen Formulierungen nicht mehr fähig. Es muß gleich die besondere „Strukturgruppe der Individualrückschlagspiele" geschaffen werden.

Bestimmte Sportarten aber als bevorzugte Freizeit- oder Lifetime-Sportarten in den Lehrplänen festzuschreiben, führt nicht nur zu deren Überfrachtung, sondern ist auch prinzipiell fragwürdig. Zu ungewiß und unterschiedlich sind die späteren Lebensverhältnisse der Schüler, zu unsicher die Voraussagen über die „sportliche Landschaft der Zukunft".

Anmerkungen

(1) Vgl. auch den Beitrag: Trendsportarten in die Schule – und dann? „Handbuch" S. 363.
(2) Die Verfasser möchten an dieser Stelle betonen, daß sie selbst gerne skilaufen und daß sie ein entsprechendes Angebot auch in der Schule für sinnvoll erachten.
(3) In diesem Zusammenhang sei darauf hingewiesen, daß es im mitteleuropäischen Raum über mehr als ein Jahrhundert nur einen „Lifetime-Sport" gab, nämlich Turnen im alten, heute historischen Sinne, verstanden als vielseitige und nur bedingt leistungsorientierte körperliche Betätigung im Freien und in der Halle.
(4) Vgl. dazu den Beitrag: „Leistung" im Sport, „Handbuch" S. 374.

20 Wie werden neue Sportarten „begründet"?

Seien Sie bitte nicht ungehalten, wenn wir Ihnen zunächst die Lektüre des folgenden Lückentextes (aus SportPraxis 1/1998) zumuten:

> *„Die vorliegende sechsstündige Unterrichtseinheit stellt einen Versuch dar, Schülern Möglichkeiten aufzuzeigen, durch das alternative Themenangebot im Mannschaftsspiel ... neue Erlebnisse und Erfahrungswerte zu vermitteln, die sie in ihrem sportlichen Handeln motivieren und zu gemeinsamem Spielen anleiten sollen. Der Wurf mit ... stellt eine große Herausforderung für die Koordination von Hand, Arm und Körper dar. Im Spiel mit ... können Kinder und Jugendliche unterschiedlichste soziale, kognitive und motorische Erfahrungen sammeln und darüber hinaus ihren Drang nach zusätzlichen Reizen und emotionalen Erlebnissen stillen. Die Entwicklung von vorbereitenden Spielformen und des Mannschaftsspiels selbst fordern Kreativität, Selbständigkeit, Kritikbereitschaft,*

Konfliktfähigkeit, Toleranz und Kooperation. Im Rahmen der Unterrichtseinheit soll den Schülern ein Einblick in die unbegrenzten Möglichkeiten im Umgang mit ... und das Kennenlernen sowie die Organisation neuer Freizeitspiele von einfachen Spielformen bis hin zum komplexen Mannschaftsspiel (...) ermöglicht werden."

Haben Sie erraten, worum es geht? (Zumindest einen konkreten Hinweis haben wir stehenlassen.) Wir verraten es erst weiter unten, weil zunächst das zugrundeliegende Problem betrachtet werden soll.

Wer nämlich in Fachzeitschriften und Büchern, aber auch in der Presse, in Examensarbeiten und nicht zuletzt in amtlichen Verlautbarungen die *Begründungen für die Einführung neuer Bewegungsaktivitäten, Sportarten oder Lernfelder* liest (oder in Funk und Fernsehen davon hört und sieht), macht – unabhängig davon, ob diese Dinge tatsächlich oder nur im Sinne der geltenden Lehrpläne „neu" sind, – eine verblüffende Feststellung: Die Formulierungen gleichen sich, etwas überspitzt gesagt, wie ein Ei dem anderen.

Die Vorgehensweise ist immer dieselbe: Man orientiert sich an dem gerade gültigen gesellschaftlichen und pädagogischen Werte- und Tugendkanon und überträgt ihn auf die zu propagierende Sache. Die auf diese Weise gewonnenen Aussagen sind, da sie weitgehend im Allgemeinen bleiben, immer irgendwie „richtig". Jedenfalls sind sie direkt nicht zu widerlegen.

Selbstverständlich muß man den Autoren zubilligen, daß sie aus echter Begeisterung für ihre Sache handeln. Es sei auch ausdrücklich festgestellt, daß kaum jemals etwas Falsches gesagt wird. Dennoch verbleibt ein Rest an Unbehagen, wenn nicht Unwillen, und dies vor allem aus zwei Gründen:

(1) Der erste liegt in der unverkennbaren, gelegentlich sogar aufdringlichen *Tendenz zur Idealisierung*: Der neue Gegenstand ist in jeder Beziehung vollkommen; er ist in einmaliger Weise interessant und für die Schüler motivierend; auf jeden Fall ist er pädagogisch wertvoll und unverzichtbar. Eine „vergleichende Werbung" im Sinne von „besser als ..." wird in der schriftlichen Darstellung – im Unterschied zu mündlichen Diskussionen – allerdings vermieden.

(2) Der zweite besteht aus einem offenkundigen, kaum jemals gerechtfertigten *Anspruch auf Totalität*: Die neue Sache kann wirklich alles, was methodisch zweckmäßig, didaktisch notwendig und pädagogisch erwünscht ist; es gibt kaum eine körper- und bewegungsbildende und so gut wie keine übergeordnete Funktion, die ihr nicht zugeschrieben werden könnte. Dieser Eindruck wird vor allem dadurch erweckt, daß die unzweifelhaft positiven Aspekte einseitig herausgehoben und mögliche Einwände ausgeblendet werden.

Unterstützung erhalten solche Strategien durch zwei *allgemeine Tendenzen*, eine mehr psychologische und eine mehr soziologische:

(1) Was neu ist, weckt auch *Neugier*. Insofern ist es nicht mehr als ein Gemeinplatz, wenn von einem neuen Unterrichtsgegenstand gesagt wird, daß er die Schüler motiviere. Demgegenüber ist zu fragen, wie lange eine solche „Neugiermotivation" wohl vorhält und ob ein Sportlehrer, der auf den „Neuigkeitswert" seines „Angebots" setzt,

sich nicht dem Zwang unterwirft, immer wieder Neues bieten zu müssen, gleichgültig ob er davon etwas versteht oder nicht (1).

Unabhängig von diesem Problem muß freilich jedem Lehrer die Möglichkeit gegeben sein, gelegentlich auch etwas anderes zu tun als nur das, was in den Lehrplänen und „Bildungsstandards" vorgeschrieben ist.

(2) *„Neu"* und *„modern"* werden zumeist mit *„besser"* und *„fortschrittlich"* gleichgesetzt. Daran haben wir uns unter dem Einfluß der politischen Propaganda und der kommerziellen Werbung gewöhnt. Solchen und ähnlichen Schlüsselbegriffen des 20. Jahrhunderts wurden in den vergangenen Jahrzehnten noch „alternativ" und „postmodern" hinzugefügt, ohne freilich die Gesamttendenz wesentlich ändern zu können. All dies setzt eine sich immer schneller drehende Innovationsspirale in Gang.

Unbeschadet der grundsätzlichen Feststellung, daß ständiger Wandel die einzige gesellschaftliche Konstante ist, muß demgegenüber zumindest ein logischer Einwand erhoben werden: Das Neue und Moderne *kann* besser sein als das Alte und Überkommene, doch *muß* dies nicht immer der Fall sein, und ob der beständige Fortschritt immer in die richtige Richtung geht, ist ohnedies umstritten.

Wie soll man sich nun in einer solchen Situation verhalten? Die Antwort auf diese Frage erscheint nur auf den ersten Blick banal: Man sollte sich die neue Sache zunächst einmal etwas genauer ansehen, und zwar aus einer kritisch-wohlwollenden Distanz heraus.

Daraus ergeben sich zwei konkrete Fragen:

- Worum geht es bei der neuen Sache?
- Welche unterrichtliche Bedeutung könnte sie haben?

Die erste Frage führt zu einer *Sach- und Strukturanalyse*, die zweite zu einer *didaktischen Analyse* im herkömmlichen Sinne dieses Begriffs.

Es empfiehlt sich, den zweiten Analyseschritt weiter in zwei Fragen aufzugliedern:

- Welche Bedeutung dürfte diese Sache als *Unterrichtsgegenstand* aus der Sicht des Lehrers (der in diesem Fall ja durchaus als „Lehrplanmacher" auftritt) erhalten? Welche körper- und bewegungsbildenden, welche affektiven und sozialen Zielsetzungen können damit erreicht werden?
- Welche Bedeutung dürfte sie für die *Schüler* haben, und zwar für ihre gegenwärtige Situation und für ihre zukünftigen Lebensverhältnisse? Wie stellen sie sich emotional dazu, welche Erkenntnisse, Einstellungen und Haltungen können sie daraus gewinnen?

Für diese zwei bzw. drei Analyseschritte der Unterrichtsvorbereitung lassen sich folgende *allgemeine Regeln* vorgeben:

- Ganz offensichtlich gibt es Sportarten oder Lernfelder, die relativ *umfassend*, und andere, die recht eng *spezialisiert* sind; es gibt aber keinen sportlichen Bereich, der alles kann und der allen pädagogischen Anforderungen genügt. Insofern ist jeder Universalitätsanspruch gegenstandslos.

– Fast alle Unterrichtsgegenstände lassen sich inhaltlich und methodisch recht *vielseitig* gestalten und *abwechslungsreich* darbieten. Daraus kann aber nicht auf didaktische und pädagogische Allseitigkeit geschlossen werden.
– Es genügt nicht, die in einer Sache liegenden *Möglichkeiten* zu sehen; man muß auch versuchen, die *Grenzen* zu erkennen.
– Es ist zwischen *kurzfristigen* Wünschen, Bedürfnissen, Zielsetzungen, Auswirkungen usw. und *langfristigen* zu unterscheiden.

Für eine *Kurzanalyse*, wie sie in der alltäglichen Praxis des Schulsports immer wieder, und gelegentlich recht unversehens, notwendig werden kann, läßt sich dieser Vorgang auf drei Fragen reduzieren:

– Was muß ich über die Sache wissen?
– Was „kann" sie?
– Was kann sie vermutlich nicht?

Im Sinne eines solchen „Vorteil-Nachteil-Denkens" (2) soll im folgenden das *Frisbeespiel* – um dieses handelt es sich bei dem eingangs vorgelegten Text – kurz analysiert werden, und dies vorausblickend und vermutungsweise, da die Autoren dieses Bandes nicht über eigene unterrichtliche Erfahrungen in diesem Sachgebiet verfügen. Genau das ist aber auch die Situation, mit der viele Sportlehrerkolleginnen und -kollegen immer wieder konfrontiert werden.

Frisbee

Struktur, Spielgedanke, Grundregeln

Frisbee wird mit einer schwebenden und rotierenden Scheibe gespielt. Es stellt sich als eine Kombination von Elementen aus den althergebrachten Grenz- oder Treibballspielen und dem neueren Tschoukballspiel dar: Jede Partei versucht, aus dem Spielfeld heraus das Gerät durch Zuspielen so in ein Zielfeld zu transportieren, daß es dort von einem Mitspieler der eigenen Partei gefangen werden kann. Mit dem Spielgerät darf nicht gelaufen werden. Der „Ballbesitzer" darf behindert (z.B. durch Blockieren der Wurfrichtung), aber nicht berührt werden.

Unterrichtliche Bedeutung

„Vorteile": Struktur und Spielaufbau sind einfach und durchsichtig. Die notwendigen technischen Fertigkeiten sind leicht erlernbar: Das Wurf- und Fluggerät bewegt sich relativ langsam; seine Flugbahn kann trotz Seitendrall und – im Freien – Windeinfluß gut vorausberechnet werden; das Fangen dürfte nach Überwindung der Anlaufschwierigkeiten keine Probleme bereiten. Das Spiel schult einige grundlegende individual- und gruppentaktische Fähigkeiten: Stören des „Ballbesitzers", Decken der übrigen Gegenspieler, Freilaufen im richtigen Moment, Zuspiel zum freistehenden Mitspieler. Vereinfachte Spiel- und Übungsformen lassen sich überall durchführen.

„Nachteile": Das Spielgerät entspricht in seiner Charakteristik nicht dem der großen (Ball-)Spiele. Im Vergleich zu diesen erscheinen auch die technischen und taktischen Handlungs- und Gestaltungsmöglichkeiten stark eingeschränkt. Transferwirkungen sind nur bedingt zu erwarten. Der Platzbedarf für das regelgerechte Spiel (Spielfeldlänge mehr als 100 m) ist groß, so daß es nicht überall gespielt werden kann.

„Ergebnis“: Frisbee ist als „kleines Sportspiel“ im Zwischenbereich der kleinen und großen Spiele anzusiedeln. Zugleich kann es als typisches „Freizeitspiel“ bezeichnet werden (3): Es läßt sich leicht erlernen und kann in geschlechts- und leistungsheterogenen Gruppen gespielt werden. Hinsichtlich der technischen und taktischen Vielfalt ist es den großen Spielen unterlegen.

Frisbee dürfte sich somit vor allem für eine mehr oder weniger regelmäßige Auflockerung des Unterrichts, für Projekte, Klassenfahrten, Landheimaufenthalte u.ä. eignen, weniger für eine schwerpunktmäßige Behandlung im obligatorischen Sportunterricht. Eine Berücksichtigung in diesem Rahmen könnte aber als „Initialzündung“ für eine freizeit- oder wettkampforientierte Betätigung vor allem für die Schüler dienen, die sich von den übrigen Mannschaftsspielen nicht so sehr angesprochen fühlen.

Abseits von diesen Erwägungen verbleibt für jeden, der gewohnt ist, mit der Sprache sorgfältig umzugehen, ein kleines Ärgernis: Das Frisbeespiel bezeichnet sich selbst als „Ultimate Frisbee“. Was soll das besagen? Wenn beispielsweise Reinhold Messner von der „letzten“, „höchsten“ und „endgültigen“ Herausforderung spricht, hat er ein Recht dazu, denn er stellt sich einer solchen.

Wenn aber ein im Grunde harmloses Freizeitspiel sich dieses Prädikat zulegt, dann erscheint das – bei allem Verständnis für die Begeisterung seiner Erfinder – reichlich überzogen.

Anmerkungen

(1) Vgl. den Beitrag: Muß der Sportunterricht Spaß machen? S. 189.
(2) Vgl. den Beitrag: Zum Verhältnis von Theorie und Praxis, „Handbuch“ S. 11.
(3) Vgl. das Themenbeispiel: Spielen – Spiele – Spiel, „Praxis und Methodik“ S. 281.

21 Was heißt „Erlebnissport“?

Zum Problem von Bewegungserlebnissen im Sportunterricht

Sport den Schülern zum Erlebnis werden zu lassen oder zumindest doch im Sportunterricht möglichst viele Erlebnisse zu vermitteln, ist eine durchgängige Forderung der Sportpädagogik, so allgemein anerkannt, daß sie nicht weiter hinterfragt wird.

Sobald man aber über diesen Begriff etwas länger nachdenkt, kommen doch einige Fragen: Was ist das überhaupt, ein Erlebnis? Was muß man tun, um den Schülern ein Erlebnis zu vermitteln? Und was sollte man dabei vielleicht bedenken?

Dazu soll im folgenden ein erster (und wahrscheinlich recht unvollkommener) Versuch unternommen werden.

Was ist ein Erlebnis?

Ohne Zweifel ist sowohl der Ablauf des „Erlebens“ als auch dessen rückblickende Einordnung als „Erlebnis“ ein innerer, psychischer, seelischer Vorgang, kurz gesagt, eine Emotion. Daraus folgt zweierlei:

- daß ein Erlebnis nicht direkt beobachtet, sondern nur aus entsprechenden Aussagen und Verhaltensweisen erschlossen werden kann,
- daß ein Erlebnis etwas höchst Persönliches ist, nämlich die individuelle Bedeutungszuschreibung für ein bestimmtes Ereignis.

Diese beiden Feststellungen haben einige Konsequenzen, vor allem die folgenden:

- Erlebnisse sind *nicht planbar*. Sie lassen sich nicht vorausbestimmen, weder für sich selbst, noch für einen anderen. Sie ereignen sich in bestimmten Situationen sicher häufiger als in anderen, aber auch das ist nicht immer vorherzusehen.
- Erlebnisse sind *nicht generalisierbar*. Was für den einen ein Erlebnis ist, erscheint einem anderen vielleicht belanglos oder gar bedrohlich.
- Erlebnisse sind *nicht operationalisierbar*. Es gibt keine Handlungsanweisungen, mit denen man – zumal für eine so heterogene Gruppe wie eine Schulklasse – ein Erlebnis mit einiger Sicherheit herbeiführen könnte, und es gibt auch keine objektiven Kriterien, mit denen man den Erfolg von solchen Maßnahmen nachweisen oder doch allgemein glaubhaft machen könnte.

Trotz – oder vielleicht gerade wegen – der hier geschilderten Unschärfe ist der Begriff „Erlebnis“ von der Pädagogik, und hier vor allem von den Konzeptionen, die sich als „modern“ verstehen, mit Beschlag belegt worden, sei es, um den Lehrern eine Herausforderung zu stellen (denn welcher Lehrer wäre nicht Idealist genug, seinen Schülern den Unterricht zum fortgesetzten Erlebnis machen zu wollen) oder um sie etwas unter Druck zu setzen (was sich spätestens dann konkretisiert, wenn der Schulrat in der Tür steht und, den Unterrichtsentwurf einsehend, in nachsichtigem Ton fragt: „Und worin sehen Sie nun den Erlebniswert für die Schüler?“).

Mit Nachdruck ist hier freilich festzuhalten, daß Erlebnisse nichts Negatives darstellen. Sie sind integrativer Bestandteil des menschlichen Daseins, das Salz unseres Lebens sozusagen. Ebenso sind sie wichtige Faktoren der Persönlichkeitsentwicklung. Dies gilt besonders für Kinder, die auf prägende Erlebnisse geradezu angewiesen sind, zumal in einer zivilisierten und recht künstlichen Umwelt.

Dabei hängt freilich viel davon ab, ob eine Situation, ein Vorgang oder ein Ereignis von ihnen als Erlebnis wahrgenommen wird. Dazu bedürfen sie der Hilfe von Erwachsenen, worauf unten noch einzugehen sein wird.

Ebenso ist darauf hinzuweisen, daß „Erlebnis“ ein zwar recht allgemeiner, für den alltäglichen Gebrauch aber sehr einleuchtender Begriff für eine – überwiegend positiv erlebte oder im nachhinein so gedeutete – Emotion von einer gewissen Intensität und Nachhaltigkeit ist. Dies gilt auch für den Sportunterricht und führt weiter zu der Frage, wo sich solche Erlebnisse im Sport mit einiger Wahrscheinlichkeit auffinden oder im Unterricht arrangieren lassen.

Dazu soll zunächst ein kurzer Überblick über die in der Fachliteratur erkennbaren Tendenzen gegeben werden. Dem sollen sich einige Beispiel für die unterrichtliche Praxis anschließen.

„Erlebnissport" in Theorie und Praxis

Die nachfolgende Darstellung hat die Bewegungserlebnisse im engeren Sinne zum Gegenstand. Diese lassen sich weiter unterteilen in solche, die im Sinne eines „Abenteuers" ein konkretes Risiko enthalten, und in andere, die gewissermaßen aus der Bewegung selbst folgen.

„Abenteuer – Wagnis – Risiko"

„Abenteuer" ist der Schlüsselbegriff der Erlebnispädagogik. Ein Abenteuer enthält stets ein bestimmtes, nie gänzlich zu eliminierendes *Risiko*. Folglich wendet man sich vorwiegend solchen Tätigkeiten zu, die von ihrem Wesen her mit Unsicherheit und Gefahr verknüpft sind, wie beispielsweise Hochseesegeln, Wildwasserfahren, Bergsteigen, Klettern oder Überlebenstraining in der Wildnis. Auch einige Trendsportarten der Freizeitindustrie, z.B. Gleitschirmfliegen und Rafting, zeigen in diese Richtung.

Will man einen solchen Erlebnissport nun aber in die Sporthallen holen und in den Sportunterricht einbeziehen, muß er *entschärft* werden. Das Erlebnis wird sozusagen domestiziert. Es entsteht die paradoxe Situation, daß eine „Lebensbedrohung mit Überlebensgarantie" gesucht wird.

Diese Entwicklung läßt sich sehr gut am Beispiel des *Sportkletterns* verdeutlichen: Die ursprüngliche (und auch heute noch im „echten" Erlebnissport praktizierte) Kletterideologie besagt, daß man eine in den Einzelheiten unbekannte Felswand von unten nach oben durchsteigt. Auch bei der Anwendung perfekter Sicherungstechniken muß der jeweils Vorsteigende diese Wand Stück für Stück unter vollem Sturzrisiko durchklettern. An den Kletterwänden der heutigen Klettersportanlagen wird aber nur noch „von oben" gesichert. Es bleibt zwar noch das Gefühl des Ausgesetztseins beim Höhersteigen, passieren kann aber nichts mehr.

Aus dieser widersprüchlichen Lage gibt es, wie die weitere Entwicklung gezeigt hat, nur zwei Auswege: die ungezügelte Schwierigkeitssteigerung in artistische Dimensionen, wie im Sportklettern, oder die Verabsolutierung des Nervenkitzels nach Art der großen Pendelschwünge oder des Bungeespringens.

Das eigentlich „Pädagogische" an der Erlebnispädagogik liegt aber darin, abschätzen zu lernen, welches Risiko man (vielleicht gerade noch) eingehen kann, wo also die Grenzen des eigenen Könnens liegen. Sofern diese selbstverantwortliche und viel Selbstdisziplin erfordernde Entscheidung wegfällt, bleibt nur noch die Hülle: Das Erlebnis wird zur Attraktion.

Nun haben *Attraktionen*, wie der Name schon sagt, eine geradezu unwiderstehliche Anziehungskraft, und ein gewisser, aus den genannten Gründen freilich begrenzter Erlebniswert kann ihnen nicht abgesprochen werden. Was liegt also näher, als dies auch für den Sportunterricht nutzbar zu machen?

In der Tat quillt die sportpraktische Literatur geradezu über von Vorschlägen für *„Abenteuerspielstationen"* der verschiedensten Art, und sicherlich lassen sich daraus wertvolle Anregungen für den Unterricht gewinnen.

Dabei sollten aber folgende Gesichtspunkte beachtet werden:

- Abenteuerspielstationen sollten so konstruiert sein, daß ein Scheitern zwar möglich ist, dabei aber keine konkrete Unfallgefahr auftritt. Wer Hemmungen hat, sollte nicht zum Mitmachen genötigt werden (auch nicht durch den in einer Gruppe fast unvermeidlichen „sozialen Druck").
- Die gestellten Aufgaben müssen den körperlichen Fähigkeiten der Schüler angepaßt sein. Eventuell benötigte spezielle Fertigkeiten oder sportliche Techniken sollten beherrscht werden.
- Zusätzlicher Wettkampfdruck ist, zumindest anfangs, problematisch. Dies gilt auch für Zweikampfsituationen. Aufgaben nach dem Prinzip des gegenseitigen Helfens sind hier vorzuziehen.
- Zeitlicher und materieller Aufwand und Ertrag müssen in einem sinnvollen Verhältnis stehen. Es bringt nichts, eine halbe Stunde aufzubauen, um sich dann zehn Minuten zu betätigen.

Generell gilt für einen solchen, letztlich doch nur vorgetäuschten „Abenteuersport", daß er sich schnell abnützt. Die Attraktion von heute ist, um es etwas überspitzt zu formulieren, die Langeweile von morgen. Dadurch entsteht ein Zwang zu immer Neuem und Eindrucksvollerem. Das aber muß sich irgendwann totlaufen (1).

Diese zunächst zwar nur latente, dem „Abenteuer aus der Retorte" aber stets immanente Gefahr richtet das Interesse auf die „normalen", im Sportunterricht gegebenen Bewegungserlebnisse. Hier rücken zunächst solche ins Blickfeld, die an besondere Bewegungssituationen gebunden sind.

„Besondere" Bewegungserlebnisse

Das Besondere und Attraktive der hier zu betrachtenden Bewegungen liegt durchweg im Erlebnis der erhöhten Geschwindigkeit bzw. Beschleunigung durch Nutzung der *Schwerkraft*, vor allem in folgenden Situationen:

- im Fliegen, z.B. beim Springen vom Absprungtrampolin oder bei Tiefsprüngen,
- im Gleiten, z.B. beim Skilaufen oder auf Rutschbahnen, aber auch auf Skateboards oder Inline-Skates,
- im Schaukeln, z.B. an Schaukelringen oder speziellen Schaukelgeräten.

Auf diese drei Bereiche soll im folgenden kurz eingegangen werden:

(1) Der *freie Flug* ist sicher ein besonderes Bewegungserlebnis, doch ist dieses mit eigenen Kräften nur in sehr eingeschränktem Umfang zu erreichen.

Seit eh und je hat man also nach Möglichkeiten gesucht, die Flugdauer zu verlängern, entweder durch die Verwendung von Absprunghilfen, z.B. des Absprungtrampolins, oder durch den Einsatz bestimmter Geländeformationen oder Geräteaufbauten, wie beispielsweise bei den Tiefsprüngen.

In beiden Fällen ist freilich zu bedenken, daß die Landung aus einer Höhe erfolgt, für die der menschliche Organismus nicht unbedingt geschaffen ist. Dies setzt eine besondere Absicherung der Landestelle, z.B. durch Weichböden, oder die Einübung bestimmter Landetechniken voraus.

Tiefsprünge vom 3-m-Brett sind nicht jedermanns Sache. Wer hier Angst hat, sollte nicht dazu gezwungen werden. Außerdem kann Wasser beim Aufprall sehr hart sein. Es sollte also allen Schülern die Gelegenheit gegeben werden, sich allmählich an diese für sie neuen Bedingungen zu gewöhnen.

Sofern die genannten Einschränkungen bedacht sind und der Unterricht sich auf einfachere Formen beschränkt, vermittelt das Fliegen ein Bewegungserlebnis, das man keinem Schüler vorenthalten sollte.

Sobald der freie Flug aber, was ihn besonders attraktiv macht, mit einer Rotationsbewegung, z.B. einem Salto, kombiniert wird, entsteht ein erhöhtes Gefahrenpotential, das sich nicht immer voll beherrschen läßt.

Einige schwere Unfälle, die sich vor allem zur Zeit der allgemeinen Ausbreitung des Absprungtrampolins ereignet haben, legen davon Zeugnis ab. Hier sollte man eher etwas zu vorsichtig als zu unbedacht sein.

(2) *Gleiten und Rutschen* auf einer geneigten Fläche setzen bestimmte Geländeverhältnisse oder technische Vorrichtungen voraus, die in der Schule nur ausnahmsweise gegeben sind. Immerhin geht es hier aber um das Grundprinzip des alpinen Skilaufs, bei dem die erreichbare Geschwindigkeit primär von der Hangneigung, und erst dann von den technischen Fertigkeiten oder vom Material abhängt.

Hierher einzuordnen sind auch alle Tätigkeiten, die auf der Verminderung des Reibungswiderstandes beruhen, wie beim Eislaufen oder Rollschuhfahren. Dieser letztere Bereich ist auch dem Schulsport relativ leicht zugänglich.

Das Fahren auf Rollbrettern und Rollschuhen, gleich welcher Konstruktion, ist aber zumindest anfangs eine reichlich labile Angelegenheit, und mancher ängstliche oder ungeschickte Schüler könnte dies als Zumutung empfinden.

Überhaupt verlieren solche Trendsportarten viel von ihrer Attraktivität, wenn man sie nicht mehr nach Lust und Laune ausüben *darf*, sondern pflichtgemäß betreiben *muß*.

Ebenso werden sowohl die Eltern als auch die öffentlichen Instanzen eventuelle Unfälle – und Unfälle, auch solche mit der Folge einer Gehirnerschütterung oder eines Knochenbruchs, sind fast unvermeidlich – mit anderen Augen betrachten, wenn sie sich in der Schule, und nicht im privaten Bereich ereignen.

(3) *Schaukeln* an Spielplatz- und Jahrmarktgeräten ist wohl kaum als ein sportliches Problem zu betrachten. Es verbleibt also nur das Schaukeln im Hang nach Art des Schaukelringeturnens. Hier ist ein durchaus attraktives Übungsgebiet angesprochen, das aber nur dann sinnvoll sein kann, wenn folgende Bedingungen erfüllt sind:

– Es müssen mehrere Geräte vorhanden sein, damit die notwendige unterrichtliche Intensität gegeben ist. Übungs- und Wartezeiten müssen in einem erträglichen Verhältnis zueinander stehen.

- Es muß die notwendige Griffsicherheit gewährleistet sein, damit es nicht zu einem Wegfliegen vom Gerät kommt. Hiermit ist das Problem einer langfristigen körperlichen und konditionellen Vorbereitung durch Hang-, Hangel-, Kletter- und Schwungübungen angesprochen (2).
- Schaukeln darf sich keinesfalls auf ein passives „Am-Gerät-Hängen" beschränken. Die Schüler sollten vielmehr in der Lage sein, zusätzliche Armtätigkeiten und Schwungbewegungen in die Gesamtbewegung zu integrieren.

Von diesen Gesichtspunkten ist hier vor allem auf die Unfallgefahr durch Griffverlust hinzuweisen. Sobald die Ausschlagweite der Schaukelbewegung eine gewisse Grenze überschreitet (was die Sache erst attraktiv macht), gibt es keine absolut zuverlässige Absicherung gegen Unfälle mehr: Helfer kommen erfahrungsgemäß immer zu spät, sofern sie überhaupt an der richtigen Stelle stehen; auch eine durchgehende Bahn von Weichböden muß versagen, wenn der Übende auf den Kopf oder Nacken stürzt.

Es spricht also einiges dafür, Schaukeln nicht einseitig als Schaukelringeturnen zu sehen, sondern in den größeren Umkreis des Hängens und Schwingens einzuordnen.

Dazu sollen weiter unten noch einige Hinweise gegeben werden.

„Einfache" Bewegungserlebnisse

Die geschilderten Probleme und Schwierigkeiten lenken den Blick auf „kleine", sozusagen alltägliche Bewegungserlebnisse, die den sportlichen Bewegungen immanent sind oder doch mit einfachen Mitteln herbeigeführt werden können.

Dabei kommt es freilich entscheidend darauf an, daß der Erlebnisgehalt einer Bewegung den Schülern auch bewußt wird oder bewußt gemacht wird, z.B. mit folgendem Hinweis: „Habt ihr es bemerkt? Es ist doch ein tolles Gefühl, wenn ..."

Auch für Bewegungserlebnisse dieser Art sollten einige *Grundregeln* beachtet werden, vor allem die folgenden:

- Sie dürfen die Schüler nicht überfordern. Die notwendigen körperlichen Voraussetzungen sowohl konditioneller als auch koordinativer Art müssen gegeben sein.
- Sie dürfen keine Angst auslösen. Wenn ein Schüler Probleme hat, muß er Gelegenheit haben, sich allmählich an die Situation zu gewöhnen.
- Sie müssen organisatorisch praktikabel sein. Vor allem darf die Zahl der Übungsmöglichkeiten nicht allzusehr beschränkt werden.

Für diese Art von Bewegungserlebnissen seien im folgenden einige Beispiele genannt, die freilich nur einen kleinen Ausschnitt aus der tatsächlichen Vielfalt der Möglichkeiten geben können.

Laufen

Das besondere Erlebnis beim Laufen liegt vor allem in der Wahrnehmung von Geschwindigkeitsänderungen sowie von Schwerkraft- und Fliehkraftwirkungen:

- Schnelle Antritte mit bewußtem „Treibenlassen" beim Auslaufen; auf griffigem Untergrund in eine Kurve hineinlaufen oder aus einer Kurve herauslaufen.

- Auf einer leicht geneigten Fläche abwärts laufen; mit schnellem Anlauf einen Steilhang hinauflaufen; den unteren Teil eines Steilhangs zum Kurvenlauf benützen; eine Mulde durchlaufen.
- Aus mäßigem Tempo zu einem Drehsprung ansetzen, auf dem Schwungbein landen und sofort weiterlaufen; dies auch in die ungewohnte Drehrichtung.

Springen (3)

Der Erlebnisgehalt des Springens liegt vor allem in der bewußten Wahrnehmung des Fliegens und Schwebens.

- Mehrfachsprünge aus dem Anlaufen an einer (offenen) Mattenbahn als Schritt- und (vor allem) als Einbeinsprünge.
  Hinweis: Sobald die anfänglichen Hemmungen überwunden sind, werden die Mattenabstände allmählich erweitert. Das zwingt wiederum zu einem schnelleren Anlauf und energischeren Sprüngen.
- Schrittsprünge auf einen relativ niedrigen längsgestellten Kasten mit anschließendem Niedersprung zum Stand.
- Schritt- und Hopsersprünge von einem Reutherbrett über einen längsgelegten Kastendeckel mit sofortigem Weiterlaufen.
  Hinweis: Unsichere Schüler können auf dem Kastendeckel landen.
- Mehrfachsprünge in unterschiedlichen Schrittkombinationen über eine Kastentreppe, entweder aus seitgestellten Kästen (Abstand ca. 50 cm) oder (ohne Abstand) hintereinander längsgestellten Kästen.
- Sprünge auf einen oder zwei (aufeinander gelegte) Weichböden mit Landung im Sitzen, in Rücken- und in Bauchlage.
  Hinweis: Bei Landungen in der Bauchlage muß die notwendige Körperspannung gewährleistet sein.
- Tiefsprünge von einem höheren Kasten, von der Sprossenwand, vom Stufenbarren oder von anderen Geräten.
  Hinweis: Weichböden sind nur bei größeren Höhendifferenzen angebracht. Nur allzu leicht verhindern sie nämlich das Erlernen der richtigen Landetechnik des tiefen und kontrollierten Abfederns.
- Strecksprünge aus dem Absprungtrampolin mit Landung auf einem Weichboden, auch mit 1/2- und 1/1-Drehungen in beide Drehrichtungen.
- Strecksprünge aus dem Absprungtrampolin auf einen längsgestellten Kasten, für geübtere Schüler auch über einen seit- oder längsgestellten Kasten.
- Sprünge aus dem Absprungtrampolin auf einen Mattenberg (d.h. einen auf Kästen aufgelegten Weichboden), auch mit Landung in Bauchlage oder mit Abrollen.

Werfen und Stoßen

Bei diesen Beispielen liegt der besondere Aspekt in der erhöhten Intensität der Tätigkeit, was allerdings ihre völlige Beherrschung voraussetzt.

- Einen Ball mit voller Kraft (und aus immer kürzerer Entfernung) an die Wand werfen und wieder fangen.

- Die von zwei Partnern in schneller Folge zugespielten Bälle zurückspielen.
- Sich paarweise einen Medizinball kraftvoll zustoßen.
- Vier bis sechs Medizinbälle so schnell wie möglich zu einem Partner oder gegen die Wand stoßen.

Hängen, Schwingen, Schaukeln

Zu diesem Themenbereich ist oben bereits das Notwendige gesagt, so daß hier einige Beispiele genügen:

- Aus dem Stand hinter einer gut kopfhohen Reckstange (oder einem Barrenholm) mit gestreckten Armen und gebeugten Beinen vor- und zurückschwingen; vorschwingen und nach vorn weglaufen.
- Aus dem Stand auf einem kleinen oder großen Kasten an einer sprunghohen Reckstange vorschwingen und nach dem Rückschwung (mit leichtem Anstemmen) wieder abspringen; vorschwingen und (mit einem „Hüftschnepper") nach vorn abspringen; dasselbe immer raumgreifender; Vorschwung und 1/2 Drehung zum erneuten Vorschwung („Hangkehre").
- An einer kopfhohen Reckstange oder einem Barrenholm die Knie einhängen und den Griff lösen zum Kniehang; aus dem Kniehang zum Handstand senken und abschwingen; im Kniehang hin- und herschwingen und (mit Absicherung durch zwei Helfer) nach vorn abspringen („Kniehangabschwung").
- Im Beugehang an Ringen oder Tauen über einen „Graben" zwischen zwei Weichböden, Kästen, Bänken u.ä. schaukeln und auf der anderen Seite landen; dabei auch (mit „Hüftschnepper") über ein niedriges Hindernis nach vorn abspringen.
- Nach demselben Prinzip lassen sich durchgehende Pendelbahnen („Tarzanbahnen") konstruieren, mit deren Hilfe die Schüler von Station zu Station schaukeln, schwingen und balancieren können.

„Bodenkunststücke"

- Mit gestrecktem (und gespanntem) Körper in den Liegestütz fallen: gegen und auf einem Weichboden, auf einer Turnmatte.
- Sich mit gestrecktem Körper und angelegten oder ausgebreiteten Armen nach vorn oder hinten fallen und von zwei Helfern auffangen lassen.
- Aus dem Handstand vor einem Weichboden mit gestrecktem (und gespanntem) Körper in die Rückenlage fallen.
- Aus dem Stand vor einem Kastendeckel auf diesem in den Handstand aufschwingen (z.B. gegen eine Wand); dasselbe auf ein immer höheres Gerät.
- Zwei oder drei schnelle Rollen hintereinander ausführen, zunächst vorwärts, dann (versuchsweise) auch rückwärts.
- Mit gestrecktem Körper möglichst schnell seitwärts rollen bzw. wälzen.
- Eine schnelle Rolle vorwärts-seitwärts über eine Schulter („Judorolle") zum Stand ausführen. Dasselbe auch gegengleich.
- Mit einem Rad eine Bank oder Matte überqueren und, ohne sich umzudrehen (also in gegengleicher Ausführung), wieder „zurückradeln".

Überschlagbewegungen

Rotationsbewegungen um die Körperbreitenachse werden vor allem dann als „Erlebnis“ empfunden, wenn dabei die Orientierung nicht verlorengeht.

Dies setzt normalerweise ihre Verlangsamung voraus.

- An den etwas über kopfhohen Ringen oder Tauen in den Sturzhang aufschwingen und rückwärts zum Stand absenken; dasselbe auch mehrfach hintereinander und in der Hin- und Rückbewegung.
- Aus dem Sitz auf einem Kasten (mit Bewegungssicherung am Oberschenkel) den Oberkörper zurücksenken in den Handstand und abschwingen in den Stand.
- „Parterresalto“ vorwärts:
  Aus mäßigem Anlauf einen Salto vorwärts auf einen Weichboden versuchen: auf den Rücken, in den Sitz (Vorsicht, Knie öffnen!), in den Hockstand.
- „Partnersalto“ vorwärts:
  Aus dem Stand: Zwei Helfer fassen den Übenden mit Drehgriff am Oberarm, dieser versucht einen Salto vorwärts.
  Mit Sprungbrett oder aus dem Absprungtrampolin: Die Helfer fassen den Übenden an der Hand, laufen mit ihm an und halten ihn fest, bis er wieder steht.
- „Partnersalto“ rückwärts:
  Zwei Helfer fassen den Übenden mit Drehgriff am Oberarm, dieser läuft an der Hallen- oder Sprossenwand hoch und drückt sich ab zum Salto rückwärts; dasselbe auch mit Abdruck eines Beines aus den vor dem Körper gefalteten Händen eines dritten Helfers.

Im Wasser

- Aus dem Stand auf einer Treppenstufe (ggf. auch auf dem niveaugleichen Beckenrand) sich mit gestrecktem Körper vorwärts oder rückwärts ins Wasser fallen lassen; aus der Rumpfbeuge (Hände fassen den Unterschenkel) vom (erhöhten) Beckenrand rückwärts ins Wasser fallen.
  Hinweis: Auf Körperspannung achten.
- Sich unter Wasser abstoßen und mit geschlossenen und (vor allem) mit offenen Augen das Gleiten wahrnehmen.
- Im immer tieferen Wasser einen Handstand versuchen; im flachen und tiefen Wasser eine Rolle vorwärts ausführen.
- „Delphinsprünge“ im immer tieferen (hüft- bis brusttiefen) Wasser.
- „Walzerkraul“: Mit jedem dritten (oder auch bei jedem) Armzug von der Brust- über die Rücken- wieder zur Brustlage usw. wechseln.
- „Abrenner“ vom 1- und 3-m-Brett mit Eintauchen als Strecksprung oder als „Paketsprung“ (Beine angehockt).
- Beim Startsprung versuchen, in immer größerer Entfernung einzutauchen.

Selbstverständlich können auch beliebige andere sportliche Tätigkeiten, wie Dauerleistungen (z.B. beim Waldlauf), Konditionsübungen (z.B. als „Kraftübungen“), technische Fertigkeiten (z.B. ein Schleuderballwurf, eine Sprunghocke, ein Hüftumschwung), erfolgreiche spielerische Aktionen (z.B. ein Torwurf oder Korbleger) usw. zum Erlebnis werden.

Damit ist aber eher der Begriff des „Erfolgserlebnisses“ angesprochen, von dem im nächsten Beitrag die Rede sein soll.

Anmerkungen

(1) An dieser Stelle ist darauf hinzuweisen, daß im Kinder- und Grundschulturnen (der Begriff „Turnen“ ist hier mit Bedacht gewählt) Geräteaufbauten und -arrangements, die zum Steigen, Klettern, Kriechen, Rutschen, Balancieren und Niederspringen herausfordern, einen vorrangigen und unverzichtbaren didaktischen und methodischen Stellenwert haben.

(2) Vgl. dazu das Themenbeispiel: Hangeln, Schwingen, Schaukeln, „Praxis und Methodik“ S. 32.

(3) Vgl. dazu das Themenbeispiel: Springen, „Praxis und Methodik“ S. 25.

22 Über das „Erfolgserlebnis“

Zum Problem des Erfolgs im Sport und im Sportunterricht

„Erfolgserlebnis“ ist ein geradezu faszinierender Begriff, bezeichnet er doch in der Zusammenfügung zweier emotional ohnedies hoch besetzter Wörter die absolut positive Bewertung dessen, was man erreicht hat.

Es kann also nicht verwundern, daß dieser Begriff auch von der Pädagogik in Besitz genommen worden ist, und dies mit der konkreten Forderung, den Schülern möglichst oft solche Erfolgserlebnisse zu vermitteln. Nichts ist ja, populär formuliert, motivierender als der Erfolg, und möglicherweise handelt es sich dabei sogar um die so begehrte intrinsische Motivation.

Spätestens bei der Frage nach der unterrichtspraktischen Umsetzung kommen die Gedanken aber ins Stocken: Was muß man tun, um Erfolgserlebnisse bei den Schülern herbeizuführen? Was wird als Erfolg registriert? Was ist „Erfolg“ überhaupt? Und wann wird ein Erfolg als „Erlebnis“ empfunden?

Über das Erlebnis im allgemeinen und speziell über das Bewegungserlebnis ist im vorangegangenen Beitrag einiges gesagt worden. Somit können sich die folgenden Ausführungen primär mit dem Begriff des Erfolgs befassen.

Was heißt „Erfolg“?

Die Wortbildung „Erfolg“ ist erst im Neuhochdeutschen nachweisbar und bezeichnet das „Erreichen eines Ziels“, im weiteren Sinne auch „Ausgang, Wirkung“ (1).

Die im allgemeinen Sprachgebrauch vorherrschende Bedeutung läßt sich recht gut an den Adjektiven „erfolgreich“ bzw. „erfolglos“ ablesen, die das Erreichen bzw. Verfehlen eines *bestimmten* und vielleicht sogar eines *anspruchsvollen Ziels* zum Ausdruck bringen sollen.

Dieser Beitrag soll sich auf einige Anmerkungen zum sportlichen (und, da es um den Sportunterricht geht, auch schulischen) Erfolg beschränken. Die gesellschaftlichen Bezüge können allenfalls am Rand erwähnt werden.

Erfolg im Sport

Schon eine kurze Übersicht wird zeigen, daß „Erfolg" selbst in der Eingrenzung auf den Sport ein recht vielschichtiger und differenzierter Begriff ist. Dies ist auch nicht verwunderlich, da der Sport ja als Abbild des gesellschaftlichen Lebens gilt.

Für einen ersten Analyseschritt kann der Komplex „Erfolg" unterteilt werden in „Erfolg in der Fremdeinschätzung" und „Erfolg in der Selbsteinschätzung". Die begriffliche und inhaltliche Schwierigkeit liegt dabei darin, daß im ersten Fall ein soziologisches, im zweiten ein psychologisches Problem, und damit der Geltungsbereich zweier Wissenschaften angesprochen ist.

In der ersten der genannten Bedeutungen kann „Erfolg" – nicht ebenso trennscharf wie zuvor – weiter gegliedert werden in „Erfolg über einen anderen" (bzw. andere) und „Erfolg als Zuerkennung einer gesellschaftlichen Gütemarke".

Für die folgende Darstellung ergeben sich damit drei Gesichtspunkte, die in stark verkürzter Ausdrucksweise mit „Erfolg als Sieg", „Erfolg als Qualifikation" und „Erfolg als Selbstbestätigung" bezeichnet werden sollen.

Erfolg als Sieg

Der Sieg in der direkten Auseinandersetzung mit einem anderen repräsentiert das *sportliche Erfolgsprinzip im engeren Sinne.* Indessen verhalten sich die einzelnen Sportarten hier recht unterschiedlich:

Bei den Sportspielen und Zweikampfsportarten gibt es nur den Paarvergleich mit einem – mehr oder weniger eindeutig festgestellten – Sieger und einem Verlierer. (Unentschiedene Ergebnisse sind im allgemeinen ja nicht erwünscht.)

Bei den übrigen Sportarten kann dagegen eine beliebige, nur durch die organisatorischen Gegebenheiten begrenzte Zahl von Teilnehmern entweder zugleich (wie bei Läufen und Rennen aller Art) oder unmittelbar nacheinander (wie in allen übrigen Sportarten und Disziplinen) zum Wettkampf antreten. In diesen Fällen gibt es zwar gleichfalls einen eindeutigen Sieger, aber auch der zweite kann, z.B. in einem Endkampf, für sich beanspruchen, nur gegenüber dem Sieger verloren, gegenüber den übrigen aber gewonnen zu haben, und selbst der letzte kann das Erreichen des Endkampfes für sich noch als Erfolg verbuchen. Nicht zuletzt aus dieser etwas mißlichen Situation heraus hat sich die Gewohnheit entwickelt, bei Wettkämpfen die drei Erstplazierten besonders hervorzuheben.

Man kann nun davon ausgehen, daß der Sieger gegenüber dem (oder den) Unterlegenen jeweils auch die bessere *Leistung* gezeigt hat. Dies ist darauf zurückzuführen, daß es Dinge gibt, die mehr oder weniger schwierig sind, also Leistungshandlungen darstellen, und daß der Sport (wenigstens der Sport im engeren Sinne) ausschließlich aus Leistungshandlungen besteht (2).

Dabei ist zu beachten, daß man hier einen relativierten Leistungsbegriff benützt, denn schließlich kann ein Sieg auch von einem schwachen Athleten oder einer schlechten Mannschaft über einen noch schwächeren Gegner errungen worden sein, und damit eine durchaus indiskutable Leistung darstellen. Auf weitere Verschränkungen des Leistungs- und Erfolgsbegriffs wird unten noch einzugehen sein.

Es leuchtet ein, daß *diese Version des sportlichen Erfolgsbegriffs pädagogisch nicht gänzlich unproblematisch* ist. Wer nämlich seinen Schülern dadurch „Erfolgserlebnisse“ vermitteln will, daß er seinen Unterricht, wo immer möglich, nach dem Prinzip „besser – schlechter als“, also nach dem Wettbewerbsprinzip gestaltet, teilt fortgesetzt auch in Sieger und Verlierer und erzieht die Schüler so zu jenem vordergründigen, nur auf das Erreichen kurzfristiger Ziele gerichteten Ehrgeiz, der nicht nur den Sport, sondern auch weite Teile unserer Gesellschaft beherrscht (3).

Nun ist *Wettbewerb* aber – neben anderen – ein Wesensmerkmal des Sports und darüber hinaus ein menschliches, möglicherweise sogar ein biologisches Grundbedürfnis. Aus pädagogischer Sicht kann die Lösung des hier anstehenden Problems nur im Versuch einer „Anerkennung der jeweils gezeigten Leistung bei gleichzeitiger Relativierung des Erfolgs“ liegen.

Diese Forderung soll hier an einigen Beispielen erläutert werden:

(1) Bei den Sportspielen sollte man sich nicht mit einer „Siegerehrung“ oder Ergebnisfeststellung begnügen, sondern die Leistungen beider Mannschaften, je nach Situation in einer mehr oder weniger zurückhaltenden Formulierung, etwas näher einschätzen („Das war ein spannendes Spiel, und beide Mannschaften haben taktisch richtig und diszipliniert gespielt“ – „Das war schon ganz gut; aber wie ich gesehen habe, müssen beide Mannschaften noch einiges dazulernen“).

(2) Auch beim Spielen selbst sollte man der gelegentlich fast zwanghaften Fixierung auf den aktuellen Spielstand etwas entgegenwirken („Ihr spielt doch, um zu spielen, nicht nur um zu gewinnen“). Der pädagogische Idealfall dürfte erreicht sein, wenn die Schüler am Ende der Stunde das Ergebnis mehr beiläufig zur Kenntnis nehmen und zufrieden aus der Halle oder vom Platz gehen.

(3) Bei den Individualsportarten kommt es eher darauf an, die von den jeweils Besten erzielten Ergebnisse in einen größeren Zusammenhang einzuordnen und ihnen damit eine Perspektive zu geben, bei Schülern der 5. oder 6. Klasse z.B. wie folgt: „Die 8,0 (im 50-m-Lauf) sind schon sehr gut, aber es sind sicher noch einige Zehntel drin; das wären die Spitzenwerte für deinen Jahrgang“, „Dein Überschlag seitwärts ist an sich perfekt, aber jetzt solltest du noch den richtigen Anlauf lernen“. Bei älteren Schülern genügt vielleicht schon ein Blick in Wertungstabellen und Wertungsrichtlinien, wie sie z.B. in den Prüfungsbestimmungen für das Sportabitur enthalten sind.

(4) Bei den Sportspielen ist, sofern sie Mannschaftsspiele sind, außerdem darauf hinzuweisen, daß Erfolg stets Mannschaftserfolg ist, aus dem die Einzelleistung nur

schwer „herauszurechnen“ ist. In ähnlicher Weise versucht man auch in den übrigen Sportarten den individuellen Erfolg dadurch zu relativieren, daß bei Schulsportwettbewerben ausschließlich Mannschaftswettkämpfe ausgetragen werden und auch im Unterricht selbst gerne auf Mannschaftswertungen zurückgegriffen wird.

Diese Sichtweise des Erfolgs im Sport hat nichts damit zu tun, daß ein Schüler über einen – möglicherweise auf besondere körperliche Vorzüge zurückgehenden – Erfolg sich nicht freuen dürfte. Sportlicher Erfolg hat, wie jeder andere auch, Anerkennung verdient, gleich wie diese zum Ausdruck gebracht wird. Es sollte lediglich die Leistung der „anderen“ nicht gänzlich unbeachtet bleiben.

Erfolg als Qualifikation

Der eben beschriebene, recht elitäre Erfolgsbegriff des „klassischen“ Wettkampfsports, der primär darauf ausgerichtet ist, den oder die Sieger festzustellen, stand von Anfang an in der Kritik von seiten anderer, in ihrem Verständnis mehr pädagogisch ausgerichteter Konzeptionen.

So stellte man ihm alsbald – in Anlehnung an ältere Vorbilder (4) – einen „volkstümlichen“ (heute würde man sagen, „breitensportlichen“) Erfolgsbegriff gegenüber. Als Erfolg gilt demnach das Erreichen einer zwar über dem allgemeinen Durchschnitt liegenden, aber für jeden sportlichen Menschen durchaus erreichbaren *Gütemarke.*

Es ist dies das Prinzip des Sportabzeichens oder auch der Bundesjugendspiele: Nach wie vor wird zwar nach Erfolgreichen und Erfolglosen unterschieden, doch gibt es nunmehr eine große, in der Praxis fast unbegrenzte Zahl von Erfolgreichen oder (wie bei den Bundesjugendspielen) von „Siegern“.

Es ist nicht zu übersehen, daß dies auch das Grundprinzip der gesamten *schulischen Leistungsbewertung* ist. Dies wird sofort deutlich, wenn man eine grafische Wiedergabe versucht:

Note:

– 5 4 3 2 1 +

←————| — — — |————→

Auf einer beiderseits offenen Skala wird – durchaus willkürlich – eine Marke gesetzt, die einerseits den Bereich „uneingeschränkt erfolgreich“, andererseits den Bereich „erfolglos“ abgrenzt. Der Zwischenbereich „erfolgreich, aber mit mehr oder weniger deutlichen Mängeln“, hat keine prinzipielle, entgegen der ursprünglichen Intention aber eine sehr hohe praktische Bedeutung.

Dies rührt daher, daß Schulerfolg allein, z.B. für das Überwinden des Numerus clausus, nicht immer ausreicht, sondern „guter“ Schulerfolg (was das auch immer ist) verlangt wird. Dies hat dazu geführt, daß gegenwärtig nur noch das Erreichen der Note 1 uneingeschränkt als Erfolg wahrgenommen wird.

Aus diesen Überlegungen wird auch deutlich, wie unter dem Aspekt der Qualifikation der Erfolgsbegriff mit dem *Leistungsbegriff* verknüpft ist: Auf einer an sich wertneutralen, von Null bis Unendlich reichenden Leistungsskala bezeichnet „Erfolg“ sozusagen den positiven Bereich und wird zum Synonym für „zureichende, gute, anerkennenswerte Leistungen“. In einem weiteren Sinne geht es hier um den Versuch, Leistungen zu bewerten, d.h. bestimmte Meßwerte oder Ergebnisse auf eine überindividuelle Norm zu beziehen.

In den sogenannten cgs-Sportarten läßt sich dies auf statistischem Weg erreichen, indem man z.B. die Durchschnittsleistungen der Gesamtbevölkerung bzw. einer bestimmten Alters- oder Teilgruppe zum Bezugspunkt nimmt. Von hier aus läßt sich auch feststellen, in welchem Maße höhere Leistungen immer seltener und der damit ausgedrückte Erfolg immer größer wird.

In anderen Sportarten ist man auf Erfahrungswerte angewiesen. So weiß man beispielsweise, daß fast alle Schüler eine Rolle vorwärts, die meisten einen Überschlag seitwärts und nur wenige einen Salto rückwärts lernen können.

Indessen ist auch diese Form einer gesellschaftlichen Einschätzung von „Erfolg“ (und damit auch von „Leistung“) in die Kritik geraten. Ausgehend von der ethisch-moralischen Grundposition, daß alle Menschen „gleich“ sind, wurde Mißerfolg in zunehmendem Maße als „ungerecht“ empfunden und generell dem „System“, d.h. den gesellschaftlichen Verhältnissen und dem sozialen Milieu angelastet.

Zusätzliche Nahrung erhielten diese Bestrebungen durch die neueren materialistischen Strömungen in der Philosophie und durch die sozialpsychologische Theorie des Behaviorismus, die beide die „Machbarkeit“ von Bildung und Erziehung hervorhoben. Unter diesem ideologischen Druck mußte „Schulerfolg“, vor allem in Form von qualifizierten Schulabschlüssen, geradezu garantiert werden (was alsbald durch entsprechende administrative Maßnahmen auch eingeleitet wurde).

Der einfachste Weg dahin führte über eine Absenkung der bereits erwähnten, die „Mißerfolgs-Erfolgs-Schwelle“ bezeichnenden Gütemarke. Ein Musterbeispiel hierfür bietet die Handhabung der *Sportnoten*. Hier ist seit langem die Tendenz erkennbar, allein schon das Mitmachen, also z.B. das Mitlaufen beim Spiel oder das Erreichen der Ziellinie beim 800-m-Lauf, mit der Note „ausreichend“ zu bewerten. Während in der Sportpädagogik noch über die „pädagogische“ oder „schülergerechte“ Sportnote diskutiert wurde (und wird), hatte die Praxis diese Frage schon längst auf ihre eigene Art beantwortet (5).

Damit war freilich nur der eine Aspekt des anstehenden Problems, nämlich die „Verhinderung von Mißerfolg“, berücksichtigt.

Es verbleibt der andere – vielleicht wichtigere – Aspekt, die *„Vermittlung von Erfolg“* bzw. von konkreten Erfolgserlebnissen.

Bereits ein kurzer Überblick zeigt, daß auch hier die einzelnen Sportarten sich sehr unterschiedlich verhalten. Die Leichtathletik kennt beispielsweise keinen absoluten Mißerfolg (denn irgendwie kommt jeder ins Ziel oder springt und wirft ein Stück), doch läßt sich „Erfolg“ hier nicht nach Belieben herbeiführen.

In den Sportspielen kann man durch entsprechende Spielformen immerhin erreichen, daß jeder mitspielen und dabei auch zu Tor- oder Korberfolgen kommen kann.

Kritisch wird es im Gerätturnen, weil hier Erfolg und Mißerfolg ständige und deutlich sichtbare Alternativen sind („kommt über den Bock, auf das Reck hinauf – kommt nicht hinüber, kommt nicht hinauf").

Folgerichtig bietet hier die Methodik eine Vielzahl von Vorschlägen, um jedem Schüler den „Erfolg", d.h. die Bewältigung der jeweils angestrebten Übung, zu ermöglichen. Seit einiger Zeit ist sogar die Tendenz zu beobachten, den Schülern mit einem gewaltigen Aufwand an Geräte- und Bewegungshilfen auch schwierigste Kunststücke (z.B. freie und gestützte Überschläge, Schraubensalti usw.) beizubringen, um ihnen ganz besondere Erfolgserlebnisse zu verschaffen.

In beiden Fällen ist freilich die Frage zu stellen, wie weit jeweils Aufwand und Ertrag noch in einem vernünftigen Verhältnis stehen und ob letztlich nicht doch nur Scheinerfolge produziert werden, da die Schüler im Sinne eines „Geturntwerdens" beständig auf bestimmte Hilfen angewiesen sind.

Was als *Bewegungserlebnis* vielleicht noch sinnvoll ist, wird als *Erfolgserlebnis* weitgehend fragwürdig (6).

Fast unversehens ist mit diesen Überlegungen ein grundsätzliches Problem angesprochen worden: Ist hier überhaupt noch von Erfolg als „Erreichen eines objektiven Gütestandards" die Rede? Ist er nicht zu einem *relativen* Begriff geworden?

Damit erhält der Erfolgsbegriff eine neue Dimension.

Erfolg als Selbstbestätigung

Sprache ist nicht (immer) logisch und Begriffe sind oft recht vieldeutig. Dies trifft vor allem auf ideologisch vorbelastete Begriffe zu, und damit auch auf das Begriffsrepertoire der Pädagogik.

Die vorstehenden Überlegungen haben gezeigt, daß im schulischen Bereich zwei Erfolgsbegriffe, ein „absoluter" und ein „relativer", fast willkürlich nebeneinander gebraucht werden. Der zweite Erfolgsbegriff läßt sich auf die einfache Frage reduzieren: Wann kann ich ein Ereignis oder Ergebnis für mich als Erfolg verbuchen?

Nun ist aber auch auf dieser Ebene – und darin liegt die terminologische Schwierigkeit – der Begriff „Erfolg" unentwirrbar mit dem der „Leistung" verbunden.

Dies rührt daher, daß Leistung (wie alle Substantive auf -ung) nicht nur das Ergebnis bezeichnet (was dadurch, daß Ergebnisse unterschiedlich ausfallen können, zur Aufstellung einer Leistungsskala führt), sondern auch den Vorgang, d.h. das zum Ergebnis führende Bemühen (was wiederum zur Folge hat, daß im allgemeinen Sprachgebrauch nur dann von Leistung gesprochen wird, wenn das Ergebnis auch in einem angemessenen Verhältnis zur aufgebrachten Anstrengung steht).

Die oben gestellte Frage könnte also auch lauten: Welche Leistung (genauer: welches Ergebnis einer Leistungshandlung) stellt für mich einen Erfolg dar?

Es geht also darum, daß auf der schon mehrfach genannten wertneutralen Leistungsskala jeder für sich den Punkt bestimmt, an dem ein Handlungsergebnis für ihn zur „echten" Leistung und damit zum persönlichen Erfolg wird.

Unter diesem Aspekt werden „Leistung“ und „Erfolg“ gleichermaßen im Verhältnis zu den gegebenen physischen und psychischen Voraussetzungen und Fähigkeiten gesehen. „Erfolge“ sind demnach auf allen Könnens- und Leistungsstufen möglich. Es könnte durchaus sein, daß ein Schüler zwar „Lernerfolge“ zu verzeichnen hat, der „Schulerfolg“ aber dennoch mäßig oder unzureichend ist.

Es dürfte unbestritten sein, daß es die zentrale Aufgabe von Schule und Unterricht ist, möglichst allen Schülern solche „Erfolge“ im Sinne von *Lern-, Könnens- und Leistungsfortschritten* zu vermitteln. Schließlich sind alle didaktischen und methodischen Bestrebungen auf diesen Punkt ausgerichtet.

Damit diese Erfolge aber auch zum „Erlebnis“ werden, müssen sie dem Schüler bewußt werden oder bewußt gemacht werden. Vielleicht sollte man in Abgrenzung zu den anderen Varianten des Erfolgsbegriffs hier besser von „Könnensbewußtsein“ oder von „Könnenserlebnis“ sprechen.

In der Praxis ist die Vermittlung dieser Art von Erfolgserlebnissen somit ein primär pädagogisches und psychologisches Problem, das man mit dem etwas anspruchsvollen Begriff der *Bewußtseinsbildung* bezeichnen könnte. Dieser Prozeß läßt sich wiederum in drei Stufen gliedern:

- Bewußtmachen des tatsächlichen Könnens- und Leistungsstandes,
- Bewußtmachen der erzielten Lern-, Könnens- und Leistungsfortschritte,
- Bewußtmachen der individuellen Leistungsgrenzen.

Auf diese drei Gesichtspunkte sei abschließend kurz eingegangen:

(1) Viele Schüler wissen überhaupt nicht, was sie können und zu welchen Leistungen sie fähig sind. Es liegt beispielsweise außerhalb ihres Vorstellungsvermögens, daß man zehn Minuten am Stück laufen oder in den Handstand aufschwingen kann.

Hier eröffnet sich ein weites Tätigkeitsfeld für den Lehrer, sei es daß er einen Schüler ermuntert, ihm hilft, seine Hemmungen zu überwinden, oder einen gangbaren Weg zeigt zu dem, was zunächst unerreichbar erscheint.

Dabei ist methodisches Wissen ebenso gefragt wie psychologisches und pädagogisches Einfühlungsvermögen.

(2) Viele Schüler, vor allem schwächere, orientieren sich an ihren besseren Klassenkameraden, schauen also mehr auf das, was sie noch nicht können, anstatt sich ihrer eigenen Leistungen bewußt zu werden. Hier sollte der Lehrer ausgleichend wirken, hauptsächlich dadurch, daß er die erzielten *Leistungsfortschritte* deutlich macht.

Dies kann durchaus in kollektiver Form geschehen („Euer Handballspiel sieht heute schon ganz anders aus als noch vor sechs Wochen“), sollte aber, wo immer möglich, sich auf den individuellen Lernfortschritt beziehen.

Damit ist aber kein stereotypes und undifferenziertes „Lob“ gemeint, sondern die möglichst genaue Bezeichnung dessen, was erreicht worden ist („Wie ich sehe, hast du heute den Hüftaufschwung gelernt, hast du keine Hemmungen mehr bei der Grätsche über den Bock, stehst du als Verteidiger immer richtig zu deinem Gegner“ usw.).

In vielen Fällen, z.B. in der Leichtathletik, sind quantitative Vergleiche möglich. Bei ausgesprochenen Trainingsaufgaben (z.B. beim Mittelstreckenlauf oder bei Konditionsübungen) wird sich dabei herausstellen, daß die Fortschritte bei den schwächeren Schülern zuweilen größer sind als bei den besseren.

Eben das ist auch der eigentliche Sinn von Testaufgaben in den Sportspielen, z.B. als Dribbel-, Torwurf-, Korbwurf- oder Aufschlagtest.

(3) Leistungsfortschritte können nicht ins Endlose gehen. Irgendwann erreicht jeder seine *Leistungsgrenze*, der Schwächere – bezogen auf eine absolute Skala – natürlich früher als der Stärkere.

Damit stellt sich die für einen Lehrer wohl schwierigste Aufgabe, jedem einzelnen Schüler dabei zu helfen, sich gewissermaßen selbst zu akzeptieren, also sowohl seine Stärken zu kultivieren als auch mit seinen Schwächen leben zu lernen.

Dabei spielt auch die Beratung darüber, in welchen Bereichen durch eigenes Bemühen noch ein gewisser Spielraum gegeben ist, wo sich beispielsweise durch Üben und Trainieren bestimmte physiologische Leistungsgrenzen hinausschieben lassen, und wo solche Grenzen sehr eng gezogen sind, eine große Rolle.

Der Kernpunkt der pädagogischen Einwirkung liegt darin, die Schüler davon zu überzeugen, daß sportliche Leistungen nichts mit dem persönlichen „Wert" eines Menschen zu tun haben und daß der gute Schüler sich über den „großen" Erfolg ebenso freuen darf wie der schwächere über einen bescheidenen Lernfortschritt.

Das zentrale, die geschilderten Aspekte übergreifende Problem liegt darin, daß die Schüler ein *realistisches Anspruchsniveau* entwickeln. Dies bedeutet, daß einerseits die Schüler lernen müssen, sich Ziele zu setzen, mit denen sie sich selbst weder über- noch unterfordern, und daß andererseits die Lehrer, sofern sich in dieser Beziehung Schwierigkeiten ergeben, ihnen dabei helfen.

Das betrifft vor allem die mißerfolgsorientierten Schüler, also solche, die sich in ihrem Handeln vorwiegend durch Furcht vor Mißerfolg, und weniger durch Hoffnung auf Erfolg leiten lassen und deshalb dazu tendieren, sich entweder allzu niedrigen oder irreal hohen Zielsetzungen zuzuwenden. Sie legen beispielsweise die Hochsprunglatte so niedrig auf, daß der Erfolg in jedem Fall garantiert ist, oder springen unkontrolliert in eine für sie viel zu hohe Latte hinein.

Als eine konkrete, über allgemeine pädagogische Einwirkungen hinausgehende Hilfe bietet sich hier an, die Schüler zu veranlassen, ihre *Leistungserwartungen* möglichst genau zu formulieren.

Dies geschieht anhand einer vorausblickenden *Selbsteinschätzung*: Die Schüler sollen z.B. zu Protokoll geben, welche Zeit sie bei dem bevorstehenden Lauf erzielen, welche Höhe sie bei einem Differenzsprung erreichen oder welche Zone sie auf einem entsprechend eingeteilten Wurffeld voraussichtlich erreichen werden.

Sollten dabei zwischen Selbsteinschätzung und tatsächlichem Ergebnis beständige Differenzen auftreten, müssen die Schüler wohl oder übel ihre Erwartungen entsprechend korrigieren.

Man kann annehmen, daß dies nicht ohne Auswirkungen auf das persönlichkeitsspezifische Anspruchsniveau bleiben wird und damit zu größerer Zufriedenheit und etwas mehr Ausgeglichenheit führen kann.

Anmerkungen

(1) DUDEN, Herkunftswörterbuch. Mannheim 1963.
(2) Vgl. den Beitrag: „Leistung" im Sport, „Handbuch" S. 374.
(3) Vgl. den Beitrag: Vom Sinn und Unsinn des sportlichen Wettbewerbs, S. 143.
(4) Die Ursprünge liegen im turnerischen Erfolgsbegriff, der sich davon ableitet, daß es für jede Übung einen Höchstwert gibt, der nicht überschritten werden kann. Dieses Prinzip wurde zeitweise auch auf die leichtathletischen Disziplinen übertragen; es wurden also keine Überpunkte vergeben.
(5) Vgl. den Beitrag: Der leistungsschwache Schüler im Sportunterricht, S. 162, und die daran anschließenden Beiträge.
(6) Vgl. den Beitrag: Methodik – wozu? S. 259.

23 „Breitensport" – ein geeignetes Modell für den Schulsport?

Seit etwa vier Jahrzehnten wird explizit in „Leistungssport" und „Breitensport" unterschieden, wenngleich der zweite Begriff seit einiger Zeit an Bedeutung verloren hat und immer mehr durch „Freizeitsport" ersetzt wird. Im Unterschied zu den historischen Vorläufern dieser Antithese, die sich vor allem in der Kontroverse zwischen „Turnen" und „Sport" konkretisierte, wurde der Leistungssport nunmehr, wie schon der Name sagt, als „leistungsorientiert", der Breitensport im Gegensatz dazu als „Nichtleistungssport" eingestuft.

Darin dürfte jedoch ein grundsätzlicher Denkfehler liegen: Letztlich wird damit nämlich unterstellt, daß ein „Normalsportler", beispielsweise beim Versuch, die Sportabzeichenbedingungen zu erfüllen, absichtlich langsamer läuft, als er tatsächlich kann, oder ein Fußballspieler in einer Freizeitmannschaft bewußt schlechter spielt, als er imstande wäre.

Man kann im Gegenteil doch annehmen, daß beide versuchen, ihr Bestes zu geben, sich also leistungsorientiert verhalten. Die hier aufscheinende Begriffsverwirrung konnte nur dadurch zustande kommen, daß unter „Leistung" heutzutage fast nur noch die besondere und herausragende Leistung verstanden wird und alles andere in der Öffentlichkeit keine Beachtung mehr findet.

Das aber hat mit dem Wesen des Sports nichts zu tun: *Sport ist immer leistungsorientiert*, ansonsten wäre es kein Sport, sondern etwas anderes, z.B. Zerstreuung, Entspannung oder Hobby auf nichtsportlicher Basis. Die richtige Unterscheidung wäre also „Hochleistungssport“ für die wenigen, die zu herausragenden Leistungen fähig sind, und „Normalleistungssport“ für die vielen, die auf Grund ihrer Anlagen oder begrenzter Trainingsmöglichkeiten dazu nicht in der Lage sind.

Nun gibt es einige Erscheinungsformen körperlich-sportlicher Betätigung, die dieser These zu widersprechen scheinen. An dieser Stelle sollen drei von ihnen beispielhaft betrachtet werden:

(1) *Joggen* gilt allgemein als „Gesundheitssport“, und dieser wird allgemein als „nicht leistungsorientiert“ eingestuft. Immerhin unterzieht sich der Jogger aber – und zumeist recht regelmäßig – einer körperlichen Belastung, die über das alltägliche Normalmaß hinausgeht. Er tut also etwas, was so mancher „Sportler“ in dieser Konsequenz nicht tut, er trainiert. Er will bestimmte physiologische Wirkungen erzielen und wird damit, ob er dies beabsichtigt oder nicht, auch immer besser. Das aber ist durchaus leistungsbezogen.

In dieser Hinsicht ist der Jogger also auch Sportler; er verzichtet lediglich auf die „Anwendung“ des Trainingsergebnisses in einer „Bewährungssituation“, z.B. in einem Testlauf oder im Wettkampf, doch finden viele, beispielsweise über Volksläufe, auch den Weg dorthin.

(2) *Skilaufen*, d.h. der Pistenskilauf, wird allgemein als „Sport“ betrachtet. Bei genauerem Hinsehen zeigen sich aber einige Merkmale, die das in Frage stellen: Einerseits kann man das Skilaufen, wie an anderer Stelle bereits dargestellt (1), auch so betreiben, daß es zum unverbindlichen Zeitvertreib und bloßen Freizeitvergnügen wird, andererseits stürzt sich so mancher einen Steilhang hinunter, der für sein Können viel zu gefährlich ist und setzt so seine Gesundheit aufs Spiel.

Skilaufen kann Sport sein, muß das aber nicht. Es vereinigt in sich eine Spannweite von Handlungs- und Betätigungsmöglichkeiten, die sozusagen nach beiden Seiten aus dem Sport hinausführen.

(3) *Bergsteigen* im Sinne des „Schwierigkeitsalpinismus“ wird üblicherweise nicht als Sport angesehen. In einem Punkt verhält sich der engagierte Bergsteiger aber genau wie ein Sportler: Er möchte stets die größtmögliche, seinen Fähigkeiten und seinem Können entsprechende Schwierigkeit bewältigen. Dabei muß er, wenn er überleben will, stets einen Grad unter seinem individuellen „Grenzbereich“ bleiben: Wird der Fels- oder Eishang zu steil, kann jeder Fehltritt den Tod bedeuten.

Dieser Grenzbereich ist bei dem einen bereits mit einem ausgesetzten Steig, für den anderen erst in der Todeszone oberhalb 8000 Meter erreicht. Aber auch der „Normalbergsteiger“ kann sehr schnell in eine solche Situation geraten, wenn etwa ein Gewitter aufzieht, Steinschlag niedergeht oder unversehens die Nacht hereinbricht.

Bergsteigen geht darin über den Sport hinaus, daß es den zwar selbstgewählten, von einem bestimmten Punkt an aber nicht mehr rückgängig zu machenden Ernstfall darstellt. Es bleibt so eines der letzten wirklichen Abenteuer in einer zivilisierten Welt.

Sportstadien, Turnhallen, Tennisplätze oder Kletterhallen können demgegenüber nur „Laborsituationen“ bieten.

Die *Konsequenzen*, die aus diesen Überlegungen zu ziehen sind, dürften relativ eindeutig sein:

- Einerseits sollte der Schulsport nicht auf ein gewisses Maß an Spannung und Risiko verzichten, da hier menschliche Grundbedürfnisse angesprochen sind. Generell muß er sich aber im Rahmen einer „kontrollierbaren und beherrschbaren Laborsituation" bewegen, denn er sollte für alle Schüler zumutbar sein und darf ihre Gesundheit nicht gefährden (2).
- Andererseits darf der Schulsport nicht in Unverbindlichkeit und Beliebigkeit abgleiten. Er muß stets in irgendeiner Weise leistungsorientiert bleiben.

Für beide Forderungen kann der „Breitensport" im Sinne eines „richtig verstandenen Leistungssports" ein gutes Modell abgeben. Es dürfte sich nämlich weiterhin gezeigt haben, daß der Sport als Phänomen mit anderen Lebens- und Kulturbereichen in vielfältigen Wechselbeziehungen steht, daß sich aber doch recht eindeutig entscheiden läßt, was Sport ist und was nicht.

Dabei muß es vor allem darum gehen, den Schülern zwei fundamentale, durch Einsicht gestützte und durch Erfahrung gesicherte *Einstellungen* zu vermitteln, nämlich zu versuchen,

- in jeder Situation „so gut wie möglich zu sein",
- in diesem Rahmen „immer besser zu werden".

Diese beiden Aspekte stehen in einem inneren Zusammenhang, wie folgende Überlegungen zeigen können: Es kann nicht Sinn des sportlichen Handelns sein, einmal in einem Schuljahr so schnell wie möglich 100 Meter zu laufen, möglichst „wirkungsvoll" Fußball spielen oder eine möglichst schwierige Turnübung „gerademal hinzukriegen", sondern dies immer wieder zu tun, um dabei immer schneller, besser oder perfekter zu werden.

Der Aspekt der punktuellen *„Leistungserbringung"* muß ergänzt werden durch den Aspekt der individuell möglichen *Leistungssteigerung*. Erst dann ist die „Einheit von sportlichem Handeln und sportlicher Einstellung" erreicht, und erst dann können vielleicht auch Langzeit- und Transferwirkungen im Hinblick auf das individuelle und soziale Verhalten erwartet werden.

Eine so verstandene Leistungsorientierung des Sports ist auch die Grundlage, auf der andere menschliche Primärbedürfnisse, wie z.B. Erfolg, Anerkennung, Selbstdarstellung, Gemeinsamkeit, Solidarität – und damit auch das Streben nach Identität – befriedigt werden können.

„Leistung" im Sport ist nicht eine mögliche „Sinnzuschreibung" oder „Sinnperspektive" unter vielen anderen, sondern ein *unverzichtbares Merkmal* des Sports im allgemeinen und des Schulsports im besonderen.

Leistung in ihrem individuellen Bezug ist Grundlage und Voraussetzung für alle anderen Erwartungen, die mit dem Begriff „Sport" verbunden werden. Dieser Zusammenhang, der in den bisherigen Sportlehrplänen möglicherweise nur verdeckt zum Ausdruck kam, grundsätzlich aber nicht bestritten wurde, wird von einigen neueren, von anderen ideologischen und gesellschaftspolitisch Positionen ausgehenden sportpädagogischen Konzeptionen und den davon abgeleiteten Lehrplänen in Frage gestellt. Darauf wird noch einzugehen sein (3).

Anmerkungen

(1) Vgl. den Beitrag: Welche Bedeutung hat der „Freizeit- und Lifetime-Sport“ für die Schule? S. 199.
(2) Vgl. den Beitrag: Was heißt „Erlebnissport“? S. 207.
(3) In dem Beitrag: Die neue Lehrplangeneration, S. 301.

24 Von der (unterschiedlichen) Beliebtheit der Schulsportarten

Daß die Schulsportarten sich recht unterschiedlicher Beliebtheit erfreuen, ist bekannt. Die Sportwissenschaft hat sich mit diesem Problem bisher fast ausschließlich auf statistischer Grundlage durch Ausgabe von Schülerfragebögen und Erstellung von Säulendiagrammen befaßt.

Das hat sicher einige Erkenntnisse gebracht, kann aber kaum die „ganze Wahrheit“ darstellen, zumal die *Sache* und ihre *Struktur* außer Betracht geblieben sind.

Man hat, was die Inhalte des Schulsports betrifft, auf solchen Untersuchungen geradezu eine „Beliebtheitspädagogik“ aufgebaut. „Wir müssen im Sportunterricht das bieten, was die Schüler wollen“, ist mehr als nur ein häufig gebrauchtes Schlagwort geworden. Eine „Pädagogik der Unbeliebtheit“ ist, von einigen allgemeinen Aussagen abgesehen, in den letzten Jahrzehnten kein Thema mehr.

Demgegenüber ist die Vergangenheit voll von Beispielen und Ansätzen zu einer „Widerstands- und Anforderungspädagogik“. Solange die übergroße Mehrheit der Bevölkerung – zumeist mit harter körperlicher Arbeit – um ihre Existenz kämpfen mußte, entsprach dies auch der Lebenswirklichkeit.

Der *Sport* speist sich aus anderen Quellen. Er wurde erst möglich, als immer mehr Menschen in einer zunehmend technisierten Welt Zeit und Möglichkeit zum Tun des „eigentlich Überflüssigen“ erhielten und ein entsprechendes Bedürfnis entwickelten.

So ist die Geschichte des Sports, wie z.B. auch die des Alpinismus, die Geschichte der Bewältigung von *selbstgewählten Herausforderungen*, der Lösung immer schwierigerer Aufgaben und des Hinausschiebens menschlicher Leistungsgrenzen.

Damit entsteht die paradoxe Situation, daß die Mehrzahl der Schüler bestimmte Sportarten als unbeliebt und überholt ablehnt, während andere – und nicht nur Leistungssportler – gerade darin das Besondere sehen, aus dem sie Freude und Befriedigung gewinnen und an dem sie, umgangssprachlich formuliert, ihren Spaß haben.

Im folgenden kann keine geschlossene psychologische und soziologische Theorie der Beliebtheit des Sports und der Sportarten vorgelegt werden. Es soll vielmehr versucht werden, von der Sachstruktur ausgehend einige erste *didaktisch relevante Erkenntnisse* zu diesem Thema zu gewinnen. Dabei soll nicht die Sichtweise des engagierten (Leistungs- oder Breiten-)Sportlers zugrunde gelegt werden, sondern die des eher indifferenten „Normalschülers".

Für eine erste Annäherung an das Thema bietet es sich an, in „harte" und „weiche" Sportarten zu unterscheiden. Als „hart" sind die Sportarten anzusehen, die konkrete und unausweichliche Anforderungen stellen, deren Nichtbewältigung zu einem sichtbaren Versagen führt. Bei den „weichen" Sportarten ist dies – zumindest im subjektiven Empfinden – nicht oder doch weniger offensichtlich der Fall.

Beispiel: Gerätturnen (1)

Legt man die eben vorgenommene Unterscheidung zugrunde, wird verständlich, warum das Gerätturnen – jedenfalls bei den Jungen, weniger bei den Mädchen – an der Spitze der „Unbeliebtheitsskala" steht.

Manche Übungen erfordern zu ihrem Gelingen bestimmte *Mindestvoraussetzungen*, die nicht kompensiert werden können: Zum Hüftaufschwung bedarf es eines zureichenden Niveaus an Kraft; selbst bei einfachen Stützübungen geraten viele Schüler in Schwierigkeiten; übergewichtige Schüler haben nur geringe Chancen.
Andere Übungen enthalten ein gewisses Risiko: Wer über einen Bock springen will, darf nicht unter übermäßigen Angsthemmungen leiden; beim Handstand sollte man nicht die Orientierung verlieren. All dies hat zur Folge, daß die Mehrzahl der Gerätübungen von einem *„Alles-oder-Nichts-Gesetz"* bestimmt ist: Sie gelingen entweder – in vielen Fällen sogar leicht und mühelos – oder mißlingen gänzlich und für alle sichtbar: Man steht nach einem Versuch zur Kippe wieder auf dem Boden oder kann aus Angst vor einem Kasten nicht abspringen und prallt dagegen.

Daraus erklärt sich, daß das Gerätturnen mit Eintritt der Pubertät, wenn das Selbstbild der Jugendlichen ins Wanken kommt, in eine Krise gerät, die sich erst zu Beginn der (gymnasialen) Oberstufe – wenn an unseren Schulen wegen der durch das Kurssystem gegebenen „Abwahlmöglichkeiten" kaum noch geturnt wird – wieder löst.

Demgegenüber bleibt festzustellen, daß das Gerätturnen durch seine Orientierung auf die Grundtätigkeiten des Hängens, Stützens und Schwingens (unter Einbeziehung des Rollens, Überschlagens und Balancierens) zu den *Grundlagensportarten* zu zählen ist. Es stellt zwar andere Anforderungen als die übrigen Schulsportarten, ist aber gerade deshalb für eine umfassende körperliche Ausbildung nicht weniger bedeutsam. Man muß nur die Frage stellen, was wohl fehlen würde, wenn es nicht mehr in den Lehrplänen berücksichtigt wäre.

Ohne Zweifel bietet das Gerätturnen wie keine andere Sportart eine Fülle von Bewegungsmöglichkeiten sowohl unter natürlichen als auch unter ungewöhnlichen Bedingungen, darunter eine große Zahl von einfachen und recht attraktiven Übungen, die fast jeder auf Anhieb oder doch nach einigen Versuchen lernen kann.

Auch das „normfreie Turnen“, das durch Gerätearrangements und entsprechende Bewegungsanregungen nur indirekt gesteuert wird, kann hier einen wichtigen Beitrag leisten. Diese Möglichkeiten gilt es zu nutzen, nicht durch einen Verzicht auf die „genormte Bewegung“, sondern durch eine geplante und bewußte Erweiterung der unterrichtlichen Möglichkeiten.

Dies führt zu den folgenden *didaktischen Schwerpunkten* beim Lehren und Lernen von Gerätübungen:

1. *Langfristige konditionelle Vorbereitung*
   auf der Grundlage einer allgemeinen körperlichen Ausbildung und unter Einbeziehung von Elementen aus dem „Hindernisturnen“ und dem „normfreien Turnen“.

Schwerpunkt:	Entwicklung der Kraft.
Prinzipien:	Regelmäßig und systematisch, gerätespezifisch und techniknah.

2. *Lernen und Üben wichtiger Grundübungen.*

Schwerpunkt:	Bewegungsqualität.
Prinzipien:	„Aus Wenigem viel machen“, „das Wenige richtig erarbeiten“.

3. *„Gelegenheitsübungen“ und „kleine Kunststücke“*
   als Ausblick auf die Bewegungsvielfalt des Gerätturnens.

Prinzipien:	„Bewegungserlebnisse“ vermitteln, das „Besondere“ des Gerätturnens sichtbar machen.

Beispiel: Leichtathletik (2)

Die Leichtathletik nimmt in der Beliebtheitsskala der Schüler einen mittleren Rangplatz ein. Sie wird von ihnen sozusagen toleriert, wahrscheinlich aus der Erkenntnis heraus, daß sie „irgendwie dazugehört“. Offene Ablehnung ist jedenfalls selten.

Für diese Einschätzung lassen sich einige sachliche Gründe anführen: Laufen, springen und werfen „kann“ jeder; ein 100-m-Lauf oder ein Weitsprung gelingen immer, es fragt sich nur, wie schnell oder weit.

Daß die besagte Toleranz der Schüler ihre Grenzen hat, wird schnell sichtbar, wenn sich etwa beim 1000-m-Lauf die Frage der „Mindestanstrengung“ stellt und die Gefahr eines sichtbaren Versagens wächst.

Indessen würde es, wie im vorangegangenen Beitrag unter allgemeinen Gesichtspunkten bereits dargestellt, dem Sinn der Leichtathletik widersprechen, z.B. nur einmal im Schuljahr 100 Meter zu laufen oder einen Ball zu werfen, geht es doch darum, dies möglichst „gut“ zu tun und zu versuchen, darin immer besser zu werden. Die Leichtathletik lebt sozusagen von der *Leistungssteigerung durch Training*, nicht so sehr, wie es oft recht kurzschlüssig gesehen wird, vom bloßen Vollzug einer genormten Leistungshandlung.

Die Leichtathletik ist unbestritten die maßgebliche *Grundlagensportart*, zumal die meisten anderen Sportarten auf entsprechenden Bewegungselementen aufbauen und sich leichtathletischer Trainingsformen und -prinzipien bedienen. Es muß im Sinne jeglicher sportlicher Betätigung innerhalb und außerhalb der Schule liegen, den Unterricht in der Leichtathletik so *effektiv* und *attraktiv* wie möglich zu gestalten.

Es gilt also, die Schüler durch ein vielseitiges und abwechslungsreiches Übungsangebot auch emotional für die Leichtathletik zu gewinnen. Dabei kann ein gewisser, für die Schüler deutlich sichtbarer, aber leicht zu organisierender methodischer Aufwand durchaus von Nutzen sein (3).

Demgegenüber darf aber nicht vergessen werden, daß in kaum einer anderen Sportart der Zusammenhang zwischen dem Niveau der konditionellen Fähigkeiten und der meßbaren Leistung so eng ist wie hier. Daraus folgt als grundsätzliche Erkenntnis, daß die Verbesserung der körperlichen Voraussetzungen den Vorrang hat vor der Optimierung von (mehr oder weniger formalen) Techniken.

Wer weiter springen will, muß vor allem seine Schnelligkeit und Sprungkraft verbessern. Auch beim Kugelstoßen geht es mehr um die Kraft, vielleicht noch um einen gut koordinierten Bewegungsablauf, nicht so sehr um die Beherrschung einer bestimmten Technik. *Lernen* und *Üben* bilden hier mehr als in anderen Sportarten eine untrennbare Einheit mit deutlicher Betonung der zweiten Komponente.

Auf Grund dieser Überlegungen lassen sich für die Leichtathletik folgende *didaktischen Schwerpunkte* formulieren:

1. *Verbesserung der konditionellen Voraussetzungen*
   auf der Grundlage einer allgemeinen körperlichen Ausbildung,
   auch unter Einbeziehung von Spiel- und Übungsformen
   aus dem Bereich anderer Sportarten.

   Schwerpunkte: Allgemeine Ausdauer, Schnellkraft.

   Prinzipien: Langfristiger und systematischer Aufbau, wechselnde spezielle Schwerpunkte.

2. *Erlernen der leichtathletischen Grundfertigkeiten.*

   Schwerpunkt: Verbesserung der „leistungsrelevanten Bewegungsaktionen" (im allgemeinen der Hauptfunktionsphase).

   Prinzipien: Möglichst einfache und direkte Methoden, kein vorzeitiger Wettkampfdruck.

3. *Leistungssteigerung durch Üben und Trainieren*
   in variablen Spiel- und Wettbewerbsformen.

   Prinzip: Immer wieder neue Bewegungs- und Übungsanreize schaffen, ohne die generelle Zielorientierung zu vernachlässigen.

Beispiel: Sportspiel (4)

Die Sportspiele stehen in der Beliebtheitsrangfolge der Schüler durchweg obenan, wenn auch mit deutlichen örtlichen, regionalen, alters- und geschlechtsspezifischen Unterschieden zwischen den einzelnen Spielen. Die allgemein positive Einschätzung ist durchaus begründet, stellt doch das Spiel einen vielfach gegliederten Geschehnisablauf dar, dessen komplexe Aktionen in wechselnder Chancenverteilung einem Höhepunkt zustreben, der jeweils Erfolg oder Mißerfolg anzeigt. Damit baut das Spiel fortgesetzte „Spannungsbögen“ auf und löst sie wieder.

Aus der Sicht der Schüler trägt das Spiel mehr als der Sport seinen Sinn in sich selbst und kommt damit ihren emotionalen, auf „Gegenwartserfüllung“ gerichteten Bedürfnissen entgegen. Auch die schwächeren Spieler können irgendwie mitmachen und am gemeinsamen Erfolg teilhaben.

Dieser letzte Gesichtspunkt kann jedoch unversehens ins Negative umschlagen, wenn einzelne Schüler wegen fehlender technischer Fertigkeiten überhaupt keine Chance mehr haben mitzuspielen oder gar für den kollektiven Mißerfolg verantwortlich gemacht werden. Dennoch wird kaum einer der schwächeren Spieler es wagen, gegen die Dominanz seiner spielbegeisterten Mitschüler anzugehen.

In Abwägung dieser Gesichtspunkte lassen sich für das Spiel folgende *didaktischen Schwerpunkte* bestimmen:

1. *Vermittlung der „technischen Mindestanforderungen“*
   als Vorbedingung für das „Mitmachen-Können“.

   Prinzip: Variierendes Üben in spielnahen Situationen.

2. *Erarbeitung der Grundstruktur des Spiels*
   in vereinfachten, auch für den Anfänger überschaubaren Spielformen.

   Prinzip: Spiel soll „gelingen“.

3. *Verbesserung der Spielfähigkeit*
   durch allmähliche Steigerung des Komplexitätsgrades
   sowie durch Erhöhung der technischen und taktischen Anforderungen.

   Prinzip: „Richtig“ und doch schülergemäß spielen.

Was die Beliebtheit des Spiels betrifft, läßt sich neuerdings immer häufiger beobachten, daß die Schüler – vor allem im jüngeren Schulalter und bei den Mädchen mehr als bei den Jungen –, wenn sie „spielen“ wollen, darunter nicht die Sportspiele verstehen, sondern einfachere Spiele, die mit geringerem körperlichen und technischen Aufwand ihre emotionalen Bedürfnisse befriedigen.

Vielleicht war das schon immer so, doch läuft diese Entwicklung parallel mit der zunehmenden Beliebtheit bestimmter *Trendsportarten*, die sich im bewußten Gegensatz zum traditionellen Sportverständnis sehen.

Gesucht ist nicht mehr die selbstgewählte Herausforderung, auch nicht der bloße Zeitvertreib, sondern primär die Möglichkeit zur Selbstdarstellung, verbunden mit der Tendenz, sich eine eigene „Szene" im Sinne einer Subkultur zu schaffen. So verstehen sich die neuen Trendsportarten als typische „Lifestyle-Sportarten", die ein neues, „postmodernes" Lebensgefühl zum Ausdruck bringen sollen.

Die *Struktur* dieser Sportarten entspricht weitgehend dieser Entwicklung, wie sich am nächsten Beispiel aufzeigen läßt:

Beispiel: Inline-Skating

Wie alle Rollsportarten erlaubt das Inline-Skating zwei Bewegungsrichtungen, vorwärts und rückwärts, in verschiedenen Körperhaltungen. Außerdem besteht die Möglichkeit, vom Boden abzuheben, also zu springen (und dies auch mit Drehungen). Dieses Repertoire würde eine Weiterführung zum Rollschnell- oder -dauerlauf, zu einem Rollhockeyspiel oder in der Kombination der genannten Elemente zum Rollkunstlauf zulassen.

Tatsächlich hat die allgemeine Entwicklung aber eine andere Richtung genommen: Durch apparativen Aufwand (Half-pipes u.ä.) strebt man die gezielte Nutzung der Schwerkraft an, um unter diesen Bedingungen bestimmte Kunststücke zu produzieren. Damit (und mit dem bereits genannten Umfeld dieser Sportart) ist aber der Übergang vom sportlichen zum *artistischen Verhaltensmuster* vollzogen, worauf an anderer Stelle noch einzugehen ist (5).

Hier soll der Hinweis genügen, daß für diese neuen, auch für den Schulsport relevanten Entwicklungen die *sportdidaktische Aufarbeitung* noch aussteht. Man hat sich mit diesen Problemen bislang allenfalls auf methodischer Ebene befaßt, einen Schuß populärer Motivationstheorie (im Sinne der eingangs genannten „Beliebtheitsrangfolgen") ausgenommen.

Möglicherweise deuten solche Strömungen aber auch an, daß das „Zeitalter des Sports", wie seit einigen Jahren recht skeptisch festgestellt wird, zu Ende geht. Darauf aber eine endgültige Antwort zu geben, wäre wohl doch verfrüht.

Anmerkungen

(1) Vgl. den Beitrag: Warum Gerätturnen in der Schule? „Handbuch" S. 353.
(2) Vgl. den Beitrag: Hat die Leichtathletik in der Schule noch eine Chance? „Handbuch" S. 347.
(3) Gute Anregungen hierfür kann die vom Ministerium für Kultus, Jugend und Sport Baden-Württemberg herausgegebene Schriftenfolge zur Kinderleichtathletik bieten.
(4) Vgl. den Beitrag: Spiel – pädagogischer Ideal- oder Problemfall? „Handbuch" S. 342.
(5) In dem Beitrag: Intentionale Modelle in der Sportdidaktik, S. 264.

Teil 4: Sport im Schulleben

25 Arbeitsgemeinschaften – wie und wozu?

Rückblick

Die Ursprünge der Arbeitsgemeinschaften (AGs) liegen im *Spielnachmittag*, der in den Jahren nach 1900 in den Ländern des damaligen Deutschen Reiches allmählich eingeführt wurde. Dieser Spielnachmittag fand, von Schule zu Schule unterschiedlich, in zwei Formen statt:

- Der Lehrer, meist der Klassenlehrer, ging mit seiner Klasse auf ein geeignetes Sport- oder Spielgelände und führte dort die in den amtlichen Leitfäden vorgesehenen Spiele, vorwiegend Turnspiele, und die „volkstümlichen", d.h. leichtathletischen Übungen durch.
- Die gesamte Schule belegte an einem Nachmittag ein größeres Sportgelände. Die Schüler konnten – nach den gemeinsamen Freiübungen – eine der angebotenen Spielgruppen frei wählen.

Vielerorts bestand darüber hinaus die Möglichkeit, sich zusätzlich oder ersatzweise in einer sportartspezifischen Gruppe, zumeist in den an der Schule besonders gepflegten Sportarten, z.B. Rudern, Rugby oder Hockey, zu betätigen.

Dies war die Situation bis zum 2. Weltkrieg, in dem der Spielnachmittag aus Personalnot allmählich eingestellt wurde. In der Nachkriegszeit wurde er in den „Angebotsteil" der Stundentafeln eingeordnet. Er konnte also – in bestimmten Altersstufen sogar obligatorisch – angeboten werden, mußte dies aber nicht. Daneben taucht, zunächst auf die übrigen Fächer bezogen, der Begriff der AG auf.

Selbstverständlich wurde auch die Wiedereinführung des allgemeinen Spielnachmittags diskutiert (1). An seine Stelle trat aber die dritte Sportstunde und die Einbeziehung des Sports in das *System der AGs*. Dies wurde, beginnend mit den „Empfehlungen zur Förderung der Leibeserziehung in den Schulen" der Kultusminister der Länder, des Deutschen Sportbundes und der kommunalen Spitzenverbände aus dem Jahre 1956, in den einzelnen Bundesländern Zug um Zug verwirklicht. Den Schlußpunkt bildete das „Aktionsprogramm für den Schulsport" aus dem Jahre 1972.

Bestandsaufnahme

In der öffentlichen Diskussion, in den Verlautbarungen der Lehrerverbände und im allgemeinen Teil der Lehrpläne genießt die unterrichtliche Form der AG eine hohe Wertschätzung. Sicherlich mit Recht gilt sie als eine wesentliche *Bereicherung des Schullebens*, gelegentlich wird aber geradezu der Eindruck erweckt, als ob die pädagogische Wirksamkeit unseres Bildungswesens vorwiegend von solchen fakultativen Veranstaltungen abhinge.

Die Resonanz in der Fachliteratur entspricht dieser besonderen Einschätzung nicht ganz. Hier ist eher von der Einbeziehung „neuer" Sportarten in den obligatorischen Sportunterricht oder von dessen Umwandlung in ein Wahlpflichtfach die Rede.

Ein Blick auf den Schulalltag bestätigt die *Diskrepanz zwischen Anspruch und Wirklichkeit*. So lassen sich, grob vereinfachend, drei Gruppen von AGs unterscheiden:

(1) Im Vordergrund des Interesses stehen in der Regel die *leistungssportlich orientierten AGs*, aus denen die Mannschaften für die Schulsportwettbewerbe, z.B. „Jugend trainiert für Olympia", oder die Vorführgruppen für Schulveranstaltungen, z.B. in der Gymnastik, hervorgehen und die somit die Schule nach außen repräsentieren. Positiv zu vermerken ist hierzu, daß zumeist eine gewisse Kontinuität gegeben ist, doch muß man auch die Frage stellen, ob nicht ein Duplikat zum Vereinssport vorliegt, zumal viele, wenn nicht die meisten, der teilnehmenden Schüler in derselben Sportart auch im Verein aktiv sind.

(2) In zweiter Linie folgen die AGs, die sozusagen bei *Gelegenheit* angeboten werden, z.B. dann, wenn noch einige Deputatsstunden verfügbar sind. Sie beziehen sich üblicherweise auf eine der Lehrplansportarten und wenden sich je nach dem zu erwartenden Zuspruch an alle Schüler der Schule, an eine bestimmte Altersstufe oder gar nur an eine einzelne Klasse. Hier ist die Frage nach einer längerfristigen Konzeption zu stellen, doch sollte man auch bedenken, daß die Schulleiter bei den ständig wechselnden schulrechtlichen und personellen Rahmenbedingungen oft gar nicht anders handeln können.

(3) Schließlich werden in zunehmendem Maße auch AGs angeboten, die speziell die neuen *Trendsportarten* „an die Schule bringen" wollen. Sie gehen zumeist auf die besondere Initiative einzelner Lehrer zurück und sind nicht an eine bestimmte Altersstufe gebunden. Im großen und ganzen gilt auch für sie das eben Gesagte.

Bei allen Formen der AGs zeigen sich, in der genannten Reihenfolge immer deutlicher, folgende *Problempunkte*:

(1) Zunächst ist eine allgemeine *Tendenz zur Unverbindlichkeit und Beliebigkeit in der Anwesenheit* festzustellen. Besonders vor Klassenarbeiten und gegen Schuljahresende fehlen die Schüler, ohne auch nur den Anflug eines schlechten Gewissens zu zeigen. Sie sollten also darauf hingewiesen werden, daß der Begriff der Freiwilligkeit sich nur auf die generelle Entscheidung zur Teilnahme, nicht aber auf die laufende Anwesenheit bezieht.

Bei Gelegenheit wäre ihnen auch deutlich zu machen, daß die Einrichtung von AGs, wie überhaupt das gesamte Bildungswesen, letztlich vom Steuerzahler finanziert wird und daß die Inanspruchnahme eines solchen Angebots auch eine gewisse Verpflichtung mit sich bringt. Die Anwesenheit ist jedenfalls etwas sorgfältiger als allgemein üblich zu kontrollieren. Bei allzu häufigem Fehlen sollten Konsequenzen (bis hin zum Ausschluß aus der AG) gezogen werden.

(2) Sodann läßt sich feststellen, daß eine Ausweitung des AG-Angebots vor allem zu *Mehrfachnutzungen* und erhöhter *Binnenfluktuation* führt. Es sind, überspitzt formu-

liert, immer dieselben Leute, von denen die AGs – nicht nur im Sport – bevölkert werden. Andere wieder „zappen" sich durch das „Angebot", wie sie es im Verein und bei den kommerziellen Sportanbietern auch tun.

Diesen – in einem gewissen Rahmen unvermeidlichen und nicht durchweg negativen – Erscheinungen läßt sich nur dadurch entgegenwirken, daß man versucht, die AGs deutlicher zu profilieren und die Schüler längerfristig zu binden.

Damit ist die Frage der pädagogischen Funktion der AGs angesprochen.

Pädagogische Funktion

Wenn man eine – recht vereinfachte und pauschale – *Funktionsbeschreibung* der verschiedenen Bereiche des Schulsports vornehmen wollte, wäre es wohl die,

- daß der obligatorische Bereich vorwiegend die Aufgabe einer *allgemeinen körperlichen Ausbildung* und – anhand ausgewählter Sportarten – einer *Einführung in die sportliche Bewegungskultur* hat,
- daß dem fakultativen Bereich eher die in allen Lehrplänen explizit ausgewiesene Aufgabe der *Hinführung zu einem lebenslangen Sporttreiben* zufällt.

Dementsprechend muß der Pflichtunterricht bestimmten gesellschaftlich vorgegebenen Mindeststandards genügen, während der freiwillige Unterricht mehr auf die individuellen Bedürfnisse der Schüler eingehen kann.

Die Verwirklichung der zweiten Forderung ist in der Realität aber erheblich schwieriger, als es auf den ersten Blick scheint, und dies aus mehreren Gründen:

- „Lebenslanges Sporttreiben" bedeutet für einen zehnjährigen Schüler eine Perspektive von 50 und mehr Jahren. Für einen so langen Zeitraum kann die Schule allenfalls die allgemeinen *Grundlagen* schaffen, nicht aber die tatsächliche Entwicklung vorwegnehmen.
- Die Anbindung an den *Leistungs- und Wettkampfsport* kann stets nur einen Teil der Schüler ansprechen. Sicherlich sollte sich die Schule dieser Aufgabe nicht entziehen, sie kann aber nicht ihr vorrangiges Anliegen sein.
- Die Ausrichtung auf die aktuellen *Trendsportarten* kann wohl kaum die notwendige Kontinuität in einer auf längere Sicht angelegten Aufbauarbeit gewährleisten. Zweifellos kann dieser Aspekt aber nicht unberücksichtigt bleiben.
- Die Orientierung auf den *Gesundheits- und Fitneßsport* dürfte, zumal bei Kindern und Jugendlichen, nicht das notwendige Verständnis finden. Möglichkeiten sind hier mehr bei Mädchen und im höheren Schulalter, weniger bei Jungen und in früheren Altersgruppen gegeben.

Es stellt sich also die Aufgabe, Kontinuität im Angebot der AGs zu wahren und zugleich die Bedürfnisse der Schüler zu berücksichtigen. Die Lösung dieses Problems kann nicht für jede Schule die gleiche sein. Es ist vielmehr nach der Tradition der Schule, nach den besonderen (regionalen und allgemeinen) Entwicklungen sowie nach den personellen und materiellen Gegebenheiten zu verfahren. Dennoch sollen dazu einige allgemeine Hinweise gegeben werden.

Hinweise

Wir vertreten hier die Meinung, daß die Institution der AGs nicht einfach die „Verlängerung“ des Schulsports in den Vereinssport oder in den aktuellen Freizeitsport hinein darstellen darf, sondern eine eigenständige Konzeption zum Ausdruck bringen sollte. Hierfür lassen sich vielleicht folgende *Grundsätze* formulieren:

(1) Jede Schule sollte sich bemühen, ein *eigenes Profil* in ihrer „AG-Politik“ zu entwickeln und möglichst unabhängig von personellen Veränderungen in der Lehrerschaft zu erhalten. Anpassungen an zeitbedingte Entwicklungen sollten mit Bedacht vorgenommen werden.

(2) Das AG-Angebot einer Schule sollte *langfristig geplant* werden. Es sollte – bei allem Verständnis für die schulorganisatorischen Schwierigkeiten – bereits im laufenden Schuljahr für das nächste vorliegen und schriftlich, z.B. in den Schulmitteilungen, sowohl den Schülern als auch den Eltern bekanntgegeben werden.

Es kann wohl kaum befriedigen, daß die Ankündigung einer AG erst nach Schuljahresbeginn und nur durch einen Aushang erfolgt und auf diese Weise sehr leicht an den Eltern vorbeiläuft.

(3) Die einseitige Ausrichtung auf eine *einzige Sportart* sollte vermieden werden. Dabei bietet es sich an, ein sportartspezifisches Thema mit einen allgemeinen zu koppeln. Warum sollte es, sofern die personellen und materiellen Voraussetzungen gegeben sind, nicht möglich sein, z.B. Basketball und Fitneßtraining, Volleyball und Aerobic, Inline-Skating und Funktionsgymnastik oder auch Turnen und Orientierungslauf gemeinsam und gleichberechtigt anzubieten?

Der Einwand, daß dies die Schüler wohl nicht sonderlich motivieren dürfte, wird gegenstandslos, wenn alle beteiligten Lehrer sich an diese Vorgabe halten.

(4) AGs sollten etwas genauer, als es allgemein üblich ist, auf eine bestimmte *Zielgruppe* ausgerichtet werden. Dabei ist freilich am Prinzip der klassen- und (innerhalb einer gewissen Spanne) auch jahrgangsübergreifenden Veranstaltung festzuhalten. Es kann auch angebracht sein, das erwartete Leistungsniveau etwas näher zu bezeichnen, dies freilich nur in einem weiten Rahmen (z.B. Anfänger – Fortgeschrittene).

(5) Wenn der Schulsport seiner pädagogischen Verpflichtung nachkommen will, darf er sich nicht nur an die sportlich aktiven Schüler wenden, sondern muß auch die große Masse der *weniger Interessierten* ansprechen. Es müßte z.B. möglich sein, auch eine AG „Sportspiel für Nichtspieler“ oder „Gymnastik für musikalisch weniger Begabte“ anzubieten und – ggf. auf dem Weg über die Eltern – zu propagieren.

(6) Schließlich wäre zu prüfen, ob in diesem Rahmen auch eine *Sportfördergruppe* für körperlich Benachteiligte angeboten werden könnte. Dies bedarf freilich einiger spezieller Fachkenntnisse und einer umfangreichen Vorarbeit.

Vor allem müßten die Schüler ebenso wie ihre Eltern darüber informiert werden, daß mit einer Teilnahmeempfehlung keine Diskriminierung (und auch keine „Zwangsnachhilfe“) verbunden ist, sondern daß im Rahmen einer speziellen, weder betont sportlich, noch einseitig medizinisch-therapeutisch ausgerichteten Konzeption eine

Chance geboten wird. Ebenso wäre das Sportlehrerkollegium dafür zu gewinnen, die benachteiligten Schüler persönlich und in möglichst behutsamer Weise auf diese Möglichkeit hin anzusprechen.

Zusammenfassung

Zusammenfassend läßt sich feststellen,

- daß die Arbeitsgemeinschaften seit altersher einen eigenständigen Bereich des Schulsports darstellen,
- daß sie als bedeutender Teil des Schullebens – nicht nur des Schulsports – bewußt gestaltet und gepflegt werden müssen,
- daß sie hinsichtlich ihrer pädagogischen Wirksamkeit weder über- noch unterschätzt werden sollten.

Dazu ist es notwendig, daß sie nicht als Manövriermasse für die Schulverwaltung und für die Schulleitungen dienen, sondern daß ihnen ein festes und auf Dauer gesichertes Stundenkontingent zugeteilt wird. Dieses ist für den Sport gesondert auszuweisen; als Ersatz für den einstigen Spielnachmittag hat er ein besonderes Anrecht darauf.

Anmerkung

(1) Vgl. den Beitrag: Sportnoten abschaffen – und dann? S. 180.

26 Schulsportfeste

Rückblick

Die Schulsportfeste gehen, historisch gesehen, auf die *Turnfeste* zurück, die bereits in der ersten Hälfte des 19. Jahrhunderts ein besonderes Kennzeichen der Turnbewegung waren und spätestens mit dem 1. Deutschen Turnfest 1860 in Coburg in das allgemeine Bewußtsein rückten. Der Grundgedanke all dieser (regionalen und überregionalen) Turnfeste, die *„Turnfestidee“*, bestand darin, jedem Turner (und alsbald auch jeder Turnerin), unabhängig von Alter und Leistungsstand die Möglichkeit zu geben, an einem Wettkampf teilzunehmen und dabei einen bestimmten Qualifikationsnachweis (als „Siegerkranz“ oder „Siegerurkunde“) zu erringen.

Die *Turnfestwettkämpfe* waren durchweg Mehrkämpfe, die sich nicht nur auf das Gerätturnen und die (ehemals als „Volksturnen“ bezeichnete) Leichtathletik erstreckten, sondern zum Teil sportartenübergreifend (z.B. als Kombination von Gerätturnen und Leichtathletik, aber auch unter Einbeziehung weiterer Sportarten) angelegt waren. Dies ist im wesentlichen bis heute so geblieben.

Mit dem Aufkommen des Sports und vor allem mit der Gründung der *Spielbewegung* gegen Ende des 19. Jahrhunderts erlangten auch die Spiel- und Sportfeste eine immer größere Bedeutung.

Sie wurden von Anfang an als besondere Aufgabe der Schule angesehen, da die Sportverbände sich auf die Ausrichtung ihrer Meisterschaften konzentrierten.

Auf dieser Basis hatten sich, vor allem in der Zeit zwischen den beiden Weltkriegen, drei Typen von *Schulsportveranstaltungen* herausgebildet:

- der *Schulsportwettkampf*, der aus einem Mehrkampf bestand und gelegentlich in überregionale Wettkampfsysteme einbezogen wurde,
- das sommerliche *Spiel- und Sportfest*, das mit schulinternen Wettkämpfen und Vorführungen unterschiedlicher Art einen Querschnitt durch die Jahresarbeit der Schule geben sollte,
- das winterliche *Schauturnen*, das in ähnlicher Weise – nicht nur im Gerätturnen – eine „Leistungsschau" der Schule bieten wollte.

Dabei konnte man, in den damals noch „fernsehlosen" Zeiten, auf reges Zuschauerinteresse, namentlich von den Eltern, aber auch von Außenstehenden rechnen.

Von den genannten Formen wurde in der Nachkriegszeit der (Einzel-)Mehrkampf in den sogenannten Individualsportarten als erste wieder aufgenommen, und zwar 1951 mit den *Bundesjugendspielen* (1).

Ursprünglich sollten die Bundesjugendspiele mit den Sommerspielen in der Leichtathletik und (wenn möglich) im Schwimmen und den Winterspielen im Gerätturnen und (bei den Mädchen) in der Gymnastik einen einheitlichen Schulsportwettkampf bilden. Von Anfang an hatten aber die Sommerspiele, zumeist reduziert auf die Leichtathletik, ein deutliches Übergewicht.

Seit 1978 bestehen die Bundesjugendspiele aus drei selbständigen Wettkämpfen in der Leichtathletik, dem Gerätturnen und dem Schwimmen.

Entgegen der immer wieder herausgestellten Absicht, mit den Bundesjugendspielen einen gemeinsamen Wettbewerb von Schulen, Vereinen und Verbänden zu schaffen, blieben diese ein reiner Schulsportwettkampf, und dies im Rahmen der einzelnen Schulen, oft sogar innerhalb des Klassenverbandes.

Neben den Bundesjugendspielen entwickelte sich aber sehr bald auch ein recht differenziertes System von *Schulvergleichskämpfen* in Form von Mannschaftsmehrkämpfen in einer oder mehreren Schulsportarten zwischen zwei oder mehr (zumeist benachbarten, aber gelegentlich auch weiter entfernten) Schulen.

Ergänzt wurde dies durch *Einladungsturniere* in den Sportspielen, meist Handball oder Fußball, die verschiedentlich auch zu regionalen Schulmeisterschaften weitergeführt wurden.

Diese beiden Formen wurden von dem 1969 eingerichteten allgemeinen Schulsportwettbewerb *„Jugend trainiert für Olympia"* gleichsam aufgesogen.

Dieser stellt sich als schulstufenbezogener Mannschaftswettkampf im Rahmen von einzelnen Sportarten – darunter auch viele „Nicht-Schulsportarten" – dar und beansprucht seitdem die Aufmerksamkeit und Arbeitskraft der Sportlehrer in erheblichem Ausmaß, zumal er in einem aufwendigen Wettkampfsystem auf überregionale Ebenen, in einigen Altersstufen bis zu einem „Bundesfinale“, hochgeführt wird. Ob dies der Sinn eines Schulsportwettbewerbs sein kann, sei hier dahingestellt.

Daneben – und auch aus mangelndem Schülerinteresse – gerieten die Bundesjugendspiele trotz wiederholter amtlicher Fürsprache immer mehr ins Abseits. Daran konnten auch die neueren Reformbestrebungen nicht viel ändern und werden dies wohl auch in Zukunft kaum vermögen. Der Deutsche Sportlehrerverband hat dazu den Vorschlag eines eigenen „Schulsport-Mehrkampfes“ eingebracht (2).

Die einseitige *Wettbewerbsorientierung* der Schulsportfeste in den ersten drei Nachkriegsjahrzehnten konnte nicht ohne Widerspruch bleiben. Dem versuchte man durch den 1974 proklamierten *Schulsporttag* abzuhelfen. Er sollte die Schulsportwettbewerbe in einen größeren Rahmen stellen und auch der Schau- und Präsentationsfunktion solcher Veranstaltungen – wieder – gerecht werden.

Schien es zunächst, als ob der Schulsporttag zu einem reinen Spaß- und Spielfest mit Unterhaltungscharakter werden sollte, so hat sich seit einiger Zeit wieder eine etwas ausgewogenere Sichtweise durchgesetzt.

So bietet die außerunterrichtliche „Schulsportlandschaft“ derzeit ein recht buntes Bild, das einer gewissen *Systematisierung* bedarf.

Dies wird im folgenden versucht, wobei die inhaltliche Ausgestaltung außer Betracht bleiben soll (3). Die genannten Formen sind als *Modelle* zu verstehen, die vielfältige Abwandlungen zulassen.

Im Normalfall wird sich ein Schulsportfest auch nicht auf eine dieser Formen beschränken, sondern ein *gemischtes Programm* darbieten.

Schulsportfeste im Überblick

Wettbewerbe in den Individualsportarten

Einzel-Mehrkampf

- in einer (Schul-)Sportart,
- übergreifend in zwei oder mehr (Schul-)Sportarten.

Wertung nach Wertungstabellen,
Urkunden für gute/besondere Leistungen.

Mannschafts-Mehrkampf

von (größeren oder kleineren) Auswahlmannschaften, ausgetragen in einer oder in mehreren Sportarten:

- schulintern als Klassen- oder Altersstufenwettbewerb,
- als Schulvergleichswettkampf von Schul- oder Altersstufenmannschaften:
  - mit gleicher Aufgabenstellung für alle,
  - in wechselnder Besetzung der Disziplinen oder Übungen.

Übliche Form: Vorgegebene Disziplinen oder Übungen, vorgegebene (maximale) Mannschaftsstärke; mehrere Starter pro Disziplin oder Übung, aber Begrenzung der Anzahl der Starts pro Teilnehmer.

Wertung nach Wertungstabellen oder Platzziffern.

Klassenwettbewerb

nach dem Prinzip: „Jeder muß irgendwo mitmachen“.

Mögliche Form: Mehrere Sportarten, Disziplinen oder Übungen; alle müssen besetzt werden, jeder Teilnehmer darf nur einmal starten.

Die erreichten Punktzahlen werden durch die Klassenstärke geteilt.

„Sportabzeichentag“:

Alle Schüler versuchen, im Rahmen von vorgegebenen Disziplinen die Sportabzeichenbedingungen ihrer Altersstufe zu erfüllen.

Auszeichnung für besonders erfolgreiche Klassen.

Fitneß-Wettbewerb,

bestehend aus mehreren „Testübungen“: Wer jeweils eine bestimmte Zeit, Weite oder Wiederholungszahl erreicht, erhält eine Auszeichnung (Urkunde).

Auch mit Klassenwertung („Fitteste Schulklasse“).

Dieser Wettbewerb sollte möglichst mit einem Dauerlauf verbunden oder in einen allgemeinen „Lauftag“ einbezogen werden, z.B. durch einen Additionsdauerlauf der Klassen oder Klassenstufen.

„Fun“-Wettbewerbe

mit mehreren Aufgaben, deren Gelingen zum Teil vom Können, zum Teil vom Zufall abhängig ist.

Punktwertung oder Ausscheidungsrunden.

Einlagewettbewerbe, z.B.:

- Schulmeisterschaften in Einzeldisziplinen,
- Staffelwettbewerbe (innerhalb der Klassen- oder Altersstufen),
- Dauerläufe (z.B. nach dem Prinzip: „Jede Klasse läuft eine Runde“).

Wettbewerbe in den Sportspielen

Turnier der „Auswahlmannschaften“:

- schulintern als Klassen- oder Altersstufenturnier,
- als Schulvergleichswettkampf von Schul- oder Altersstufenmannschaften:
  - nach dem Ausscheidungsprinzip (Pokal- oder K.-o.-System),
  - in Rundenspielen (mit Punktetabelle).

Das Spiel kann, sofern organisierbar, für die ganze Schule dasselbe sein oder in den Altersstufen wechseln.

Turnier der „Klassenmannschaften“:

- Jede Klasse stellt in einem Sportspiel eine 1., 2. und ggf. eine 3. Mannschaft (evtl. von unterschiedlicher Stärke).
- Jede Klasse stellt in mehreren Sportspielen jeweils eine Mannschaft, wobei jeder nur einmal eingesetzt werden darf.

Ergebnisfeststellung:

- Die Tore der (Teil-)Mannschaften werden addiert.
- Die Ergebnisse der Rundenspiele werden nach Platzziffern addiert.

Einlagewettbewerbe, z.B.:
- Spiel der Schulmannschaft gegen den „Rest der Schule",
- Spiel der „Vereinsfußballer" (usw.) gegen die „Nichtfußballer",
- Spiel Lehrer gegen Schüler.

Schauvorführungen

Klassenvorführungen:

Jede Klasse zeigt (nach einem vorher festgelegten Plan) Ausschnitte aus dem Sportunterricht des laufenden Schuljahres.

Gruppenvorführungen:

Jede Klasse stellt eine Gruppe beliebiger Stärke mit einem Thema eigener Wahl.

„Talente und Attraktionen":

Die Schüler erarbeiten (auch in klassenübergreifenden Gruppierungen) ein Programm nach eigener Wahl.

Dabei sind auch Einzelauftritte möglich.

„Spielwiese":

Auf einem größeren Areal (Halle und/oder Freigelände) sind mehrere Stationen als „Mitmachangebote" eingerichtet, z.B. als Spiel- und Abenteuerstationen, Geschicklichkeitsparcours u.ä.

Vor allem als Rahmenprogramm zu einer Wettkampfveranstaltung geeignet.

Hinweise zur Durchführung von Schulsportfesten

Schulsportfeste müssen frühzeitig geplant und sorgfältig vorbereitet werden. Bei Wettkampfveranstaltungen muß die Mitarbeit des gesamten Lehrerkollegiums, nicht nur der Sportlehrkräfte, gesichert sein. Ebenso ist für eine ausreichende Zahl von Schülerhelfern zu sorgen (z.B. vom Sport freigestellte Schüler oder die Abgangsklassen). Sie alle sollten genau wissen, was sie zu tun haben. Dies gilt auch für das Auswertungsteam, das für die Berechnung der Wettkampfergebnisse notwendig ist.

Als erster Anhaltspunkt für die *Planung und Organisation* solcher Veranstaltungen kann folgende Auflistung dienen (4):

Vorarbeiten

1. Absprachen über Termine und Sportstättenbenutzung (Fachkonferenz, Schulleitung, Gemeindeverwaltung, Hallenwarte usw.).
2. Festlegung des Wettkampfprogramms, Absprachen über das Rahmenprogramm (Fachkonferenz).
3. Bestandsaufnahme der Wettkampfstätten (Laufbahn, Sprung- und Wurfanlagen, Geräteausstattung der Hallen, Schwimmbadbenutzung, Umkleidemöglichkeiten).
4. Absprachen über erste Hilfe, Lautsprecheranlage, ggf. Schülertransport, Verpflegung, Getränke.
5. Anfertigung der Wettkampfkarten und -listen sowie der Siegerurkunden. Beschaffung fehlender Geräte und Materialien.

6. Information des Lehrerkollegiums, insbesondere der als Kampfrichter und Gruppenbetreuer eingesetzten Kollegen und Kolleginnen, Einweisung der Schülerhelfer und des Auswertungsteams.

Planung und Vorbereitung

1. Ausfüllen der Wettkampfkarten, Festlegung der Wettkampfgruppen (wenn möglich, im Klassenverband).
2. Erstellung eines Zeitplans.
3. Bekanntgabe des Zeitplans, Informationen über Wettkampfablauf, Rahmenprogramm, Wettkampfleitung, Verpflegung, Umkleideräume usw.
4. Vorbereiten und Herrichten der Wettkampfstätten, Geräteaufbau.
5. Bereitstellung der benötigten (Klein-)Geräte, Meßgeräte, Schreibmaterialien usw. (Checkliste dringend empfohlen).
6. Einweisung der Kampfrichter, der Klassen- und Gruppenbetreuer, der Helfer.

Kernpunkt der Vorbereitung ist die Erstellung des *Zeitplans*. Da dieser primär von der Größe der Schule und von der Ausstattung der Sportstätten abhängig ist, können hierzu nur sehr allgemeine Aussagen gemacht werden:

(1) *Leichtathletikwettkämpfe*, an denen alle Schüler teilnehmen, erfordern bei einer Schule mittlerer Größe in der Regel zwei Laufanlagen und jeweils vier Sprung- und Wurfanlagen, ggf. ergänzt durch zwei Stoßanlagen, die untereinander möglichst gleichwertig sein sollten. Sie werden, sozusagen im Rotationsprinzip, von den Klassen „beschickt", wobei zu beachten ist, daß Ausdauerläufe erst nach dem Durchlaufen der übrigen Disziplinen durchgeführt werden können. Bei normaler Klassen- bzw. Gruppengröße sind – bei straffer Durchführung – für jeden Durchgang (mit drei Versuchen bei den Sprüngen und Würfen) etwa 45 Minuten zu veranschlagen.

(2) Bei *Gerätewettkämpfen* sollten alle Teilnehmer an jeweils einem Gerät von denselben Kampfrichtern bewertet werden. Daraus ergibt sich eine bestimmte Anzahl von Stationen, die im Wechsel besetzt werden. Für einen Durchgang an einem Gerät ist – bei zügigem Ablauf – eine halbe Stunde anzusetzen.

(3) Bei einer *Sportabzeichenabnahme* und bei *Fitneßwettbewerben* muß man in Kauf nehmen, daß ein Teilnehmer, der eine Anforderung nicht erfüllt hat, aufhört. Dies erlaubt neben dem eben dargestellten „Rotationsprinzip" auch die Organisation im „Durchlauf": Alle Schüler beginnen nach einem gestaffelten Zeitplan an derselben (möglichst der „schnellsten") Station, rücken dann zur nächsten weiter oder verteilen sich nach Belieben. Der Zeitbedarf für einen Durchgang in weniger vertrauten Übungen sollte durch Vorversuche ermittelt worden sein.

(4) Auch *Turniere* müssen einem genauen Zeitplan folgen, der auch die notwendigen, nicht zu ausgedehnten Pausen vorsieht. Möglichst alle verfügbaren Sportanlagen sollten genutzt werden, was differenzierte Überlegungen zur Planung notwendig macht. Bei Volleyball-Turnieren kann es sinnvoll sein, mit Zeitbegrenzung zu spielen.

(5) *Schauveranstaltungen*, gleich welcher Art, unterliegen eigenen Gesetzmäßigkeiten. Notwendig ist eine verbindliche *Programmabsprache* mit genauen Zeitvorgaben,

die strikt eingehalten werden müssen. Dies ist durch eine – zumeist im Klassenunterricht stattfindende – „Generalprobe" zu überprüfen.

Es sollte selbstverständlich sein, daß die Darbietungen ausreichend geübt und in ihrem organisatorischen Ablauf eingespielt sind. Jede Klasse bzw. Gruppe sollte für den Geräteauf- und -abbau selbst verantwortlich sein. Ein „Gerätekommando" dürfte nur in speziellen Fällen angebracht sein.

Für alle Wettkämpfe gilt gleichermaßen, daß sie *nicht unbedingt nach dem amtlichen Regelwerk ausgetragen werden müssen.* Die jeweils gültigen Regeln sollten den Schülern aber nicht nur bekannt, sondern auch vertraut sein. Ein spezielles „Aufwärmen", „Einturnen" oder „Einspielen" ist nicht möglich. Dies muß – individuell oder gemeinsam – vor Beginn der Veranstaltung erfolgen. Während des Wettbewerbs ist jeder Teilnehmer verpflichtet, nach Aufruf unverzüglich zu beginnen. Dies gilt auch für Mannschaften.

Anmerkungen

(1) Vgl. den Beitrag: Bundesjugendspiele und „Jugend trainiert ...", „Handbuch" S. 44.
(2) GRUBE, F. (Red.): Schulsport-Mehrkampf. Schriftenreihe des Deutschen Sportlehrerverbandes, Heft 20. Wetzlar 1999. (Anfrage ggf. an: ute.kern@ukmail.de).
(3) Hierzu ist vor allem auf die von den Kultusministerien der Länder herausgegebenen Schriften zum Schulsporttag hinzuweisen.
(4) Siehe Anm. (2).

27 Kooperation Schule – Verein

Vorbemerkung

Eine *informelle Kooperation zwischen Schulen und Vereinen* hat es schon immer gegeben, in früheren Zeiten und unter überschaubareren Verhältnissen sicherlich intensiver als heute. Dabei sind vor allem folgende Berührungspunkte zu nennen:

- Die Sportlehrkräfte der Schulen waren früher durchweg – und sind auch heute noch zu einem großen Teil – zugleich im Verein tätig, entweder als Übungsleiter und Trainer oder als Funktionäre. Daraus folgt ein gleichsam natürliches Interesse an der Zusammenarbeit.
- Schon immer sah es die Sportlehrerschaft als eine ihrer Aufgaben an, die Kinder und Jugendlichen zur Betätigung im Verein anzuhalten und entsprechend ihren besonderen Talenten zu beraten.
- Vor allem in Sportarten, die von der Schule allein nicht organisiert werden können, z.B. im Rudern, besteht seit altersher auch eine institutionalisierte Zusammenarbeit zwischen bestimmten Schulen und Vereinen.

- In größeren Städten und Gemeinden war es vielfach üblich, das „Einzugsgebiet" der Vereine auch im Hinblick auf die einzelnen Schulen durch Absprachen etwas genauer abzugrenzen.

Wenn nun im folgenden von der Kooperation Schule – Verein die Rede ist, soll darunter ausschließlich die seit einigen Jahren bestehende *institutionalisierte Form* verstanden werden. Diese unterscheidet sich von den oben genannten vor allem dadurch, daß sie sozusagen amtlich verordnet ist (woraus möglicherweise ein Rechtsanspruch abgeleitet werden könnte) und daß es dafür Geld gibt (was einige Begehrlichkeiten wecken dürfte).

Beides sollte Anlaß genug sein, etwas genauer hinzusehen und diese Aktion hinsichtlich der erhofften Vorteile und der möglichen Probleme zu hinterfragen.

Kooperation Schule – Verein: pro und contra

Faßt man die ursprünglich mit der Aufforderung zu einer solchen Kooperation verbundenen Intentionen zusammen, so sind es vor allem zwei:

- Den Schülern, vor allem den begabteren unter ihnen, soll die Möglichkeit zu einer „sportlichen Weiterbildung" im Verein gegeben werden, wie sie die Schule nicht oder nur in begrenztem Umfang leisten kann.
- Den Schülern sollen Sportbereiche zugänglich gemacht werden, die von der Schule mit ihren – vor allem personellen – Mitteln nicht abgedeckt werden können.

Man könnte diese beiden Zielsetzungen auch unter dem übergeordneten Gesichtspunkt zusammenfassen, daß zwei gesellschaftliche Bereiche, die im Laufe der Zeit aus verschiedenen, zum Teil konträren Gründen in die Kritik geraten waren, sich zusammentun, um ihre Probleme gemeinsam zu lösen.

Gegen all dies ist grundsätzlich nichts einzuwenden, und wenn sich daraus konkrete Aktivitäten entwickeln, kann das nur begrüßt werden. Man sollte aber auch sehen, daß damit die *Grenzen zwischen Schul- und Vereinssport* verwischt werden. Damit sind einige *Folgeprobleme* verbunden, auf die hier kurz hingewiesen werden soll:

(1) Aus der Tatsache der Institutionalisierung könnte, wie bereits gesagt, ein *Anspruch* abgeleitet werden. Wo aber wäre die Grenze zu ziehen, wenn ein Verein nach dem anderen auf eine Schule zukäme, um seine Interessen anzumelden? Was dem einen recht ist, müßte dem anderen doch billig sein.

Bisher spielt dieser Gesichtspunkt eine untergeordnete Rolle, da die Vereine personell dazu nicht in der Lage sind. Und noch haben die Vereine als Einrichtungen, die aus öffentlichen Mitteln bezuschußt werden, in dieser Hinsicht ein Privileg. Sollte dieses aber einmal fallen und sollten auch die professionellen und kommerziellen Sportanbieter auf diesen „Markt" drängen, müßte dies dazu führen, daß immer mehr Sportarten und Interessengruppen zum Wettlauf auf eine (langfristig) immer geringer werdende Zahl von Schülern antreten.

(2) Die Zwischenstellung der „Kooperationsmaßnahmen" zwischen Schule und Verein erweckt bei den Schülern sehr leicht den Eindruck einer gewissen *Unverbindlich-*

keit und *Beliebigkeit*, was kaum im Interesse den Schulsports liegen kann (1). Aber auch die Vereine müßten Bedenken anmelden, da die emotionale Bindung an sie gelockert wird. Dies freilich scheint sie nicht sonderlich zu stören, da sie sich selbst immer weniger als Gesinnungsgemeinschaften und immer mehr als Dienstleistungsunternehmen ansehen.

(3) Daß die Vereine versuchen, auf dem Wege der Kooperation – wenigstens vorübergehend und vor einigen Jahren noch etwas reichlicher als gegenwärtig – öffentliche Förderungsmittel abzuschöpfen, ist legitim. Bedenken wären jedoch anzumelden, wenn auf diesem Weg eines Tages versucht werden sollte, eine *soziale Absicherung* der Übungsleiter und Trainer zu erreichen. Damit würde nämlich der Schulsport nicht nur in der allgemeinen Einschätzung, sondern auch aus dienstrechtlicher Sicht noch weiter vom staatlichen Schulwesen abgekoppelt, als dies ohnehin schon der Fall ist.

(4) Vollends unerträglich wäre es, wenn aus dieser Situation der Umkehrschluß gezogen würde, aus Kostengründen wesentliche Teile des Schulsports auf die Vereine zu übertragen. Genau das scheint sich aber anzukündigen: Im hohen Norden ebenso wie im tiefen Süden sind die ersten Schritte in diese Richtung bereits getan.

Man sollte auch einige *Nebenaspekte* nicht außer acht lassen:

(1) Wenn einem Sportlehrer die Betreuung einer aus Schülern seiner Schule gebildeten Vereinsgruppe auf dem Weg über die Kooperation auf das Deputat angerechnet wird, mag das zwar verständlich sein, doch dürfte es nur unter ganz bestimmten Voraussetzungen korrekt sein.

(2) Wenn beim Schulsportwettbewerb „Jugend trainiert für Olympia“ ein Vereinstrainer „auf der Bank sitzt“ und der Sportlehrer nur aus aufsichtsrechtlichen Gründen dabei ist, läßt sich das sachlich durchaus begründen, stellt aber den Charakter der Veranstaltung als Schulsportwettkampf in Frage.

(3) Wenn die Vereine versuchen, über Kooperationen ihre Übungszeiten zu erweitern und die Einrichtungen der Schulen zu nutzen, ist das ihr gutes Recht, doch sollten sie mit der Zeit rationell und mit den Geräten pfleglich umgehen.

Das aber ist nicht immer gewährleistet (wobei die Schulen in dieser Hinsicht auch nicht immer vorbildlich sind).

Schlußbemerkung

Die Kooperation Schule – Verein sollte, so selbstverständlich und notwendig sie auch immer war und sein wird, aus einer gewissen Distanz heraus betrachtet werden. Dabei muß es vor allem darum gehen, die beiderseitigen Interessen nüchtern zu analysieren und mögliche Folgewirkungen vorauszusehen (2).

Anmerkungen

(1) Vgl. den Beitrag: Arbeitsgemeinschaften – wie und wozu? S. 233.

(2) Nicht zu Unrecht hat der Sportwissenschaftler H. DIGEL, in einer eigens dem Kooperationsmodell gewidmeten Veranstaltung auf die systembedingt unterschiedlichen Aufgaben beider Institutionen hingewiesen.

28 Landheim

Allgemeines

Die *Landheimbewegung* ist ein Produkt der um 1900 einsetzenden geselischaftspolitischen und pädagogischen Protest- und Reformbewegungen. Es lassen sich zwei konkrete Ursprünge feststellen: die Jugendbewegung und die Landerziehungsbewegung.

Die *Jugendbewegung* formierte sich aus dem Protest gegen die „bürgerliche Erstarrung“ der Gesellschaft. Sie propagierte das *freie, selbstbestimmte Leben in der Gemeinschaft*. Wie die bedeutendste Gruppierung innerhalb der Jugendbewegung, der *Wandervogel*, zeigt, spielte dabei auch die Forderung nach *Einfachheit* und *Naturnähe* sowie nach einer gefühlsbetonten „Echtheit“ und „Wahrhaftigkeit“ (ja sogar einer gewissen „Härte gegen sich selbst“) eine vorrangige Rolle.

Die *Landerziehungsbewegung* ist ein Teil der Reformpädagogik. Sie forderte eine *kindgemäße* und *ganzheitliche*, lebens- und naturnahe Erziehung mit besonderer Betonung *der „erzieherischen Gemeinschaft“*, die auch die Lehrer mit einschloß. Dies konkretisierte sich in den Landerziehungsheimen, die bis heute als „Heim-“ und Internatsschulen ihre spezifische pädagogische Bedeutung bewahrt haben.

Im Gefolge dieser beiden Strömungen kam es, nachdem bereits 1908 das *Jugendherbergswerk* gegründet worden war, vor allem nach dem ersten Weltkrieg zu einer wahren Welle von *Landheimgründungen*, deren Trägervereine zumeist aus der Elternschaft hervorgingen. Diese Heime lagen durchweg in relativ abgeschiedenen ländlichen Gebieten in nicht allzu großer Entfernung von den (großstädtischen) Schulorten. Der Idee nach waren es „Landerziehungsheime auf Zeit“.

Zeitlich fast parallel mit dieser Entwicklung verlief die Verbreitung des *alpinen Skilaufs*. Dies führte zu dem naheliegenden Versuch, die Landheimidee mit der einer naturnahen sportlichen Betätigung zu verknüpfen, zumal damit die Wintermonate für solche Unternehmungen nutzbar gemacht werden konnten. Gefördert wurde dies durch das Entstehen von *Landheimorganisationen*, die solche Aufenthalte, vor allem in Gebirgsgegenden, anboten (auch um der Bevölkerung dort einen Verdienst zu verschaffen). In neuester Zeit ist eine dritte, gleichlaufende Entwicklung festzustellen, die steigende Nachfrage nach *Erlebnis- und Abenteueraufenthalten*. Auch dies führte zu einem entsprechenden Angebot, vorwiegend im alpinen Bereich.

In diesem Schnittpunkt von gemeinschafts- und erlebnispädagogischen Bestrebungen, stets untermischt mit sportlichen Elementen, bewegt sich heute der *Landheimgedanke*. Entsprechend vielfältig sind die Formen der *Realisierung*. Sie reichen von der „Blockhütte im Wald“ (bei der die Schüler zuerst Holz hacken und Feuer machen müssen, um das – mitgebrachte – Essen zu kochen) bis hin zur Jugendpension mit Vollverpflegung und hauseigener Disko (und kaum noch spürbaren Helferdiensten).

Im ersten Fall der beiden hier genannten Extreme liegt ein gewagtes pädagogisches Experiment vor, dessen Gelingen für die Schüler zu einer lebenslangen begeisternden

Erinnerung wird (das aber auch mißlingen kann); im zweiten Fall handelt es sich um die Verlängerung des Pauschaltourismus in die Schule hinein mit begrenzter pädagogischer Wirkung (zumeist aber zur relativen Zufriedenheit von Schülern und Eltern).

Irgendwo zwischen diesen beiden Polen bewegt sich der „normale" Landheimaufenthalt, und jeder Lehrer muß für sich entscheiden, wo er seinen Standort sucht.

Nicht mit Landheimaufenthalten gleichzusetzen sind *Exkursionen* und *Studienfahrten*, auch solche mit mehrtägiger Dauer. Sie gehen von anderen Begründungen aus, verfolgen Ziele, die sich mit denen des Landheims nur teilweise überschneiden und unterliegen eigenen Gesetzmäßigkeiten.

Hinweise zur Durchführung eines Landheimaufenthaltes

Es ist hier nicht möglich, auf die Grundsätze der Landheimpädagogik und die Organisation einer solchen Unternehmung näher einzugehen. Hierfür gibt es gute und (z.B. über den Verband Deutscher Schullandheime, die privaten Landheimorganisationen oder den Deutschen Skiverband) leicht zu beschaffende Literatur. Weitere Hinweise erbringen die amtlichen Erlasse und Merkblätter.

Auf einige Anmerkungen soll an dieser Stelle jedoch nicht verzichtet werden. Dabei wird vorausgesetzt, daß eine solche Veranstaltung nur einmal, höchstens zweimal im Verlauf der Schulzeit stattfinden kann (also kein schuleigenes Landheim fortlaufend „beschickt" werden muß).

(1) Als *geeignetes Alter* werden traditionell die oberen Klassen der Haupt- und Realschulen bzw. der Mittelstufe des Gymnasiums angesehen. Neuerdings richtet sich das Interesse mehr auf jüngere Schüler, etwa die Klassen 6 bis 8, was zweifellos einen höheren pädagogischen Ertrag verspricht. Als Lehrer muß man dabei allerdings auch mit einer höheren Rate von „kleinen Ärgernissen" rechnen. Ernsthafte Schwierigkeiten sind aber – im Unterschied zu manchen Oberklassen – selten.

(2) Die übliche *Dauer* des Aufenthalts (Anreise Montag, Rückreise Samstag) erscheint zu kurz, um die erhofften Wirkungen zu zeigen. Es sollte zumindest ein Wochenende einbezogen werden. Vor Jahren gab es die Bestimmung, wonach staatliche Zuschüsse nur bei einem 14-Tage-Aufenthalt gewährt wurden. Man glaubte (vielleicht mit einem gewissen Recht), die „soziale Krise", die üblicherweise nach einer Woche eintritt, abwarten und bewältigen zu müssen. Bei Skiaufenthalten ist freilich eine Dauer von mehr als einer Woche in der Regel physisch zu belastend.

(3) *„Skilandheime"* sind für den Lehrer zumeist unproblematischer, weil die Erwartungen der Schüler von vornherein auf ein bestimmtes Ziel gerichtet sind, allerdings nur dann, wenn dies von der Klasse einhellig gewünscht wird und bei den Eltern nicht auf Kritik stößt.

(4) Die *Planung* für den Landheimaufenthalt kann nicht früh genug beginnen. Voraussetzung ist das Einverständnis der Eltern und die Klärung der Kostenfrage. Notwendig sind auch einige grundsätzliche Absprachen mit der Klasse über die Programmgestaltung, wobei die Abende nicht vergessen werden dürfen. Je konkreter die

hierfür (im Verlauf eines längeren Zeitraums) entwickelten Vorstellungen sind, desto erfolgreicher wird das Unternehmen verlaufen.

(5) Es sollte bereits im voraus Klarheit über die wichtigsten *Verhaltensregeln* bestehen (Haus-, Zimmer- und Tischordnung, Helferdienste, Freizeit, Ausgang, Benutzung von Handys, Radio- und Kassettengeräten). Bindende Absprachen sind auch über Rauchen und Alkoholkonsum zu treffen. Hierzu sei angemerkt, daß die Schule als Institution durchaus berechtigt ist, eigene Regelungen, die von den gesetzlichen Vorgaben abweichen, zu treffen und durchzusetzen.

Dies sollte, neben der Regelung formaler Dinge (wie Ausweise, Versicherungen, Taschengeld) auch zum Thema eines Elternabends gemacht werden. Dabei muß auch auf die möglichen Konsequenzen von gravierendem oder wiederholtem Fehlverhalten hingewiesen werden.

Schülern *und* Eltern muß eine genaue Checkliste zur Ausrüstung an die Hand gegeben werden (Kontrolle der wichtigsten Punkte vor der Abreise ist nicht überflüssig). Bei Skiaufenthalten sollte die Bindung von einem Fachgeschäft eingestellt sein.

(6) Es ist nicht möglich, die Schüler und Schülerinnen rund um die Uhr zu beaufsichtigen und zu kontrollieren. Das müssen auch die Eltern wissen. Nicht nur aus diesem, sondern auch aus vielen anderen Gründen gilt als wichtigste Verhaltensregel, daß niemand allein das Gelände des Landheims verlassen darf. Auch bei offiziellen Aktivitäten, z.B. auf Besorgungen und Erkundungen, beim Wandern und Skifahren, darf es keine „Alleingänge" geben.

Sport im Landheim

Primärer Aspekt des Landheimaufenthaltes ist das Sich-Bewegen in der Natur. *Wanderungen* haben somit einen besonderen Stellenwert, sollten aber mit bestimmten Themen, z.B. als Besichtigungen und Beobachtungsaufgaben, verbunden werden. Für Ganztageswanderungen fehlen heute vielen Schülern die physischen und psychischen Voraussetzungen. Hier kann man unversehens in Schwierigkeiten geraten und sollte geeignete (Rück-)Transportmöglichkeiten in der Hinterhand haben.

Besondere Möglichkeiten bestehen für *Orientierungsläufe* und *Geländespiele*. Dies setzt aber ein geeignetes Gelände voraus, das man etwas genauer kennen sollte.

Viele Landheime haben *eigene Sportmöglichkeiten* (z.B. Kleinspielfelder, Tischtennisplatten). Andere wieder machen, wie schon erwähnt, spezielle „Erlebnisangebote" (Klettern, Mountainbiking, Rafting, Kajakfahren, Segeln, Surfen usw.), deren *Kosten* bei der Planung berücksichtigt werden müssen.

Im Hinblick auf *selbstgestaltete sportliche Aktivitäten* bietet es sich an, etwas Neues, das relativ schnell erlernt werden kann und mit einfachen Mitteln durchführbar ist, in Angriff zu nehmen. Hier hängt vieles von den jeweils gegebenen Möglichkeiten ab.

Kapitel 4

Konzeptionen

Es mag überraschen, in einem Buch über den Alltag des Sportunterrichts auch ein Kapitel über Konzeptionen vorzufinden. Dies folgt jedoch aus der – wohl kaum zu widerlegenden – Erkenntnis, daß unser Handeln, ob wir uns dessen bewußt sind oder nicht, auf Schritt und Tritt von irgendwelchen Lehrmeinungen, Konzepten und Theorien bestimmt ist. Es dient also durchaus der Klärung der eigenen Position, sich darüber einige Gewißheit zu verschaffen.

Wir wollen gerne zugeben, daß wir damit auch ein persönliches Anliegen verfolgen, nämlich uns einerseits gegen den Vorwurf zur Wehr zu setzen, einem engen, am offiziellen Wettkampfsystem orientierten „Sportartendenken" verhaftet zu sein, andererseits aber dazu aufzufordern, doch am Sport und den von ihm ausgehenden erzieherischen Möglichkeiten festzuhalten. Sport konkretisiert sich eben in den Sportarten und ist nach wie vor das dominierende Element in unserer Bewegungskultur.

Deshalb sind wir auch überzeugt, daß eine davon abgekoppelte „Bewegungserziehung" nicht geeignet ist, die derzeit anstehenden sportpädagogischen und sportdidaktischen Probleme zu lösen.

Entsprechend dem eben Gesagten beginnt dieses letzte Kapitel mit zwei kritischen Beiträgen zum sogenannten Sportartenmodell in seiner über lange Zeit in der Praxis vorherrschenden Form.

Mit der Themenfolge über intentionale Modelle, offenen Sportunterricht und Handlungsfähigkeit im Sport wird versucht, eine geraffte Darstellung der neueren sportdidaktischen Entwicklungen zu geben.

Die hier außerdem eingeordneten Beiträge über mangelndes Problembewußtsein mancher „Theoretiker“ und einseitige Schuldzuweisungen an die Sportlehrer sollen zugegebenermaßen auch dazu dienen, etwas Unmut zu äußern.

Mit der kritischen Betrachtung der „neuen Lehrplangeneration“ wird die Auseinandersetzung mit den aktuellen Tendenzen aufgenommen, die durch einen Blick auf den gegenwärtigen Stand der Sportpädagogik ergänzt wird.

Der abschließende Beitrag über eine eigenständige Begründung des Sportunterrichts soll die eigene Position verdeutlichen, dies auch in der Hoffnung, damit ein konstruktives Element in die weitere Sachdiskussion eingebracht zu haben.

1 Fachdidaktische Entwicklungen und Fehlentwicklungen

In diesem Beitrag sollen einige *Lehrmeinungen* und *Gewohnheiten* angesprochen werden, die zur Zeit ihrer Entstehung durchaus ihre Berechtigung hatten – und unter bestimmten Umständen auch noch haben –, die aber, sobald sie absolut gesetzt werden, als fachdidaktische Fehlentwicklungen bezeichnet werden müssen. Dabei soll, so sehr dies auch den Anschein haben könnte, nicht die Kritik im Vordergrund stehen; es soll vielmehr versucht werden, einige weiterführende Einsichten zu gewinnen.

Die „thematische Einheit der Unterrichtsstunde"

Die Lehre von der thematischen Einheit der Unterrichtsstunde entstammt der Theorie der Leibeserziehung, wie sie in der ersten Nachkriegszeit vor allem von WAGNER, ALTROCK/KARGER, MESTER und SPOHN entwickelt worden ist. Wichtigstes Dokument hierfür ist der Lehrplan von Nordrhein-Westfalen aus dem Jahre 1960, der alle diese Bestrebungen zusammenfaßte und seinerzeit Vorbildfunktion für die gesamte Bundesrepublik hatte.

Unter dem Stichwort „Aufbau der Stunde" heißt es dort: „Hauptgesichtspunkt ist die thematische Einheit der Stunde", und etwas weiter: „Schwerpunkte der Stunde werden in Hauptaufgaben deutlich ... Vorbereitende und entspannende Übungen leiten sich von den Hauptaufgaben ab."

Man kann diese Konzentration des Unterrichts auf ein bestimmtes *„Stundenthema"* als eine Gegenbewegung ansehen zu der in den 20er Jahren entwickelten Lehre von der *„inhaltlichen Dreiteilung"* einer Unterrichtsstunde in einen einleitenden körperbildenden Teil, einen „Leistungsteil" (meist Gerätturnen oder Leichtathletik) und ein abschließendes Spiel, mit der man in jeder Stunde sozusagen einen Querschnitt durch den Gesamtbereich der Leibesübungen geben wollte.
Dem Makrokosmos folgte sozusagen der Mikrokosmos.

Diese Lehrmeinung verband sich alsbald mit der im gleichen Zeitraum entstandenen Theorie des „Lehrens und Lernens in methodischen Übungsreihen" und fand allgemeinen Eingang in die Fachliteratur und in die Lehrerausbildung. Die Praxis hielt noch einige Zeit an inhaltlichen Unterteilungen fest, schwenkte aber gleichfalls auf diese Linie ein.

Die neue Konzeption hatte gravierende Auswirkungen auf die Unterrichtspraxis. Sie führte zur *„Nur-Stunde"* (*nur* Ballweitwurf, *nur* Hüftaufschwung, *nur* Korbleger), allenfalls ergänzt durch einen meist recht aufgesetzt wirkenden „Anwendungsteil" (in der Leichtathletik und in den Sportspielen z.B. „Anwendung in einer Wettbewerbssituation", im Gerätturnen und in der Gymnastik z.B. „Einbeziehung in eine Kürübung"), wobei das eben Gelernte in aller Regel wieder vergessen wurde.

Die einzelne Stunde wurde gewissermaßen autonom und konnte an beliebiger Stelle in den Jahresablauf eingefügt werden. Damit schwand aber auch das Gefühl für die Notwendigkeit einer langfristigen Unterrichtsplanung (1). Die Lehrplaninhalte waren in „Themen“ abgepackt, die man möglichst schnell „abzuhaken“ versuchte. Die restliche Unterrichtszeit verblieb den Schülerwünschen.

Man sollte aber auch die positiven Seiten der „Einheitlichkeit“ nicht übersehen. Unbestritten ist nämlich,

- daß jede Unterrichtsstunde einen deutlichen *Schwerpunkt* oder eine übergreifende thematische Ausrichtung aufweisen sollte,
- daß eine physiologische und psychologische *Einstimmung* auf diesen Schwerpunkt hin stattfinden sollte,
- daß in irgendeiner Weise ein *Ergebnis*, und sei es nur ein Teilergebnis, festgestellt werden sollte.

Ebenso unbestritten dürfte aber sein, daß im Sinne einer vernünftigen Unterrichtsplanung in jeder Stunde auch Aufgaben zu erfüllen sind, die über den Rahmen dieser einen Stunde hinausweisen, z.B. hinsichtlich der konditionellen und koordinativen Ausbildung der Schüler und der Vorbereitung auf kommende Anforderungen.

Auf einen weiteren, mehr organisatorischen Aspekt der Einheit einer Stunde sei anhand eines Beispiels hingewiesen: Es mutet immer etwas seltsam an, wenn eine Stunde mit einem ausgeprägten „Aufwärmteil“, z.B. einem Laufprogramm oder einem kleinen Spiel, beginnt, sodann die Geräte aufgebaut werden und danach von neuem begonnen werden muß. Wäre es nicht besser gewesen, zunächst die Geräte aufzubauen und alle Stundenteile mit und an ihnen zu gestalten, ebenso wie man wohl durchgehend Bälle einsetzt, wenn ein Ballspiel ansteht? Dies wäre im Sinne einer abwechslungsreichen und zugleich effektiven Stundengestaltung.

Die „methodische Übungsreihe“

Die Konzeption des *„Lehrens und Lernens in methodischen Übungsreihen“* wurde gleichfalls in der ersten Nachkriegszeit entwickelt. Das zuvor dominierende methodische Prinzip war das des *„Lehrgangs“*. Ein solcher Lehrgang bestand, wie im nächsten Beitrag noch darzulegen sein wird, aus einer Abfolge von immer schwieriger werdenden Übungen, von denen die jeweils nachfolgenden sozusagen von selbst aus den zuvor erlernten hervorgehen sollten.

Nunmehr aber sollten die wichtigen und attraktiven sportlichen Fertigkeiten, die sogenannten *Kernübungen, möglichst schnell und direkt* erlernt werden. Diese waren jedoch für einen normal veranlagten Schüler im „direkten Zugriff“ zumeist nicht zu bewältigen. Also suchte man nach geeigneten Vereinfachungs- und Erleichterungsstrategien. Daraus entstand die Idee der methodischen Übungsreihe, wie sie nach den Vorschlägen von BURGER/GROLL (1949) vor allem von FETZ (1961 und später) populär gemacht wurde.

FETZ definiert diesen Begriff „als eine nach methodischen Grundsätzen geordnete Übungsfolge, die zum Erlernen einer bestimmten Übung (Zielübung) führen soll“; er gliedert in „vorbereitende Übungen – Vorübungen – Zielübung“.

Ausgangspunkt war dabei das Gerätturnen. Für die Leichtathletik hatte BERNHARD 1955 ein eigenes didaktisch-methodisches Modell mit der Abfolge „Spielformen –

Übungsformen – Leistungsformen" entworfen. 1965 vereinigte KOCH diese beiden Konzeptionen und präzisierte sie in terminologischer Hinsicht, indem er in „vorbereitende Spielformen – vorbereitende Übungsformen – zielgerichtete Übungsformen – Zielübung" unterteilte und die „festigenden und ausprägenden Übungsformen" sowie die „Wettkampfformen" anfügte.

Diese Konzeption wurde – freilich in einer großen Zahl von Abwandlungen – auf alle Individualsportarten und auf das Erlernen schwierigerer technischer Fertigkeiten der Sportspiele übertragen und bestimmt bis heute die Fachliteratur. In der Praxis wurde „motorisches Lernen" mit „Lernen in methodischen Übungsreihen" gleichgesetzt.

Für die notwendigen Übungserleichterungen im Rahmen der „Vorübungen" orientierte man sich anfangs an der rein äußerlichen Formengleichheit, was gelegentlich zu schwerwiegenden, im nachhinein kaum noch verständlichen Verstößen gegen die zugrundeliegenden Bewegungsstrukturen führte.

Solche und ähnliche Irrtümer wurden endgültig erst durch GÖHNER mit dem Modell des „Lehrens nach Funktionsphasen" (1975 und später) korrigiert.

Die Grundprinzipien der methodischen Übungsreihe wurden auch für die Spielmethodik, die sogenannten *Spielvermittlungsmodelle* maßgebend. Ursprünglich dominierte auch hier der „Lehrgang" in der Form einer zumeist recht willkürlichen Abfolge von kleinen Spielen, die mit zunehmendem Komplexitätsgrad zu den großen Spielen hinführen sollten. An seine Stelle trat ein System von vereinfachten „Grundsituationen" und „Grundformen".

Ebenso deutlich wie die Allgemeingültigkeit des neuen Lehrsystems waren aber auch die *negativen Auswirkungen* (und blieben es bis heute), vor allem in den nachfolgend dargestellten Punkten:

(1) Die methodische Übungsreihe suggeriert die Vorstellung von der *„Machbarkeit des motorischen Lernens"*, steht doch – zumindest aus der Sicht des unterrichtenden Lehrers – für jede „Zielübung" eine durch Expertenautorität abgesicherte Lehrstrategie zur Verfügung.

Dadurch wird aber das Bewußtsein gemindert, daß für die meisten sportlichen Fertigkeiten bestimmte *körperliche Voraussetzungen* erforderlich sind und gegebenenfalls erst geschaffen werden müssen. Ebenso wird leicht übersehen, daß in vielen Fällen die notwendige *motorische Reife*, und damit ein bestimmtes Alter erreicht sein muß.

Schließlich sind vielfältige *Bewegungserfahrungen* für ein die Kinder zufriedenstellendes Sporttreiben unabdingbar.

(2) Kaum daß das neue Prinzip akzeptiert war, kam es zu einer *Gleichsetzung von methodischer Übungsreihe und Stundeninhalt*, obgleich doch deutlich sein mußte, daß es sich bei der „Übungsreihe" um eine Formalkonstruktion, ein *Modell* handelte, dessen zeitliche Dimension völlig offen ist (2).

Es könnte doch sein, daß eine recht kompakte Übungsreihe nur den Teil einer Stunde beansprucht, eine andere sich in mehreren, auch zeitlich getrennten Abschnitten, über viele Stunden hinzieht.

Dies führt in der Praxis nicht selten zu recht widersinnigen Situationen, vor allem in zweierlei Hinsicht:

- Es ist die Tendenz zu verzeichnen, in jeder Stunde von neuem, gleichsam bei „Adam und Eva“, anzufangen. Man kann jedenfalls beobachten, daß Schüler, die beim „freien Üben“ vor der Stunde recht gekonnt das Rad, den Sprungwurf oder den Korbleger darbieten, das alles noch einmal „erarbeiten“ müssen, wenn der Lehrer mit dem Unterricht beginnt.
- Im Bestreben, die Übungsreihe auch „durchzuziehen“, wird gegen Stundenende, oft recht unvermittelt, zur „Anwendung“ übergegangen mit dem einzigen Erfolg, daß einige Schüler jetzt zeigen können, was sie zuvor schon gekonnt haben.

Dieses *Erarbeitungsmuster* (möglichst mit „garantierter Erfolgsmeldung“) wird von vielen Lehrern, vielleicht auf Grund einer entsprechenden Ausbildung, für so selbstverständlich gehalten, daß Alternativen erst gar nicht in Erwägung gezogen werden.

(3) In der Folge der hier dargestellten Entwicklungen rückten die *methodischen Hilfen*, zumeist unter der Bezeichnung „Lernhilfen“, in den Mittelpunkt des unterrichtlichen Interesses. Sie wurden generell als notwendig angesehen und waren in der allgemeinen Einschätzung somit immer „richtig“ und „gut“.

Selbst der in vielen Büchern zu findende Hinweis, in „Lernhilfen“ (mit deutlich erleichternder Funktion) und in „Einübungs- und Formungshilfen“ (mit partiell erschwerender Funktion) zu unterscheiden, konnte daran nicht viel ändern. Somit läßt sich gelegentlich auch beobachten, daß Schüler, die eine Übung an sich ganz gut bewältigen, mit einer der angebotenen „Hilfen“ überhaupt nicht zurechtkommen.

Es ist also ein eher kritischer Umgang mit solchen methodischen Erleichterungen anzuraten, zumal sich auf den ersten Blick nicht immer entscheiden läßt, was nun für welche Schüler eine Übung tatsächlich leichter macht, was eher eine Erschwerung bringt oder doch zu Irritationen führt (3).

Trotz dieser Vorbehalte sollte man auch die *Vorzüge* des *Prinzips* der methodischen Übungsreihe sehen. Es sind dies im wesentlichen die folgenden:

- In einem weiten Sinne verstanden, kann das „Denken in Übungsreihen“ durchaus den Blick dafür schärfen, daß motorisches Lernen ein *Prozeß* ist, in dem viele Faktoren zusammenwirken.
- Die methodische Übungsreihe hat dem Problem der *Lernerleichterungen* besondere Beachtung geschenkt. Daraus lassen sich wichtige Erkenntnisse für die Planung und Strukturierung des Unterrichts ableiten.
- Übungsreihen können gute Hinweise für die *Differenzierung* des Unterrichts geben, sofern man sich von der Vorstellung löst, daß man alles mit allen Schülern zur gleichen Zeit „durchnehmen“ müsse.

Die gegenwärtig feststellbare, namentlich von den Vertretern alternativer Konzeptionen bisweilen recht rigoros vorgebrachte Ablehnung des Prinzips der methodischen Übungsreihe ist somit nicht gerechtfertigt, vor allem wenn es darum geht, das motorische Lernen übersichtlich zu strukturieren und effektiv zu gestalten. Dabei sollte man sich jedoch stets vor Augen halten, daß hier ein Modell vorliegt, das der flexiblen Anpassung an die jeweils vorgefundene Situation bedarf.

Das „technokratische Modell" des Sportunterrichts

Die beiden eben besprochenen Prinzipien wurden in der Zeit der „Leibeserziehung" entwickelt, zeigten in ihrer Tendenz aber bereits über diese sportpädagogische Grundkonzeption hinaus. Man kann sie im nachhinein geradezu als Marksteine des um 1970 erfolgten Übergangs von der „Leibeserziehung" zum „Sportunterricht" deuten.

Es ist heute weitgehend vergessen, daß dieser Übergang damals als *„Hinwendung zur Wirklichkeit"* empfunden worden ist. Diese bestand nämlich nicht mehr, wie noch in den Lehrplänen zu lesen war, aus „Laufen, Springen, Werfen" und erst recht nicht aus „Ziehen, Schieben, Tragen", sondern aus Leichtathletik, Gerätturnen, Basketball u.a.

Zug um Zug wurden also neue Lehrpläne geschrieben, die nach Sportarten gegliedert waren. Es entstand, aus den in der Praxis schon längst vorherrschenden Gewohnheiten abgeleitet, der *„Kanon der traditionellen Schulsportarten",* nämlich Gerätturnen, Gymnastik/Tanz, Leichtathletik und Schwimmen einerseits, Basketball, Fußball, Handball und Volleyball andererseits.

In den Lehrplänen wurden vorwiegend die *Fertigkeiten* aufgelistet, die in den einzelnen Sportarten, teils pflichtgemäß, teils wahlweise, zu behandeln waren. Das Problem einer allgemeinen und übergreifenden körperlichen Ausbildung oder auch der notwendigen körperlichen Vorbereitung auf die Lehrplananforderungen wurde, etwas verkürzt formuliert, mit dem pauschalen Hinweis auf „Kondition" abgetan.

Verschärft wurde diese Situation noch dadurch, daß gleichfalls um 1970 im Zuge des latenten Ost-West-Konflikts der *Leistungssport* eine erhöhte politische Bedeutung erhielt. Er meldete seine Ansprüche auf den Schulsport an und beeinflußte ihn teils direkt, z.B. über den Schulsportwettbewerb „Jugend trainiert für Olympia" oder die Ausschreibungen zu den Bundesjugendspielen, teils indirekt, z.B. durch die Mitarbeit von Fachverbandsvertretern an den Lehrplänen.

Der beschriebene Umschwung blieb nicht ohne Auswirkungen auf die Form und Funktion des Schulsports. Von ihnen sollen hier nur die beiden wichtigsten aufgeführt werden, wobei die erste mehr den institutionellen Rahmen, die zweite mehr die Unterrichtspraxis betrifft:

(1) Die neuen Lehrpläne führten zu einer zunehmenden *Desintegration der Schulsportinhalte.* An die Stelle der traditionellen (durchaus integrativen) Gliederung
- in „Hallenturnen" mit Elementen des Gerätturnens, der Gymnastik und der kleinen Spiele, aber auch einigen Bereichen, die keiner bestimmten Sportart zuzuordnen waren (z.B. Steigen, Klettern, Balancieren),
- den „Sport im Freien" mit Elementen der Leichtathletik und dem nur spärlich ausdifferenzierten Bereich „Spiel",
- und einigen „Anlagerungen", wie Schwimmen und Wandern,

trat das bereits genannte System der vier „Individualsportarten" und der vier Sportspiele oder „Mannschaftssportarten", die allesamt Gleichberechtigungsansprüche geltend machten. Dies erzeugte das Gefühl einer ungeheuren Stofffülle und eines permanenten Zeitdrucks bei der Bewältigung der Lehrplanvorgaben.

(2) Diese Vorgaben führten, zusammen mit dem beschriebenen „Denken in methodischen Übungsreihen", zur *Reduktion des motorischen Lernens auf eine „Technikschulung"*, d.h. auf die „Durchnahme" der vorgeschriebenen Übungen, Disziplinen, Techniken und Spielzüge, die allesamt dem Wettkampfsystem der Sportfachverbände entnommen waren.

Der Sportunterricht schrumpfte, stark vereinfacht ausgedrückt, auf einen Vierkampf in der Leichtathletik und im Gerätturnen sowie auf die „Technik- und Taktikschulung" in den Sportspielen.

Trotz der dennoch verbleibenden und ständig beklagten Fülle von teilweise recht anspruchsvollen Fertigkeiten erweckte dies sowohl bei den Lehrern als auch bei den Schülern das Gefühl einer gewissen Langeweile, weil – scheinbar – „immer dasselbe getan werden mußte".

Dieses Unbehagen wurde noch dadurch verstärkt, daß auf Grund fehlender körperlicher Voraussetzungen nicht immer die erhofften Leistungen zu erzielen waren. Dem versuchte man dadurch entgegenzuwirken, daß in den Lehrplänen eine große Zahl weiterer Sportarten zur Wahl gestellt wurde.

Das brachte zwar eine gewisse Abwechslung in den Schulsportalltag, verbunden mit dem angenehmen Gefühl der Unverbindlichkeit, doch wurden die nachweisbaren Erfolge dadurch noch geringer.

Fast zwangsläufig führte diese Situation zu *Gegenreaktionen*, teils konzeptioneller, teils unterrichtspraktischer Art. Sie alle hatten – dies muß hier festgehalten werden – ihre Berechtigung und vermittelten dem Sportunterricht richtungweisende Impulse, doch konnten sie sich infolge des allem Neuen innewohnenden Absolutheitsanspruchs auch zu konkreten *Fehlformen* entwickeln.

Die neuen, sozusagen von außen herangetragenen sportdidaktischen Konzeptionen werden im nächsten Beitrag behandelt, die wichtigsten aus der Praxis hervorgegangenen Neuerungen seien hier genannt (4):

(1) Die – tatsächliche oder scheinbare – Dürftigkeit der neuen, auf „Technikschulung" beschränkten „Stundenthemen" verlieh dem *„Aufwärmen"* eine erhöhte Bedeutung. Es wurde zu einem eigenständigen Stundenteil, zumeist bestehend aus einigen Lauf- und Sprungübungen oder einem „Aufwärmspiel" und verbunden mit gymnastischen Übungen. Die „Programme" wurden oft routinemäßig abgespult und verloren sowohl den Bezug zum Rest der Stunde als auch zur langfristigen Unterrichtsplanung (5).

(2) Die Konzentration auf die technischen Anforderungen der Sportarten ließ alsbald die Defizite in den körperlichen Voraussetzungen deutlich werden. Dem versuchte man durch spezielle *Konditionsprogramme*, meist in Form des Circuit-Trainings, zu begegnen: Neben die „Technikschulung" trat die „Konditionsschulung".

Diese Zweiteilung des Sportunterrichts war sicher nützlich und notwendig, doch liefen die beiden Teile meist unverbunden nebeneinander her. Somit verlor diese Form des Konditionstrainings bald wieder an Interesse, weil ihr unmittelbarer Nutzen nicht einsichtig wurde.

(3) Die Konditionsübungen des Circuit-Trainings und die entsprechenden Übungen der sogenannten Konditionsgymnastik fanden im Laufe der Zeit aber auch als solche entschiedenen Widerspruch. An ihre Stelle trat die konsequent physiologisch orientierte *Funktionsgymnastik*. Diese hat sicherlich einen wesentlichen Erkenntnisfortschritt gebracht, doch wurde damit der didaktische Zielbereich der Körperbildung noch weiter von der „sportlichen Wirklichkeit“ abgekoppelt und, überspitzt formuliert, auf ein physiotherapeutisches Programm reduziert.

Ähnliche Bedenken müssen auch gegen die unter dem Begriff „Aerobic“ populär gewordene Ausdauergymnastik nach Musik und ihre verwandten Formen geltend gemacht werden, sosehr deren motivierende Wirkung zu begrüßen ist. Es ist jedenfalls darauf zu achten, daß Unterrichtsinhalte dieser Art etwas gezielter als gemeinhin üblich in die lang- und mittelfristige Unterrichtsplanung einbezogen werden.

(4) Der relative Formalismus, der allen aus dem „technokratischen“ Sportverständnis abgeleiteten Stundenthemen innewohnt, hat sehr bald zu der Forderung nach einem mehr *spielerischen Lernen und Üben* geführt, zeitweise so sehr, daß dies in den Mittelpunkt des fachdidaktischen Denkens rückte.

Dabei hat man aber vergessen, den Begriff des „Spielerischen“ näher zu präzisieren. Damit blieb dieses wohlgemeinte und berechtigte Anliegen zu sehr im Allgemeinen, was sehr oft zu einer oberflächlichen Betriebsamkeit, vielfach aber zu der nicht unbedenklichen Verwechslung von „Spielform“ und „Wettbewerbsform“ führte. Die Methodik wurde gleichsam auf den Kopf gestellt (6).

Das „Sportartenmodell“ des Sportunterrichts

Trotz der hier vorgebrachten Kritik am „technokratischen“, vom Wettkampfsport abgeleiteten Modell des Sportunterrichts und seinen Begleiterscheinungen muß nachdrücklich davor gewarnt werden, die Strukturierung des Sportunterrichts nach Sportarten aufzugeben und durch ein System von „Bewegungsfeldern“ oder „Erfahrungs- und Lernfeldern“ zu ersetzen, und dies aus zwei Gründen, einem mehr pragmatischen und einem grundsätzlichen:

(1) Die *Bewegungsumwelt* der heutigen Jugend ist vom Sport geprägt. Er ist es, der in seinen vielfältigen Erscheinungsformen ihnen ständig vor Augen tritt und ihr Bewußtsein von „Bewegung“ bestimmt. So wird auch ein modernes Massenphänomen wie das Inline-Skating, sobald es aus dem Umkreis der „Erfinder“ herausgetreten ist, von den Kindern und Jugendlichen nicht als „Lernfeld“, sondern als neue Sportart wahrgenommen, die sie nach den vertrauten sportlichen, z.B. im Rollhockey, oder – wie noch zu zeigen sein wird – nach artistischen Prinzipien zu gestalten versuchen.

Eine Strukturierung der körperlichen Bildung und Erziehung nach „Lernfeldern“ würde zu einer – unter dem Gütesigel des Sports propagierten – „Bewegungserziehung aus der Retorte“ führen, die nur noch wenig mit der Lebens- und Erfahrungswelt der Jugendlichen zu tun hat (7).

Es bleibt abzuwarten, ob die künftigen „Bildungsstandards" hier einen Ausgleich schaffen können.

(2) Sodann ist der Blick auf den Sport selbst zu richten: *„Sport"* ist nämlich ein abstrakter Begriff. Er konkretisiert sich in den *Sportarten*. In ihren Tätigkeits- und Leistungszielen transportieren sie sozusagen die grundlegenden Verhaltensweisen, Einstellungen und Haltungen zu den „Abnehmern" und ermöglichen dadurch auch die unterschiedlichen „Sinngebungen" des Sports.

In dieser „Auseinandersetzung mit der Bewegung" lassen sich *drei Grundmuster sportlichen Verhaltens* feststellen, die hier – selbst auf die Gefahr einer ermüdenden Wiederholung hin (8) – kurz charakterisiert werden sollen:

- Das erste ist das *sportliche im engeren Sinne*. Dabei soll mit Hilfe der Bewegung eine objektiv nachweisbare Leistung erzielt werden, die sich zumeist als Zeit- oder Distanzoptimierung darstellt. Im Kernpunkt geht es darum, körperliche Leistungsfähigkeit möglichst verlustfrei in meßbare Leistung umzusetzen.
- Das zweite ist das *sportlich-künstlerische*. Es hat die Bewegung selbst zum Ziel, und zwar hinsichtlich ihrer schwierigkeitsmäßigen und zugleich qualitativen Optimierung. Die dabei erzielten Leistungen können bewertet werden.
- Das dritte ist das *sportlich-spielerische*. Es geht darauf aus, mit Hilfe der Bewegung einen Vorteil über einen unmittelbaren Gegenüber zu erringen. Eine Leistungsermittlung ist hier nur über den fortgesetzten Vergleich nach dem Prinzip „jeder gegen jeden" möglich.

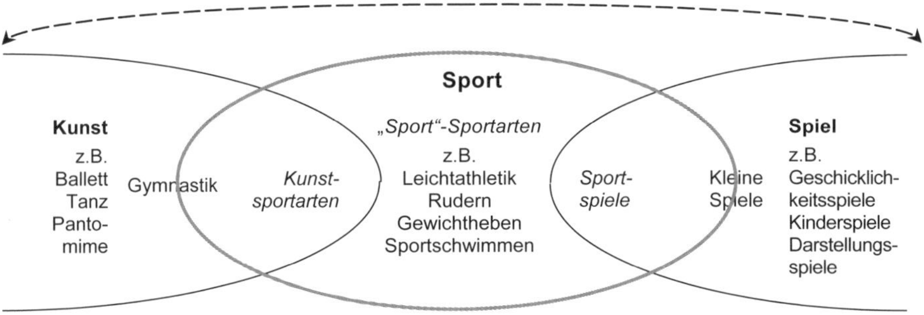

Diesem System lassen sich, zumindest in der Tendenz, alle Sportarten zuordnen. Dabei wird sich sehr schnell ein „Kernbereich" herausbilden aus Tätigkeiten, die eindeutig als Sport bestimmbar sind, und ein „Randbereich", auf den dies nur teilweise oder in Ansätzen zutrifft (9).

Sport als Gesamtsystem läßt sich, wie in der Grafik gezeigt wird, als einer der dominierenden Teilbereiche in das Ganze der *menschlichen Bewegungskultur* einordnen. So werden auch die Bezüge zur Kunst einerseits und zum Spiel andererseits unmittelbar deutlich. Dabei darf nicht übersehen werden, daß der moderne Sport im Laufe seiner Entwicklung auch einige historisch bedeutsame, zumeist mit den Begriffen Turnen und Gymnastik verbundene Erscheinungsformen der Bewegungskultur in sich aufgenommen oder angegliedert hat.

Aus der Sicht des Sportunterrichts bietet es sich an, aus jedem der genannten Grundmuster je eine „Hauptsportart" und eine (in diesem Rahmen möglichst strukturverschiedene) „Nebensportart" auszuwählen, z.B. Leichtathletik/Schwimmen, Gerätturnen/Gymnastik, Basketball/Volleyball (wobei für den Bereich der Sportspiele wohl einige Alternativen offengelassen werden müssen).

Dies wäre in der verfügbaren Zeit gerade noch zu bewältigen und könnte sowohl die notwendige Intensität und Qualität der körperlichen Bildung als auch die wünschenswerte Vielseitigkeit und Abwechslung gewährleisten. Und vielleicht verbliebe auch noch Zeit für anderes.

Anmerkungen

(1) Vgl. die Beiträge: Was heißt „Unterricht planen und vorbereiten"? und: Lernen, „Handbuch" S. 109 und 268.
(2) Vgl. den Beitrag: Vorsicht, methodische Übungsreihe! „Handbuch" S. 123.
(3) Vgl. den Beitrag: Methodische Hilfen, „Handbuch" S. 224.
(4) Zum folgenden vgl. auch den Beitrag: Rituale, Stereotype, Gewohnheiten, S. 94.
(5) Vgl. den Beitrag: Aufwärmen – warum und wie? „Handbuch" S. 145.
(6) Vgl. den Beitrag: Was heißt „spielerisch"? „Handbuch" S. 141.
(7) Vgl. den Beitrag: Die neue Lehrplangeneration, S. 301.
(8) Vgl. die Beiträge: Lernziele oder Bildungsziele? und: Das „Sportartenkonzept" in der Sportdidaktik, „Handbuch" S. 23 und 28.
(9) Vgl. den Beitrag: Was ist Sport? „Handbuch" S. 379.

Literatur

BERNHARD, G.: Leichtathletik der Jugend. Wien 1971 (1. Aufl. 1955).
BURGER, E. W./ GROLL, H.: Leibeserziehung. Wien 1971 (1. Aufl. 1949).
FETZ, F.: Allgemeine Methodik der Leibesübungen. Wien 1988 (1. Aufl. 1961).
GÖHNER, U.: Lehren nach Funktionsphasen. In: sportunterricht 1 u. 2/1975.
KOCH, K.: Methodische Übungsreihen in der Leichtathletik. Schorndorf 1982 (1. Aufl. 1965).
KULTUSMINISTERIUM NORDRHEIN-WESTFALEN: Richtlinien und Stoffplan für die Leibeserziehung. Frankfurt 1960.

2 Methodik – wozu?

Im vorangegangenen Beitrag ist implizit die Frage nach dem *Stellenwert der Methodik* in körperlich-sportlichen Lehr- und Lernprozessen aufgeworfen worden. Es ist nämlich unverkennbar, daß der methodische Bereich im unterrichtlichen Denken und Handeln der Sportlehrer eine gewisse *Vorrangstellung* einnimmt.

Diese besondere Beachtung ist durchaus begründet, wobei zwischen einem objektiven und einem subjektiven Aspekt zu unterscheiden ist:

(1) Aus objektiver Sicht ist festzustellen, daß mit der Methodik eine *direkte Einwirkungsmöglichkeit* auf den Lernerfolg der Schüler gegeben ist, während andere, nicht minder wichtige Faktoren, z.B. die körperlichen Voraussetzungen, sich nur langfristig und innerhalb einer gewissen Bandbreite beeinflussen lassen.

Dieser Zusammenhang zwischen dem methodischen Wissen und Können des Lehrers und dem Lernerfolg der Schüler ist in den einzelnen Sportarten zwar unterschiedlich ausgeprägt – er kommt im Gerätturnen z.B. deutlicher zum Ausdruck als anderswo –, er ist im Prinzip aber unbestritten.

(2) Aus subjektiver Sicht ist auf die Bedeutung der Methodik für das *Selbst- und Fremdbild* des Lehrers, namentlich des Sportlehrers, hinzuweisen. Er ist sozusagen im Besitz von Wissen, von dem der Schüler profitiert.

Damit wird aber auch ein gewisses Abhängigkeitsverhältnis und, ob man will oder nicht, ein Machtgefälle hergestellt. Gelegentlich kann dies dazu führen, daß ein Lehrer dieses Wissen wie eine Geheimlehre hütet, um diese „gefühlte Machtposition" nicht zu beeinträchtigen.

Aus dem eben Gesagten lassen sich drei *grundsätzliche Forderungen* ableiten:

(1) Methodik darf nicht als eine Abfolge von „Sofortmaßnahmen" angesehen werden. Sie muß in langfristig angelegte Übungs- und Trainingsprozesse eingebettet sein.

Die Methodik sollte, um einen modernen Begriff zu gebrauchen, dem *Prinzip der Nachhaltigkeit* verpflichtet sein.

In der Weiterführung dieses Gedankens ist darauf hinzuweisen, daß die Orientierung des Unterrichts auf übergeordnete und überdauernde Bildungs- und Erziehungsziele, z.B. auf die Verbesserung der körperlichen Fähigkeiten oder die Stärkung der Lern- und Anstrengungsbereitschaft, wichtiger ist als die Produktion kurzfristiger Erfolgsmeldungen. Hier dürften zweifellos die positiven Aspekte der neueren „Bildungsstandards" zu sehen sein.

(2) Methodik darf nicht isoliert gesehen werden, sondern nur im Zusammenhang mit den *psychologischen und soziologischen Rahmenbedingungen des Unterrichts*. Das methodische Wissen eines Lehrers wird weitgehend gegenstandslos, wenn die Schüler seine Person oder die Sache (oder auch beides) aus irgendwelchen Gründen ablehnen.

Mehr den je sind heute die pädagogischen Fähigkeiten eines Lehrers gefragt, die sich in folgender Kurzformel zusammenfassen lassen: eine emotionale Beziehung zu den Schülern herzustellen und zugleich Autorität zu verkörpern.

(3) Das methodische Wissen und Können eines Lehrers würde seinen Zweck verfehlen, wenn es nicht in irgendeiner Weise an die Schüler weitergegeben wird: Die *„Methodenkompetenz der Schüler"* ist ein wichtiger Aspekt des allgemeinen Leitziels der Handlungsfähigkeit im Sport.

Um das zu erreichen, bedarf es keiner langen Vorträge und keines speziellen „Theorieunterrichts". Es ist vielmehr eine „Doppelstrategie" anzuraten:

- die absichtlich, aber unauffällig in den Unterricht eingefügten Bemerkungen des Lehrers über den Sinn und Zweck seines unterrichtlichen Handelns,

- kurze, aber regelmäßige Reflexionsphasen über Anlage und Verlauf des Unterrichts (Leitfragen: Was haben wir gemacht? Wie haben wir es gemacht? Wozu war es gut? Was haben wir erreicht?).

Aus dem eben Gesagten ergeben sich zwei, nur scheinbar widersprüchliche Anforderungen an die „ideale Methode“ im Sinne einer alltäglichen „Gebrauchsmethodik“:
- Sie sollte möglichst unaufdringlich sein und sich allmählich von selbst erübrigen, weil eines auf dem anderen aufbaut.
- Sie sollte vom Schüler verstanden und von ihm übernommen werden können.

Dabei dürfen die Schüler sehr wohl sehen, daß der Lehrer etwas Konkretes, auch etwas Auffälliges tut; sie sollten aber auch wissen, warum er es tut, und sollten erkennen, daß Methodik nicht Selbstzweck, sondern stets nur „Mittel zum Zweck“ ist.

Spezielle und allgemeine Methodik

Die vorangegangenen Ausführungen beziehen sich auf die *spezielle Methodik.* Darunter sind alle Konzeptionen, Verfahrensweisen, Lehr- und Lernwege zu verstehen, die zu einem *bestimmten Ziel*, im Sport also zu einer Bewegung, Übung, Technik oder Handlung hinführen sollen. Diesem Bereich ist, zumindest was die Auflagenstärke betrifft, die Hauptmasse der Fachliteratur zuzuordnen.

Bei der – auch für einen Spezialisten kaum noch überschaubaren – Vielzahl von Vorschlägen, Anleitungen und Anregungen, die sich in der praktisch-methodischen Literatur finden oder auch mündlich tradiert werden, stellt sich die Frage, ob sich darin nicht typische, immer wiederkehrende Vorgehens- und Verfahrensweisen feststellen lassen, die *Modellcharakter* für die Lehr- und Lernprozesse im Sport beanspruchen könnten.

Diese Frage zu beantworten, ist Aufgabe der *allgemeinen Methodik.* Sie versucht, das Allgemeingültige herauszuarbeiten und übergreifende Strukturen aufzudecken.

Als eigenständiger Wissensbereich hat die allgemeine Methodik zu ihren Anfangszeiten vor allem auf den Gegensatz von „deduktiver“ oder „normorientierter“ und „induktiver“ oder „normsuchender“ Methode hingewiesen. Danach wurden noch mehr solcher „Gegensatzpaare“, z.B. als „Ganzmethode“ versus „Teilmethode“ oder „strukturierter“ versus „offener“ Lehr- und Lernwege, herausgearbeitet.

In der Praxis erscheinen solche „Methodengegensätze“ jedoch kaum jemals im Sinne einer Entweder-oder-Entscheidung, sondern eher als Kontinuum zwischen zwei Extremen. Dies wird sofort deutlich, wenn man den Begriff der „Teilmethode“ näher betrachtet: Ein Weitsprung läßt sich nicht zerlegen; man kann allenfalls die Absprung- und Landebewegungen oder -bedingungen verändern. Insofern ist auch hier ein „zergliederndes“ Vorgehen möglich, aber eben in ganz anderer Weise, als es z.B. beim Kugelstoß möglich wäre.

Die allgemeine Methodik hat also etwas Abstraktes an sich; sie ist weitgehend „Theorie“. Dies führt zu der – oft recht provozierend vorgebrachten – Frage: „Was nützt mir die Theorie, wenn sie mir nicht genau sagen kann, was ich jeweils zu tun habe.“

Die Antwort darauf ist recht eindeutig: Nur die Theorie, hier also die allgemeine Methodik, kann die *Beurteilungs- und Entscheidungskriterien* für die Methodenwahl in einer bestimmten Situation liefern. Nur sie kann von einem höheren Standpunkt aus beurteilen, was jeweils (mehr oder weniger) zweckmäßig ist.

Dabei ist der Blick sowohl auf die *Sache* („Welches Vorgehen ist der Struktur des Gegenstandes angemessen?“) als auch auf die *Lerngruppe* („Wie werden meine Schüler unter den gegebenen Umständen wohl am ehesten damit fertig?“) zu richten. Aus diesen Sichtweisen ergeben sich auch die übergeordneten pädagogischen *Intentionen* („Wie weit kann und will ich mit der jeweiligen Lerngruppe kommen? Was können meine Schüler damit anfangen?“).

Daraus läßt sich dann sehr schnell ableiten, ob z.B. ein mehr „perfektionistischer“ oder ein eher „improvisatorischer“, ein sehr stark strukturierter oder ein offenerer methodischer Ansatz vorzuziehen ist. Die allgemein übliche Orientierung der speziellen Methodik am Leistungssport kann ja nicht der durchgängige Maßstab für den Sportunterricht sein.

„Erschwerungs-“ oder „Erleichterungsmethodik“?

Eine ausgearbeitete Methodenlehre ist erst in der Nachkriegszeit vorgelegt worden. In den Jahrzehnten zuvor hat man das Problem der Methodik vor allem in der richtigen „Reihung der Lehrstoffe“, nicht so sehr in der Bewältigung einer konkreten Übung durch erleichternde Maßnahmen gesehen.

Die traditionelle Methodik beruhte, wie oben schon dargestellt, auf dem *Prinzip des Lehrgangs* in Form einer fast endlosen Folge von immer schwieriger werdenden Übungen: Man beginnt mit der leichtesten, übt diese so lange, bis man die nächstschwierigere bewältigen kann und so fort.

Es war dies eine Art *Erschwerungsmethodik*, für die das oft zitierte und vielfach mißverstandene Prinzip „Vom Leichten zum Schweren“ wirklich gilt.

Dem stellte man nunmehr eine in sich gegliederte und strukrutierte, zielstrebig auf einen bestimmten Gegenstand zusteuernde *„Erleichterungsmethodik“* gegenüber.

Zweifellos kann dieser neuen Methodik eine faktisch und psychologisch erleichternde Funktion nicht abgesprochen werden, doch verstellt sie gerade deshalb bisweilen den Blick für die *eigentliche Schwierigkeit* einer Sache.

Viele sportliche *Fertigkeiten*, auch Grundfertigkeiten, die zwar als elementar gelten, aber deshalb nicht unbedingt einfach sind (z.B. eine effektive Wurf- und Stoßbewegung oder das Fangen, Stoppen und Pritschen eines Balles unter Zeitdruck), können nicht eigentlich „gelernt“ werden, sondern müssen in einem einheitlichen Lern- und Übungsprozeß sozusagen „erübt“ werden. Das aber kann recht mühsam sein; auf jeden Fall braucht es Zeit und Geduld.

Darüber hinaus sollte man das *erzieherische Potential* der alten Erschwerungsmethodik nicht außer acht lassen: Ein Turner mußte jeweils selbst entscheiden, ob und wann er die nächste Übung sich – ggf. unter Mithilfe seiner Kameraden – zutrauen kann, ähnlich wie im Felsklettern traditioneller Prägung der Vorsteigende den nächsten Sicherungspunkt unter vollem Sturzrisiko angehen muß.

Auswirkungen der neuen Methodik

Die neuen, hier als „Erleichterungsmethodik“ bezeichneten Tendenzen in der Methodik konkretisierten sich vor allem im Prinzip des „Lehrens und Lernens nach methodischen Übungsreihen“. Wie ein Blick auf die Literatur (und ebenso auf den Unterricht selbst) zeigt, hatte dies einige *Auswirkungen*, die kritisch hinterfragt werden müssen. Von ihnen sind diejenigen, die sich auf die Praxis beziehen, bereits im vorangegangenen Beitrag behandelt worden, so daß hier ein Blick auf die übergeordnete didaktische Ebene genügt.

Dabei ist zunächst auf zwei Gesichtspunkte hinzuweisen:

(1) Die neue Methodik ist, wie eingangs bereits angedeutet, ganz überwiegend eine *„Lehrermethodik“*: Der Lehrer bringt seine Konzeption sozusagen in den Unterricht mit und versucht, sie dort Schritt für Schritt – in „Lernschritten“ – in die Realität umzusetzen; die Schüler sollen darin gleichmäßig fortschreiten und möglichst vollzählig zum Erfolg kommen. In extremen Fällen wird daraus eine „methodische Spielwiese“, auf der ein Lehrer sein Wissen und seinen Erfindungsreichtum ausbreitet.

Eine solche Engführung der Schüler kann durchaus berechtigt sein, vor allem wenn es darum geht, grundlegende, aber nicht ganz unkomplizierte Fertigkeiten zu erarbeiten. Man muß aber auch sehen, daß dabei das selbständige Üben und Probieren der Schüler – und ebenso das intensive Üben – sehr leicht zu kurz kommen.

Und man sollte auch bedenken, daß Schüler außerhalb des Unterrichts „ganz ohne Methodik“ erstaunlich vieles auf beachtlichem Niveau erlernen, sofern sie nur Interesse, Gelegenheit und Zeit dafür haben.

So sehr das Bemühen eines Lehrers, sozusagen in Rundumbetreuung möglichst alle Schüler zum Erfolg zu führen, zu begrüßen ist, es kann dies auch unversehens gegen ihn ausgelegt werden, nämlich dann, wenn vom ihm eine „Erfolgsgarantie“ verlangt wird und Mißerfolge allein ihm angelastet werden.

(2) Die neue Methodik trägt deutliche Züge einer *„Aufwandsmethodik“*: Der materielle Aufwand rückt in den Mittelpunkt des Interesses, bisweilen so sehr, daß anderweitige Überlegungen völlig in den Hintergrund gedrängt werden.

Das mag in einigen Fällen berechtigt, gelegentlich sogar notwendig sein, doch sollte man zweierlei beachten:

- Aus organisatorischer Sicht führt dies dazu, daß die Zahl der Übungsmöglichkeiten beschränkt wird, bisweilen auf eine einzige. Dies mindert nicht nur die *Effektivität* des Unterrichts, sondern macht ihn auch langweilig.

  Aus psychologischer Sicht ist eine zunehmende Orientierung auf attraktive, ja spektakuläre Bewegungen und Übungen festzustellen. Dies legt den Unterricht einseitig auf das *Außergewöhnliche* fest, das vielleicht nur ein einziges Mal während der Schulzeit zum Zuge kommt.

Diese beiden Tendenzen, die Reduktion der Übungsintensität und die Verengung des Blicks auf das Besondere, heben sich in ihren psychologischen Auswirkungen gegenseitig auf, so daß sie Lehrern und Schülern kaum noch bewußt werden. Auf Dauer können sie aber nicht viel zu einem sinnvollen und effektiven Sportunterricht beitragen. Betroffen ist hier vor allem das Gerätturnen (z.B. mit sehr aufwendigen Geräte- und Absprunghilfen), doch stehen auch die Sportspiele in dieser Gefahr (z.B. beim Einüben komplizierter Spielzüge).

Im Gegenzug ist eine gewisse „Flucht aus den Trainingssportarten" bzw. den entsprechenden Disziplinen und Übungen festzustellen, zumal dort nur durch beharrliches Üben und Trainieren Fortschritte zu erzielen sind. Möglicherweise liegt hier einer der Gründe für das zunehmende Interesse an bestimmten Trendsportarten, versprechen sie doch, daß bei ihnen mit relativ geringem körperlichen Aufwand ein besonderes Erlebnis erreicht werden kann.

Die beiden hier beschriebenen Entwicklungen stehen im Zusammenhang mit zwei weiteren Problempunkten:
- der einseitigen Ausrichtung des Unterrichts auf die *Lernphase* im engsten Sinne dieses Begriffs,
- der Produktion von (mehr oder weniger bewußt herbeigeführten) *Scheinerfolgen.*

Es zählt nur noch, daß der Schüler eine Übung irgendwie „hinbekommt", daß ein Kunststück gelingt oder eine bestimmte Taktik unter Laborbedingungen dargeboten wird. Es wird nicht mehr darauf geachtet, daß dies auf einer festen Basis steht, daß z.B. die notwendigen körperlichen Voraussetzungen, Bewegungserfahrungen und technischen Fertigkeiten gegeben sind, und es wird nicht weiter gefragt, was der Schüler damit anfangen kann, ob er z.B. das Gelernte innerhalb oder außerhalb der Schule auch „verwenden" kann.

Sicher muß man in solchen Grundsatzfragen bereit sein, Kompromisse zu schließen, und zweifellos hat in diesem Rahmen auch die „neue" Methodik ihre Berechtigung, doch darf dies nicht dazu führen, daß dem oben bereits erwähnten Prinzip der Nachhaltigkeit keine Beachtung mehr geschenkt wird.

3 Intentionale Modelle in der Sportdidaktik

Die in den beiden vorangegangenen Beiträgen enthaltene Kritik am „Sportartenkonzept" war auch grundsätzlicher Art. Man machte ihm vor allem die vordergründige Produktorientierung und den fehlenden „pädagogischen Bezug" zum Vorwurf und sprach mit einem gewissen Recht von einer „Didaktik reduzierter Ansprüche".

Dies führte zu einer Reihe von explizit intentional angelegten sportdidaktischen Modellen, von denen die wichtigsten – etwa in ihrer zeitlichen Abfolge – in der gebotenen Kürze hier dargestellt werden sollen.

Der kreative Sportunterricht

Bereits in der Theorie der Leibeserziehung hatte – auf pädagogischer Ebene – die *Spontaneität*, das ungeplante und ungerichtete Tun der Schüler, sowie – auf didaktischer Ebene – die Förderung der *Bewegungsphantasie* und des *schöpferischen Gestaltens* einen hohen Stellenwert.

Die neueren Modelle des kreativen Unterrichts gehen von der Theorie der kognitiven Strukturen aus: Dem *konvergenten*, zielstrebigen und intelligenten Denken wurde das *divergente*, auf neue, ungewöhnliche und originelle Lösungen gerichtete gegenübergestellt. Man sah – und sieht – darin ein wesentliches Element der Persönlichkeitsentwicklung und des gesellschaftlichen Fortschritts.

Angesichts der vorherrschenden, doch recht reduzierten Unterrichtspraxis kann es nicht verwundern, daß die Sportdidaktik solche Überlegungen aufgegriffen hat mit der Forderung, *Lerngelegenheiten* zu schaffen und genügend Zeit zur Verfügung zu stellen, um ein selbständiges und selbsttätiges Suchen, Probieren und Experimentieren der Schüler zu ermöglichen.

Das Problem liegt jedoch darin, daß Kreativität einen Rahmen benötigt, in dem sie sich entfalten kann, und daß, zumindest in groben Zügen, Übereinstimmung über die einzuschlagende *Richtung* hergestellt sein muß.

Andernfalls kommt es nur allzu oft zu einem blinden Aktionismus und einem letztlich doch recht phantasielosen und langweiligen Leerlauf. Verschärft wird dieses Problem noch dadurch, daß der Lehrer im Sinne der Selbsttätigkeit der Schüler sich einer Bewertung der gezeigten Lösungen nach „gut“, „zweckmäßig“ oder „angemessen“ möglichst enthalten sollte.

Außerdem müssen die notwendigen technischen und taktischen Mittel gegeben sein, um überhaupt zu neuen, über den bisherigen Stand hinausweisenden Lösungen zu kommen. Aus der Gymnastik weiß man beispielsweise, daß die Schülerinnen und Schüler über ein gewisses Bewegungsrepertoire verfügen müssen, bevor sie Gestaltungs- und Improvisationsaufgaben bewältigen können. Andere Lerngelegenheiten, z.B. im „spielerischen Umgang“ mit Handgeräten oder beim Überwinden eines Barrens, erlauben sicherlich ein freieres Vorgehen, doch wird sich auch hier sehr bald herausstellen, daß die Schüler geeignete Techniken erlernen und beherrschen müssen, um über den „toten Punkt“ hinauszukommen.

Dies spricht nicht gegen einen auf Kreativität orientierten Unterricht, wohl aber dafür, daß er nur in einem Rhythmus von „offenen“ und „geschlossenen“ Situationen erfolgversprechend ablaufen kann.

Der problemorientierte Sportunterricht

Die offensichtlichen Schwierigkeiten mit einem „nur“ kreativen Unterricht führten zum problemorientierten oder problemlösenden Sportunterricht.

Der *Grundgedanke* ist ebenso einfach wie einsichtig: Aus einem „Arrangement“, also einer mit Vorbedacht geschaffenen, oder aus einer sich zufällig ergebenden Situation heraus soll sich ein *Problem* ergeben, das die Schüler selbst lösen.

Hier ist der notwendige Rahmen geschaffen und die allgemeine „Denkrichtung" vorgegeben. In aller Regel werden sich mit mehr oder weniger großem Zeitaufwand auch Lösungen ergeben, die zumindest für die Schüler einsichtig und zufriedenstellend sind. Es ist aber auch nicht auszuschließen, daß Scheinlösungen produziert werden oder das anstehende Problem lediglich umgangen wird, zumal der Lehrer gehalten ist, nicht vorzeitig in den kreativen Prozeß einzugreifen.

Der Vorschlag, die ungenügende Trefferquote beim Basketballspiel der Anfänger dadurch zu erhöhen, daß man einen „Fänger" einteilt, verführt nur zu unkontrollierten Würfen, die Einbeziehung des Bretts als Trefferfläche provoziert ein Wurfverhalten wie beim Handballspiel.

Die als „Lernhilfe" beim Hüftaufschwung ausgegebene Lösung, doch an der Wand hochzulaufen, umgeht das Problem der ungenügenden Lernvoraussetzungen ebenso wie eine „Hilfestellung", bei der die Übenden nur „geturnt werden".

Gelegentlich setzen auch die äußeren Gegebenheiten eine Grenze: Die Aufgabe, die „richtige" Spielfeldgröße beim Volleyball- oder Badmintonspiel durch Ausprobieren zu finden, scheitert oft daran, daß die Schüler sich voreilig auf die eingezeichneten Spielfelder festlegen. Das selbständige Erarbeiten der Vorbeschleunigung beim Kugelstoßen (Angehen, Anlaufen, Angleiten) wäre an eine genügende Anzahl von Kugeln und ein entsprechend ausgedehntes Gelände gebunden, um ein gefahrloses Üben zu ermöglichen. (Das große Spielfeld wäre damit sehr schnell ruiniert.)

Als wichtiges Prinzip für jede Form von Unterricht läßt sich aus dem Modell des problemorientierten Sportunterrichts die Forderung ableiten, als Lehrer nichts vorzugeben, was die Schüler mit einigem Nachdenken und Bemühen nicht selbst als „richtig" einsehen oder als zweckmäßig erfahren könnten.

Daneben haben die Schüler aber auch einen Anspruch darauf, daß der Lehrer als Experte, wenn es darauf ankommt, ihnen sagt, „wie es geht".

Körpererfahrung

Das Modell der Körpererfahrung stellt den konsequenten Versuch dar, im Sportunterricht vom *Individuum*, seinen *Wahrnehmungen* und *Empfindungen* auszugehen. Die Spannweite des „Erlebens" reicht dabei von Bewegungserfahrungen über Selbsterfahrungen bis hin zu sozialen Erfahrungen. Im Mittelpunkt des Unterrichts stehen die Aktivierung der Sinne, die Wahrnehmung des Körpers und seiner Funktionen sowie die Wechselwirkungen zwischen Person und Umwelt. Es dominieren erlebnisreiche und empfindungsintensive Übungen. Auch Kreativität spielt eine große Rolle.

Das Problem liegt darin, daß Körpererfahrungen sich nicht „befehlen" lassen. Eine bestimmte Situation wird von den Schülern einer Klasse sehr unterschiedlich wahrgenommen und weckt bei ein und demselben Schüler je nach Stimmungslage sehr verschiedene Empfindungen.

Es ist schon ein Unterschied, ob ein spannendes Fußballspiel bei einsetzendem Regen noch zu Ende gebracht wird, oder ob eine solche Situation gezielt aufgesucht wird. Wahrnehmungsübungen werden schnell langweilig; Entspannungsübungen sind mehr die Sache von Erwachsenen als von Kindern und Jugendlichen. Bei jüngeren Schülern ist außerdem zu fragen, ob diese Konzeption der eher expressiven emotionalen Struktur dieser Altersstufe angemessen ist.

Zweifellos kann das Modell der Körpererfahrung aber viel dazu beitragen, den Blick auf die Befindlichkeit der Schüler zu richten und ihre Wahrnehmungen, Empfindungen und Erlebnisse, die sich bei sportlicher Tätigkeit zwangsläufig einstellen, mehr als es gemeinhin üblich ist, im Unterricht zu thematisieren.

Soziales Lernen

„Gemeinschaftsgebundenheit" war eines der wichtigsten Prinzipien der Leibeserziehung. Als Gemeinschaftsbezug oder „Gemeinsinn" entsprach dies alter, vor allem turnerischer Tradition. Es lag also nahe, daß im Zuge der mit den 60er Jahren eingeleiteten gesellschaftlichen Umbrüche, die vor allem als Protest gegen reaktionäre politische Strukturen und gegen den zunehmend materialistisch und individualistisch geprägten Lebensstil verstanden wurden, auch die nunmehr etablierte Sportdidaktik auf solche Ideen zurückgriff.

Dabei sind zwei, zeitlich versetzte, aber bis heute weiterwirkende Entwicklungsstränge zu verzeichnen:

(1) Mit der – fast zeitgleich zum endgültigen Übergang von der „Leibeserziehung" zum „Schulsport" einsetzenden – Protestbewegung gegen das Bestehende kam es zu einer *„Anti-Leistungs-Kampagne"*, die Leistung generell, vor allem aber sportliche Leistung, als unsozial, ja geradezu anstößig ablehnte. In ihrem Gefolge suchte man zunächst nach *neuen Inhalten*: Man propagierte „Spiele ohne Verlierer", aktivierte die fast schon historischen Formen des geselligen Turnens, der Partner- oder Gruppenakrobatik und betonte das „Miteinander" in allen Sportarten und Disziplinen.

Daraus haben sich in der Tat einige bemerkenswerte Hinweise für die Unterrichtspraxis, vor allem für die Gestaltung von Spiel- und Wettbewerbsformen, ergeben (1), doch wurde dies sehr bald von einer Welle neuer, betont individualistisch ausgerichteter Sportarten überrollt, von denen z.B. das Jonglieren und ähnliche Formen aus der Akrobatik sowie das Skateboardfahren und Inline-Skating für den Schulsport bedeutsam geworden sind.

Die „New Games" (die in Wirklichkeit eine „bereinigte Neuauflage" der altbekannten kleinen Spiele waren) gerieten wieder in Vergessenheit, Streetball und Beach-Volleyball breiteten sich geradezu explosionsartig aus und selbst auf den allenthalben veranstalteten Spielfesten wurde das Schwenken des Fallschirmtuchs von Rutschbahn und „Hüpfburg" verdrängt.

(2) In der Folge der bereits genannten gesellschaftlichen Umbrüche setzte auch ein *neues Erziehungsdenken* ein: „Erziehung" als zielstrebige Eingliederung des heranwachsenden Menschen in die Gesellschaft wurde ersetzt durch den Begriff der *Sozialisation*, das allmähliche Hineinwachsen des Jugendlichen in die sozialen Systeme.

Die Sportdidaktik lehnte sich dabei vor allem an die *interaktionistische Rollentheorie* an mit den Forderungen, die Erwartungen der anderen zu erkennen, mit den eigenen in Einklang zu bringen und in diesem schwierigen Prozeß eine eigene Identität zu entwickeln (d.h. „zu sein wie kein anderer" und doch „zu sein wie alle anderen").

In der Praxis orientierte man sich auf relativ offene und gemeinschaftsbezogene unterrichtliche Formen und Inhalte, die vielfältige Interaktionen unter den Schülern zulassen. Auftretende Konflikte sollten dabei weder umgangen noch durch das Eingreifen des Lehrers beendet, sondern von den Schülern ausdiskutiert werden. „Konfliktlösungsstrategien" wurden zu einem zentralen pädagogischen Anliegen.

Sehr bald zeigte sich aber auch, daß „soziales Lernen" sich nur schwer organisieren und in seiner Richtung bestimmen läßt, vor allem dann, wenn in den Augen der Schüler die Unterrichtsinhalte als beliebig manipulierbar erscheinen und der Sachbezug allmählich verlorengeht.

Ebenso war damit zu rechnen, daß mit der Rücknahme der dominierenden Rolle des Lehrers ein „Machtvakuum" entsteht, das nur allzuleicht von klasseninternen Machtstrukturen ausgefüllt wird (2).

Der Vorschlag beispielsweise, beim Volleyballspiel die Leine niedriger zu hängen, um die kleineren Mitspieler besser in das Spielgeschehen einzubeziehen, führt lediglich dazu, daß die größeren noch überlegener werden. Vielleicht ziehen die Schüler daraus den richtigen Schluß, daß hier ein unlösbares Problem vorliegt; es könnte aber auch sein, daß diejenigen, die den Vorteil davon haben, auf dieser Lösung beharren (und die übrigen nicht einmal merken, daß sie eigentlich hintergangen werden).

Als pädagogisch bedeutsame Erkenntnis verbleibt aber, daß innerhalb des von Schule und Unterricht vorgegebenen Rahmens den Schülern auch Freiräume zu gewähren sind, in denen sie ihre eigenen Angelegenheiten regeln können.

In dieser Hinsicht hat der Sportunterricht zweifellos eine besondere Bedeutung, steht er doch mit der Lebens- und Erfahrungswelt der Schüler in unmittelbarem Zusammenhang und bietet ihnen im Vergleich zu anderen Fächern ungleich mehr Gelegenheiten, „auch einmal mitzureden".

Gesundheitserziehung

Gesunderhaltung der Jugend, Hebung der Volksgesundheit und Gewährleistung der Arbeits- und Wehrfähigkeit waren von den Anfängen im 19. Jahrhundert an wesentliche Argumente, Turnen, Spiel, Sport und Gymnastik in der Schule zu etablieren.

Im Hinblick auf einige besorgniserregende Entwicklungen im Gesundheitswesen und hinsichtlich der körperlichen Leistungsfähigkeit der Jugend gewann dieser Aspekt in jüngster Zeit auch in der Sportdidaktik wieder an Bedeutung, fand zugleich aber auch eine kritische Beurteilung, vor allem in folgenden Punkten:

- „Gesundheit" ist für junge Leute kein Problem; sie fühlen sich gesund (auch wenn sie es nicht sind) und lassen sich mit diesem Argument nicht motivieren.
- Selbst in der Ausdehnung des Gesundheitsbegriffs auf den Bereich der allgemeinen Fitneß würde dies zu einem rational bestimmten, auf Systematik und Effektivität ausgerichteten „Gesundheitstraining" führen, das zu anderen, mehr auf Emotionalität und Soziabilität gerichteten Ansätzen in Konkurrenz treten würde.

- Der Sportunterricht hat seine – relative – Wirkungslosigkeit in dieser Hinsicht bereits „bewiesen“. Er hat nicht vermocht, den zunehmenden Bewegungsmangel und die damit verknüpften Risiken auszugleichen.

Gesundheitserziehung kann also nicht allein dem Sportunterricht überwiesen werden. Sie ist vor allem Sache einer vernünftigen Lebensführung und somit ein allgemeines und übergeordnetes *Erziehungsprinzip*.

Dennoch würde der Sportunterricht einen erheblichen Teil seiner Legitimation verlieren, wenn er auf das „Gesundheitsargument“ verzichten würde. Es ist die selbstverständliche Pflicht jedes Sportlehrers, wo und wann es immer möglich ist, in dieser Richtung tätig zu werden, auch wenn sich dazu nur einige recht allgemeine Hinweise geben lassen, z.B.:

- selbst ein Vorbild für gesundheitsbewußtes Verhalten zu sein,
- durch einen bewegungsreichen und freudvollen Unterricht zu „lebenslangem Sporttreiben“ anzuregen,
- für die notwendige körperliche Belastung zu sorgen, um überhaupt physiologische Wirkungen zu erzielen,
- mit gezielten körperbildenden und konditionsschulenden Programmen einen konkreten Beitrag zu leisten.

Diese und andere Maßnahmen sind auch deshalb notwendig, um den Stellenwert des Sportunterrichts in der Meinung der Öffentlichkeit zu erhalten und, wenn möglich, weiter zu verbessern.

Mit dem Modell der Gesundheitserziehung soll die Reihe der hier vorzustellenden sportdidaktischen Konzeptionen abgeschlossen werden. Das hier noch einzuordnende Modell des „offenen Sportunterrichts“ wird wegen seiner allgemeinen und übergreifenden Bedeutung im anschließenden Beitrag gesondert behandelt. Es bietet sich somit an, eine Zusammenfassung zu versuchen:

Intentionales versus funktionales Erziehungsdenken

Das gemeinsame Merkmal der hier betrachteten Modelle ist, wie in der Überschrift bereits ausgedrückt, ihre *Intentionalität*. Sport wird mehr oder weniger zum Mittel, allgemeine und „höherwertige“ Bildungs- und Erziehungsziele anzustreben; er wird verzweckt oder *instrumentalisiert*.

Das aber bringt gerade für den Sport einige Probleme, weil er als Schulfach keinen für den Fortbestand der Gesellschaft unentbehrlichen Wissensbereich repräsentiert, sondern in der allgemeinen Einschätzung eher dem Privat- und Freizeitbereich zugeordnet wird. Es sind dies vor allem die folgenden:

(1) Das erste Problem ist grundsätzlicher Art: *Sport wird austauschbar*, sobald die angestrebten Ziele auch mit anderen als sportlichen Mitteln erreicht werden können: Kreativität kann im musischen, künstlerischen und manuellen Bereich vielleicht besser verwirklicht werden, sensorische und emotionale Erfahrungen lassen sich vielerorts sammeln und soziales Lernen ereignet sich überall, außerhalb des Sports und der Schule vielleicht intensiver als dort.

Sport gerät in die Gefahr, zur schulpolitischen Manövriermasse zu werden, wie es die gegenwärtige Entwicklung (z.B. der inzwischen gescheiterte Versuch, Sportstunden an außerschulische Sportanbieter zu delegieren, oder die Bildung eines Stundenpools für die schulischen „Randfächer“) in der Tat schon zeigt.

(2) Das zweite Problem betrifft die Sache selbst: Die *Inhalte* des Sportunterrichts werden *beliebig*. Es geht nur noch darum, daß sie brauchbar, wenn möglich auch „attraktiv“ und „motivierend“ sind. Dies öffnet dem Einströmen immer neuer Inhalte die Tore, und dies in immer schnellerem Wechsel. Mit dem unmittelbaren Sachbezug verliert der Schulsport seine – im wesentlichen von den traditionellen Sportarten gebildete – „strukturbestimmende Mitte“.

Nicht zuletzt wird dadurch auch die Sachkompetenz der Sportlehrer in Frage gestellt.

(3) Als nächstes erhebt sich ein psychologisches Problem: Ein zu aufdringliches *pädagogisches Wollen* wird von den Schülern schnell durchschaut und als „Sonntagspredigtverhalten“ abgetan. Vielleicht sind sie bereitwillig genug, mit einer gewissen Betriebsamkeit mitzumachen, doch werden sie den Sport nicht mehr ernst nehmen, zumal er einer populären Sichtweise zufolge nur dazu da sei, „Spaß zu machen“.

(4) Schließlich sollte man ein standespolitisches Problem nicht außer acht lassen: Der „Lehrer vor Ort“ sieht sich einem gesellschaftlichen *Erwartungsdruck* ausgesetzt, dem er sich nicht gewachsen fühlt, zumal er genau weiß, daß die Schule als „Sozialisationsinstanz“ viel an Wirkung verloren hat. Das induziert auf Dauer ein schlechtes Gewissen und führt zur Resignation und Berufsverdrossenheit, bei dem einen mehr, bei dem anderen weniger.

Sicherlich ist hier auch eine der Ursachen für die so oft beklagte „Theoriefeindlichkeit“ der praktizierenden Sportlehrer zu sehen.

Es ist somit zu begrüßen, daß in der Sportpädagogik gegenwärtig wieder eine Hinwendung zum *funktionalen Denken* zu beobachten ist. Mit dem konkreten Sachbezug gewinnt der Sportunterricht wieder „festen Boden unter den Füßen“. Er kann sich auf seine *eigenen* Lern- und Leistungsziele berufen, wenn er *allgemeine* verfolgen will.

Wenn auf diese Weise aber der Rahmen geschaffen, der Anlaß gegeben, die kognitiven Voraussetzungen vorhanden und die notwendigen Mittel erarbeitet sind, dann ist den Schülern auch genügend Zeit einzuräumen, *selbständig* ihre Probleme zu lösen, ihre Wahrnehmungen und Empfindungen zu Erfahrungen zu verarbeiten, Phantasie und Kreativität zu entwickeln und soziale Kompetenz zu erwerben.

Es dürfte erwiesen sein, daß pädagogische Intentionen sich am ehesten in einem solchen „absichtlich-unabsichtlichen“ unterrichtlichen Handeln verwirklichen lassen.

Zur gegenwärtigen Situation der Sportdidaktik

Zum Abschluß dieses Beitrags erscheint es angezeigt, einen Blick auf die gegenwärtige Situation der Sportdidaktik zu werfen. Diese ist vor allem durch zwei Entwicklungen gekennzeichnet, von denen die eine, die Einbeziehung der künstlerischen Bewegung in den Geltungsbereich des Sports, in der Praxis bereits zum Abschluß gekommen, von der Sportdidaktik aber noch nicht ausreichend reflektiert worden ist, während die andere, die gegenwärtig zu beobachtende „artistische Wende" im Schul- und Freizeitsport von ihr kaum registriert, jedenfalls aber nicht kritisch diskutiert wird.

Die Einbeziehung der künstlerischen Bewegung in den Sport

Im „Schulturnen" des 19. Jahrhunderts war die künstlerische Bewegung kein Thema, selbst wenn das Gerätturnen sich als „Turnkunst" verstand und einfache Tanzschritte und Reigentänze Bestandteil der Mädchenlehrpläne waren. Daran änderte auch die um 1900 entstandene „Gymnastikbewegung" zunächst nicht viel.

Erst im Laufe der 30er Jahre kam es durch die Bemühungen einiger Gymnastikschulen (BODE, LOGES, MEDAU) zur Aufnahme rhythmischer und musischer Elemente in die Lehrpläne der Mädchen. In der Nachkriegszeit wurde daraus eine spezifische *„Schulgymnastik"* entwickelt, deren besonderes Kennzeichen die Verwendung von Handgeräten war, und die als Vorläuferin der Rhythmischen Sportgymnastik gilt.

In ähnlicher Weise gelangte auch der *Tanz*, zunächst als Volkstanz, in die Lehrpläne, bis sich in der Zeit des „Sportartenmodells" daraus der Fachbereich Gymnastik/Tanz entwickelte, bei dem in der jüngsten Zeit eine deutliche Hinwendung zum tänzerischen Element festzustellen ist.

Nach einer ersten „Grundsatzdebatte" (noch zu Zeiten der „Leibeserziehung") über das „rhythmische Prinzip" und das „schöpferische Gestalten" hat sich die Sportdidaktik mit dieser Entwicklung nicht mehr explizit beschäftigt. Der neue Fachbereich wurde unter den Stichworten „Expression, Ästhetik, Gestaltung" in das gängige Begriffssystem einbezogen. Im übrigen beschränkte man sich auf die „Verwaltung" der gerade herrschenden, zumeist aus den USA importierten Tanzstile.

Mit „Sport" einerseits und „Gymnastik/Tanz" andererseits liegen im Grunde jedoch zwei selbständige Fächer vor, die unterschiedliche Formgesetze und Gestaltungsprinzipien aufweisen. Auf der einen Seite steht die *Bewegung als Gegenstand der darstellenden Kunst* mit deutlichen Bezügen zum Bühnentanz, zur Pantomime und der Körpersprache des Schauspielers, auf der anderen Seite erscheint die *Bewegung als Wesensmerkmal des Phänomens Sport* mit den bekannten Ausdifferenzierungen in den Sportarten.

Es geht bei dieser Analyse nicht darum, daß der Sport einen künstlerischen Bereich in sich aufgenommen hat, wie dies mit dem Kunstturnen oder dem Eiskunstlauf schon lange der Fall ist. Man kann auch die Gymnastik und den Tanz zum Sport machen, wie dies bei der Rhythmischen Sportgymnastik, dem Rock 'n' Roll und dem Turniertanz geschehen ist. Es geht hier um das bewußte und gewollte *Hinausgreifen über die Grenzen des Sports* und die ebenso bewußt herbeigeführte „Zweiteilung" des Schulfaches gleichen Namens.

Es fällt schwer, eine angemessene Bewertung dieser Entwicklung vorzunehmen. Einerseits besteht die Gefahr, daß die Sportdidaktik sich damit überfordert, andererseits eröffnet sich für die Mädchen (und Jungen), die über die sportliche Bewegung keinen Zugang zur körperlichen Betätigung finden, eine für sie wohl befriedigendere Möglichkeit über die künstlerische Bewegung.

Die „artistische Wende" im Schul- und Freizeitsport

Vor etwa zwei Jahrzehnten erwachte ein (neues) Interesse an Themen aus der Welt des Zirkus, z.B. dem Jonglieren. In der Folge wurde die Akrobatik in all ihren Erscheinungsformen als möglicher Inhalt des Schulsports propagiert.

Es gibt seitdem kaum einen Lehrplan oder eine inhaltsbezogene fachdidaktische Veröffentlichung, in denen dieser Bereich nicht benannt würde. Auch die neuen Trendsportarten, wie Skateboardfahren und Inline-Skating, lassen überwiegend artistische Verhaltensweisen erkennen; Erlebnis- und Risikosportarten, wie Gleitschirmfliegen und Rafting, schließen sich dem an.

Diese Entwicklungen sollen hier unter dem Begriff der *„artistischen Wende"* zusammengefaßt werden.

Das *artistische Verhaltensmuster* unterscheidet sich von den traditionellen sportlichen Grundmustern in folgenden Merkmalen:

- der Reduktion der körperlichen Anforderungen auf einen eng begrenzten Bereich, z.B. Geschicklichkeits- und Gleichgewichtsaufgaben,
- der Ausrichtung der Aktivitäten auf eine besondere Fertigkeit, einen „zentralen Trick", den es zu beherrschen gilt,
- der Tendenz zur gleichsam eindimensionalen Schwierigkeitssteigerung, die ein Höchstmaß an Übungs- und Arbeitsaufwand erfordert,
- der Hinzunahme überraschender und verblüffender Schaueffekte.

Dabei darf man freilich nicht übersehen,

- daß der experimentierende Umgang mit Geräten und Objekten vor allem in der Grundschule einen unverzichtbaren Stellenwert hat,
- daß in Teilbereichen des Sports auch ein artistischer Zugang zur Bewegung seine Berechtigung haben kann.

Um keine Mißverständnisse aufkommen zu lassen: Das sportliche, künstlerische und artistische Verhaltensmuster sind gleichermaßen leistungsorientiert und haben ihren eigenen Wert, aber auch ihre eigenen Gesetzmäßigkeiten.

Es geht hier nicht um die Frage, was nun „richtig" und „besser" ist; es geht nur um die Feststellung, daß der Sport in der Gefahr ist, seinen zentralen Bezugspunkt, seine „Mitte" zu verlieren, eben das, was eindeutig und unwidersprochen Sport ist, und sich mehr und mehr in Richtung auf die künstlerischen und artistischen Randbereiche auszudifferenzieren (und sich dort aufzulösen).

Es muß also die Frage erlaubt sein, ob der Schulsport nicht einen erheblichen Teil seiner pädagogischen Relevanz verliert, wenn er sich auf diese Entwicklung einläßt.

„Motivation" und „Anpassung an den allgemeinen Trend" dürften hierfür keine zureichenden Begründungen sein, läßt sich doch zeigen, daß das sportliche Verhaltensmuster, ob im Rahmen der Individual- oder Mannschaftssportarten, ein ungleich breiteres Spektrum von Handlungs- und Gestaltungsmöglichkeiten bietet als die Lösung noch so vieler artistischer Bewegungsprobleme.

Anmerkungen

(1) Vgl. den Beitrag: Vom Sinn und Unsinn des Wettbewerbs, S. 143.
(2) Vgl. den Beitrag: Aggression und Gewalt im Sportunterricht, S. 27.

Literatur

BALZ, E.: Wie kann man soziales Lernen fördern? In: BIELEFELDER SPORTPÄDAGOGEN: Methoden im Sportunterricht. Schorndorf 2003 (1. Aufl. 1989).
BRODTMANN, D. (Hrsg.): Unterrichtsmodelle zum problemorientierten Sportunterricht. Reinbek 1984.
FUNKE, J. (Hrsg.): Sportunterricht als Körpererfahrung. Reinbek 1989.
FUNKE, J.: Körpererfahrung. In: Sportpädagogik 4/1980.
HAHN, F.: Kreativität im Sportunterricht. In: sportunterricht 8/1979.
KRÜGER, M./ GRUPE, O.: Sport- oder Bewegungspädagogik? In: sportunterricht 5/1998.
PROHL, R./SCHERRER, J.: Sport als Medium schulischer Sozialerziehung. In: sportunterricht 12/1995.
SEYBOLD, A.: Pädagogische Prinzipien in der Leibeserziehung. Schorndorf 1973 (1.Aufl.1959).
SEYBOLD, A.: Zur Didaktik der Gymnastik in der Grund- und Hauptschule. Schorndorf 1990.
SÖLL, W.: Was ist Sport? „Handbuch" S. 379.
SÖLL, W.: Sportunterricht ohne Sportarten? In: Körpererziehung 10 und 11/1995.

4 Offener Sportunterricht

Der Begriff des „offenen" Sportunterrichts wird gegenwärtig ganz überwiegend in einem weiten Sinne verstanden. Er ist zum *Sammelbegriff für alle Formen eines betont schüler- und prozeßorientierten Unterrichts* geworden und stellt damit das Gegenbild zu einem „geschlossenen", mehr lehrerzentrierten, produkt- und lernzielorientierten Unterricht dar.

Auf einer ersten Ebene lassen sich dabei zwei Grundtendenzen unterscheiden, nämlich unterrichtliche Formen und Verfahrensweisen, die vom *Ansatz her offen* sind, und solche, die zum *Ziel hin offen* sind.

Beide Strömungen haben ihre – zum Teil weit zurückreichenden – historischen Wurzeln und beide haben bis heute ihre Gültigkeit nicht verloren. Es bietet sich somit an, zunächst einen Blick auf die Vergangenheit zu werfen und sodann die gegenwärtigen Formen des offenen Sportunterrichts zu betrachten.

„Offene" Modelle in der „Leibeserziehung"

Die Bestrebungen um einen im *methodischen Ansatz* und *unterrichtlichen Verlauf* „offenen" Sportunterricht konkretisierten sich in der ersten Nachkriegszeit in der sogenannten *induktiven Methode* mit dem zentralen Begriff der *Bewegungsaufgabe*.

Darunter ist eine relativ allgemeine und weite Aufgabenstellung zu verstehen, mit der die Schüler zu einem *selbständigen und selbsttätigen Suchen und Probieren* angeregt werden sollten. Am Ende dieses Unterrichtsganges sollte eine Verständigung über die „beste“ oder zweckmäßigste Lösung der Aufgabe stehen.

Diese induktive oder „normsuchende“ Methode wurde der vorherrschenden deduktiven oder „normgeleiteten“ idealtypisch wie folgt gegenübergestellt:

induktiv („normsuchend“)	*deduktiv* („normgeleitet“)
Bewegungsaufgabe	Bewegungsanweisung und/oder Bewegungsdemonstration (ggf. Bewegungshilfen)
↓	↓
Erproben und Suchen	
↓	
Herausstellen der besten Lösung	
↓	
Üben/Einüben ggf. mit Bewegungskorrekturen	Üben/Einüben ggf. mit Bewegungskorrekturen
↓	↓
Anwenden	Anwenden

Die Problematik der „induktiven Methode“ lag in der Schwierigkeit, geeignete Bewegungsaufgaben zu finden. Sehr bald bildeten sich zwei Formen heraus, die „freie“ und die „gebundene“ Bewegungsaufgabe.

Die *„freie“* oder *„offene“ Bewegungsaufgabe*, z.B. nach dem Muster: „Springt über die Leine auf den Weichboden“, oder „Überwindet den Kasten“, bietet eine Vielzahl von Lösungsmöglichkeiten, die alle in irgendeiner Weise interessant und attraktiv sein können. Diese Entwicklungslinie führt aber sehr schnell aus dem Bereich der induktiven Methode hinaus zum „kreativen Sportunterricht“, wie er im vorangegangenen Beitrag dargestellt worden ist. In ihm liegen sicherlich bedeutsame pädagogische Möglichkeiten, doch besteht auch die Gefahr, daß er in bloßen Aktionismus abgleitet.

Diesem Problem versucht die *„gebundene“ Bewegungsaufgabe* zu begegnen. Sie ist wesentlich enger formuliert und soll damit eine bestimmte „Arbeitsrichtung“ vorgeben, z.B. wie folgt: „Springt so über die Leine, daß ihr auf der Matte seitwärts abrollen könnt“, oder „Springt so über den Kasten, daß ihr mit beiden Händen gleichzeitig aufstützt“. Während im ersten Fall de facto eine Bewegungsanweisung, nämlich die Ausführungsbeschreibung für eine bestimmte Übung, gegeben ist, könnten im zweiten Fall die verschiedenen Stützsprünge von den Schülern „entdeckt“ werden.

Dieses Beispiel führt zum Grundproblem der Bewegungsaufgabe, dem ihr immanenten *Widerspruch*: Der Lehrer weiß, was herauskommen soll, läßt die Schüler aber darüber im unklaren. Das kann durchaus dazu führen, daß die Schüler mehrere Lösungen präsentieren, die sich nach den Kriterien „richtig“ oder „zweckmäßig“ beurteilen lassen. Es kann sich aber auch ein bloßes Ratespiel entwickeln, das ohne Ergebnis bleibt oder nur zufällig zu einem solchen führt. In der Regel wird sich – gerade im Sport – aber ergeben, daß einige Schüler sehr schnell erkennen, was der Lehrer eigentlich will, und die „richtige“ Lösung vormachen (1).

Diese Sachlage trug dazu bei, daß parallel zur Entwicklung der induktiven Methode bereits weitergehende Vorschläge gemacht wurden. Den bereits genannten *Schlüsselbegriffen* der *Selbständigkeit und Selbsttätigkeit* fügte man den der *Spontaneität* hinzu und definierte diesen, um eine Formulierung von A. SEYBOLD (nach H. GAUDIG) zu gebrauchen, als

- Handeln aus eigenem Antrieb,
- Handeln aus eigenen Kräften,
- Handeln auf selbstgewählten Bahnen,
- Handeln zu freigewählten Zielen.

Es wird heute weithin übersehen, daß damit bereits zu Zeiten der „Leibeserziehung“ eine vollständige *„Theorie des offenen Sportunterrichts“* vorgelegt worden war, und dies in einer sehr konsequenten Form, handelt es sich doch um einen Unterricht, der nicht nur im Ansatz und im Verlauf, sondern auch zum Ziel hin, also „ergebnisoffen“ sein sollte.

Das unterrichtliche Mittel zur Verwirklichung dieser Konzeption sah man in der *„freien Lerngelegenheit“*: Den Schülern sollten in regelmäßigen Abständen Unterrichtszeit, Geräte und Materialien zur Verfügung gestellt werden, um sie nach eigenem Ermessen nützen zu können.

Diese Bestrebungen fanden rasch Eingang in die Praxis, und so hätte sich ein zukunftsträchtiges Modell ergeben können, wenn die Entwicklung mit dem Übergang zum „Schulsport“ nicht einen anderen Verlauf genommen hätte. Davon wird gleich zu sprechen sein. Zuvor soll aber ein kurzer Blick weiter zurück geworfen werden.

Exkurs: Das „Kürturnen“

Die „Leibeserziehung“ berief sich explizit auf die Reformpädagogik der 20er Jahre. Entsprechende Bestrebungen um eine Schülerorientierung des Unterrichts gehen aber viel weiter zurück, nämlich bis in die Zeit der Aufklärung, deren pädagogisches Denken zu einem großen Teil von den Ideen ROUSSEAUS bestimmt war.

Einen konkreten Niederschlag fanden solche Überlegungen – unter anderem – in der „Turnkür“ von F. L. JAHN, die bei der „Turnzeit“ als „freiwillige Beschäftigung“ der „Turnschule“ vorgeschaltet war. Sie sollte nach den Worten JAHNS, aber in moderne Terminologie übersetzt,

- den individuellen Interessen entgegenkommen,
- Defizite abbauen,
- besondere Begabungen fördern.

In den nachfolgenden Jahrzehnten entwickelte sich daraus das Kürturnen, das jeweils den ersten Teil eines Turnabends bildete. Es fand ohne festen organisatorischen Rahmen in alters- und leistungsheterogenen Gruppierungen statt. Als übergeordnete „Regeln“ lassen sich hierfür benennen:

- Jeder lernt von sich aus.
- Jeder lernt von jedem.
- Jeder hilft jedem.

Im Grunde ging es darum, daß die älteren und leistungsstärkeren Turner ihr Können und ihre Erfahrung den jüngeren und schwächeren weitergaben. Ziel bildete das Erlernen der vielen Bewegungen und Übungen der „Turnkunst“. Das Kürturnen stellt somit eine Mischung von offenen Verlaufsformen und vorgegebener, jedoch individualisierter Zielorientierung dar.

Von versierten Turnlehrern wurde dieses Modell auch auf den *Klassenunterricht* übertragen und erwies sich dort, die notwendige fachliche und pädagogische Kompetenz des Lehrers vorausgesetzt, als höchst erfolgreiche Lernform.

Schulsport und Curriculumtheorie

Für die pädagogische Weiterentwicklung erwies sich der Übergang zum „Schulsport“ zunächst als retardierendes Moment. Die Anlehnung an den Leistungssport führte zu dem weiter oben bereits beschriebenen „technokratischen Modell“ des Sportunterrichts mit der doppelten Reduktion auf die Formen und Inhalte der „offiziellen“ Wettkampfsysteme und in diesem Rahmen auf eine isolierte „Technikschulung“.

Begünstigt wurde diese Entwicklung durch eine von außen an den Sport als Schulfach herangetragene Erscheinung, die dem zunächst zuwiderzulaufen schien, in ihrer praktischen Umsetzung aber in dieselbe Richtung wirkte, die *Curriculumtheorie.*

Diese besagte, sehr verkürzt dargestellt, daß alle Unterrichtsinhalte von übergeordneten und gesellschaftlich anerkannten „Lernzielen“ abgeleitet und durch sie legitimiert werden müßten, oder umgekehrt formuliert, daß die Inhalte des Unterrichts nur *Mittel* und *Möglichkeiten* seien, solche *allgemeinen Lernziele* anzustreben.

Auf den unteren Lernzielebenen lassen sich damit in der Tat sehr einsichtige Zusammenhänge aufzeigen, die zu einem zielstrebigen Unterricht beitragen können. Wenn beispielsweise der Dauerlauf ein wichtiges Mittel zur Verbesserung der allgemeinen Ausdauer ist und diese wiederum eine wichtige Kenngröße für die Leistungsfähigkeit des Herz-Kreislauf-Systems darstellt, kann dies durchaus geeignet sein, dem Sportunterricht „einen Sinn zu geben“ (und auch den Schülern einsichtig zu machen). Auf den höheren Lernzielebenen werden die Verknüpfungen aber immer unschärfer, was zu einer gewissen Willkür führte (2).

In diesem Dilemma griff man gewissermaßen zu einem Trick: Die „übergeordneten Lernziele“ wurden in den allgemeinen Teil der Lehrpläne verwiesen, während im Stoffplan weiterhin die Sportarten mit ihren Fertigkeiten, Übungen und Techniken, nunmehr aber als *„fachspezifische Lernziele“*, aufgelistet wurden. Der Weitsprung war damit nicht mehr ein Sprung unter vielen, sondern wurde als „Erlernen der optimalen Weitsprungtechnik“ zum Lernziel selbst, was ja durchaus dem gleichfalls schon erwähnten „Denken in methodischen Übungsreihen“ entsprach.

Es ist dies der *„lernzielorientierte Sportunterricht"* im engen Sinne dieses Begriffs. Das mußte zwangsläufig auf Widerspruch stoßen: Der zunehmenden „Schließung" folgte die Forderung nach einer radikalen „Öffnung" des Sportunterrichts.

Exkurs: Differenzierung des Sportunterrichts

Bevor dieser Widerstand sich formieren konnte, versuchte man – in der richtigen Erkenntnis, daß entgegen einem altüberlieferten pädagogischen Optimismus keineswegs alle Schüler alles lernen können – den lernzielorientierten Unterricht dadurch zu reformieren, daß man auf seine Differenzierung verwies.

Differenzierung ist jedoch keine gelegentliche Aushilfe bei auftretenden Schwierigkeiten, sondern ein allgemeines und übergreifendes *Unterrichtsprinzip*, das die *Anpassung aller unterrichtlicher Maßnahmen an die unterschiedliche Leistungsfähigkeit der Schüler* bezeichnet. Es besagt, daß jeder Schüler für sich zu sehen ist, und daß überall, wo dies notwendig ist, Unterschiede zu machen sind.

Wo immer sich also verschiedene Lern- und Übungsbedingungen, z.B. hinsichtlich der Lernwege, der Übungserleichterungen, der konditionellen und koordinativen Belastung, der methodischen Hilfen, der Gerätegewichte und -höhen, anbieten lassen, muß dies auch geschehen. Gelegentlich sind damit auch inhaltliche Entscheidungen verbunden, z.B. durch die Formulierung von unterschiedlichen Lernzielen und die Vorgabe von Teilzielen. Schließlich müssen auch gleiche Ziele nicht von allen Schülern zur gleichen Zeit erreicht werden (3).

Die Forderung nach Differenzierung des Unterrichts war zu Beginn der 70er Jahre so allgemein, daß man geradezu von einer „Differenzierungskampagne" sprechen kann, von der man sich die Lösung fast aller unterrichtlicher Probleme erhoffte.

Von Anfang an wurde dieser Begriff als „äußere Differenzierung" (4) auch auf die schulorganisatorische und bildungspolitische Ebene übertragen und im weiteren Verlauf auf alle Entscheidungen ausgedehnt, die auf Grund des Alters und Geschlechts der Schüler, der Jahreszeiten oder der materiellen Voraussetzungen zu treffen waren.

„Differenzierung" wurde zu einem konturlosen Allerweltsbegriff, der alles und nichts ausdrücken konnte. Damit verschwand er ebenso schnell, wie er – zuvor nur den Fachleuten vertraut – in die allgemeine Diskussion gekommen war. Geblieben ist die Erkenntnis, daß „guter" Sportunterricht *methodische Flexibilität* verlangt; geblieben ist auch die Forderung nach einem *„individuellen Eingehen"* auf den Schüler.

Formen und Modelle des „offenen Sportunterrichts"

Wie eingangs dargestellt, wurden bereits zur Zeit der „Leibeserziehung", also in den 50er und 60er Jahren, die theoretischen Grundlagen für eine „Öffnung" des Sportunterrichts erarbeitet, und dies sowohl in „verlaufsoffenen" als auch „ergebnisoffenen" Formen. Es lag daher nahe, daß die nunmehr etablierte Sportdidaktik auf solche Bestrebungen zurückgriff, wie dies am Beispiel des kreativen und problemorientierten Sportunterrichts gezeigt worden ist. Im nachhinein werden auch beide Konzeptionen zum offenen Sportunterricht gerechnet, obwohl seinerzeit dieser Bezug nicht hergestellt worden ist und die neueren Modelle von anderen theoretischen Bezügen sowie einer veränderten Sicht des Sports ausgehen.

Der „interessenorientierte Sportunterricht"

In einem ersten Ansatz verstand man unter einem „offenen" Sportunterricht die *inhaltliche Öffnung*, die Hinwendung zu attraktiven Gegenständen und zu „neuen" Schulsportarten aus dem mittlerweile erheblich angewachsenen „Angebot".

Man versprach sich davon eine deutliche Steigerung des *Schülerinteresses* und eine bessere *„Motivation"* aller Beteiligten. Nicht ganz zufällig waren ja die Anfänge des „Schulsports" von einer heftigen, aber infolge der gesellschaftlichen Umstände (es war die Zeit der Studenten- und Schülerproteste der ausgehenden 60er und beginnenden 70er Jahre) recht unergiebigen „Motivationsdebatte" begleitet.

Eine so verstandene inhaltliche Ausweitung des Schulsports entsprach daneben aber auch den Interessen der Sportfachverbände – und alsbald auch denen der kommerziellen Sportanbieter –, die auf diese Weise ihren Einfluß zu vergrößern hofften.

Die Folge war das nahezu ungebremste *Einströmen neuer Elemente und Sportarten* in die Lehrpläne, meist in die Wahl- oder Ergänzungs-, aber auch in die Pflichtteile.

Sehr bald zeigte sich aber, daß das angestrebte pädagogische Ziel einer Öffnung, nämlich die Veränderung der unterrichtlichen Strukturen, auf diese Weise nicht zu erreichen war. So wandelte sich beispielsweise – nach einer ersten Phase des Suchens und Probierens – das Federballspiel zum Badminton und das Tischtennisspiel präsentierte sich alsbald mit seinem gesamten technischen und taktischen Repertoire.

Auf Grund der Übernahme von Verfahrensweisen und Gewohnheiten aus dem Vereinssport und auch wegen mangelnder Erfahrung der Lehrkräfte tendierten die neuen Sportarten noch konsequenter zu einer „Schließung" als die traditionellen.

Obwohl die Tendenz zu einer allgemeinen, gelegentlich an Beliebigkeit grenzenden inhaltlichen Öffnung des Sportunterrichts bis heute anhält, läßt sich nicht erweisen, daß das Interesse der Schüler dadurch gesteigert worden ist. Manche Schülerverhaltensweisen lassen eher das Gegenteil vermuten.

„Veränderung" als Leitidee der „neuen" Sportdidaktik

Die wenig überzeugenden Erfahrungen mit der Öffnung für neue Sportarten ließen den Ruf nach grundsätzlich neuen Wegen laut werden. Mit *„Veränderung"* übernahm man ein gesellschaftspolitisches Schlagwort dieser Zeit; es wurde fortan *zur Leitidee einer sich selbst als progressiv verstehenden Sportdidaktik.*

Erstes Zielobjekt war der *Sport selbst*, vor allem seine *Leistungs- und Wettkampforientierung*. Leistung, Leistungsstreben und Leistungswille wurden recht kurzschlüssig mit „Leistungsdruck", Wettkampf und Wettbewerb mit „Konkurrenz" gleichgesetzt. Das Leistungsprinzip sollte durch das „Lustprinzip" und Konkurrenz durch „Kooperation" ersetzt werden.

Es hat sich zwar schnell herausgestellt, daß einiges davon der gesellschaftlichen Wirklichkeit widersprach und kaum mehr als den Rang von intellektuellen Spielereien beanspruchen konnte, doch wirken solche Tendenzen in vielen Abwandlungen bis in die Gegenwart weiter.

Positiv zu vermerken ist die Erkenntnis, daß Sport als ein gesellschaftliches Phänomen einem steten Wandel unterworfen ist und daß er in seiner jeweils „offiziellen“ Form nicht ungeprüft auf Schule und Unterricht übertragen werden darf.

Dem näheren und weiteren Umkreis dieser Denkansätze entstammen die beiden folgenden Modelle des „offenen Sportunterrichts“.

Der „bedürfnisorientierte Sportunterricht“

Unter „bedürfnisorientiert“ soll hier eine radikale Form der Öffnung verstanden werden, die gleichermaßen den Ansatz, den Verlauf und die Zielsetzung betrifft.

Die zugrundeliegende Theorie besagt, daß die Schüler
- in einer möglichst „freien“ Diskussion ihre *Bedürfnisse* erkennen und artikulieren,
- sodann ihre Erwartungen in konkrete *Zielvorstellungen* umsetzen
- und schließlich *Lösungsmöglichkeiten* in Form geeigneter Inhalte und Verfahrensweisen erproben.

Nun ist *„Bedürfnis“* ein recht ambivalenter Begriff, der einerseits das bezeichnet, „dessen jemand bedarf“ – also was er nicht hat, aber braucht –, andererseits aber auch das, was er nicht braucht, aber haben möchte. Diese Doppeldeutigkeit des Begriffs öffnet einer manipulierenden Einflußnahme Tür und Tor.

Die Fachliteratur ist seitdem voll von Beispielen, z.B. hinsichtlich der „Erfindung“ von neuen Spiel- und Wettkampfformen, von Vorschlägen zur Benotung oder von Meinungen zum koedukativen Unterricht, die den Verdacht auf Manipulation durch den Lehrer selbst oder durch gezielte Einflußnahme von außen nahelegen.

In der Praxis stellte sich dieses Modell vor allem als *„Rekonstruktion“* einer (neuen) „sportlichen Wirklichkeit“ dar. Da der etablierte Sport das aber nur im begrenzten Ausmaß zuließ, führte dieser Ansatz, wie das bekannte Büchlein der „Frankfurter Arbeitsgruppe“ (einer Gruppe von Dozenten und Studenten der dortigen Universität) zeigt, sehr schnell aus dem Sport hinaus.

Man wandte sich entweder dem Überschneidungsbereich von Sport, darstellender Kunst und Musik zu, der nur in einem fächerübergreifenden Projektunterricht zugänglich ist, oder versetzte die Schüler in ungewöhnliche Situationen, indem man sie z.B. auf Stelzen stellte oder (zum Teil in Staffelform) über eine durch Schmierseife rutschig gemachte Bahn laufen ließ.

Der „ergebnisoffene Sportunterricht“

Solche oder ähnliche weitreichende Vorschläge fanden zunächst zwar einigen Widerhall, konnten sich aus guten Gründen in der Praxis aber nicht durchsetzen. Es folgte eine Rückbesinnung auf ältere Vorbilder. So entwickelte man aus geeignet erscheinenden Elementen der Bewegungsaufgabe und der freien Lerngelegenheit das Modell des „ergebnisoffenen“ Unterrichts.

Ausgangspunkt ist dabei eine mit Vorbedacht geschaffene oder auch sich zufällig ergebende *Situation*, z.B. die zur beliebigen Benutzung bereitgelegten Sprungseile oder andere Handgeräte, die Leine, über die der Ball gespielt werden soll, der Basketballkorb, der allein oder mit anderen „bespielt“ werden soll, aber auch ein gerade auftretendes Regelproblem oder eine bestimmte technische und taktische Anforderung in einem Sportspiel.

Hierfür wählte man den nicht ganz glücklichen, aus der Theatersprache übernommenen Begriff der *Inszenierung*. (Vielleicht wäre der aus der Theorie des Gruppenunterrichts bekannte Begriff des Arrangements besser gewesen.)

In diesem Rahmen und unter den entsprechenden Vorgaben sollten die Schüler selbständig tätig werden, Lösungsvorschläge erarbeiten und die gefundenen Lösungen vergleichen und auswerten. Die Arbeitsergebnisse sollten, falls angezeigt, anschließend intensiv geübt und für die weitere Verwendung bereitgestellt werden.

Der handlungsorientierte Unterricht

Mit dieser Konzeption rückte man in die Nähe des aus der allgemeinen Didaktik bekannten Modells des *handlungsorientierten Unterrichts*, das sich in seiner Grundstruktur wie folgt darstellen läßt:

- Festlegung des *Arbeitsthemas* und Bestimmung der anzustrebenden *Lernziele*.
  Das Arbeitsthema kann sich aus gesellschaftlichen Notwendigkeiten (z.B. Erhaltung der körperlichen Leistungsfähigkeit), aus verbindlichen Lehrplanvorgaben (z.B. im Rahmen der Schulsportarten) oder aus freier Vereinbarung zwischen Lehrer und Schülern (z.B. aus dem fakultativen Bereich des Lehrplans) ergeben.
- Schaffung der notwendigen *Lern- und Arbeitsvoraussetzungen* und Bereitstellung der benötigten *Arbeitsmittel*.
  Die Lernvoraussetzungen können in der Beherrschung bestimmter Fertigkeiten und Techniken, aber auch im Erkennen von Problemzusammenhängen bestehen.
- Formulierung von entsprechenden *Arbeitsaufträgen* zur selbständigen Bearbeitung durch die Schüler.
  Solche Arbeitsaufträge können in Einzel- oder Gruppenarbeit erledigt werden.
- *Auswertung* der Arbeitsergebnisse, Weiterverarbeitung, Festigung und Einübung.
  Die gefundenen Lösungen werden verglichen, kritisch bewertet und zur weiteren Verwendung eingeübt.

Damit dürfte ein interessantes und tragfähiges didaktisches Modell – auch und gerade für den Sportunterricht – vorliegen. Es wäre zu wünschen, daß in der Fachliteratur mehr, als es üblich ist, dazu über konkrete *Unterrichtsbeispiele* berichtet wird, z.B. nach folgendem Muster:

- Vorstellung des Themas und seiner Rahmenbedingungen.
- Formulierung von Arbeitsaufträgen für die Schüler.
- Wiedergabe entscheidender Unterrichtsphasen.
- Darstellung der Ergebnisse; Vorschläge für die Ergebnissicherung.

Dabei ist vor allem auf den letzten Punkt hinzuweisen: Wie ein Blick in die Literatur, vor allem in die Zeitschriftenliteratur zeigt, ist dort viel von Planungen, Vorhaben und Unterrichtsentwürfen die Rede. Nur selten wird von konkreten Ergebnissen und kaum jemals von langfristigen Auswirkungen berichtet.

Die Mitwirkung der Schüler als übergreifendes Merkmal offenen Sportunterrichts

Schülermitwirkung und -mitverantwortung und „offener" Unterricht sind keineswegs identisch, doch würden alle Modelle eines solchen Unterrichts zu kurz greifen, wenn die Schüler weiterhin nur die Objekte des Erfindungsreichtums ihrer Lehrer wären oder lediglich ihre Arbeitsaufträge erledigen würden. Sie müssen also *handelnd* und *gestaltend* in das Unterrichtsgeschehen einbezogen werden, und dies auf drei Ebenen:

- auf der *kognitiven*, indem sie, wo immer möglich, an inhaltlichen, methodischen und organisatorischen Entscheidungen beteiligt werden,
- auf der *emotionalen*, dadurch daß sie unbeeinflußt ihre Erwartungen und Bedürfnisse formulieren können,
- auf der *praktischen*, indem sie streckenweise die Gestaltung und Durchführung des Unterrichts übernehmen.

Hierbei sind einige Bedingungen zu beachten, die an anderer Stelle dargestellt worden sind (5). Außerdem ergeben sich einige spezielle Probleme, die im Schlußabschnitt dieses Beitrags behandelt werden. Zuvor soll aber eine kurze Zusammenfassung zum „offenen Sportunterricht" gegeben werden:

Allgemeine Merkmale des offenen Sportunterrichts

Der Grundgedanke aller Modelle des offenen Sportunterrichts besteht darin,

- daß die Schüler selbsttätig und selbständig Aufgaben und Probleme bearbeiten,
- daß sie darin zu eigenständigen Lösungen kommen.

Ihre letzte Ausprägung ist dann gegeben,

- wenn die Schüler die Probleme selbst erkennen und benennen,
- wenn sie Lösungen auf ihre spezifischen Bedürfnisse und Interessen abstimmen.

Gegenüber einem mehr „geschlossenen" Unterricht sind dabei zumindest zwei der folgenden Unterrichtsphasen zusätzlich zu durchlaufen:

- die Phase der Problemfindung und -beschreibung,
- die Phase des Suchens von Lösungsmöglichkeiten,
- die Phase des Vergleichens und Überprüfens der Lösungsvorschläge.

Es folgt die Weiterverarbeitung in den Phasen des Einübens, Festigens, Anwendens.

Grenzen und Probleme des offenen Sportunterrichts

Trotz der unbestrittenen Notwendigkeit, den Unterricht und vor allem den Sportunterricht zu „öffnen", sollte man auch die Grenzen und Probleme sehen.

Es sind dies zunächst die folgenden:

(1) Offener Unterricht ist sehr *zeitaufwendig*. Es verbietet sich von selbst, Nebensächliches auf diese Weise bearbeiten zu wollen, es sei denn, daß solche Dinge sich ohne

Aufwand in den Unterrichtsgang einordnen lassen. Der Schwerpunkt offener Verfahrensweisen sollte auf pädagogisch ergiebigen Themen liegen.

(2) Offener Unterricht sollte so angelegt sein, daß auch *konkrete Ergebnisse* erzielt werden. Dies kann zwar nicht garantiert werden, wird am ehesten aber dadurch erreicht, daß die Themen, Problemstellungen und Arbeitsaufträge dem laufenden Unterricht entnommen und mehr auf die Bedürfnisse der Schüler als auf die besonderen Intentionen des Lehrers abgestimmt werden (6).

(3) Offener Unterricht darf, wie bereits gesagt, *nicht manipulierend* sein. Wo sozialisationsbedingte Unterschiede zwischen der Lehrer- und Schülersicht bestehen oder divergierende Normen und Wertvorstellungen sichtbar werden, sollte dies offengelegt und nicht verschleiert werden.

(4) Offener Sportunterricht wird dann fragwürdig, wenn es nur *eine oder einige wenige Standardlösungen* gibt, die den Schülern oder zumindest einigen von ihnen bekannt sind. Andernfalls kommt es, wie auch die Literatur zeigt, zu einem bloßen „Andersmachen“ des Bestehenden oder zu einem geradezu zwanghaften „Erfinden“ von etwas Neuem ohne jeden Nachweis eines tatsächlichen Bedürfnisses.

Der gelegentlich zu findende Verweis auf historische Formen des Sports kann zwar einige interessante, den allmählichen Wandel illustrierende Erkenntnisse liefern, doch dürfte dies für die Schüler nicht viel mehr als eine Spielerei sein.

(5) Die Ergebnisse des offenen Sportunterrichte dürfen *nicht an der Oberfläche* bleiben. Außerdem sollten, wie im vorangegangenen Beitrag bereits gesagt, keine Scheinlösungen vorgelegt werden.

Beim Staffelwechsel geht es z.B. nicht so sehr um eine Verständigung über die Stabweitergabe, sondern um die Erkenntnis, daß die Geschwindigkeitsangleichung zwischen dem abgebenden und annehmenden Läufer ein intensives Üben erfordert. Beim Kugelstoßen sollten die Schüler erkennen, daß eine größere Stoßweite nicht so sehr durch eine Verbesserung der Technik (was bei den begrenzten körperlichen Voraussetzungen der Schüler gleichbedeutend mit „schöner stoßen“ ist), sondern nur über eine langfristig angelegte Entwicklung der konditionellen Fähigkeiten möglich ist (was dann auch eine „bessere“ Technik erlaubt).

(6) Offener Sportunterricht darf nicht dazu führen, daß in der Unterrichtsplanung die Aufgaben der allgemeinen *körperlichen Vorbereitung* und der Schaffung der konditionellen und koordinativen Voraussetzungen keinen gesicherten Stellenwert mehr haben. Wegen der meist recht unspezifischen Problemstellungen erwachsen daraus einige Schwierigkeiten, die vorausschauende Entscheidungen erfordern.

(7) Offener Sportunterricht kann *nur in den Anfangsphasen „offen“* sein. Danach muß sich der Sachanspruch des Themas durchsetzen. Sobald z.B. im Umgang mit der Frisbee-Scheibe eine Spielidee gefunden ist, müssen die technischen und taktischen Erfordernisse des neuen Spiels in den Vordergrund treten.

Da dies aber sehr leicht als Bruch in der Konzeption empfunden wird, ist der offene Unterricht stets in der Gefahr, vieles zu beginnen, aber gleich wieder beiseite zu legen, und die Schüler gewöhnen sich daran, munter von Thema zu Thema zu hüpfen, ohne sich ernsthaft damit zu beschäftigen.

Dem entspricht es auch, daß in der Literatur viel über den „Einstieg in die Problemstellung", aber nur selten etwas über die Weiterführung der Projekte zu lesen ist.

Hier liegt auch der Grund, warum für einen offenen Unterricht im jüngeren Schulalter mehr Möglichkeiten und Chancen bestehen als im späteren. Die Erwartung, daß Sportunterricht einen mit dem Alter fortschreitenden Prozeß der Öffnung darstellen könnte, ist also nicht gerechtfertigt.

Man kann darauf abzielen, die Handlungsfähigkeit der Schüler im Sport zu erweitern, das aber eher im Rahmen einer zunehmenden „Geschlossenheit der Systeme".

(8) Offener Unterricht kann nur von einem fachlich und pädagogisch *kompetenten Lehrer* erfolgreich praktiziert werden. Die Erfahrung zeigt, daß ein Lehrer, der unsicher ist, zu einem engen und formalistischen Vorgehen neigt oder aber seine Schüler planlos und ziellos gewähren läßt. Wer sich auf eine Öffnung des Unterrichts, gleich in welchem Ausmaß, einläßt, sollte sowohl die Sache als auch die „Kunst des Unterrichtens" beherrschen.

Die Offenheit der Aufgabenstellungen und die damit einhergehende Orientierung auf eine gemeinsame Unterrichtsgestaltung durch Lehrer und Schüler führen auch zu einigen spezifischen Problemen, die hier in Anlehnung an KURZ (1998) wiedergegeben werden sollen:

- Offener Unterricht darf nicht dazu führen, daß jeder *ineffektive Umweg* durchlaufen wird. Umwege können fruchtbar sein, oft sind sie es nicht. Die Schüler sollten vor offensichtlichen „Sackgassen" gewarnt werden.
- Die Berücksichtigung der Schülerinteressen darf nicht zur Folge haben, daß die Schüler jeder *Anforderung*, die ihnen im Augenblick zu schwer oder auch nur lästig erscheint, aus dem Wege gehen. Auf Dauer würden damit vor allem die schwächeren Schüler benachteiligt.
- Gemeinsame Unterrichtsgestaltung darf *langfristige Planung* und *systematisch angelegte Lernprozesse* nicht verhindern. Sofern die Schüler getroffene Absprachen nicht mehr einhalten wollen, muß der Lehrer steuernd eingreifen.
- Die Mitwirkung der Schüler darf den Unterricht nicht einseitig den Interessen der *aktiven* und *durchsetzungsfähigen* unter ihnen ausliefern. Fortgesetzte Mehrheitsentscheidungen ohne Berücksichtigung von Minderheiten werden zu einem Zerrbild der Demokratie.
- Offener Unterricht ist auf die *Bereitwilligkeit der Schüler* angewiesen. Diese ist nicht bei jedem Thema und in jedem Alter gegeben. Daraus darf nicht der Rückschluß gezogen werden, daß bestimmte Dinge nicht „schülergemäß" seien.

  Offener Unterricht und gemeinsame Planung beinhalten ein höheres *Konfliktpotential*. Wo immer angebracht, sollten aufkommende Unstimmigkeiten „ausdiskutiert" werden. Das darf aber nicht so weit führen, daß über Sport nur noch geredet, er aber nicht mehr betrieben wird.

„Guter Unterricht" im Licht der didaktischen Modelle

Es dürfte in der Sportdidaktik heute Übereinstimmung darüber herrschen, daß „guter" Unterricht sich in einer geplanten und systematischen Abfolge von „geschlossenen" und „offenen" Formen vollzieht. Wo zwischen diesen beiden Polen die „richtige Mitte" zu suchen ist, muß jeder Lehrer nach dem anstehenden Unterrichtsgegenstand und den gegebenen Unterrichtsbedingungen jeweils von neuem entscheiden. Dabei spielen nicht nur die Sache und ihre Struktur, sondern auch die pädagogischen Fähigkeiten und Überzeugungen des Lehrers – und nicht zuletzt der ihm eigene Unterrichtsstil – eine bedeutsame Rolle.

Als erste Orientierungshilfe in diesem schwierigen Prozeß sei auf die Worte von D. KURZ (1998) verwiesen: *„Auch in einem weitgehend offenen Sportunterricht trägt die Verantwortung für den pädagogischen Ertrag der Lehrer. Insofern ist die Forderung, Lehrer und Schüler sollten den Unterricht gemeinsam und gleichberechtigt gestalten, selbst als idealer Zielpunkt fragwürdig. Auch die Formel vom Vorrang der Prozesse vor den Produkten ist mißverständlich; denn letztlich muß jeder Unterricht doch danach beurteilt werden, was er bei den Schülern Bleibendes bewirkt".*

Anmerkungen

(1) Vgl. den Beitrag: Methoden, „Handbuch" S. 198.
(2) Vgl. den Beitrag: Ziele und Inhalte im Sportunterricht, „Handbuch" S. 17.
(3) Vgl. den Beitrag: Differenzierung im Sportunterricht, „Handbuch" S. 153.
(4) Hier verwies man vor allem auf den Neigungsgruppenunterricht, d.h. die Umwandlung des Sportunterrichts in ein Wahlpflichtfach. Die praktische Erprobung brachte zwiespältige Ergebnisse, auch hinsichtlich des erhofften höheren Engagements der Schüler. Mit guten Gründen bestimmen aber entsprechende Modelle den Sportunterricht in der Sekundarstufe II. Vgl. SÖLL, W.: Differenzierung im Sportunterricht. Erster Teilband. Schorndorf 1976^2.
(5) In dem Beitrag: „Können wir nicht ...?" Von der informellen und formellem Mitbestimmung der Schüler. „Handbuch" S. 137.
(6) Vgl. den im vorangegangenen Beitrag enthaltenen Hinweis (S. 269) auf das funktionale und intentionale Erziehungsdenken.

Literatur

FRANKFURTER ARBEITSGRUPPE: Offener Sportunterricht – analysieren und planen. Reinbek 1982.
JANK, W./ MEYER, H.: Didaktische Modelle. Frankfurt am Main 1991.
KURZ, D.: Wie offen soll und darf der Sportunterricht sein? In: BIELEFELDER SPORTPÄDAGOGEN: Methoden im Sportunterricht. Schorndorf 2003 (1. Aufl. 1989).
SEYBOLD, A.: Pädagogische Prinzipien in der Leibeserziehung. Schorndorf 1973 (1.Aufl.1959).
SÖLL W.: Differenzierung im Sportunterricht. Zweiter Teilband. Schorndorf 1973.
SÖLL, W.: Didaktische Vorüberlegungen als Grundlage methodischen Handelns. In: CZWALINA, C. (Red.): Methodisches Handeln im Sportunterricht. Schorndorf 1988.
STIEHLER, G. (Red.): Methodik des Sportunterrichts. Berlin (Ost) 1973 (1. Aufl. 1966).
WOLTERS, P./EHNI, H./KRETSCHMER, J./SCHERLER, K./WEICHERT, W.: Didaktik des Schulsports. Schorndorf 2000.

5 Vom Problem, Probleme zu Ende zu denken

Es ist oft nur schwer zu entscheiden, welche Auswirkungen manche Theorien, Lehrmeinungen und Gewohnheiten, von denen man auf den ersten Blick vielleicht recht angetan war, auf Dauer haben werden. Dies soll – im Nachgang zu den vorstehenden Beiträgen und mehr in Form von locker angedachten „Gedankenexperimenten" – an einigen Beispielen aus dem methodischen, didaktischen und pädagogischen Bereich des Sportunterrichts verdeutlicht werden. Dabei kann es nicht ausbleiben, daß auch einige der bereits besprochene Problempunkte von einer anderen Seite noch einmal beleuchtet werden.

Es soll damit aufgezeigt werden, daß manche „Problemlösungen" zu kurz greifen und nur neue Probleme schaffen. Damit ist keineswegs gesagt, daß sie unzulässig oder gar „falsch" seien. Es sei vielmehr ausdrücklich darauf hingewiesen, daß sie durchaus ihre Berechtigung haben, solange man sich ihrer Grenzen bewußt ist.

Was die Formulierung betrifft, bitten wir an dem klischeehaften „Wir wollen" keinen Anstoß zu nehmen.

Beispiel 1: „Wir wollen den Ball so weit wie möglich werfen."

Dies ist, wie jeder Kundige weiß, ein *induktiver, problemlösender oder offener didaktisch-methodischer Ansatz.* Nehmen wir, um die Phantasie der Schüler nicht zu sehr auf schon bekannte Techniken festzulegen, als spezielles Beispiel den Schleuderballwurf, so kann es geschehen, daß die Schüler durchweg nur aus einem vertikalen Armkreisen heraus werfen. Und selbst wenn daneben auch die Drehwurftechnik gezeigt würde, müßte der Lehrer dies als zweckmäßige Lösung im Sinne der Aufgabenstellung akzeptieren, zumal die Schüler glaubhaft machen können, daß sie so „besser" und vielleicht auch weiter werfen. Exakte und beweiskräftige Untersuchungen darüber gibt es nämlich nicht.

Was nützt es dann, darauf hinzuweisen, daß man auf Dauer damit in eine Sackgasse gerät oder sich eines „reizvollen Bewegungsproblems" begibt. Was nämlich für die Schüler reizvoll ist, weiß niemand so genau.

Beispiel 2: „Wir wollen hochspringen."

Dies ist eine noch *offenere Aufgabenstellung.* Sie läßt zwei Richtungen des weiteren Fortgangs zu: Die Schüler zeigen in der Tat alle möglichen, mehr oder weniger sinnvollen Formen des Hochspringens, oder sie springen den Flop, weil sie wissen, daß dies die „gültige" Technik ist.

Nehmen wir nun das erste an. Dabei könnte sich ergeben, was in manchen Publikationen und neuerdings auch in Lehrplänen vorgeschlagen wird, daß die Schüler die historischen Formen des Hochsprungs „entdecken" (vor allem wenn der Hinweis eingebracht wird, daß es einstmals verboten war, mit dem Kopf zuerst die Latte zu überqueren). Und man könnte deutlich machen, daß die Entwicklung zu einer immer rationelleren und effektiveren Technik führte.

Was aber wäre damit für das Hochspringen als Bewegungsproblem gewonnen? Der „Sinn" des Hochsprungs liegt doch darin, möglichst hoch zu springen. Das aber ist in erster Linie eine Frage der Sprungkraft, und erst dann der Technik. Solange dies nicht erkannt wird, bleibt alles nur eine – sicher recht informative – Spielerei.

Vielleicht könnte man mit der Aufgabenstellung: „Welche Übungen sind geeignet, die Sprungkraft und das Absprungverhalten zu verbessern?" den Schülern wirklich weiterhelfen. Denn jetzt hätten auch andere Sprünge und Sprungformen als nur Flop und Schersprung ihre Berechtigung.

Beispiel 3: „Wir wollen miteinander spielen."

Vor einiger Zeit gab es kaum eine Veröffentlichung über Spiel oder Spieldidaktik, in der nicht die folgende, der psychologischen Literatur entnommene Geschichte wiedergegeben wurde:

Zwei Jungen spielen Federball. Der eine ist drückend überlegen. Bald verlieren beide die Lust und hören auf. Dann aber haben sie eine Idee: Sie spielen wieder, aber nicht mehr gegeneinander, sondern miteinander, und beide sind wieder zufrieden.

Diese Geschichte kann wichtige didaktische und methodische Erkenntnisse liefern, vor allem, daß durch das *Miteinander* ein Spiel schneller „gelingt" und Form gewinnt. Und dies dürfte im besonderen Interesse der schwächeren Spieler liegen.

Bei näherem Hinsehen ergeben sich aber doch einige Bedenken: Wie soll das Miteinanderspielen beim Basketball-, Handball- oder Fußballspiel realisiert werden, ohne daß eine Übungsform daraus wird? Man könnte mit passiver Verteidigung spielen, aber das würde zu einer Spielidee ähnlich dem Tschoukballspiel führen.

Und selbst bei den Rückschlagspielen als dem „klassischen" Anwendungsbereich dieses Prinzips dürfte die Geschichte nur halb erzählt sein. Es sind nämlich *zwei Fortsetzungen* möglich:

- Der Schwächere ist lernfähig und holt alsbald auf. Das führt zu endlosen Ballwechseln; das Spiel verliert seine Spannung.
- Der Schwächere ist nicht lernfähig. Beide verbleiben in einem fortdauernden Abhängigkeitsverhältnis.

Beide Fortsetzungen sind auf Dauer nicht zufriedenstellend. Irgendwann muß sich die innere Gesetzmäßigkeit der Sache gegen alle, noch so wohlgemeinten pädagogischen Intentionen durchsetzen.

Beispiel 4: „Wir wollen unseren Sport selbst gestalten."

Dieser Ansatz verfolgt eine *konsequente Schülerorientierung* des Sportunterrichts, und zwar nicht nur von den Inhalten, sondern auch von den Zielen her. Zweifellos eine faszinierende pädagogische Idee.

Beim Weiterdenken (und auch nach Durchsicht der Literatur) wird man aber doch etwas unsicher, vor allem in zweierlei Hinsicht:

- Wer ist denn eigentlich „Wir"? Alle Schüler in gemeinsamer Absprache (was der Idealfall wäre), eine durchsetzungsfähige Schülergruppe (was keineswegs den

Ausnahmefall darstellen würde) oder der Lehrer (was man in manchen Fällen wohl annehmen muß)?

- Um welchen Sport geht es? Ist es der Sport, den die Schüler, vielleicht im Verein, vielleicht privat, tatsächlich betreiben oder der, von dem sie nur träumen, weil sie ihn vielleicht im Fernsehen gesehen haben? Oder ist es der, den ihr Lehrer von der Hochschule „mitgebracht“ hat?

Selbstverständlich läßt sich Sport verändern. Man kann beispielsweise statt schnell und geradeaus auch schön und rückwärts laufen. Aber damit hätte man nur ein leichtathletisches Bewegungsproblem durch ein gymnastisches ersetzt.

Im Kreuzfeuer der Kritik steht üblicherweise die prinzipielle *Leistungsorientierung* des Sports. Die Tatsache aber zu leugnen, daß Schüler unterschiedlich schnell laufen oder im Fußballspiel unterschiedlich lernfähig sind, würde im Sportunterricht lediglich auf die Abschaffung der Noten hinauslaufen; der Sport selbst wäre davon nicht betroffen. Zweifellos ist er einem allmählichen Wandel unterworfen, aber sicherlich ist er nicht zufällig so geworden, wie er ist.

Allzu vordergründigen Veränderungsbestrebungen sollte man mit einiger Skepsis begegnen. Daneben sollte man aber auch sehen, daß der Sport ein breites Spektrum an Handlungs- und Gestaltungsmöglichkeiten bietet, und daß jeder, der Sport treibt, damit bestimmte Erwartungen verbindet, die mit denen der anderen nicht übereinzustimmen brauchen.

„Den“ Sport kann es also nicht geben. Die Frage ist nur, ob sich daraus für die Schule ein „anderer“ Sport ergeben muß. Sie ist in diesem Buch schon mehrfach verneint worden, und vielleicht können die nachfolgenden Beiträge hierfür einige weitere Argumente liefern. Zunächst soll aber noch ein Blick auf ein weiteres Problemfeld der sportdidaktischen Diskussion geworfen werden.

Annahmen, Behauptungen, Vermutungen

Es ist unverkennbar, daß die pädagogische und ebenso die sportpädagogische und sportdidaktische Literatur von bestimmten Thesen durchzogen ist, die als gesichert ausgegeben werden, aber kaum mehr als den Rang von mehr oder weniger plausiblen Annahmen einnehmen dürften. Einige davon sollen hier – mehr im Sinne von Beispielen – kurz betrachtet werden.

(1) Eine zentrale These der neueren Pädagogik besagt, daß ein besserer und nachhaltigerer Unterrichtserfolg zu erzielen sei, wenn die Schüler eine Aufgabe selbständig bearbeiten und ein darin enthaltenes Problem selbst lösen. Daraus wird auf eine prinzipielle Überlegenheit von schülerorientierten und offenen Unterrichtsformen geschlossen. Als „Beweis“ werden die Ergebnisse von entsprechenden Projekten und Unterrichtsversuchen angeführt.

Genau an dieser Stelle sind aber Bedenken anzumelden. So weiß man beispielsweise, daß psychologische, soziologische und pädagogische Feldversuche von einigen Faktoren beeinflußt sind, die im Sinne eines wissenschaftlich abgesicherten Experiments als Fehlerquellen zu bezeichnen sind, vor allem dahingehend,

– daß die Ergebnisse von den Erwartungen des Versuchsleiters beeinflußt sind,
– daß allein schon die Tatsache, daß ein Versuch stattfindet, das Verhalten der Teilnehmer – zumeist in Richtung auf einen erhöhten Einsatz – verändert.

Ein engagierter Lehrer wird also, auch ohne daß er bewußt manipulierend einwirkt, immer positive Ergebnisse vermelden können. Die Frage ist lediglich, ob diese unter „Normalbedingungen", d.h. im alltäglichen Routinebetrieb und bei gleichgültigen Schülern, noch vorhalten.

Was den offenen Unterricht betrifft, gibt es Hinweise darauf, daß bestimmte Schüler davon profitieren und andere, namentlich die schwächeren, dabei eher benachteiligt sind. Breiter angelegte Untersuchungen haben gezeigt, daß jeder Unterricht erfolgreich ist, sofern er gut strukturiert ist und für die Schüler nachvollziehbar dargeboten wird, kurzum wenn er von einem fachlich und pädagogisch kompetenten Lehrer praktiziert wird. Ein offener und „moderner" Unterricht durfte in dieser Hinsicht aber erheblich anspruchsvoller sein als ein eher „herkömmlicher". Sehr oft stehen dabei Aufwand und Ertrag in einem ausgesprochenen Mißverhältnis.

Dennoch dürfen aus dem eben Gesagten keine Argumente gegen schülerorientierte und offene Unterrichtsformen abgeleitet werden. Man kann davon ausgehen, daß ein geplanter Wechsel von schüler- oder handlungsorientierten „offenen" und lehrerzentrierten „geschlossenen" Formen auf Dauer die besten Ertrag verspricht. Dabei muß es vor allem darum gehen, daß die im offenen Unterricht erzielten Ergebnisse unter Anleitung des Lehrers systematisiert und eingeübt werden.

Wichtig ist aber auch, daß über Unterricht, gleich in welcher Form er stattfindet, mehr *„nachgedacht"* wird, daß der Lehrer offenlegt, warum was an welcher Stelle zu tun ist, daß Lehrer und Schüler gemeinsam den Unterricht reflektieren. Das kann viel zur Bewußtseins- und Interessensbildung auf seiten der Schüler beitragen und dem Lehrer wichtige Hinweise für einen besseren Unterricht geben.

(2) Eine weitere Annahme besagt, daß man die Schüler zu einem *„lebenslangen Sporttreiben"* hinführen könne, wenn man den Sportunterricht auf ihre Interessen ausrichten würde. Dieser Zusammenhang wird für so selbstverständlich gehalten, daß es in fast allen Lehrplänen und „Bildungsstandards" entsprechende Hinweise gibt.

Beim weiteren Nachdenken wird man aber doch etwas unsicher: Zunächst stellt sich die oben schon behandelte Frage, um wessen Interessen es geht und woher sie stammen. Sodann wäre zu bedenken, ob man bei den einmal „beschlossenen" Themen bleiben oder sich fortlaufend an die jeweils geäußerten Wünsche anpassen sollte. Im ersten Fall wäre dies die Rückkehr zu einem festen, nunmehr freilich „privaten" Lehrplan, im zweiten gerät man nur allzu leicht in eine endlose Beliebigkeit.

Schülerwünsche sind unstet und wandelbar. Wer ihnen immer nachgibt, verwöhnt die Schüler nur. Verwöhnung aber ist das Gegenteil einer stabilen Interessensbildung; sie macht maßlos, unzufrieden und gelegentlich sogar aggressiv.

Vielleicht sollte man auch die Gegenfrage stellen: Was braucht ein Schüler, um „seinen" Sport zu finden und im späteren Leben eine beliebige sich bietende Chance wahrzunehmen? Die Antwort dürfte einfach sein: Er muß über bestimmte körperliche Fähigkeiten verfügen und die elementaren sportlichen Grundmuster beherrschen. Alles weitere ist wohl die Sache seiner persönlichen Entscheidung.

(3) Seit Jahren ist die pädagogische Literatur von der Forderung durchzogen, das *Lernen möglichst „spielerisch"* zu gestalten. Sicher eine bestechende Idee, wird „spielerisch" im allgemeinen Verständnis doch mit „leicht, locker, mühelos" gleichgesetzt. Was aber muß man tun, um dieses „spielerische Lernen" zu erreichen? Hier wird die Antwort schon etwas schwieriger (1). Die entsprechenden Vorschläge reichen von „einen Wettbewerb organisieren" bis hin zu „eine Geschichte erzählen".

Im Kernpunkt geht es also stets darum, vom „Eigentlichen", nämlich dem Lernen (und dem notwendigerweise damit verbundenen Üben) abzulenken, oder bildlich gesprochen, etwas (tatsächlich oder vorgeblich) Unangenehmes ansprechend zu verpacken. Das aber ist nicht unproblematisch: Sicher lernen die Schüler so vielleicht leichter und lieber, aber lernen sie auch nachhaltiger? Wissen sie überhaupt, was sie lernen sollen und wofür?

Selbstverständlich sollte man solche Einwände nicht überbewerten. „Spielerisches Lernen" kann in die „richtige" Richtung wirken, kann aber auch bedenklich sein. Wenn zum Schluß des alltäglichen „Rundenlaufens" die zurückgelegte Strecke auf einer Landkarte eingezeichnet wird, lenkt dies nicht von der Sache ab; eine Korblegerstaffel kann aber den eben erlernten Bewegungsablauf wieder zusammenbrechen lassen. Kritische Prüfung ist also angezeigt.

(4) Es ist sicher eine gute Empfehlung, durch einen *„motivierenden Stundeneinstieg"* die Lernbereitschaft der Schüler anzuregen. In der Praxis wirkt sich dies in der Regel dann so aus, daß das Stundenthema als etwas „Neues, Besonderes, Attraktives" angekündigt wird, um die Neugier der Schüler zu wecken. *Neugier* ist aber ein flüchtiges Motiv, und so führt dieses Vorgehen auf die Dauer dazu, daß vom Lehrer geradezu zwanghaft immer etwas Neues gesucht werden muß und den Schülern der Sportunterricht als eine Abfolge von Attraktionen erscheint.

Wie in allen Fächern muß aber auch im Sport eines auf dem anderen aufbauen. So darf man doch wohl die Gegenfrage stellen, warum denn die Schüler nicht wissen, was „gerade dran ist", ob sie darüber nicht informiert worden sind. Sie sollen doch mitdenken und zu kontinuierlicher Mitarbeit veranlaßt werden.

Selbstverständlich ist es notwendig, zu Beginn einer Stunde zu den Schülern eine positive emotionale Beziehung herzustellen. Dafür gibt es eine praktisch unbegrenzte Fülle von Möglichkeiten. Man kann z.B. die Schüler dafür loben, daß alle pünktlich da sind, daß keiner das Sportzeug vergessen hat, daß die Geräte so schnell aufgebaut waren; man kann auf das in der vorangegangenen Stunde Geschehene verweisen; man kann an ein schulisches oder außerschulisches Ereignis anknüpfen oder einfach Freude darüber äußern, daß „es endlich losgeht".

Es ließen sich noch eine Reihe weiterer Annahmen, Vermutungen und Gewohnheiten aufzählen, z.B. über die Rolle von Abwechslung, Spaß und Erlebnis, über die Bedeutung von Trendsportarten oder über die Funktion von Lernerleichterungen und Lernhilfen. Davon ist in diesem Buch fortlaufend – zum Teil mehrfach – die Rede, so daß hier pauschal und ohne nähere Stellenangabe darauf verwiesen werden kann.

Wenn hier oder an anderer Stelle eine eher kritische Bestandsaufnahme erfolgt, geschieht dies ohne Vorwurf. In irgendeiner Weise sind ja, wie schon wiederholt gesagt, alle diese Vorstellungen, Meinungen und Überzeugungen auch „richtig". Man muß nur ihre Grenzen akzeptieren.

Sie werden erst dann fragwürdig, wenn sie absolut gesetzt oder an falscher Stelle angewandt werden.

Vom Fortschritt und Fortschrittsglauben

Zum Abschluß dieses Beitrags bietet es sich an, einen kurzen Blick auf ein Problemfeld zu werfen, das allgemein nicht gerne angesprochen wird, weil zu viele individuelle und institutionelle Interessen davon berührt werden. Gemeint ist der Glaube an den immerwährenden Fortschritt.

Dazu einige wenige Beispiele, die sich beliebig vermehren ließen:

(1) Vor etwa zwei Jahrzehnten brach die Welle der *„New Games"* über uns herein. Für jeden, der etwas weiter zurückdenken konnte, war sofort klar, daß es sich im Prinzip um die altvertrauten kleinen Spiele handelte, von denen sich nicht wenige bis in die nunmehr etwa 200 Jahre zurückliegenden Anfänge des Schulsports (damals noch „Gymnastik", „Turnen" oder „Leibesübungen" genannt) zurückverfolgen lassen. Ein typischer Re-Import aus dem angloamerikanischen Sprachraum also.

Geändert hatte sich nicht die Sache, wohl aber ihre Begründung: Sollten die kleinen Spiele früher der Entspannung und Erholung dienen, so wurden sie jetzt zum Mittel der Abkehr vom Leistungsdruck und zur Hinwendung zum Miteinander. Mittlerweile hat sich die Lage beruhigt; man darf die kleinen Spiele den Schülern wieder frei und ohne Hintergedanken anbieten.

(2) In jüngster Zeit mehren sich die Mitteilungen darüber, daß das *Baseballspiel* für die Schüler sehr attraktiv und „motivierend" sei. Für den, der zurückblickt, ergeben sich daraus einige Fragen: Ist das Baseballspiel nicht die US-amerikanische Version eines uralten Turnspiels, des Schlagballspiels, das bei uns bereits vor dem ersten Weltkrieg an Interesse verloren hatte und danach völlig aus der sportlichen Landschaft verschwand? Und warum hatte es nur in den USA, und sonst nirgends, Fuß gefaßt? Was sollte für uns jetzt plötzlich wieder so attraktiv daran sein? Vordergründig ist es wohl der Neuigkeitswert. Das Weitere muß man abwarten.

(3) Es mutet bisweilen etwas seltsam an, wenn auf einer Sportveranstaltung die Zuschauer bei der Darbietung historischer Freiübungen in helles Gelächter, bei der anschließenden Aerobic-Folge aber in Begeisterungsstürme ausbrechen.

Sicher hat sich vieles geändert: Bewegungsstil und Körpersprache sind verschieden, die Musik ist eine andere. In beiden Fällen handelt es sich aber um eingeübte Bewegungsfolgen, die nach einer rhythmisch gegliederten Musik vorgeführt werden.

Früher war es Marschmusik, die beim Publikum „ankam". Heute ist es Popmusik.

Die Unterschiede betreffen also nicht den Kernpunkt der Sache. Man kann daraus aber ersehen, daß die Aufmachung dem jeweiligen Zeitgefühl entsprechen muß – sicher eine wichtige Erkenntnis zum Thema Fortschritt und Fortschrittsglauben.

Anmerkung

(1) Vgl. den Beitrag: Was heißt „spielerisch"? „Handbuch" S. 141.

6 Handlungsfähigkeit und Mehrperspektivität

Handlungsfähigkeit als Leitziel des Schulsports

Das didaktische Konzept der Handlungsfähigkeit als Leitziel oder „Leitidee" des Schulsports wurde von D. KURZ (1977 und später) entworfen und populär gemacht.

In knappster und geradezu eklektischer Zusammenfassung läßt sich das ursprüngliche Modell wie folgt darstellen:

Handlungsfähigkeit im Sport ist zu sehen

a) unter dem Aspekt der *Anforderungen* im Sport,
vor allem in folgenden Bereichen:
   - den morphologisch-physiologischen Anforderungen (der „Trainingsdimension" im Bezug auf die Entwicklung von konditionellen und koordinativen Fähigkeiten),
   - den motorisch-strategisch-taktischen Anforderungen (der „Bewegungsdimension" im Bezug auf die Vermittlung von sportlichen Fertigkeiten und taktischen Fähigkeiten),
   - der sozial-regulativ-normativen Anforderungen (der „Normendimension" im Bezug auf soziales Verhalten, Kommunikation und Kooperation),

b) unter dem *Sinnaspekt* sportlicher Situationen,
vor allem in den folgenden Kategorien:
   - Leistung,
   - Ausdruck, Eindruck, Spannung,
   - Geselligkeit, Gesundheit,

c) unter Beachtung der *Handlungspositionen* im Sport,
   - als Sportler,
   - als „Konsument", „Arrangeur", „Instrukteur".

Kernstück dieses Modells war von Anfang an die didaktische „Aufbereitung" des Sports unter dem Aspekt der *„Sinngebungen"* oder *„Sinnperspektiven"*. Diese sind oben – in teilweiser Abweichung vom Originaltext – in drei Gruppen gegliedert, womit ausgedrückt werden soll, daß sie auf verschiedenen Ebenen liegen und die jeweils übergeordnete Ebene die nachfolgenden umfaßt.

Die unter den „Sinnperspektiven“ genannten Begriffe listen ziemlich genau die *Motive* auf, von denen Menschen zum Sporttreiben veranlaßt werden. Aus didaktischer Sicht bedeutet dies, daß die Schüler in der Auseinandersetzung mit sportlichen „Situationen“ erkennen sollen, aus welchen Gründen sie sich zum Sport hingezogen fühlen und daß sie diese Beweggründe ihrem weiteren sportlichen Handeln innerhalb und außerhalb der Schule zugrunde legen sollen.

Damit wäre aber ein pädagogischer Zirkelschluß in Gang gesetzt, der nur eine begrenzte erzieherische Einwirkung erlaubt.

Diesem Mangel – so es denn wirklich einer ist – hat KURZ in seiner neuesten Veröffentlichung (1997) selbst abgeholfen. Er bezieht sich darin auf den prinzipiellen *Doppelauftrag von Schule und Unterricht*, der sich im Bezug auf das Fach Sport etwa so formulieren läßt:

- Einerseits ist es Aufgabe des Sportunterrichts, körperliche Fähigkeiten zu entwickeln, sportliche Fertigkeiten zu vermitteln und sportbezogene Kenntnisse weiterzugeben. Damit wird der Schüler in Ausschnitte der Bewegungskultur eingeführt und erwirbt die Voraussetzungen, in ihnen aktiv zu werden. Auf dieser Ebene handelt der Unterrichtende als Lehrer.
- Andererseits stellt sich die Frage nach dem „Wozu?“ Die pädagogische Begründung des Faches verweist auf eine Ebene, die man mit den Begriffen „Erziehung“ und „Bildung“ fassen kann. Hier kommt es darauf an, was über den bloßen Bewegungsvollzug hinaus gelernt und erfahren werden kann und was damit zur Entwicklung der Persönlichkeit beiträgt. Wer als Unterrichtender sich darauf einläßt, handelt als Erzieher.

„Handlungsfähigkeit“ bezieht sich auf beide Ebenen. „Das heißt in äußerster Verkürzung: Handlungsfähigkeit setzt sich erstens aus dem zusammen, was erforderlich ist, um unter jeweils gegebenen Bedingungen kompetent am Sport teilzunehmen, und zweitens aus der Fähigkeit, Sport auf Sinn zu reflektieren und entsprechend zu gestalten“ (KURZ 1997, 21).

Für das unterrichtliche Handeln auf der zweiten Ebene werden von KURZ sechs *„pädagogische Perspektiven“* vorgegeben. Sie werden unten dargestellt, nachdem geklärt ist, was unter diesem Begriff zu verstehen ist:

Eine *Perspektive* zeigt an, wie man von einem bestimmten Standpunkt aus eine Sache sehen kann. Perspektiven überschneiden sich und können nur in ihrem Zusammenwirken einen Gesamteindruck vermitteln.

Eine *pädagogische Perspektive* im Bezug auf den Sport erschließt aus einem bestimmten Sichtwinkel heraus, wie eine sportliche Aktivität pädagogisch wirksam und wertvoll werden kann, was wiederum durch eine entsprechende *Akzentuierung des Unterrichts* hervorgehoben werden muß. In der Sprache der Didaktik ausgedrückt, zeigt eine Perspektive an, wie aus einem Inhalt ein *Thema* werden kann.

An jede der pädagogischen Perspektiven läßt sich aber auch eine *individuelle Sinngebung* des Sports anknüpfen, wie es den Schülern schon von Kindheit an vertraut ist. „Handlungsfähigkeit" bedeutet dann, daß die Schüler den „Sinn" ihres sportlichen Tuns – auch und gerade in seiner Mehrdeutigkeit – erkennen und daß sie auf dieser Grundlage „ihren" Sport zunehmend selbständig und selbstverantwortlich gestalten.

Mit dieser Begriffswahl ist es KURZ gelungen, den Aspekt des aktiven, pädagogisch begründeten *Lehrerhandelns* mit dem Aspekt der eigenständigen, kritisch reflektierenden *Mitwirkung der Schüler* in einem Modell zu vereinigen. Ausgangspunkt ist und bleibt der Sport als Repräsentant der menschlichen Bewegungskultur. Damit ist auch der *Sachbezug* gesichert.

Pädagogische Perspektiven

Die sechs Perspektiven werden von KURZ wie folgt benannt und in der angegebenen Reihenfolge beschrieben, wobei hier einige mehr oder weniger unverbunden nebeneinanderstehende Stichworte genügen müssen:

1. Die Wahrnehmungsfähigkeit verbessern, Bewegungserfahrungen erweitern

Durch Bewegung erschließt sich der Mensch die Welt. Erst die Sprache vermittelt auf höherer Ebene einen weiteren Zugang zu ihr. Damit ist die fundamentale Bedeutung der Bewegung für die kindliche Entwicklung deutlich genug ausgedrückt.

Im konkreten Vollzug geht es dabei vor allem um den Zusammenhang von Wahrnehmung und Bewegung unter den Aspekten

- der Erweiterung und Verbesserung der *Wahrnehmungsfähigkeit* (wobei darauf hinzuweisen ist, daß fünf von sieben Sinnessystemen direkt oder indirekt an der Bewegungsausführung beteiligt sind),
- der Empfänglichkeit für *Bewegungsreize* (was darauf aufbaut, daß Bewegungstätigkeit stets mit Emotionen verbunden ist),
- des handelnden *Umgangs mit Objekten* mit dem Ziel, primäre materiale Erfahrungen zu machen (wobei eine vorzeitige Festlegung auf bestimmte genormte Bewegungen vermieden werden sollte).

2. Sich körperlich ausdrücken, Bewegungen gestalten

Unter dieser Perspektive wird der Körper als Träger von Botschaften gesehen, was auch für die Akzeptanz der eigenen Körperlichkeit von Bedeutung ist.

Hier sind vier Aspekte zu nennen:

- das Spiel mit den *Möglichkeiten der Bewegung*, wobei Bewegungsvielfalt zur Quelle von Kreativität wird,
- die Einführung in die *Bewegungskunst*, womit die Bewegung zum Anlaß ästhetischer Erziehung wird,
- die Bewegung als *Ausdruck von Individualität*, wobei die Bewegung als überdauerndes, aber beeinflußbares Persönlichkeitsmerkmal gesehen wird,
- die Bewegung als *Medium der Kommunikation*, wodurch die Bewegung eine persönlichkeitsbildende und zugleich gemeinschaftsfördernde Funktion erhält.

3. Etwas wagen und verantworten

Bei dieser Perspektive geht es zunächst um eine spezifische „Spielhaltung", die (im Sinne eines „Flow-Erlebnisses") zum Aufgehen im selbstgewählten Tun führt, darüber hinaus aber auch um die besondere Erfahrung von Spannung im Wagnis, dessen Ausgang freilich von den eigenen Fähigkeiten bestimmt sein muß.

Dies läßt sich in drei Sätze fassen:

- Wer wagt, geht an die Grenzen seiner aktuellen Fähigkeiten (und schiebt sie auf diese Weise vielleicht noch weiter hinaus).
- Verantworten läßt sich ein Wagnis nur auf der Grundlage einer realistischen Einschätzung dieser Fähigkeiten (was auch die Voraussetzung für eine sinnvolle Sicherheitserziehung darstellt).
- Vieles darf man nur wagen, wenn man sich auf andere verlassen kann (womit auch das Problem des Vertrauens in sich und andere angesprochen ist).

4. Das Leisten erfahren und reflektieren

Leistungen im Sport sind in besonderer Weise ganzheitlich ausgerichtet und lassen sich nach einfachen, auch für Kinder einsichtigen Kriterien beurteilen. Dabei kommt es darauf an, einerseits den Schülern den Zusammenhang von *Leisten und Üben* zu verdeutlichen, andererseits aber Leistung auch als Ergebnis eines *sozialen Bewertungsprozesses* verständlich zu machen (1).

„Leistungserziehung" im Sportunterricht bedeutet vor allem:

- durch geeignete Aufgaben das Leistungsmotiv in pädagogisch wünschenswerter Weise zu fördern,
- zum sensiblen Umgang mit den Leistungen (und vor allem Minderleistungen) anderer anzuhalten und die Relativität von „Leistung" im Bezug auf die individuellen Voraussetzungen zu erkennen,
- „Leistung" nicht nur als objektive Größe, sondern auch als Produkt von Vereinbarungen und Regeln zu sehen.

5. Gemeinsam handeln, wettkämpfen und sich verständigen

Im Kernpunkt geht es bei dieser Perspektive um die Gestaltung von sozialen Zusammenhängen, stellt doch der Sport – gerade in großen und heterogenen Lerngruppen – in dieser Hinsicht besondere Anforderungen. Für das „soziale Lernen" ergeben sich daraus konkrete Möglichkeiten, die Probleme nicht nur zu besprechen, sondern auch leibhaftig zu erfahren und handelnd zu lösen, und dies vor allem unter dem besonderen Druck von konkurrenzorientierten Situationen.

Für den Unterricht ergeben sich daraus zwei spezifische Forderungen:

- Regeln befolgen und Regeln gestalten,
- im gemeinsamen Handeln sowohl Selbständigkeit beweisen als auch soziale Verantwortung übernehmen.

6. Die Fitneß verbessern, Gesundheitsbewußtsein entwickeln

Diese Perspektive scheint am leichtesten begründbar zu sein, bietet der Sport doch die Möglichkeit, über den „Aufklärungsunterricht" der übrigen Fächer hinauszukommen und Fitneß, Wohlbefinden und Gesundheit im praktischen Handeln erfahrbar zu machen. Dabei geht es nicht nur um die unmittelbaren Trainingswirkungen, sondern auch um die Stärkung des Selbstwertgefühls und den Zugewinn an emotionaler Stabilität. Dies muß jedoch, um über die Schulzeit hinaus wirksam zu werden, im Unterricht auch thematisiert und reflektiert werden.

Soweit die geraffte Darstellung der Perspektiven, unter denen sportliches Handeln pädagogisch fruchtbar gemacht werden kann.

Es soll dabei offenbleiben, ob diese Sinnzuschreibungen, wie KURZ es sieht, untereinander gleichberechtigt sind oder ob sich nicht doch gewisse hierarchische Strukturen feststellen lassen. Hier dürfte wohl viel davon abhängen, was man konkret unter Sport versteht und wie man seinen Geltungsbereich definiert (2).

Erziehender Unterricht

Das didaktische Modell der Handlungsfähigkeit läßt sich nur dann in die Praxis umsetzen, wenn Sportunterricht explizit als *erziehender Unterricht* verstanden wird. Hierfür werden von KURZ drei Prinzipien formuliert: Mehrperspektivität, Selbsttätigkeit und erfüllte Gegenwart, die im folgenden kurz charakterisiert werden sollen.

1. Mehrperspektivisch unterrichten

Dieses Prinzip läßt sich auf dreifache Weise begründen, nämlich damit,

- daß die Chancen eines erziehenden Unterrichts größer werden, wenn Sport unter mehreren (sich überschneidenden, aber auch teilweise widersprüchlichen) Perspektiven gesehen wird,
- daß Sportunterricht seine aktuellen und langfristigen Ziele nur dann erfüllen kann, wenn er die Vielfalt der Motive aufspürt, die in schulischen Lerngruppen zwangsläufig vorzufinden sind,
- daß Sport in keiner seiner Formen nur einen einzigen Sinn hat, sondern stets mit einem Geflecht von individuellen „Sinngebungen“ und konkurrierenden Erwartungen „belegt“ ist.

Auf der Lehrplanebene führt dies zur Forderung nach einem *„ausbalancierten Curriculum“*, das Erfahrungen unter allen Perspektiven ermöglichen soll.

Auf der Ebene der Sportbereiche und „Bewegungsfelder“ führt dies zu konkreten Überlegungen darüber, welche *„sinnbezogenen Auslegungen“* einer Sportart angemessen sind und für welche Thematisierungen sie sich besonders eignet.

Auf der unterrichtlichen Ebene, d.h. im Rahmen der verschiedenen Unterrichtseinheiten, führt dies zu der Forderung, durch *Akzentuieren* und *Kontrastieren* verschiedene „Sinnbelegungen“ für die Schüler erfahrbar zu machen, z.B. dadurch, daß die Aktivität Laufen nicht nur in die Leichtathletik eingeordnet wird, sondern durch geeignete Aufgabenstellungen auch Bewegungsqualitäten erfaßt oder Körpererfahrungen ermöglicht werden, oder daß die gleiche gymnastische Bewegung unter gesundheitlichen Gesichtspunkten, als Kunstform und als Leistungsform gesehen wird und schließlich zum „Bewegungserlebnis“ werden kann.

2. Selbsttätigkeit anregen

Erziehung ist (auch) Selbsterziehung; ihr Ziel ist seit altersher die selbstbestimmte, mündige Persönlichkeit. Die dazu notwendige Handlungsfähigkeit entwickelt sich vor allem durch Selbsttätigkeit.

Dieses Prinzip verweist auf eine *offene Unterrichtsgestaltung*, die im Rahmen des erziehenden Unterrichts somit besondere Bedeutung erlangt und bei den Schülern zu einer zunehmenden Bewußtheit in der Gestaltung des Sports innerhalb und außerhalb der Schule führen soll (3).

3. Gegenwart erfüllen

Sportunterricht darf, wie jeder Unterricht, nicht nur auf die Zukunft der Schüler ausgerichtet sein; er muß auch das aktuelle Geschehen als sinnvoll und befriedigend erfahren lassen. Dies wird in besonderer Weise durch Tätigkeiten erreicht, die ihren Sinn sozusagen in sich selbst tragen, wie dies beim sportlichen Spiel am deutlichsten der Fall ist. In ähnlicher Weise sollten die Schüler schon in frühen Phasen des Lernprozesses erfahren, was eine beliebige Sportart für den Könner so reizvoll macht (sich aber stets nur aus mehreren Perspektiven heraus erschließt).

Zusammenfassung

Zum Abschluß dieses Beitrags soll versucht werden, in (sehr) freier Interpretation des eben beschriebenen Modells eine kurze Zusammenfassung zu geben.

Die *didaktische Zielvorgab*e der *Handlungsfähigkeit* läßt sich auf *drei Ebenen* verwirklichen: als Handlungsfähigkeit im Sport, für den Sport und durch den Sport.

(1) *Handlungsfähigkeit im Sport* bezieht sich auf den Sport, der unter den jeweils gegebenen Umständen an der Schule gelehrt werden kann. Der Schüler wird dabei mit bestimmten Aufgaben konfrontiert, macht darin, sowohl angeleitet als auch selbständig handelnd, erste Bewegungserfahrungen und erwirbt im weiteren Verlauf die notwendigen körperlichen, technischen und taktischen Voraussetzungen, um den steigenden Anforderungen gerecht zu werden.

(2) *Handlungsfähigkeit für den Sport* ist darin zu sehen, daß der Schüler mit Hilfe des Lehrers über den Sinn des sportlichen Tuns nachdenkt, die unterschiedlichen Sinnbezüge erkennt, die eigenen Erwartungen etwas schärfer und kritischer sieht und mit den Erwartungen der übrigen in Einklang bringt. Damit (und mit den elementaren körperlichen und bewegungsmäßigen Voraussetzungen versehen) erwirbt er die Fähigkeit, seine eigenen sportlichen Aktivitäten außerhalb der Schule und im späteren Leben etwas bewußter und gezielter zu steuern oder auch eine beliebige sich bietende Gelegenheit wahrzunehmen.

(3) *Handlungsfähigkeit durch den Sport* bezieht sich auf die Erwartung, daß kompetentes Handeln im Sport auch darüber hinaus wirksam wird, daß sich die hier erworbenen Fähigkeiten auf Situationen außerhalb des Sports übertragen lassen. Selbstverständlich kann dies nur in einer sehr allgemeinen und indirekten Weise der Fall sein, und sei es nur dadurch, daß ein engagierter Sportler – gleich auf welchem Leistungs-

niveau er sich bewegt – etwas selbstbewußter und risikofreudiger an die Probleme des Alltags herangeht.

Die *unterrichtliche Handlungsvorgabe* der *Mehrperspektivität* läßt sich in folgende Stichworte fassen:

(1) Mehrperspektivisch unterrichten heißt, die *unterschiedliche Motivationslage* der Schüler zu berücksichtigen. Eine Schulklasse besteht aus Individuen, die aus den verschiedensten Beweggründen gerne zum Sport kommen (oder ihm auch ablehnend gegenüberstehen). Dies jeweils zu erkennen, ist zwar recht schwierig, für eine allseits befriedigende Gestaltung des Sportunterrichts aber sehr wichtig.

(2) Mehrperspektivisch unterrichten heißt, die *in einer Sportart liegenden Möglichkeiten* akzentuierend und kontrastierend zu nützen. Sachgerecht unterrichten bedeutet unter diesem Aspekt, die strukturbestimmenden Tätigkeits- und Leistungsziele einer Sportart herauszuarbeiten, ohne die möglichen „Nebenaspekte“ zu vernachlässigen.

So ist es nicht nur möglich, sondern geradezu notwendig, ein Sportspiel zunächst unter dem Aspekt des Gelingens und der Kooperation und erst dann unter dem der Konkurrenz und der Effektivität des sportlichen Handelns zu sehen. Eine schwierige Gerätübung kann zunächst als ein Problem der Bewegungsschwierigkeit (also als „Leistung“), sodann als ein Problem der Bewegungsqualität (also der „Bewegungskunst“) und schließlich als Bewegungserlebnis gesehen und empfunden werden.

(3) Mehrperspektivisch unterrichten heißt, wo immer möglich, die *Grenzen der Sportarten zu überschreiten*. Ganz abgesehen davon, daß die Mehrzahl der elementaren Bewegungstätigkeiten sich keiner bestimmten Sportart zuordnen läßt, mindert es die Effektivität des Sportunterrichts keineswegs, sozusagen von Sportart zu Sportart zu springen, indem man ein und dieselbe Tätigkeit unter verschiedenen Anforderungen und Maßstäben behandelt.

(4) Mehrperspektivisch unterrichten heißt, über den Sport, seine Ansprüche und Leistungsziele, und damit *über seinen „Sinn“ nachzudenken*. Verkürzt ausgedrückt: es genügt nicht, mehrperspektivisch zu unterrichten, man muß es den Schülern sagen, und zwar so, daß sie zum Weiterdenken veranlaßt werden. Diese Feststellung bezieht sich nicht nur auf das Problem der „Sinnzuschreibungen“, sondern auf den Sport als Ganzes einschließlich seiner biologischen und biomechanischen Grundlagen.

Anmerkungen

(2) Vgl. den Beitrag: Über das „Erfolgserlebnis“, S. 216.
(3) Vgl. die Beiträge: Fachdidaktische Entwicklungen und Fehlentwicklungen, und: Intentionale Modelle in der Sportdidaktik, S. 251 und 264.
(4) Vgl. den Beitrag: Offener Sportunterricht, S. 273.

Literatur

KURZ, D.: Elemente des Schulsports. Schorndorf 1990 (1. Aufl. 1977).

KURZ, D.: Zur pädagogischen Grundlegung des Schulsports in Nordrhein-Westfalen. In: LANDESINSTITUT FÜR SCHULE UND WEITERBILDUNG (Hrsg.): Curriculumrevision im Schulsport, Heft 3. Soest 1997.

7 Sind wir Sportlehrer denn an allem schuld?

Etwas über die gesellschaftlichen Erwartungen an den Schulsport

Vor einiger Zeit ging folgende Meldung durch die Zeitungen Deutschlands (hier zitiert nach der Rhein-Neckar-Zeitung vom 5. 6. 1998):

„Inline-Skating soll künftig bundesweit an deutschen Schulen auf dem Stundenplan stehen. Nach der erfolgreichen Erprobung des hessischen Modellprojektes ‚Safer Skating' würden Skates, Knieschoner und Helme noch in diesem Jahr an mehr als 1400 deutschen Schulen verteilt. Nach einem Beschluß der Kultusministerkonferenz soll die Aktion mindestens drei Jahre andauern und alle Schultypen berücksichtigen. Ziel des rund 18 Millionen Mark teuren Projekts sei es, Schüler der fünften bis achten Klasse das sichere Fahren zu lehren. ‚Die Kinder müssen Brems- und Falltechniken kennen', sagte die Sprecherin der Deutschen Sporthochschule Köln, Bettina Schaar. Nur dann könnten die Unfallzahlen der Trendsportart und die daraus entstehenden Kosten, die sich nach Angaben des AOK-Sprechers Rainer Dittrich auf 500 Millionen Mark jährlich belaufen, gesenkt werden."

Damit wurde es – wieder einmal – dokumentiert: Schulsport als Reparaturinstanz für gesellschaftliche Fehlentwicklungen!

Unwillkürlich drängt sich ein Vergleich mit der Feuerwehr auf: Wenn es brennt, wird sie gerufen. Diese „Feuerwehrfunktion" scheint eine Konstante in den gesellschaftlichen Erwartungen an den Sport, und vornehmlich an den Schulsport und Sportunterricht zu sein, wie auch die beiden folgenden Beispiele zeigen können:

(1) Man stellt eine zunehmende *Gewaltbereitschaft* bei Kindern und Jugendlichen fest. Also wird nach dem Sport gerufen, um Resozialisierungsprogramme zu entwikkeln für diejenigen, die schon auffällig geworden sind, und Präventionsprogramme für die übrigen, damit sie es nicht werden: „Soziales Lernen" wird zum Generalthema der außer- und innerfachlichen Schulsportdiskussion.

Sicher muß der Schulsport sich dieser Herausforderung stellen und ebenso sicher kann er hier einiges bewirken. Wer Sport treibt, kommt, einer populären Redensart zufolge, nicht so schnell auf „dumme Gedanken".

Es dürfte erwiesen sein, daß der Sport gesellschaftlich erwünschte Eigenschaften und Verhaltensweisen fördert. Er kann sich darin aber auch recht ambivalent verhalten, indem er beispielsweise latente Aggressivität freisetzt oder übertriebenes Konkurrenzdenken verstärkt. Hier den richtigen Weg zu finden, dürfte nicht leicht sein. Die Sportlehrerschaft ist sich dieser Schwierigkeiten durchaus bewußt und fühlt sich verunsichert, sobald der allgemeine Erwartungsdruck zu groß wird.

(2) Man sieht, daß der *körperliche Zustand* der Kinder und Jugendlichen immer schlechter wird. Also wird der Schulsport beauftragt, Abhilfe zu schaffen: „Gesundheitserziehung" wird zum zentralen sportpolitischen und sportdidaktischen Anliegen. Selbstverständlich hat der Schulsport hier eine eindeutige Aufgabe, doch bedürfte es dazu erstens der notwendigen *Zeit*, zweitens der prinzipiellen *Bereitwilligkeit* bei den Schülern und drittens einer gewissen *Konsequenz* auf seiten der Lehrer.

An allen drei Voraussetzungen dürfte es derzeit mangeln, wie ein Blick auf die Schulwirklichkeit aus der Sicht der betroffenen Lehrer zeigen kann:

- Schüler sind durchaus nicht immer bereitwillig bei der Sache; sie stellen alles in Frage und sind unfähig zu üben; sie tun, wenn es unbequem wird, nur das Notwendigste, und dies nur wegen der Noten.
- Eltern lassen allzu oft den erforderlichen Rückhalt vermissen; sie schreiben und unterschreiben jede Entschuldigung; auch das eine oder andere ärztliche Attest erscheint recht fragwürdig.
- Von Schulleitungen und Ministerien ist keine große Hilfe zu erwarten: Wenn es um Stundenausfälle und -kürzungen geht, ist der Sport das am ersten und am meisten betroffene Fach.

Selbstverständlich sind solche Feststellungen und Vorwürfe nicht durchgängig; sie sind aber kennzeichnend für die gegenwärtige Situation.

Allerdings muß man auch sehen, daß eine Einschätzung des Sports, wie die eben dargestellte, nicht gänzlich unbegründet ist:

- Das Fach Sport vermittelt keine für die Lebensbewältigung in einer zivilisierten Welt unabdingbaren „Kulturtechniken", wie Lesen, Schreiben und Rechnen.
- Das Fach Sport behandelt keine für das Bestehen eines Schulabschlusses notwendigen Wissensgebiete; es ist im Gegenteil (und nicht zu Unrecht) dafür Sorge getragen, daß mangelnde sportliche Leistungen den Schulerfolg nicht gefährden.
- Es gibt auch außerhalb der Schule genügende (und relativ preisgünstige) „Sportangebote", sei es durch die Vereine oder kommerzielle Einrichtungen.

Mit diesem Tatbestand müssen die Sportlehrer leben, unabhängig davon, was der Sport für junge Leute (und nicht nur für diese) bedeuten kann und wirklich bedeutet. Was aber die Sportlehrkräfte, die Kolleginnen und Kollegen, so betroffen macht, ist vor allem folgendes:

- die unverkennbare Diskrepanz zwischen den gesellschaftlichen Ansprüchen an den Schulsport und seiner tatsächlichen Wertschätzung,
- die nur mühsam verschleierte Tendenz, für alle Unvollkommenheiten und Schwierigkeiten einseitig die Sportlehrer verantwortlich zu machen.

An beiden Problemen sind auch Fachkreise, namentlich aus dem Bereich der Sportpädagogik und Sportdidaktik, nicht gänzlich unschuldig: Sie waren es schließlich, die den pädagogischen, gesellschaftspolitischen und sozialerzieherischen Wert des Faches – bisweilen einseitig überzeichnet – hervorgehoben haben. Und sie waren es auch, die mit als erste den praktizierenden Sportlehrern vorgeworfen haben, nicht mit der Zeit zu gehen, den Anschluß an die moderne Entwicklung verpaßt zu haben und nicht fähig zu sein, den Schülern den notwendigen „Spaß" zu vermitteln und sie zu bereitwilliger Mitarbeit zu „motivieren".

Selbst wenn einiges davon nicht aus der Luft gegriffen ist, macht es doch betroffen. Und wen dürfte es dann noch verwundern, wenn unter den Sportlehrern immer offener darüber diskutiert wird, den Sportunterricht, zumindest den pflichtgemäßen, abzuschaffen, und sei es nur deshalb, um damit zu demonstrieren, was der Schulsport und die Sportlehrer immerhin noch leisten und daß im Hinblick auf die beklagten Unzulänglichkeiten kein einseitiges Versagen der Schule und ihrer Lehrer, sondern ein tiefsitzendes gesellschaftliches Problem vorliegt: Man will alles haben, möchte aber möglichst wenig dafür tun; man stellt nur noch Ansprüche, kennt aber keine Verpflichtungen mehr.

Unversehens wird man wieder an das eingangs gebrauchte Bild von der Feuerwehr erinnert: Man ruft sie, wenn es brennt, und schickt sie wieder weg, wenn das Feuer gelöscht ist. Im „normalen Leben" hat sie keinen Platz.

Abhilfe kann hier nur eine allgemeine Bewußtseinsänderung schaffen. Eine solche ist aber nicht zu erreichen ohne einen gewissen Druck „von oben", also von den politischen Instanzen, von den Behörden und den Vertretern der öffentlichen Meinung, d.h. von allen, die in irgendeiner Beziehung eine Weisungs- oder Vorbildfunktion haben.

So stellt sich zum Schluß dieses Beitrags die Frage, warum es ohne Druck auf die Schüler, Eltern, Lehrer und Schulbehörden nicht mehr zu gehen scheint. Damit ist ein komplexes Problem angesprochen, das keine einfache Antwort erlaubt. An dieser Stelle sei nur auf zwei Aspekte hingewiesen:

(1) „Sport" hat sowohl als Begriff, d.h. in dem, was darunter verstanden werden kann, als auch in der Sache, d.h. in dem, was als sportliche Aktivität angesehen wird, in den letzten Jahrzehnten eine geradezu maßlose Ausweitung erfahren. Somit fehlt es auch an allgemein anerkannten Vorstellungen darüber, was nun den Sport „ausmacht", welche wesens- und strukturbestimmenden Merkmale er aufweist und welche Verhaltensweisen damit zu verknüpfen sind.

(2) Sowohl die gesellschaftlichen als auch die pädagogischen Entwicklungen liefen im gleichen Zeitraum mehr in Richtung auf Selbstbestimmung, Selbstverwirklichung und Individualisierung, sehr viel weniger aber in Richtung auf Gültigkeit, Verbindlichkeit und Verpflichtung.

Man sollte sich auch nicht wundern, daß gerade Kinder solche unterschwelligen Einstellungen und Einschätzungen aus der Welt der Erwachsenen übernehmen und in bisweilen übersteigerter Form zum Ausdruck bringen. Unbedenklich fordern sie ihre – tatsächlichen oder vermeintlichen – Rechte ein, ohne sich zu einer entsprechenden Gegenleistung veranlaßt zu sehen.

Gerade im Sport führt dies, ungeachtet der positiven Aspekte, die auch darin zu erblicken sind, zu einer fast unbegrenzten Beliebigkeit im Denken und Handeln: Jeder hat seine eigenen Vorstellungen, Erwartungen und Ansprüche, und jeder hat darin auch irgendwie recht.

Natürlich kann man dem durch geeignete Unterrichtsgestaltung, z.B. nach den Prinzipien der Offenheit und Mehrperspektivität, ein Stück weit abhelfen, aber eine gewisse Verunsicherung bleibt – bei Lehrern und Schülern gleichermaßen.

So muß man nun fragen: Was meint die Sportdidaktik, wenn sie von „Sport" spricht? Vielleicht können die beiden nächsten Beiträge dazu einige Einsichten vermitteln.

8 Die neue Lehrplangeneration

Seit einiger Zeit ist die „Lehrplanlandschaft" der Bundesrepublik im Umbruch begriffen. Dies gibt Anlaß zu einer *Bestandsaufnahme*, verbunden mit einem *Rückblick* und mit einem *Ausblick*.

Rückblick

Die Lehrpläne früherer Zeiten, die *Turnlehrpläne* (im 19. und beginnenden 20. Jahrhundert) und die Lehrpläne für die *Leibeserziehung* (ab etwa 1930) waren nicht nach Sportarten strukturiert, sondern nach Grundtätigkeiten, wie Laufen, Springen, Werfen, Heben und Tragen, oder nach allgemeinen Kategorien, wie Freiübungen, Gleichgewichts- und Geschicklichkeitsübungen, Hang- und Stützübungen. Nicht in diese Gliederung einbezogen waren die Spiele und das Schwimmen, später auch winterliche Leibesübungen und Wandern.

Die Lehrpläne wurden von den *maßgeblichen Vertretern des Faches* verfaßt und hatten nahezu kanonische Geltung. Theorie und Praxis lagen in einer Hand, wobei man sich hinsichtlich der Praxis auf das bezog, was auf der Grundlage des historisch Gewachsenen unter den gegebenen, zumeist recht beengten materiellen Voraussetzungen unterrichtet werden konnte. Das Ziel war dabei eine allgemeine *„Grundschulung"* oder *„Grundausbildung"*.

Diese Zustandsbeschreibung gilt auch noch für die erste Nachkriegszeit. Die damals erschienenen Standardwerke zur Leibeserziehung waren zugleich Praxishandbücher. Im weiteren Verlauf kam es aber zu einem allmählichen Auseinanderstreben von Theorie und Praxis:

- Die „Leibeserziehung" wandelte sich durch die Rezeption der damals vorherrschenden bildungstheoretischen Didaktik zu einer bewußt pädagogisch ausgerichteten *„Theorie der körperlichen Bildung und Erziehung"*.
- Die Unterrichtspraxis entwickelte sich auf Grund einer entsprechend strukturierten Lehrerausbildung und unter dem Eindruck der zunehmend sportartspezifisch ausgerichteten Fachliteratur zum – alsbald als „traditionell" empfundenen – *„System der Schulsportarten"*.

Mit dem (um 1970 anzusetzenden) Übergang von der Leibeserziehung zum Schulsport bzw. Sportunterricht verschärfte sich diese Funktionsteilung, und dies mit zwei, bis heute nachwirkenden Konsequenzen:

(1) Die nunmehr etablierte *Sportdidaktik* zog sich endgültig aus der Diskussion um die Inhalte des Sportunterrichts zurück und machte die Bestimmung der Ziele, Prinzipien und Perspektiven des Schulsports sowie die Entwicklung entsprechender *didaktischer Modelle* zu ihrem Thema (1).

Die *Schulsportinhalte* wurden als prinzipiell beliebig angesehen und erschienen allenfalls in Form unverbindlicher Beispiele. In zahlreichen Veröffentlichungen wird seitdem wörtlich oder sinngemäß erklärt, daß man beispielsweise statt Leichtathletik oder

Gerätturnen zu betreiben ebenso gut auch Skateboardfahren oder Jonglieren könne. Selbst die ausgewogeneren sportdidaktischen Konzeptionen erschöpfen sich mehr in der Proklamation des pädagogisch Möglichen und gesellschaftlich Erwünschten als in der nüchternen Analyse des Notwendigen und Zweckmäßigen. Im großen und ganzen gilt dies auch für die gegenwärtig entstehenden „Bildungsstandards“.

Darüber hinaus hat die Sportdidaktik nicht vermocht – und darin ist ein historisches Versäumnis zu sehen –, *Kriterien für die Eignung einer Sportart als Schulsportart* zu entwickeln, obgleich dies eine der Kardinalfragen des Schulsports sein mußte (2). Damit war ein Vakuum geschaffen, das dem ungebremsten Einströmen aller möglichen „Schulsportinhalte“ Tür und Tor öffnete.

(2) Die *Lehrpläne* wurden fortan von *Experten* geschrieben, die nach ihrer Sachkenntnis für eine bestimmte Sportart ausgewählt oder auch von den Fachverbänden in die Lehrplankommissionen entsandt wurden. Dies führte zu einem kaum verschleierten Konkurrenzdenken im Kampf um die „gerechten“ Anteile am Stundenvolumen, wollte sich doch jede Sportart möglichst komplett und anspruchsvoll in den neuen Lehrplanwerken verankert sehen.

Dabei hatten die bereits *etablierten Schulsportarten* einen erheblichen Vorteil. Sie sind durchweg im Pflichtbereich der Lehrpläne vertreten. Die neu hinzugekommenen Sportarten mußten sich zumeist mit einer Erwähnung im Wahl- oder Ergänzungsbereich begnügen. Es war dies die Zeit des weiter oben beschriebenen „technokratischen Modells“ des Schulsports (3).

Beide Tendenzen mußten Widerspruch hervorrufen: Die „Praktiker“ warfen den „Theoretikern“ Abgehobenheit, diese wiederum den praktizierenden Lehrern Konservativismus, ja Rückständigkeit vor. Gut zwei Jahrzehnte nach dem Übergang zum Schulsport war die Zeit reif dafür, das, was auseinandergefallen war, wieder zusammenzubringen. Das Ergebnis war die *Entwicklung einer neuen Lehrplangeneration.*

War der „Schulsport“ seinerzeit mehr auf Druck der Basis in die Lehrpläne aufgenommen worden, kam der Anstoß nunmehr „von oben“, von der Sportdidaktik, d.h. von den Hochschulen und vor allem auf dem Weg über eine allmählich veränderte Lehrerausbildung. So sehr es zu begrüßen ist, daß profilierte Vertreter der Sportdidaktik sich wieder in die Inhaltsdiskussion eingeschaltet haben, es verbleibt doch die besorgte Frage, was sich daraus ergeben hat.

Die neuen Lehrpläne

Die eben gestellte Frage soll versuchsweise anhand eines – zugegebenermaßen recht extremen – Beispiels, des 1998 in Kraft gesetzten Lehrplans von Niedersachsen, beantwortet werden (4).

Dieser Lehrplan ist nicht mehr nach Sportarten, sondern nach *Erfahrungs- und Lernfeldern* strukturiert, die wie folgt benannt sind: Spielen; Schwimmen, Tauchen, Wasserspringen; Turnen und Bewegungskünste; gymnastische, rhythmische und tänzerische Bewegungsgestaltung; Laufen, Springen, Werfen, Wandern; auf Rädern und Rollen; auf Schnee und Eis; auf dem Wasser; Kämpfen; Reiten und Voltigieren.

Im Rahmen dieser Lernfelder wird nun so gut wie alles aufgelistet, was an Bewegungen und Betätigungen denkbar ist. Im Lernfeld „Turnen und Bewegungskünste" werden z.B. die traditionellen und freien Formen des Gerätturnens, Partnerakrobatik, Akrobatik, Jonglieren, Bewegungstheater, circensische Kunststücke sowie Balancieren und Klettern, auch an künstlichen Kletterwänden, genannt. Ähnlich ausdifferenziert sind die übrigen Lernfelder. Bisweilen, so beim „Laufen, Springen, Werfen", hat man den Eindruck, daß auch ein komplettes Methodik-Kolleg eingearbeitet ist.

Was herausgekommen ist, präsentiert sich als staunenswertes Exposé über die Bewegungsmöglichkeiten des menschlichen Körpers und über unsere – nicht nur einheimische und gegenwärtige – Bewegungskultur. Es ist in der Tat phantastisch, was Niedersachsens Schüler zukünftig alles dürfen und können dürfen, und das bei zwei oder drei Wochenstunden Sport.

Bar jeder Reflexion darüber, was davon wohl dem staatlich verordneten und vom Steuerzahler finanzierten Bildungsauftrag der Schule zuzuordnen ist, und was besser dem privaten Bereich und der Eigeninitiative überlassen bleibt, ist diese Konzeption fest verankert im Reich der virtuellen Realität.

Ebenso fehlt jede Aussage darüber, was unabdingbarer Grundstock, was wünschenswerte Ergänzung und was eher schmückendes Beiwerk ist. Nur in den Lernfeldern „Auf Schnee und Eis" und „Auf dem Wasser" findet sich die fast beiläufige Bemerkung, daß sich „aufgrund des hohen Erlebniswertes ... die Inhalte dieser Erfahrungs- und Lernfelder ganz besonders für Schulfahrten" eignen (und somit wohl auch die finanzielle Mitbeteiligung der Schüler voraussetzen). Wie anders will man denn auch das Lernfeld „Reiten und Voltigieren" realisieren? Im übrigen gilt die Aussage aus dem Vorspann, wonach „über die Gewichtung der einzelnen Erfahrungs- und Lernfelder" (also nicht über die der Inhalte) in den verschiedenen Schulbereichen und Schulstufen die jeweiligen Rahmenrichtlinien etwas sagen werden. Was bleibt, ist der Eindruck einer unendlichen Beliebigkeit, gleich einem riesigen Bewegungssupermarkt, der durch sein „Angebot" den „Kunden" geradezu erdrückt.

Angesichts dieses Tatbestandes erscheint es fast nebensächlich, daß die zur Gliederung der Lernfelder verwendeten Begriffe nicht auf derselben Ebene liegen und damit kein in sich schlüssiges System erkennen lassen.

Während die Mehrzahl der „neuen Lernfelder" nach inhaltlichen Kriterien bestimmt wird, ist „Spielen" eine übergeordnete Kategorie. Spielen kann man z.B. dadurch, daß man läuft, springt und zugleich wirft. Und man kann das auch auf Rollen, auf Eis und sonstwie. Ebenso ist „Kämpfen" ein allgemeiner Begriff. Der Text verweist hier auf die Kampfsportarten. Das aber ist durchaus nicht dasselbe, ebensowenig wie „Bewegungskunststücke" eine eindeutige Bezeichnung ist.

Fragt man nun, wo denn der *Sport* in diesem Lehrplan geblieben ist, stellt man fest, daß dieser Begriff eigentlich nur noch in den Überschriften erscheint, ansonsten aber eher vermieden wird. Dagegen finden sich Aussagen, die bestimmte sportliche Prinzipien in Frage stellen, wenn z.B. im Gerätturnen die „Kunst der Körperstreckung" als nachrangig eingestuft wird (obwohl doch das Gelingen vieler Übungen davon abhängt) oder wenn verlangt wird, „unzureichende konditionelle oder motorische Voraussetzungen – soweit möglich – durch geeignete Maßnahmen zu kompensieren“ (womit letztlich nur Scheinerfolge produziert werden).

Im Hinblick auf die zweite Aussage ist weiter nachzufragen, was denn ein Schüler vom Schulsport profitieren soll, wenn es nicht mehr um die Verbesserung körperlicher Voraussetzungen geht. Damit stellt sich aber die Frage nach der didaktischen Orientierung dieses Lehrplanwerks.

Zur didaktischen Orientierung

Die neuen „Erfahrungs- und Lernfelder“ verstehen sich nach eigener Aussage als Erweiterungen und Verlängerungen des Schulsports in andere Bereiche der Bewegungskultur hinein. Darüber hinaus besagen sie nichts weiter, als daß etwas „erfahren“ oder „gelernt“ werden soll. Für weitere Informationen ist man, wie in früheren Lehrplänen auch, auf den allgemeinen Teil, also sozusagen auf den Vorspann, verwiesen.

Als *Ziele* des Schulsports findet sich dort unter den Stichworten „Sachkompetenz“, „Selbstkompetenz“ und „Sozialkompetenz“ eine wahrhaft beeindruckende Auflistung all dessen, was die Schüler lernen, können, erfahren, erproben, gestalten, entwickeln, verbessern, begreifen, organisieren, reflektieren, akzeptieren, berücksichtigen und bedenken sollen.

Das alles mag richtig, gesellschaftlich erwünscht und moralisch berechtigt sein, doch fühlt sich der praktizierende Lehrer einem Berg von Ansprüchen, Anforderungen und Erwartungen ausgesetzt, denen er in keiner Weise gewachsen ist.

Mancher Kollege und manche Kollegin sehnt sich vielleicht nach der Zeit zurück, als alles noch viel einfacher war, als es in der Leichtathletik darum ging, möglichst schnell zu laufen, im Gerätturnen möglichst schwierig und schön zu turnen und im Spiel schlichtweg darum, erfolgreich zu sein. Mag auch manches davon recht unbedarft und kurzschlüssig gesehen worden sein, so war es doch für Schüler und Lehrer eindeutig und einsichtig (5). Nun aber wird die Diskrepanz zwischen einer abgehobenen Theorie und der eher bescheidenen Wirklichkeit unmittelbar deutlich.

Sucht man nun bei der Beschreibung der „Erfahrungs- und Lernfelder“ nach einem Begriff, der ähnlich wie „Sport“ zu einer generellen *Leitlinie* werden könnte, stößt man auf *„Erlebnis“*, zumeist als Bewegungserlebnis, aber auch als Erfolgserlebnis. Überall und immer sollen solche Erlebnisse vermittelt werden (und dies beispielsweise auch so, daß zwar möglichst alle, jedoch „immer wieder andere Schülerinnen und Schüler Erfolgschancen erhalten“).

So darf man wohl fragen, wie man dies bei 20 oder 30 Schülern mit unterschiedlichen Neigungen, Interessen und Launen anzustellen habe und wie sich die Lage darstellt, wenn die Erfolge einmal ausbleiben (6).

Aber möglicherweise gibt es auch hier einen Ausweg, z.B. „das freie spielerische Vergnügen am und im Wasser“. Wenn nun, verallgemeinernd und bildlich gesprochen, Wasserrutsche und Planschbecken zu einem didaktischen Schwerpunkt des Schulsports werden, warum gibt man den Schülern nicht gleich eine Eintrittskarte in eines der „Erlebnisbäder“ oder in einen anderen Konsumtempel der modernen Freizeitindustrie? Das würde Kosten sparen und zu einer „schlanken Schule“ beitragen.

Damit sind die Konsequenzen angesprochen, die ein solcher Lehrplan haben könnte.

Konsequenzen

Die Frage nach den Konsequenzen macht eine Vorklärung notwendig: Da es unmöglich ist, alle genannten Gegenstände, Inhalte und Themen im Unterricht zu berücksichtigen, muß *ausgewählt* werden, und zwar in einem – im Vergleich zu den Vorgaben – geradezu radikalen Ausmaß.

Diese Auswahl kann durch die Behörde, durch die Fachkonferenz oder durch den einzelnen Lehrer – vielleicht im Einvernehmen mit seinen Schülern – erfolgen.

Die erste Lösung würde zu einem reduzierten Pflichtlehrplan führen. Hier muß die Frage erlaubt sein, warum man nicht gleich einen solchen geschrieben hat.

Die zweite und dritte Lösung dürften auf das gleiche hinauslaufen: Der Sportunterricht wird künftig je nach der zufälligen Zusammensetzung des Lehrerkollegiums und nach den jeweils gegebenen Verhältnissen von Schule zu Schule, ja von Klasse zu Klasse etwas anderes sein.

Außerdem darf man voraussetzen, daß die getroffene Auswahl noch mehr, als es bisher ohnedies schon üblich ist, auf die gerade aktuellen Trend- und Modesportarten ausgerichtet sein wird.

In der Folge einer solchen Entwicklung *wird der Schulsport seine Identität verlieren.* Er wird sich nicht mehr grundsätzlich unterscheiden von dem nicht minder bunten Angebot der Vereine und der kommerziellen Dienstleister (7).

Und der Sportlehrer wird mehr oder weniger zum Animateur. Er wird, um ein etwas gewagtes Bild zu gebrauchen, auf dem Mountainbike oder den Inline-Skates stets hinter dem letzten Modetrend hinterherhecheln, ohne den dort schon längst etablierten Profi jemals einholen zu können.

Noch ist es nicht so weit. Vielleicht wird man doch zu einer späten Einsicht kommen.

Und vielleicht wird man etwas genauer über eine eigenständige Begründung des Sportunterrichts, auch auf der inhaltlichen Ebene, nachdenken.

Dies ist das Thema der beiden abschließenden Beiträge.

Anmerkungen

(1) Vgl. den Beitrag: Intentionale Modelle in der Sportdidaktik, S. 264.
(2) Vgl. den Beitrag: Zur eigenständigen Begründung des Sportunterrichts, S. 311.
(3) Vgl. den Beitrag: Fachdidaktische Entwicklungen und Fehlentwicklungen, S. 251.
(4) Vgl. dazu: SÖLL, W.: Sportunterricht ohne Sport? In: sportunterricht 4/1998.
(5) Vgl. den Beitrag: Von der (unterschiedlichen) Beliebtheit der Schulsportarten, S. 227.
(6) Vgl. den Beitrag: Über das Erfolgserlebnis, S. 216.
(7) Vgl. den Beitrag: „Spaß- und Funsport“ in der Schule? S. 195.

9 Bewegung – Spiel – Sport

Wie ein Blick auf die neuere sportpädagogische und sportdidaktische Literatur zeigt, wird dort in zunehmendem Maße nicht mehr nur von „Sport“, sondern von „Bewegung, Spiel und Sport“ gesprochen. Wer gewohnt ist, mit Begriffen sorgsam umzugehen, wird sich fragen, wie diese Zuordnungen zu verstehen sind. Dabei bieten sich zwei Interpretationsmöglichkeiten an:

- Diese Begriffsfolge soll in fortlaufender Verengung und Präzisierung vom Allgemeinen und Übergeordneten zum Speziellen und „eigentlich Gemeinten“ führen, also von der Bewegung über das Spiel zum Sport.

  Davon soll im ersten Teil dieses Beitrags die Rede sein.
- Diese Zusammenordnung soll andeuten, daß die Sportpädagogik sich über ihren engeren Geltungsbereich hinaus auch für andere Phänomene, nämlich für das Spiel und die Bewegung allgemein, zuständig fühlt.

  Dazu sollen im zweiten Teil einige Anmerkungen gemacht werden.

Sport als Teilbereich von Spiel und Bewegung

Greift man die erste der genannten Verständnismöglichkeiten auf, ergibt sich eine – zumindest auf den ersten Blick – logische Abfolge dreier irgendwie zusammengehöriger, aber dennoch verschiedener Begriffe:

(1) *Bewegung* ist ein elementares Merkmal organischen Lebens: Leben ist Bewegung, und sei es nur im Sinne des Herzschlags und der Gehirnströme. Bewegung ist die Grundlage menschlicher Existenz: Alles, was wir tun und sind, hängt direkt oder indirekt von unseren Bewegungsmöglichkeiten und -fähigkeiten ab.

(2) Im Zusammenhang von Bewegung, Spiel und Sport geht es aber nicht um jede Art von Bewegung, z.B. als Alltags- oder Arbeitsbewegung, sondern um „Bewegung an sich“. Dies läßt sich mit dem *Begriff des Spiels* fassen: Spiel ist seinerseits ein umfassendes Phänomen und als solches ein Grundbedürfnis menschlichen Daseins.
Sobald der Mensch von unmittelbaren existentiellen Zwängen frei ist, beginnt er zu spielen. „Spiel“ in diesem weiten Sinne bezeichnet somit jede Tätigkeit, die nicht aus Lebensnotwendigkeiten folgt, sich selbst genügt und damit auch keiner weiteren Begründung bedarf. Aus dieser Sicht ist „Sport“ auch „Spiel“; auch er „muß nicht sein“ und trägt seinen „Sinn in sich selbst“.

(3) *„Sport“* ist also, phänomenologisch betrachtet, ein Teilbereich des Spiels. Dieses aber kann vieles sein: Schauspiel, Glücksspiel, Schachspiel und anderes mehr. „Sport“ bezeichnet ganz offensichtlich den Teil des Spiels, der explizit auf die Bewegung orientiert ist, wobei diese Grundlage und Tätigkeitsziel zugleich ist. Daß dabei Formen entstehen, die näher am Ausgangsphänomen „Spiel“ anzusiedeln sind, und andere, die sich weiter davon entfernt haben, sollte im Augenblick nicht irritieren. Die entscheidende Frage in diesen Zusammenhang lautet vielmehr: Wann und unter welchen Bedingungen wird „Bewegung“ zum „Sport“?

Bevor eine Antwort darauf versucht wird, ist vielleicht eine kurze Zwischenbemerkung angebracht: Der sich selbst genügenden und auf sich selbst bezogenen, oder wie man auch sagt, der „zweckfreien“ Natur des Spiels und des Sports widerspricht es keineswegs, daß beide gerade deshalb, weil sie auf keine bestimmte Funktion festgelegt sind, für alle auch nur denkbaren Zwecke und Ziele herangezogen werden können, z.B. zur Einübung sozialer Verhaltensweisen, zur Stabilisierung der Gesundheit oder zur Bewältigung der Freizeit. Und es entbehrt nicht einer gewissen Ironie, daß die gesamte Sportpädagogik – und damit auch unser Beruf als Sportlehrer – letztlich auf einer solchen Verzweckung oder Instrumentalisierung eines an sich wertfreien Phänomens aufbauen. Damit aber zurück zur oben gestellten Frage:

Wann wird „Bewegung“ zum „Sport“?

Wie so oft, kann auch hier der allgemeine Sprachgebrauch einige Aufschlüsse geben, z.B. mit folgenden Überlegungen:

(1) Eine Bewegung wird dadurch zu einer sportlichen, daß sie einen bestimmten *Umfang* und eine bestimmte *Intensität* aufweist. Reine Fingergeschicklichkeit wird wohl ebensowenig wie Spazierengehen als eine sportliche Tätigkeit wahrgenommen, Jogging schon eher, sicher aber ein leichtathletischer Kurz- oder Langstreckenlauf. Wie dieses Beispiel zeigt, ist „Intensität“ in einem weiten Sinne zu verstehen und kann durch die Höhe oder durch die Dauer der Belastung bestimmt sein, wobei in beiden Fällen eine über das „Normalmaß“ hinausgehende Anstrengung vorausgesetzt wird. Eine sportliche Bewegung ist also durch eine erhöhte *körperliche Beanspruchung* gekennzeichnet.

(2) Eine sportliche Bewegung oder Tätigkeit muß, um als solche anerkannt zu werden, mit einer gewissen *Regelmäßigkeit* ausgeführt werden. Wer beispielsweise nur einmal im Jahr versucht, 300 m „am Stück“ zu schwimmen oder bei einem Fußballspiel „mitzukicken“, wird wohl kaum als „Sportler“ bezeichnet werden, es sei denn, daß er aus früheren Zeiten als solcher ausgewiesen ist. Sport und Sporttreiben setzen also ein gewisses *Engagement* voraus.

(3) Eine sportliche Bewegung oder Tätigkeit muß mit der *Tendenz zur Optimierung* betrieben werden; sie muß dabei einem gewissen *Anspruch* genügen. Es wird entweder der Erwerb eines spezifischen motorischen Könnens oder die Verbesserung körperlicher Fähigkeiten, im Normalfall beides zugleich, angestrebt.

Die beiden letztgenannten Gesichtspunkte lassen sich dahingehend zusammenfassen, daß sportliche Betätigung mit einer gewissen *Ernsthaftigkeit* und *Nachhaltigkeit* erfolgen muß, dies allerdings im Rahmen einer bestimmten Bandbreite: ernsthaft genug, um nicht in Unverbindlichkeit abzugleiten, aber nicht zu ernsthaft, um sich physisch und psychisch nicht zu überfordern (letzteres eine Forderung, die auch im Hochleistungssport nur scheinbar außer Kraft gesetzt ist).

(4) Das Ergebnis einer sportlichen Bewegung, die *„sportliche Leistung“*, muß *nachweisbar* und *dokumentierbar* sein; sie muß überprüft, im Idealfall nachgemessen werden können. Daraus folgt, daß die Faktoren, die zum Zustandekommen dieses Ergeb-

nisses beigetragen haben, offengelegt werden müssen. Mit Hilfe dieses Kriteriums läßt sich der Sport auch von anderen Formen der menschlichen Bewegungskultur, für die diese Forderungen nur in eingeschränktem Maße gelten, z.B. der Artistik, abgrenzen. Damit wird auch verständlich, daß der Sport sich nur im Umkreis bestimmter gesellschaftlicher Verhältnisse, nämlich in der modernen, zumeist als „bürgerlich" bezeichneten Leistungs- und Erfolgsgesellschaft, entwickeln konnte.

Nimmt man nun die genannten Faktoren, die (erhöhte) körperliche Beanspruchung, die Regelmäßigkeit, die Optimierbarkeit mit ihrem (zumeist selbstgestellten) Anspruch und die Überprüfbarkeit, zusammen, stellt man schnell fest, daß sich die einzelnen Sportarten und sportlichen Aktivitäten verschiedenen Bereichen, nämlich einem Kernbereich und einem darum angesiedelten Randbereich, zuordnen lassen.

Zum *Kernbereich* gehören zweifellos die Sportarten, bei denen der menschliche Körper oder ein Gerät ausschließlich oder doch ganz überwiegend mit Muskelkraft, also mit den „inneren Kräften" des Sportlers, bewegt werden, wie dies beispielsweise bei der Leichtathletik, der Schwerathletik und im Sportschwimmen, aber auch beim Rudern und Radsport der Fall ist. Ebenfalls dem Kernbereich zuzurechnen sind einige Sportarten, die zusätzlich entweder eine ästhetisch Komponente aufweisen, wie Gerät- oder Kunstturnen, oder durch das Element des Gelingens und Mißlingens gekennzeichnet sind, wie die Sportspiele.

Mehr oder weniger deutlich in den *Randbereich* einzuordnen sind die Sportarten,

- die überwiegend auf ästhetischen Wirkungen aufbauen, wie der Tanz und mit ihm einige Teile der Gymnastik,
- die in erheblichem Maße Fremdkräfte heranziehen, z.B. als „äußere Kräfte" (Schwerkraft, Federkraft), wie im Bob- oder Schlittensport, oder als technische Apparaturen, wie im Motorsport.

Daß dabei einige Grenzfälle auftreten, wie beispielsweise alpiner Skilauf und Trampolinturnen, aber auch Inline-Skating, liegt in der Natur der Sache. Die gerade genannten Sportartengruppen können auch verdeutlichen, daß vom Sport fließende Übergänge zu anderen Bereichen der Bewegungskultur, z.B. zur darstellenden Kunst und zur Artistik, bestehen.

Daraus ergibt sich eine gewisse Unschärfe des Begriffes „Sport", die in jüngster Zeit zu einer bemerkenswerten, je nach dem ideologischen Standort des Beobachters besorgniserregenden oder faszinierenden Entwicklung geführt hat, nämlich einer deutlichen *Verlagerung des allgemeinen Sportinteresses* vom Kernbereich auf diese Randzonen sportlicher Betätigung, vor allem zum Tanz und zur tänzerischen Gymnastik einerseits, also zum Überschneidungsbereich von Sport, Kunst und Musik, und zu besonderen, ja spektakulären Bewegungsaktionen und -kunststücken mit artistischen Grundstrukturen andererseits.

Diese Verschiebungen haben in erster Linie gesellschaftliche Ursachen, z.B. größerer Wohlstand, mehr Freizeit, erhöhte Mobilität und eine daraus folgende, deutlich verminderte Anstrengungsbereitschaft; sie gehen aber auch auf neue technische Entwicklungen zurück und werden durch massive kommerzielle Interessen gefördert.

Zwar dürfte gegenwärtig noch ein gewisser Widerspruch bestehen zwischen der tatsächlichen Sportausübung, die sich noch immer auf den Kernbereich konzentriert, und der Präsenz der sogenannten Trendsportarten in den Medien und in der sportpädagogischen Literatur, doch wird diese Entwicklung allgemein, vor allem auch in den Reihen der Sportpädagogen, als unaufhaltsam angesehen.

Damit ist aber der zweite der eingangs genannten Gesichtspunkte angesprochen, das „Hinausgreifen" der Sportpädagogik über ihren engeren Arbeitsbereich hinaus. Es wird sich zeigen, daß dieser „Alleinvertretungsanspruch" historische Wurzeln hat, auch wenn er sich erst in jüngster Zeit deutlicher artikuliert hat.

„Sportpädagogik" oder „Bewegungspädagogik"?

Die Sportpädagogik hat sich – etwa um 1970 – als Nachfolgerin der „Leibeserziehung" etabliert. In dieser waren ihrerseits zwei lange zurückreichende Strömungen, in ihrer eigenen Terminologie „Bewegungen", zusammengeflossen:

- das Turnen, das zu Beginn des 19. Jahrhunderts in Deutschland entstanden war und als „Schulturnen" etwa von der Mitte bis zum Ende desselben Jahrhunderts (nunmehr als „Turnbewegung") allein maßgebend für die körperliche Bildung der Schuljugend (und darüber hinaus) war,
- der Sport, der seit der zweiten Hälfte des 19. Jahrhunderts, aus England kommend, sich in Europa ausbreitete und alsbald (als „Spiel- und Sportbewegung") seine Ansprüche erhob, was sich ab etwa 1900 in der Einführung des sogenannten Spielnachmittags niederschlug.

Das *Turnen* verstand sich von Anfang an als Sammelbegriff für alle Formen der „Leibesübungen" (ein schon damals häufig gebrauchter Begriff) und hält – im Prinzip – bis heute am Anspruch einer „volkserzieherischen Betreuung für alle" fest.

Der *Sport* institutionalisierte sich – etwa um 1900 – in selbständigen Fachverbänden, die nur für das jeweilige Fachgebiet zuständig waren und sich erst allmählich zu übergeordneten Dachverbänden zusammenfanden.

Die sich in den 20er Jahren des 20. Jahrhunderts allmählich entwickelnde *„Leibeserziehung"* versuchte, beiden Strömungen gerecht zu werden. Damit aber kam es zu einem Auseinanderfallen von Theorie und Praxis: Während die Praxis – sowohl in der allgemeinen Sportausübung als auch in der Sportlehrerausbildung – mehr und mehr durch den Sport in seinen Sportarten bestimmt wurde, fühlte sich die Theorie weiterhin für alle Formen der „Leibesübungen" (später der „Bewegungskultur") zuständig.

Dabei sind – auch nach Ausweis der Lehrpläne und „Bildungsstandards" – vor allem zwei Grenzüberschreitungen über den Sport hinaus festzustellen:

- in den Bereich des Tanzes und anderer Formen der *darstellenden Kunst*, obgleich doch dort Experten und Institutionen tätig sind, die sich keineswegs als „Sportler", sondern als Künstler (oder auch Unternehmer) ansehen,
- in den Bereich der Akrobatik und damit der *Artistik*, obgleich dort ein eigener Berufsstand mit seinen spezifischen Strukturen und Interessen angesiedelt ist.

Es ist also kein Zufall,

- daß die Sportpädagogik nicht daran interessiert ist, ihren Arbeits- und Zuständigkeitsbereich genauer zu definieren und abzugrenzen, sondern eher bestrebt ist, ihn möglichst offen zu halten,
- daß sie die sogenannten Sportartenkonzepte ablehnt und sich nur marginal mit der Struktur und den Tätigkeitszielen der einzelnen Sportarten beschäftigt,
- daß sie die Analyse der körper- und bewegungsbildenden Funktion der Sportarten und entsprechender körperlicher Aktivitäten immer mehr den – nicht immer objektiv urteilenden – „Praktikern" überläßt und sich auf die Proklamation allgemeiner Erziehungsziele zurückzieht.

Damit hat sich die Sportpädagogik in eine Situation gebracht, die man mit einem vor Jahren gängigen Schlagwort als *„Verlust der Mitte"* bezeichnen kann: Das Interesse konzentriert sich auf die Randbereiche sportlicher Betätigung oder gar auf nichtsportliche Formen der Bewegungskultur. Dort glaubt man neue „Bewegungs- und Lernfelder" erschließen zu können, ohne weiter darüber nachzudenken, was davon praktisch durchführbar und finanzierbar ist.

Diese Tendenzen gehen einher mit den schon mehrfach angesprochenen gesellschaftlichen Veränderungen und der Verlagerung des allgemeinen Sportinteresses. Auch hier ist die Sportpädagogik in eine zwiespältige Lage geraten: Soll man in Sport eine eher unverbindliche Freizeitbetätigung sehen (ein Problem, das sich durch die fortlaufende Anpassung der „Schulsportinhalte" an den jeweils herrschenden Trend mit scheinbar leichter Hand lösen ließe) oder soll man ihm den Rang einer ernsthaften Bildungs- und Ausbildungsinstanz zuerkennen (was eine genauere Analyse der Tätigkeits- und Leistungsziele des Sports und seiner Sportarten voraussetzen würde)? So pendelt die Sportpädagogik zwischen einer nicht näher definierten „Freizeitrelevanz" und einigen – an sich sicher sinnvollen – „pädagogischen Perspektiven" hin und her, ohne selbst eine eindeutige Perspektive bieten zu können.

Wir möchten nicht mißverstanden werden: Sowohl die Berücksichtigung der aktuellen Schülerinteressen als auch die pädagogische Einwirkung auf das sportliche und allgemeine Verhalten der Schüler haben gleichermaßen ihre Berechtigung; sie sollten aber mit und am Sport entwickelt werden und nicht in geradezu willkürlicher Weise auf irgendwelche „sportliche Aktivitäten" aufgeprägt werden. Dabei sollte man sich auch der grundsätzlichen *Ambivalenz allen unterrichtlichen Handelns* bewußt sein. Vereinfacht gesagt: Ein anspruchsvoller 1000-m-Lauf kann sowohl das Gefühl tiefer Befriedigung als auch des völligen Versagens hervorrufen, ein spannendes Fußballspiel kann zum Abbau, aber auch zum Anwachsen von Aggressionen führen, und was bei welchem Schüler der Fall sein wird, läßt sich kaum vorhersagen.

Insofern ist, unabhängig von allen wohlgemeinten pädagogischen Vorgaben, die Bewältigung der alltäglichen Unterrichtspraxis immer ein schwieriger Balanceakt. Gerade deshalb ist es aber notwendig, in diesem Spannungsfeld einen festen Standort zu finden. Vielleicht kann der nächste und abschließende Beitrag hierfür einige Anhaltspunkte liefern.

10 Zur eigenständigen Begründung des Sportunterrichts

Prämissen

Die nachfolgenden Überlegungen zu einer eigenständigen Begründung des Sportunterrichts gehen von zwei Prämissen aus, die unwidersprochen bleiben dürften:

- Nur der Schulsport in Form des obligatorischen Sportunterrichts kann alle Kinder und Jugendlichen, unabhängig von ihrer körperlichen Leistungsfähigkeit, von Alter, Geschlecht und Herkunft, erfassen.
- Nur der Sportunterricht kann verhindern, daß die Kinder und Jugendlichen vorzeitig und einseitig auf bestimmte sportliche Aktivitäten festgelegt werden.

Im Hinblick auf die zweite Prämisse gibt es konkurrierende Modelle, z.B. das Kinderturnen in den Vereinen des DTB oder die privaten Kindersportschulen, doch ist dies im Zusammenhang mit der ersten zu sehen, daß nur die Schule *alle* Kinder, unbeschadet ihrer materiellen und sozialen Situation, erreichen kann (1).

Diese beiden Prämissen lassen nur eine Entscheidung darüber zu, ob Sportunterricht *gesellschaftlich notwendig* ist oder nicht.

Man kann diese Frage bejahen oder auch verneinen, wenn man bereit ist, die Konsequenzen zu tragen. Insofern ist sie ein Teil der Begründung des Sportunterrichts.

Über *Struktur*, *Ziele* und *Inhalte* vermag sie keine Auskunft zu geben.

Grundmodelle der körperlichen Bildung und Erziehung

Für die *Strukturierung* der körperlichen Bildung und Erziehung bieten sich zwei Grundmodelle an:

- das Modell „Bewegungspädagogik“,
- das Modell „Schulsport“.

Das *Modell der Bewegungspädagogik* würde es erlauben, sowohl hinsichtlich der Ziele als auch der Inhalte ein rational begründetes System zu entwerfen. Dieses würde aber stets eine recht künstliche Konstruktion bleiben.

Zudem tendiert dieses Modell, wie die beiden vorangegangenen Beiträge gezeigt haben, zu einer geradezu maßlosen Ausweitung in Richtung auf alles Denk- und Machbare, und so zur einer endlosen Beliebigkeit in der Auswahl des Erwünschten.

Das *„Schulsportmodell“* knüpft an die Bewegungsumwelt der Kinder und Jugendlichen an, die im wesentlichen vom Sport bestimmt ist. Hier liegt die Gefahr darin, daß dies zur Addition einer prinzipiell beliebigen Anzahl unverbunden nebeneinanderstehender Sportarten, im Extremfall zu dem weiter oben beschriebenen „technokratischen Modell“ des Schulsports führt (2).

Beide Grundmodelle sind also nicht ohne Probleme. Es bietet sich somit ein „mittlerer Weg“ an, dies aber, wie wir meinen, auf der Grundlage des „Schulsportmodells“. Das würde auch der Tradition entsprechen.

Ein Blick auf die Tradition

„Bildung" fällt nicht vom Himmel; sie ist das Ergebnis der Auseinandersetzung mit bestimmten, kulturell als bedeutsam empfundenen Gegenständen. Körperliche Bildung und Erziehung erfolgt – nach wie vor – in der Auseinandersetzung mit der Bewegung als einem Kulturgut.

Die *Bewegungskultur* unserer Gesellschaft ist seit etwa 100 Jahren im wesentlichen vom Sport geprägt. Er ist es, der mehr als andere kulturelle Bereiche sowohl gesamtgesellschaftlich als auch speziell für die Kinder und Jugendlichen überall und unmittelbar präsent ist. Der Sport hat seinerseits die historischen Erscheinungen des Turnens und der Gymnastik in sich aufgenommen und reicht damit um ein weiteres Jahrhundert zurück.

In der historischen Abfolge lassen sich drei Grundformen erkennen: *Gymnastik*, *Turnen* und *Sport*.

Die *Gymnastik*, in ihrem ursprünglichen Sinn als Wirkungs- oder Funktionsgymnastik verstanden, ist auf den Menschen, genauer gesagt: auf seine körperliche und seelische Befindlichkeit, gerichtet. Alle Aktivitäten gehen vom ihm aus und kehren auf ihn zurück. Mögliche Ziele sind (in antiquierter Sprache) Schönheit, Haltung, Anmut, (in moderner Ausdrucksweise) Fitneß, Gesundheit, Körperbewußtsein.

Das *Turnen*, im alten Verständnis als die Gesamtheit aller Leibesübungen, ist auf die Bewältigung und Beherrschung der Gegenstandswelt (durch Laufen, Springen, Hängen, Stützen, Klettern, Balancieren u.ä.) gerichtet. Ziel ist die allseitige körperliche Ausbildung und das Erreichen einer entsprechenden Qualifikation (z.B. der „Siegerpunktzahl" bei einem Turnfest oder der Normen des Sportabzeichens, beides in mehreren Disziplinen oder gar Sportarten).

Der *Sport* vereinigte diese beiden Grundformen, indem er die „Bewegung an sich" zum Gegenstand der Auseinandersetzung machte und den Körper bewußt als „Mittel der Zielerreichung", nämlich dem Erbringen und Verbessern einer sportlichen Leistung, einsetzte.

In einer so verstandenen „Auseinandersetzung mit der Bewegung" lassen sich, wie an verschiedenen Stellen bereits erwähnt (3), *drei Grundmuster* unterscheiden:

- das *sportliche* im engeren Sinne, was zu den „cgs-Sportarten" führt, in denen nach Strecke, Zeit oder Gewicht gemessen wird,
- die *sportlich-künstlerische*, was zu den Kunstsportarten führt, in denen nach Schwierigkeit und Qualität gewertet wird,
- die *sportlich-spielerische*, was zu den Sportspielen führt, in denen der jeweils Bessere durch fortgesetzten Paarvergleich ermittelt wird.

Diese Dreigliederung schlägt sich auch in den *Lehrplänen* nieder. Damit ist – bei richtiger Auslegung der Lehrpläne – im Hinblick auf die körperliche Bildung und Erziehung einerseits eine gewisse Vielfalt, andererseits die notwendige Konzentration auf das Wesentliche gewährleistet. Aus historischer und systematischer Sicht besteht kein zwingender Grund, von diesem System abzuweichen.

Dennoch kann Tradition allein noch keine Begründung für den Schulsport und speziell für den Sportunterricht abgeben. Dazu bedarf es einiger weiterer Überlegungen.

„Bildung“ als Auftrag der Institution Schule

Der gesellschaftliche, an die Institution Schule gerichtete Bildungsauftrag läßt drei *Dimensionen* erkennen (wobei „Bildung“, wie es auch in den Begriffen „Schulbildung“, „Bildungswesen“, „Bildungsplan“ und „Bildungsstandard“ zum Ausdruck kommt, in einem weiten Sinne verstanden wird):

- *Ausbildung* im Hinblick auf die Vermittlung von lebensnotwendigen Kenntnissen, Fertigkeiten und „Kulturtechniken“,
- *Persönlichkeitsbildung* in der Auseinandersetzung mit den geistigen, kulturellen und ethischen Grundlagen unserer Gesellschaft,
- *Erziehung* als Eingliederung der Heranwachsenden in die Gesellschaft.

Es wird dabei nicht übersehen, daß diese Dimensionen, besonders die beiden letztgenannten, sich in der Praxis überhaupt nicht und analytisch nur schwer trennen lassen.

„Bildung“ bezieht sich auch auf den *physisch-motorischen Bereich.* Dabei ergeben sich zwei grundsätzliche Bezugspunkte oder „Zugänge“:

- der über den Menschen bzw. seinen Körper, was zur *Körperbildung* führt,
- der über die Sache bzw. die Bewegung, was zur *Bewegungsbildung* führt.

Die *Körperbildung* betont den Aspekt der Körperlichkeit des Menschen. Sie konkretisiert sich in der Entwicklung und Verbesserung von körperlichen Fähigkeiten. Aus historischer Sicht entspricht dies dem „gymnastischen Zugang“ zur körperlichen Bildung und Erziehung.

Die *Bewegungsbildung* betont den Aspekt der menschlichen Bewegung als eines „kulturellen Ereignisses“. Sie konkretisiert sich in der Vermittlung grundlegender Bewegungsfertigkeiten oder „Techniken“, auf denen die Bewegungskultur aufbaut. Historisch gesehen, entspricht dies dem „turnerisch-sportlichen Zugang“ zur körperlichen Bildung und Erziehung.

Körperbildung und Bewegungsbildung beziehen sich, wenn auch mit unterschiedlichen Akzentuierungen, gleichermaßen auf den Ausbildungs-, Bildungs- und Erziehungsauftrag der Schule, wie das nachfolgende Schema zeigen kann:

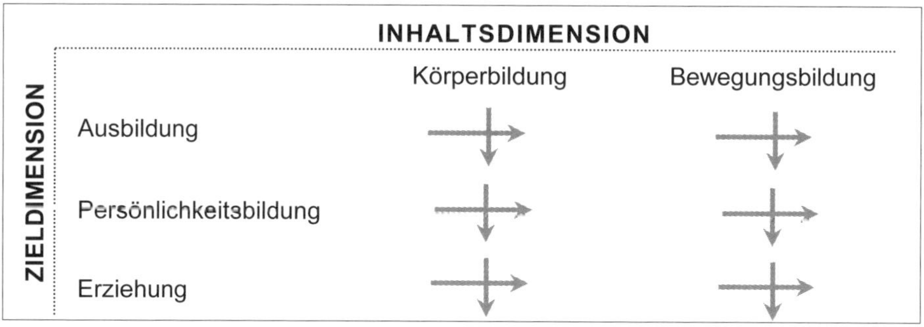

Die Struktur des „didaktischen Feldes“

Bei der Strukturierung des didaktischen Feldes ist ein systematisch-inhaltlicher und ein (im engeren Sinne) didaktisch-methodischer Aspekt zu unterscheiden.

Die *inhaltliche Struktur* ergibt sich aus dem bisher Gesagten gleichsam von selbst und läßt sich in folgender Übersicht zusammenfassen:

Die *Körperbildung* bedient sich sowohl sportartentypischer als auch sportartenübergreifender Mittel, wobei die letzteren in der Überzahl sind.

Die *Bewegungsbildung* erfolgt im Rahmen exemplarisch ausgewählter Sportarten. Sie sind es nämlich, die den Sport, der in inhaltlicher Sicht ja nicht mehr als ein Sammelbegriff ist, in seinen wesentlichen Tätigkeits- und Leistungszielen repräsentieren und die entsprechenden Haltungen und Einstellungen vermitteln.

Damit wird der Sportunterricht auch zu einer *Einführung in die menschliche Bewegungskultur*. Auf diese Zusammenhänge wurde in diesem Band explizit und implizit schon mehrfach hingewiesen.

Die *didaktisch-methodische Strukturierung* folgt aus der einfachen Feststellung, daß Körper- und Bewegungsbildung nicht unverbunden nebeneinander einhergehen. Körperliche Fähigkeiten (als Gegenstand der Körperbildung) und sportliche Fertigkeiten (als Gegenstand der Bewegungsbildung) stehen vielmehr in einem *Wechselverhältnis*, insofern als

- *Fähigkeiten* die Voraussetzungen zur Bewältigung sportlicher Fertigkeiten und zum Erbringen sportlicher Leistungen darstellen,
- *Fertigkeiten* (im Sinne von zielgerichteten Bewegungsaktivitäten) als Mittel zur Entwicklung und Verbesserung von Fähigkeiten dienen.

In der Terminologie der Trainingslehre wird Körperbildung damit gleichbedeutend mit Konditionsschulung, Bewegungsbildung mit Technikschulung.

Die *körperlichen Fähigkeiten* lassen sich weiter unterteilen in:

- physische, energetische oder konditionelle Fähigkeiten, wie Kraft, Schnelligkeit und Ausdauer,

– neurophysiologische, bewegungssteuernde oder koordinative Fähigkeiten, wie motorische Steuerungs- und Anpassungsfähigkeit.

Hinsichtlich des Wechselspiels von Körper- und Bewegungsbildung sind bestimmte *Akzentuierungen* festzustellen, vor allem dahingehend,

– daß die Körperbildung bzw. Konditionsschulung sich vorwiegend einfacher und wenig komplexer Bewegungen, Übungen und Fertigkeiten bedient, die zum Teil kennzeichnend für bestimmte Sportarten sind, sich aber nicht immer einer Sportart zuordnen lassen,
– daß die Bewegungsbildung bzw. Technikschulung vorwiegend mit Hilfe von anspruchsvollen und komplexen Bewegungsfertigkeiten erfolgt, die in ihrer Mehrzahl aus bestimmten Sportarten ausgewählt sind und die in Anwendungs- und Wettkampfsituationen auch taktisch zweckmäßiges Verhalten vermitteln können.

Daraus wird ersichtlich, daß der Zusammenhang zwischen Körperbildung und konditionellen Fähigkeiten einerseits, Bewegungsbildung und koordinativen Fähigkeiten andererseits etwas enger ist als umgekehrt.

Diese Beziehungen sind, mit den entsprechenden methodischen Stichworten versehen, in dem nachfolgenden Schema dargestellt:

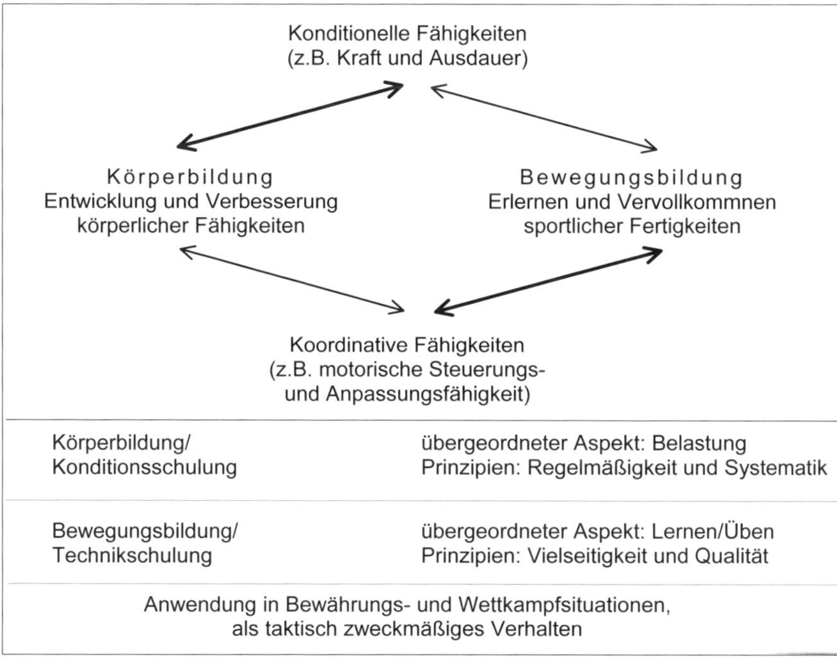

Körperbildung/ Konditionsschulung	übergeordneter Aspekt: Belastung Prinzipien: Regelmäßigkeit und Systematik
Bewegungsbildung/ Technikschulung	übergeordneter Aspekt: Lernen/Üben Prinzipien: Vielseitigkeit und Qualität
Anwendung in Bewährungs- und Wettkampfsituationen, als taktisch zweckmäßiges Verhalten	

Es sei an dieser Stelle darauf hingewiesen, daß dieses Strukturmodell des Sportunterrichts in seinen Grundzügen übereinstimmt mit dem von HUMMEL entworfenen Modell der sportlichen Grundlagenbildung, das sich – vereinfacht – wie folgt darstellt:

Dimensionen der körperlich-sportlichen Grundlagenbildung		
Körperliche Grundlagenbildung	⟷	***Sportliche Grundlagenbildung***
Sachstruktur: Physische Leistungsfaktoren Sensorische Systeme Motorische Systeme Körperliches Erscheinungsbild	*Vermittlung durch Tätigkeit* *(Lernen, Üben, Trainieren)*	*Sachstruktur:* Sport als Bewegungskultur Sport als Sportartenkultur Grundlegende Verhaltensweisen im Sport (Spielen, Kämpfen, Beherrschen, Leisten, Gestalten)
Ziele: Entwicklung der physischen und motorischen Leistungsfähigkeit Verbesserung der konditionellen und koordinativen Fähigkeiten Körperformung, -haltung, -spannung		*Ziele:* Beitrag zur allgemeinen Handlungsfähigkeit im Sport und durch Sport Entwicklung sportlichen Könnens für konkrete sportliche Anforderungsbereiche

Grundpositionen für die inhaltliche Gestaltung des Sportunterrichts

Die Auswahl der Inhalte und Gegenstände des Sportunterrichts muß von den beiden nachfolgend formulierten Grundpositionen ausgehen:

- Zentrale Aufgabe des Sportunterrichts ist die Sicherstellung einer *allgemeinen, vielseitigen und grundlegenden körperlichen Ausbildung.*
- Der Sportunterricht sollte sich auf das *Einfache und Elementare* beschränken und nur in wenigen ausgewählten Teilbereichen darüber hinausgehen.

Die beiden Forderungen sind im Zusammenhang zu sehen; die eine ist ohne die andere nicht denkbar. *Würde man auch nur auf eine der beiden verzichten, würde sich der Sportunterricht nicht mehr grundsätzlich vom Vereinssport und den kommerziellen Sportanbietern unterscheiden.*

„Allgemein“, „grundlegend“, „einfach“ und „elementar“ bedeuten allerdings nicht „leicht“ und „anspruchslos“. Um hierfür ein einfaches Beispiel zu bringen: Werfen und Fangen, zumal in der Bewegung, unter Zeit- und Wettkampfdruck, sind zwar elementar, aber nicht leicht. Es ist vielmehr darauf zu achten, daß bestimmte, den Schülern zumutbare und unterrichtlich überschaubare Anforderungen auf einem relativ anspruchsvollen quantitativen und qualitativen Niveau erfüllt werden.

Würde man alles nur antippen und gleich wieder beiseite legen, hätte der Sportunterricht den wesentlichen Teil seiner pädagogischen Wirkung verloren, die auf der *ernst-*

haften und nachdrücklichen Auseinandersetzung mit der Sache beruht. Herauskommen würde lediglich eine fragwürdige „Häppchen- und Pröbchendidaktik".

So verlockend es ist, die faszinierende Vielfalt des modernen und aktuellen Sports auch „in die Schule zu holen" und den Schülern „anzubieten", das Problem einer *sachgerechten, didaktisch und pädagogisch begründeten Auswahl der Schulsportinhalte* muß gelöst werden.

Dazu kann das traditionelle „Schulsportmodell" einen durchaus tragfähigen Ansatz liefern. Möglicherweise ließen sich auch die neuen Lehrpläne und „Bildungsstandards" so weit auf das Wesentliche konzentrieren, daß eine theoretisch schlüssige und praktisch umsetzbare Konzeption herauskommt (4).

Ohne Zweifel handelt es sich hier um ein schwieriges, von tiefsitzenden Vorurteilen und divergierenden Vorstellungen belastetes und nur langfristig lösbares Problem, so daß wir uns hier auf einige wenige Hinweise beschränken möchten:

Es gibt einige Sportarten, die sich – früher wie heute – selbst als *„Grundlagensportarten"* bezeichnen, allen voran die Leichtathletik, weil sie auf den Grundtätigkeiten Laufen, Springen und Werfen beruht, und das Gerätturnen, das sich vom Hängen, Stützen und Schwingen ableitet.

Darin mag man den Ausdruck einer gewissen Überheblichkeit erblicken, doch dürfte es unbestritten sein, daß es Sportarten gibt, die mehr als andere auf einem elementaren Bewegungsrepertoire aufbauen und dennoch ein differenziertes motorisches, psychologisches und soziales System repräsentieren.

Unter diesem Gesichtspunkt läßt sich generell feststellen, daß der Sport bereits in einer einzigen Sportart (und erst recht im Querschnitt der im „Schulsportmodell" vereinigten Grundsportarten) eine *größere Bandbreite von Handlungs- und Gestaltungsmöglichkeiten* bietet als beispielsweise eine physiologisch-therapeutisch orientierte Bewegungserziehung oder das weiter oben dargestellte artistische Grundmuster in der Auseinandersetzung mit der Bewegung (5).

Damit ist auch der „pädagogische Bezug" gewahrt, der jedem unterrichtlichen Handeln zugrunde liegen muß. Das „Schulsportmodell" ist durchaus in der Lage, die unterschiedlichen *Motive*, von denen die Schüler zum Sporttreiben veranlaßt werden, aufzufangen und in der handelnden Auseinandersetzung mit seinen Inhalten weitere *Sinnbezüge* zu vermitteln.

Es gibt auch keine *„pädagogische Perspektive"*, z.B. entsprechend den oben beschriebenen (6), die nicht durch das Schulsportmodell abgedeckt würde und eine breite Grundlage für einen „erziehenden Unterricht" bieten könnte.

Es gibt nur eines, was dieses Modell nicht kann: sich an den jeweils herrschenden Modetrend anpassen. Das aber ist zunächst eine Grundsatzfrage, die in diesem Band immer wieder angesprochen worden ist, folgt aber auch aus einem gewissen Systemzwang heraus: Schulsport muß, um pädagogisch wirksam zu sein, eine bestimmte Konstanz und Kontinuität aufweisen. Vor allem aber muß er von kompetenten Lehrern erteilt werden. Das aber setzt eine entsprechende Ausbildung voraus.

Welches sind die „richtigen" Schulsportarten?

Es ist nicht zu übersehen, daß alle diese Überlegungen auf die eine Frage hinauslaufen, welches wohl die „richtigen" Schulsportarten seien. Dazu wurde in den vorangegangenen Beiträgen bereits angemerkt, daß es der Sportpädagogik bzw. der Sportdidaktik noch nicht gelungen ist, für die Beantwortung dieser Frage objektive und allseits anerkannte Kriterien bereitzustellen (oder daß sie sich mit einer gewissen Absicht dem entzogen hat).

Wir haben dazu an anderer Stelle bereits einen Versuch unternommen (7), der hier wiederholt werden soll:

Eine Sportart ist dann als Schulsportart geeignet, wenn sie

- möglichst *vielseitige*, in diesem Rahmen aber für jeden Schüler zumutbare *körperliche Anforderungen* stellt,
- ein möglichst breites und differenziertes Spektrum an *Bewegungsmöglichkeiten* und sportlichen *Handlungsmöglichkeiten* bietet,
- aber dennoch einen möglichst *leichten Zugang* für alle gewährleistet.

Außerdem sollte sie keine zu speziellen *materiellen Voraussetzungen* erfordern, in *größeren Gruppen* unterrichtet werden können, keine unvertretbaren *Risiken* enthalten, möglichst *umweltverträglich* sein und sich einer gewissen *Bekanntheit* erfreuen.

Im Lichte dieser Kriterien betrachtet, dürfte nach wie vor den *„traditionellen Schulsportarten"* – in der Regel werden hier die „Individualsportarten" Gerätturnen, Gymnastik/Tanz, Leichtathletik, Schwimmen und die „Mannschaftssportarten" Basketball, Fußball, Handball, Volleyball genannt – der Vorrang vor allen anderen, namentlich den sogenannten Trendsportarten, zukommen. In ihnen sind auch die oben genannten „sportlichen Grundmuster" der „Sport"-Sportarten, der Kunstsportarten und der Sportspiele mit eindeutigen und markanten Beispielen vertreten.

Es steht somit außer Zweifel, daß diese „Schulsportarten" sehr wohl in der Lage sind,

- im Sinne der *Körperbildung* eine umfassende und ausgewogene körperliche Belastung zu gewährleisten,
- im Sinne der *Bewegungsbildung* einen Querschnitt durch die menschliche Bewegungskultur zu geben und die wichtigsten, auch für andere Sportarten bedeutsamen sportlichen Grundfertigkeiten zu vermitteln.

Innerhalb des hier dargestellten Rahmens haben wir uns wiederholt für ein *„3 + 3 - Modell"* ausgesprochen (8), bei dem je eine „Hauptsportart" mit einer – je nach den örllichen und aktuellen Bedingungen auch gleichberechtigten – „Nebensportart" zusammengeordnet wird (z.B. Leichtathletik / Schwimmen, Gerätturnen / Gymnastik, Basketball / Volleyball).

Eine solche Konzeption ließe sich in der dem Sportunterricht üblicherweise zugestandenen Zeit mit Gewinn bewältigen und ließe sicher auch noch Platz für andere als notwendig oder wünschemswert empfundene sportliche Betätigungen. Man müßte sich nur aufraffen und endlich „Nägel mit Köpfen" machen.

Das aber wird keine einfache Aufgabe sein. Es ist ja leicht, theoretische Vorgaben zu machen, aber unendlich schwer, sie angesichts der unabweisbaren Widerstände und der widerstrebenden Erwartungen in die Praxis umzusetzen. Aber vielleicht ist damit ein Ansatz vorgegeben, der zum Weiterdenken veranlaßt.

Weiter-Denken, nicht ohne Absicht soll dieser Begriff am Ende dieses Buches stehen.

Anmerkungen

(1) Aus dieser Situationsanalyse folgt einerseits, daß der Sportunterricht als der obligatorische Teil des Schulsports im Hinblick auf eine allgemeine und elementare körperlich-sportliche Bildung und Ausbildung Aufgaben übernehmen muß, die andere Institutionen, z.B. die Vereine oder die kommerziellen Sportanbieter, in ihrem Eigeninteresse gar nicht wahrnehmen können; andererseits folgt daraus auch, daß für den außerunterrichtlichen, meist fakultativen Bereich des Schulsports als einem unverzichtbaren Bestandteil des Schullebens eine weitergehende inhaltliche Öffnung, auch in Richtung auf aktuelle Strömungen, möglich und angebracht ist.
(2) In dem Beitrag: Fachdidaktische Entwicklungen und Fehlentwicklungen, S. 251.
(3) So z.B. im Beitrag: Das „Sportartenkonzept“ in der Sportdidaktik, „Handbuch S. 28.
(4) Ein erster Versuch in dieser Richtung ist unternommen worden in: „Sport in der Sekundarstufe I“, Heft 15 der Schriftenreihe des Deutschen Sportlehrerverbandes (DSLV), Wetzlar 1985.
(5) In dem Beitrag: Intentionale Modelle in der Sportdidaktik, S. 264.
(6) In dem Beitrag: Handlungsfähigkeit und Mehrperspektivität, S. 291.
(7) Siehe Anm. (3).
(8) So z.B. weiter oben im Rahmen des Beitrags: Fachdidaktische Entwicklungen und Fehlentwicklungen, S. 257. Vgl. auch Anm. (3).

Literatur

HUMMEL, A.: Die Körperlich-Sportliche Grundlagenbildung – immer noch aktuell? In: BALZ, E./NEUMANN, P.: Wie pädagogisch soll der Schulsport sein? Schorndorf 1997.
KRÜGER, M./GRUPE, O.: Sport- oder Bewegungspädagogik? In: sportunterricht 5/1998.

Stellennachweis

Die nachfolgend genannten Beiträge sind, zum Teil in leicht veränderter Fassung, bereits an anderer Stelle erschienen:

Sportunterricht in großen Klassen. sportunterricht 9/1997, Lehrhilfen.

Gibt es eine optimale Klassengröße? sportunterricht 1/1998, Lehrhilfen.

Sportunterricht in unruhigen Klassen. sportunterricht 5/1998, Lehrhilfen.

Doping – auch ein pädagogisches Problem. sportunterricht 3/1992, Lehrhilfen.

Spielen – mit oder ohne Schiedsrichter? sportunterricht 10/1998, Lehrhilfen.

Um die „pädagogische Note“ im Sport. sportunterricht 5/1998.

Die neue Lehrplangeneration. Unter Verwendung von: Sportunterricht ohne Sport? sportunterricht 4/1998.